残響のハーレム　ストリートに生きるムスリムたちの声

ストリートに生きるムスリムたちの声

残響のハーレム

中村 寛

NAKAMURA Yutaka

editorialrepublica
共和国

プロローグ

窓から叫びが聴えてくる
誰もいない部屋で射殺されたひとつの叫びのために
世界はある

田村隆一「幻を見る人」

人が叫ぶのはどんな瞬間だろうか。絶叫、悲鳴、怒号、嗚咽、咆哮、喘ぎ、喚き、嘆き……。それらは、どんな想念をはこび、どういう匂いを放ち、なにを見せてくれるのだろうか。発狂や狂乱や自失、沈黙や自殺や暴走の、握りこぶしひとつぶん手前で発せられるぎりぎりの吃音、身体をはった喃語《なんご》、生存を懸けた激声。そうした叫びが殺され、かき消され、処理されてゆくなら、そうなるまえに捉え、つかみ、身体にいれたい――そう強く思った。

二〇〇二年十一月、僕はニューヨークのハーレム地区を訪れた。そこに暮らすアフリカン・アメリカンのムスリムたちのもとでフィールドワークをおこなうためだ。本書は約二年間にわたるそのときの経験をもとに書いたエスノグラフィ（民族誌／記録文学）である。

フィールドワークをはじめてまもなく、僕は数多くの不満の声を耳にすることになった。それらの肉声のトーンは、抑制がきいたものから明確な怒りの表明までさまざまだったが、いずれにしても鬱積したり、煮詰められたり、醗酵したりした苛立ちや憤りがそこにはあった。ハーレムで出会った人びとのこうした語りや仕草が、その後の研究を方向づけた。

ここに記したのは、まぎれもなくアフリカン・アメリカンのムスリムたちの姿だ。だから本書はその点で、アメリカ社会に暮らすマイノリティたちの物語だと言えるかもしれない。マイノリティのものの見方、生き抜き方、語り方を本書の記述のなかに見いだすのは比較的容易だ。けれども、死を考えることが生を考えることであるように、マイノリティについて考えることは、ひるがえってマジョリティについて考えることでもある。マジョリティ／マイノリティの線引き自体が恣意的なもので、多くの場合マジョリティによって歴史・社会・文化的に構築され、維持され、ときに変化する。また、マイノリティは、その性質上、つねにマジョリティによって徴《しるし》を付けられ、制約を課され、それゆえにマジョリティを意識せざるを得ない立場にある。だから本書は、マジョリティに関する本でもある。アメリカの物語であり、アメリカについて語った本でもある。

だが、ハーレムのアフリカン・アメリカン・ムスリムの語りや行動や所作を描写し、それによってアメリカ社会全体に働く諸力や存在する歪みを浮き彫りにしたいと思った理由は、もうひとつ別にある。暴力とそこに生じる痛みや苦しみや悲しみの姿、また、そうした暴力や痛苦に向き合い、どうにもならない状況と折り合いをつけるなかで生まれる表現や語り、社会活動、文化運動のあり方、それを捉えたいと思ったのだ。

暴力は、あたりまえだが、いたるところにある。これまでも、これからもずっと、ありつづけるだろう。どんなに平和に思える場所や瞬間にも、どんなに寛大に見える贈り物にも、どんなに退屈で無垢にうつる日常にも、暴力はまとわりつき、這入りこみ、浸透する。けれども、だからと言ってすべてのことを「暴力」という言葉で名指し、語ることもまた、別種の暴力になり得る。また、特定の「力」についてのみ暴力として認め、語ることは、他の形態の暴力を除外し、免責することにもつながり得る。そして、暴力とともに、苦しみや痛みや悲しみや怒りがある。「最初」から、「事のはじまり」から、つねにすでに。僕たちがこの世に生まれたのだと気がつくはるかまえから。

この問題にアフリカン・アメリカンのムスリムたちはどのように向き合ってきたのだろうか。そしてそれは、僕らがこの暴力の問題を考えるときに、なにを教えてくれるのだろうか。「黒人文化のメッカ」とされながらも、再開発がすすみ、建て替えがおこなわれ、家賃と物価が上がり、人口構成が変わりゆくニューヨーク・ハーレム地区に集まる彼らは、どのような想いとともに日常を生き、イスラームのなかになにを見ているのだろうか。イスラームは彼らにとってなんだったのだろうか。初の黒人大統領を選出し、少なくとも公の場から見えやすい差別がなくなったかのように見える一方、警察官らによる黒人の銃殺、暴行、不当逮捕があとをたたず、また刑務所に黒人があふれていることが指摘されつづけている社会で、どのような感覚を抱いているのだろうか。「九・一一同時多発テロ」への「報復」をきっかけとして戦争を開始し、ますますイスラーム脅威論が強まるように見える国で、なにを語るのだろうか。ある特定の時間と場所の暴力について、安易な一般化を避けながら語ることは、どのようにして可能だろうか。表現を通じて暴力を（再）生産することなく、また「暴力のポルノグラフィ」に陥ることなく、それについて書くことは可能だろうか。「他者」の苦しみや痛み、不満、怒り、恐怖に触れることは、どのようにして可能だろうか——これが本書の底流に流れる大きな課題である。

いま思えば、僕は「研究」がしたかったわけではないのかもしれない。ただ、あるいて、みて、きいて、ふれて、しりたかったのだ。奴隷制の歴史を持ち、人種隔離や差別を経験し、法や制度による暴力を被り、度重なる危機にさらされてきたアフリカン・アメリカンたちが、その渦中でどのような智恵や哲学を培ってきたのかを。そして、教えてほしいと思ったのだ。退屈なまでに歪んだ不条理な世界との折り合いのつけ方を。そのなかでのたたかい方や笑い方や悲しみ方を。優秀な技術開発者や、天才的な情報工学エンジニア、有能な政治家、カリスマ的革命家のそれとは異なる、世界の変え方を。

なお、以下の本文中では、プライヴァシーの保護と安全性の確保のため、著名人以外の人物は仮名にした。

残響のハーレム

ストリートに生きるムスリムたちの声

目次

第一章

誰が「黒く輝ける王子」を殺さなかったのか

——カリルの生とＦＢＩの影

もちろんわれわれは歴史学を必要とはする。だがわれわれがそれを必要とするのは、知識の苑に遊ぶ甘ったれた有閑人がそれを必要とするのとは違う、たとえ有閑人が高尚ぶってわれわれの粗暴で優雅さを欠いた欲求や困窮を見くだしてもである。

フリードリッヒ・ニーチェ、大河内了義訳「生に対する歴史の功罪」

床屋の男

その日もハーレムの床屋にむかっていた。

暖かでおだやかな日曜日の午後に、ハーレムの一一六丁目のストリートまであるき、ひときわ目立つモスク、「マスジッド・マルコム・シャバーズ」のまえに立った。めざす床屋は、そこから数ブロックほど離れた場所にある。

床屋にむかったのは、髪を切るためではない。少しまえに知り合ったばかりのハミッドにもう一度会うためだった。ハミッドは、ハーレムに生まれ育ったアフリカン・アメリカン・ムスリムの男性で、フィールドワークを開始してまもなく偶然知り合うことになった。

ニューヨークに着いて最初の数カ月間、僕は途方に暮れていた。フィールドワークをはじめるのだと意気込んでやってきたのはよかったが、大都市ニューヨークのハーレムにまったくなんのつてもないなか、なにをどのようにはじめたらよいのか、皆目見当がつかなかった。その年の冬は異様に寒く、加えて体感治安の悪さや僕自身の強いセキュリティ意識、引っ込み思案な性格がたたって、部屋にこもりがちな日がつづいた。先行きがまったく見えないなかで住む部屋を探し、食料を確保し、日々生活するのがやっとだった。路上の氷が溶け、人びとがコートを脱ぐようになった頃、ようやくフィールドワークらしいことができるようになった。ハミッドと出会ったのは、そんな矢先だった。

待ち合わせの時間に余裕をもって床屋の近くまで来たのだが、その日は朝からなにも食べておらず、ひどく腹が減っていた。だからと言って、ポケットにたいしたお金があるわけもない。仕方なしにストリートの角にあるデリに駆け込み、安く簡単に食べられるものを探した。雑然とした店内に入ると、防弾ガラスに守られたキャッシュ・レジスターの奥にスペイン語を話す店員が立っていて、彼から一杯のコーヒーと袋詰めにされた小さなパウンドケーキをひとつ買うと、ふたたび外に出た。

座って食べることのできるようなベンチは、このあたりには見当たらない。先ほど通った公園のベンチまで戻ることもできたが、約束の時間に遅れたくなかった。だから、デリのすぐ外にある、壊れてなかば忘れ去られたかのような公衆電話の横に立ち、そのパウンドケーキを食べてしまうことにする。パウンドケーキはひどく甘くて油っこかった。精製された白砂糖の強烈な甘みが、あらゆる原材料の風味や質感を打ち消していた。口内にじっとりとはりついたそれを、コーヒーで洗うようにして胃のなかに流し込む。食べたそばから胸やけしそうだった。しかし、この糖分のエネルギーでなんとかまた半日、生きて活動できるような気がした。

ストリート・コーナーに立って通りを眺めると、この地区にはアフリカン・アメリカンだけでなく、ニューカマーのアフリカ系移民が多く生活していることがわかる。一九九〇年代以降にここにやってきたアフリカ系移民の多くが、民族衣装に身を包んでストリートをあるき、お互いにウォロフ語やフランス語、ときにアラビア語をまじえて言葉を交わし、去ってゆく。

そうやってストリートを行き交う人びとを眺めていると、背の低いアフリカン・アメリカンの男が近づいてきて、タバコは持っているか、と僕に尋ねた。静かな落ち着いた声だった。

「いいえ、タバコはしばらくまえにやめたので、持ってないのです……」

そう言いおえるかおえないかのうちにその男は、それではクオータを恵んでくれないかと言った。

そのときはまだ、こうした物乞いにどのように応じてよいのかよくわかっていなかった。だから、お金を持っていないのだということを、いまから思うと過剰なほど丁寧に彼に告げた。そして、彼があっというまに立ち去るのを見届けると、めざす床屋にむかってあるきはじめた。

あるきながら、いまの短いやり取りが、このハーレムのストリートからわずか数ブロックしか離れていないコロンビア大学のキャンパス内でおこなわれたら、どのようなものになっていただろうかと考えた。そもそも、美しく手入れされたコロンビア大学のキャンパスで、いまのようなやり取りが可能なのだろうか、と。

もちろんその時点では、憶測の域を出ないナイーヴな問いかけではあった。しかし、のちにこれは、「文化的境界」というテーマにかかわる、よりはっきりとした問いになる。こうした問いが形成されたのは、約二年間のフィールドワークの最中、ハーレムとコロンビア大学とのあいだを数えきれないほど往復したからだった。そして、それほどの回数を往復しているにもかかわらず、この二つの地区のあいだを行き来するたびに、その鋭いコントラストに眼を奪われたからだった。

ハーレムにはじつに多くの床屋がたち並ぶ。ひとつのブロックに数軒の床屋がひしめきあっていることさえある。目的の床屋もこうしたいくつもある店のひとつだった。ごくありふれた、古くからあるたたずまいの店構えで、一見して変わったところはない。あとから知ることになるのだが、こうした床屋が人びとの社交場になっている。もちろん髪を切りに来る人もいるが、立ち寄って友人の姿を探したり、そこで長いこと話し込んだりする人が多いのだ。

店内に入ったが、ハミッドの姿は見当たらなかった。そのかわりに、眼鏡をかけた六十代くらいの別の男がひとり、黒い革のシートを張った鉄製の椅子――髪を切るための椅子だ――に腰掛けて、鋭い眼つきでじっとこちらを見ていた。店の中は、その男と僕以外には誰もおらず、静まりかえっている。部屋の奥にある棚の上段には、無骨で巨大なステレオセットが危なっかしく据え置かれていたが、音楽はかかっていない。天井から吊り下げられたテレビも、電源は切ってあった。男が誰なのかわからなかったし、そのような見知らぬ者にその場で会うことも予期していなかった。床屋の管理を任されているハミッドも、とくに誰かを連れてくるということは事前に話していなかった。

四十代なかばのハミッドと出会ったのは、床屋を訪れる数日前のことだ。少しまえに心臓発作に襲われたとのことで、出会った日は身体の動きが緩慢でぎこちなかった。近いうちに再入院する予定だと語っていたため、そのまえにもう一度会っておこうと思ったのだ。

相変わらず黙ったまま椅子に腰かけている初対面のその男に、挨拶をしようかどうしようかと迷っていると、店の奥にある小さなオフィス・スペースから、ハミッドが出てきた。

「ヘイ、ア・サラーム・アレイクム〔こんにちは〕、ユタカ」

そしてつづけざまに、男にむかってこう言った。

「こいつが俺の話してた奴だよ」

男はまだその椅子に腰かけ、静かにこちらを見つめている。

ハミッドの仲介でようやく自己紹介をすると、ハーレムとイスラームの関係について学ぼうと日本から来たのだ、とその男に告げた。

大学院に入ってからアフリカン・アメリカンによるイスラーム運動を研究してきた僕が、ハーレムでのフィールドワークをはじめたのは、九・一一の約一年後だった。イスラームに関する反応には、ヒステリックで感情的なものも多く、社会全体にピリピリとした緊張感が漂っていた。当時胸に抱いていた問いはきわめてシンプルなもので、脅威論などさまざまな偏見とともに受けとめられたイスラームを、アフリカン・アメリカンたちがどのように解釈、信仰、実践しているのか、というものだった。それをこの眼で捉えたいと思ったのだ。この社会のなかでしばしば大きな障壁と闘わざるを得なかったアフリカン・アメリカンが、「ごく普通の生活者」として地域のなかでなにを想い、イスラームになにを読みとっているのか、彼らのイスラーム観や宗教観、世界観はどのようなものであり、それはどのような感覚や感性によって支えられているのか、そして彼らはどのような所作をともなってどのような語りを紡ぐのか、そんなことが気になっていた。

　研究について話すと、床屋にいた男は、即座にアフリカン・アメリカンの歴史やイスラームに関する書籍を何冊か紹介してくれた。たとえばそのなかには、Ｗ・Ｄ・ムハンマドによる『アフリカン・アメリカンの創世記』という本があった。この時点では、僕は単に自分の関心を簡単に説明しただけで、具体的な質問をいっさいしていない。しかし彼は、短い会話のやり取りのあと、穏やかにではあるが、力強くしっかりとした声で語りはじめる。

「イスラームがハーレムに到来したのは、そうですね、一九五五年頃のことです。そのときは、ネイション・オブ・イスラームというグループでした」

　そう切り出した。そしてすぐに話の力点を移し、つづけた。

「その後、一九七五年には、イマーム・Ｗ・Ｄ・ムハンマドが自分の組織をはじめました」

　アフリカン・アメリカンによるイスラーム組織としては、ネイション・オブ・イスラーム（ネイション）が最も有名で、ルイス・ファラカーンやマルコム・Ｘ、イライジャ・ムハンマドらの名前は、ムスリムでなくともアフリカン・アメリカンなら誰もが知る。「黒人ムスリム」に関する研究書を紐解けば、必ずこの三者は詳細に描かれるし、それぞれのリーダーのみに焦点を当てた伝記的研究書もある。しかし眼のまえの男は、これら歴代のネイションのリーダーについては、この時点でなにも語ろうとしなかった。ただ、短くネイションについてのみ言及し、イライジャ・ムハンマドの七番目の息子であるＷ・Ｄ・ムハンマドにくり返し触れたのだった。

　なんだか肩すかしをくらったような気分になって、男の態度に若干とまごってもいた。それには、以前の僕のネイションのモスクでの調査経験が関係している。

一九九九年の夏、僕はシカゴにあるネイション・オブ・イスラームの本部を訪れていた。まだ大学院に入りたてで、フィールドワークの方法についてもほとんどなにも知らないまま、彼らの開催するモスクでの集会や授業に参加させてもらった。ひたすら手探りでなにかをつかもうとしていたのだ。そして文献を通じて、ネイションのこれまでの取り組みについても調べていた。一九九〇年代のネイションは、シカゴだけでなく、アメリカ中の大都市でプレゼンスを示していたし、治安維持や雇用創出でも成功をおさめていた。一部のリーダーたちによる発言が、「逆差別だ」「反ユダヤ主義だ」「反白人だ」「分離主義だ」などと非難されることはあった。しかしそれでも、教育プログラムをはじめとする、地域での若者への取り組みやメッセージは地域住民から高く評価されていたし、アフリカン・アメリカンの知識人からも一定の支持を得ているように見えた。なによりもネイションは、八〇年代の「揺り戻し」や「コミュニティの衰退」「同情疲れ」を経て、九二年のロス暴動を経験したのち、根強く残る人種差別とますます合理化され正当化され苛烈をきわめる自由競争のなかで、とりわけ貧困層のアフリカン・アメリカンに語りかけ、働きかけることのできる数少ない組織のように思えた。

だから、僕はネイションの取り組みを心情的には支持したいと思っていたのだと思う。床屋にいた男がネイションについての話を終え、別の話題に移ってしまいそうだったため、とっさに質問を投げかけた。

「ネイション・オブ・イスラームは、いまでも活動をおこなっていますよね?」

しかし、男はこともなげに言った。

「ええ、でもあれはお金のためです。ファラカーンは、自分のために組織を運営してるんですよ」

ルイス・ファラカーンは、一九七六年以降、ネイションの指導者を務めてきた人物である。彼の名前は、とりわけ一九九〇年代以降、ネイションの各地域での取り組みがアメリカ中にひろがるにしたがって、頻繁にメディアに登場するようになる。そのことも手伝って、彼はひとつのイスラーム組織のリーダー（ミニスター）という立場を超え、いわゆる黒人コミュニティ全体のリーダーのひとりとして認識されるようになっていった。しかしいま、眼のまえの男は、ファラカーンが自分の名前を売り、お金を集めるために活動をしていると考えているようだった。

僕は、食い下がるようにもう一度質問した。

「でも、ミリオン・マン・マーチに関してはどうですか？　多くの人たちがあの行進を支持していましたよね？」

首都ワシントンDCで一九九五年十月におこなわれた「ミリオン・マン・マーチ（百万人男性行進）」は、合州国史上最大規模のものとなり、注目を集めた。そしてこの行進は、その規模だけでなく、呼びかけ人のひとりがこれまで「過激」とされるような主張をくり返してきたルイス・ファラカーンだったことや、主として黒人男性のみを対象に呼びかけられたことなどによって、ときとしてセンセーショナルに取りあげられ、大きな注目を集めた。当然、この男もその事実を知っているはずだったが、自分から言及しようとはしなかった。

「ある一時期に大勢の人が集まったのはよいことでした。だけど、そうした団結《ユニティ》がつづきましたか？　ネイションという組織にお金をもたらしただけです。あの行進のあと、みんななにもしなかったんだ」

彼はそう言って答えた。

その言葉に、どのように反応してよいのかわからなかった。そしてもう一度、自分の関心がイスラームとハーレムの関係にあることを伝えた。男はつづけた。

「でも、ハーレムはイスラームからなにも学ばなかったのですよ。いまとなってはその両者のあいだに、なんの関係もありません。周りを見てごらんなさい。なにか変わりましたか？　ハーレムはイスラームから、利益になるようなことはなんにも得ることができなかったんだ。私は二十五年以上もイスラームを教えてきたけど、人びとはなんにも変わってないんだ。マルコム［・X］がいたときには、もちろん人は集まってきました。だけど、彼がいなくなったら、人も去って行った。集まっていたのは、ひとときのことです」

ハーレムでフィールドワークをはじめたばかりだったこのとき、あたかも自分の研究テーマがこの男から挑戦を受けているかのように感じられた。男の仕草と声のトーンからは、彼がなんらかの不満を抱えているように見受けられたし、彼の語った内容からは、歴史が極端に省略されているようにも思えた。しかし彼は、なににについて不満を抱えていたのだろうか。なぜ彼はハーレムとイスラームの関係を否定したのだろうか。そして彼の語る歴史からは、なにが省略されているのだろうか。さらに重要に思えるのは、彼がこのような語り口で歴史を語ることが、なにを意味しているのかということだ。

このあと、僕は男の語りに惹き込まれてゆくことになる――。

ハーレムに滞在した二年間、およびただしい量の語りに遭遇した。その多くは、アフリカン・アメリカンのムスリムとして生きる人びとによる、「自分たちの歴史」に関する解釈だったように思う。それはしばしば、痛みや苦しみの経験を載せ、不満や怒りの感情をともない、ユーモアや風刺や批判を詰め込んで語られた。すでにひろく認められ共有されたいわゆるオフィシャルな、「大文字の歴史」と重なる部分もあれば、そうした公認の歴史記述のなかではほとんど眼にすることのないものもあった。公認の歴史とはっきり対立する場合もあったし、「事実」であるのかどうか確定が難しいものもあった。

けれども、ここではこの男性によって語られた歴史を再現し、公認の歴史と対照させてみたいと思う。眼のまえで語られる歴史が、ひろく認められた歴史的事実と一致しない場合、それをどのように捉えることができるだろうか。

歴史的事実はひとつではない——もちろん、そう口に出して認めるのは、難しいことではない。でも僕らは、知らず知らずのうちに、どこかで「より正しい事実」を求め、それを裏付ける証拠を集めるかもしれない。また、虚偽であるよりは比較的誠実でましな事実というものがある、と（さほど意識することなく）信じているかもしれない。歴史の教科書が書き変わるときにそれを実感することもあれば、考古学的な新しい発掘や歴史資料の発見によって定説に変更が加わるときにそれを味わうこともあるだろう。だから、歴史的事実はひとつではない、という単純な一般論を実践するのは、それほど易しいことでもない。

しかし、ここではひとまず語られた歴史を、真偽の問題としてではなく、「試みの歴史 attempted histories」として考えてみたいと思う。この場合の歴史は、「小文字の複数形の歴史 histories」になるだろう。教科書や研究書、あるいはそれ以前に公的記録や裁判資料などに頻繁に登場し、圧倒的な存在感をほこるがゆえに、ひろく認められつづける「大文字の歴史」のなかで、その濁流にさらわれ、流され、のまれ、ときとして削られ、打ち捨てられ、忘れ去られ、またあるときには押しこめられ、抑えつけられ、踏みつけられる歴史かもしれない。そしてそれは同時に、「大文字の歴史」に刃向かい、抗い、肩すかしをくらわせ、静かに毒を盛りつづける歴史かもしれない。ここに記したいのは、そうした「試みの歴史」であり、また「大文字の歴史」とは異なる認識や感性、歴史感覚で歴史を語りなおそうとする一連の試みである。

それは記述する価値があるように思う。なぜならそれは、「暴力の位置 location of violence」——とくに歴史にかかわる暴力の位置——について、いくつかの重要なことを教えてくれるからである。

新たな歴史哲学の構想にむけてヴァルター・ベンヤミンは書いている。

「過去を歴史的に関連づけることは、それを『もともとあったとおりに』認識することではない。危機の瞬間にひらめくような回想を捉えることである。歴史的唯物論の問題は、危機の瞬間に思いがけず歴史の主体のまえにあらわれてくる過去のイメージを、捉えることだ[1]」

歴史を実証主義的観点からのみ捉えようとする者から見れば（そしてこの観点からは自由であると断言できる人はそう多くはないはずだ）驚いてしまうようなこの有名な記述は、ベンヤミンがナチス親衛隊に追い詰められ、最終的に服毒自殺を遂げるまでずっと手放すことのなかった遺稿に登場する。それは、絶望的な状況のもとで構想され、部分的にはそのことも手伝って、断片的でありながら想像的に凝縮されたかたちで書き遺されている。「危機の瞬間」を経験したとき、これまで当然と思い依拠してきた日常が壊れ、その日常を支えていた制度やシステムの「異常性」があきらかになることがある。この感触を残したまま歴史哲学を構想できないだろうか、とベンヤミンは思案する。この着想とともに床屋の男の回想を捉えられないだろうか。

しかし、まずは男の語りを頼りに、アフリカン・アメリカンとイスラームとの関係史を要約しておきたいと思う。

マスター・ファード・ムハンマドとネイションの誕生

床屋にいたカリルと名乗る男によると、ハーレムにイスラームが伝わったのは一九五五年だという。たしかに、ハーレムで「ブラック・ムスリム」の存在が目立ちはじめたのは一九五五年頃だったということが、現在ではさまざまな証言や資料からわかっている。一九五四年には、ネイション・オブ・イスラームのメンバーとしてすでに名前を知られつつあったマルコム・Xが、ハーレムのモスク「テンプル・ナンバー・7」にミニスター（聖職者）として配属されている。マサチューセッツ州のノーフォーク・プリズン・コロニーに六年間服役したマルコム・Xが、仮釈放されてからわずか二年後のことだった。当時のネイションの指導者イライジャ・ムハンマドは、アフリカン・アメリカンの文化の象徴であり、手強い聴衆のいる場所として評判だったハーレムに、すぐれたカリスマ性と魅力を備え、強烈に弁のたつ話し手だったマルコムを送り込んだのだ。

ハーレムに着任したマルコム・Xは目覚ましい活躍を見せ、やがて合州国中にその名が知られるようになる。ネイション自体は一九五四年よりもまえから存在していた。しかし、メンバーの数が著しい増加を見せるのは、マルコムがハーレムに着任してからのことである。ネイションはその当時から服装や身だしなみに関する規定を持っていた。そのため、ハーレムのストリートでは短髪で髭をきちんと剃った男性メンバーが、清潔なスーツ姿に蝶ネクタイやネクタイを着用して、ネイションの機関紙『ムハンマド・スピークス』を売りあるく姿が目撃された。こうした身ぎれいな男性メンバーは、訓練された作法の立ち居ふるまいを身に付け、礼儀正しく、自信に満ち溢れ、直接的な話し方をしたという。女性たちは白いドレスに身を包み、髪の毛を覆うスカーフを着用した。メンバー数の増加とともに、メンバーによる際立った服装とふるまい方が一種の視覚的特徴となり、ネイションの存在がますます可視化されてゆくことになる。

フィクション化された自伝である『ハーレムに生まれて』(原著一九六五年)で、クロード・ブラウンは、ハーレムのストリートの生活を描きつつ、やはり一九五五年にネイションにはじめて出会ったことを記している。

「俺が最初にブラック・モスレムのことを聞いたのは、一九五五年だった。その頃からモスレムの連中が、一二五丁目と七番街の角で説教をしはじめた。そこは、いわばハーレムの演説広場で、政治の好きな連中が集まって来ていつも議論していた。ハーレムで演説したいと思うやつは、誰でも、一二五丁目と七番街の角へ行って、やることになっていた(2)」

この記述を見ると、ネイションのメンバーの際立った服装と容姿が、コミュニティ内での差異/アイデンティティを確立する際に重要な役割を果たしていることがわかる。

しかし、先に確認したように、ネイション・オブ・イスラームは一九五〇年代にはじまったわけでも、ハーレムで誕生したわけでもない。ネイションによる公式の歴史記述でも、また研究者の記述でも、この組織によるイスラーム運動は、創始者のマスター・ファード・ムハンマド Master Fard Muhammad が一九三〇年頃、ミシガン州デトロイト市の黒人居住区を家庭訪問し、シルクやレインコートを売りあるくなかではじまったとされている。

ところで、マスター・ファード・ムハンマドはほかにも、ファラード・ムハンマド Farad Muhammad、W・D・ファード・ムハンマド W. D. Fard Muhammad など複数の名前で呼ばれていたことが記録されている。また、ネイションのメンバーや元メンバーは、彼の名前をファラードと発音し、マスター・ファラードと呼ぶ場合が多い。しかし、便宜上、ここでは主に彼のことをファード、もしくはファード・ムハンマドと呼ぶことにしたい(3)。

じつはこのファードの存在はいまだに謎に包まれた部分が多い。そしてそのことも手伝って、ときとして神話化されて語られることがある。いまだ謎に包まれているというのは、今日にいたるまでこの創始者の正確な身元を証明した研究者がいないためである。いや、正確に書くと、ファードの身元はいまやインターネット上で写真とともに確認することはできる。しかし、即入手可能なこの情報が、すでに誤解に基づいていたり、操作されていたりする可能性があるのだ。また、ファードが神話的に語られるというのは、これはネイションの歴史にかかわるいくつかの語りが、組織の誕生に関するこうした「あいまいさ」を基盤に成立しているからである。

しかし、ファードの「正体」に関しては、断片的な証言と記録があり、いくらかの仮説が提出されてもいる。そして、研究者のあいだでゆるやかに合意された定説もある。たとえば、社会学者マティアス・ガーデルは、ネイションに関するすぐれたモノグラフ『イライジャの名のもとに』（一九九六年）のなかで、ファードの「正体」に関する仮説に次のようなものがあると指摘する(4)——親ナチの秘密工作員、預言者ムハンマドの子孫、パレスチナからの亡命者、黒人へブライ人、親日の工作員、シリアもしくはレバノンのドルーズ派。

こうして並べてみると、仮説というより憶測に近いと言えるかもしれない。こうした仮説が、なぜ、どのようにして提出されるにいたったのか、その出所はどこかなど、興味深い問題ではあるが、残念ながらそれを特定するのは難しい。ガーデルによれば、多くの仮説のうち、とくに次の三つが長きにわたって主張されたという(5)。

第一の仮説では、ファードは、ネイション・オブ・イスラームに先立ってイスラームの教義を部分的に取り入れて活動を展開した宗教組織、ムーリッシュ・サイエンス・テンプル（MST）の元メンバーだとされる。この仮説によるとファードは、MSTのリーダーだったノーブル・ドリュー・アリが暗殺されたあと、この集団を統括することを望んでいたという。MSTは、二十世紀初頭に設立され、一九二〇年代を通じて信者の数を大幅に増やした。MSTがネイションと類似する教義を持ち、MSTが分裂した際にはメンバーの何人かがネイションに入信したことは事実だとされている。しかし、この第一の仮説自体を証明する確固たる証拠はない、とガーデルは述べる。

第二の仮説では、ファードは、アーノルド・ジョサイア・フォードという名前の黒人ユダヤ教徒のラビと同一人物であり、黒人活動家マーカス・ガーヴェイの親しい仲間だったとされる。しかし、このフォードという人物は当時の黒人コミュニティでは知名度があり、そのように顔の知れた人物が気づかれることなく異なる名前を名乗り、異なる組織を形成していたとはにわかに信じがたい、とガーデルは言う。そしてこの第二の仮説もまた、確たる証拠となるような記録文書の類が存在しない。

第三の仮説は、米国連邦捜査局（ＦＢＩ）による主張から派生している。ＦＢＩの説明によると、ファードの写真と指紋の記録が、ウォリー・Ｄ・フォードという名前で、ロサンジェルス警察署とサン・クエンティン刑務所のファイルに見つかったという。しかしＦＢＩは、すでにこのときネイションに対して情報操作を含む秘密工作を開始しており、本記録も偽造された可能性が高い、とガーデルは述べる。

ガーデルが結論づけているように、以上に見た三つの仮説は、推測の域を出るものではない。それでも、こうした仮説に関していくつかの点を確認しておくことは有益だと思う。

第一に、ネイションの創始者について、確たる証拠として採用し得るような記録がほとんどないという点。入手可能な情報の多くは、メンバーが彼らの認識に基づいておこなった口頭での証言から得られている。その証言のいくつかが、あとになって書き留められ、研究者やジャーナリストによって公刊されているのだ。

第二に、ネイションの歴史記述には、警察機関――とくにＦＢＩ――の影が執拗についてまわっている点。ＦＢＩの記録がどれほど誤りを含み、意図的に操作され、悪意に満ちている可能性があっても、それは（おそらくは記録されており、立証化し得るという理由から）ネイションの歴史記述に介入しつづける。つまりネイションの歴史は、Ｆ

BIという警察機関の存在を抜きにしては語ることができない。

そして第三に、部分的には右に述べたことが理由となり、創始者であるファードは神話的な存在でありつづけている点。ネイションのメンバーによるいくつもの断片的な語りが重なるだけでは、ファードの身元が事実として確定することはない。他方で、ほとんご唯一と言ってよい公的な歴史記録は、FBIや地元警察によって作成されたものである。

このように、ファードの身元は確証を与えられず、神話的でありつづける。他方で、その当時のアフリカン・アメリカンによって認識され、解釈され、語られたファードの言葉や行為の一端が、一九三〇年代のデトロイトで調査をおこなった社会学者アードマン・ドアン・ベイノンによって記録されている。このベイノンによる研究論文が、組織されたばかりの初期のネイションについてはじめての、そしてほとんご唯一の学術調査だった(6)。

ネイションにはその当時、人身御供をおこなっているという噂があった。そのためネイションは、「ヴードゥ・カルト Voodoo Cult」と呼ばれており、ベイノンの論文も「デトロイトの黒人移住者間のヴードゥ・カルト」というタイトルで世に出ている。アフリカン・アメリカンのムスリムに関して書かれた著作のうちのほぼすべてが、組織されたばかりの頃のネイションの活動に言及する際には、ベイノン論文に全面的に依拠して記述をおこなっている。それ以外に信頼できる資料がないのだ。僕自身も、オリジナルの資料を入手したいと思いデトロイトに足を運んだことがある。しかし残念なことに、いくつかの新聞記事を除くと、いまのところこの論文以外に資料を見つけ出すにはいたっていない。それでもベイノンの論文は、当時の様子を記録した貴重な資料である。なかでも、ネイション初期の活動がその当時のアフリカン・アメリカンによってどのように受けとめられたのかを記録した箇所は注目に値する。

ベイノンによれば、創始者ファードは行商人としてアフリカン・アメリカンの家を訪問している際に、家の中に招かれることがあったという。そんなときファードは、アフリカン・アメリカンたちの「本来の」土地であるアフリカで、人びとがどのように暮らしているのかを語って聞かせた。そうして彼は、自らの教えを説きはじめることになる。一九三〇年代当時のネイションのメンバー、シスター・デンケ・マジード（ネイション入信前はミセス・ローレンス・アダムス）は次のような証言を残している。

彼〔ファード〕は最初、レインコートを売りに私たちの家にやってきて、そのあと、シルクも売りにきました。そうやって彼は、ほかの人の家に入っていくことができたんです。女の人たちはみんな、行商の持っている素敵な売りものを見たがっていましたからね。彼は、自分の売っているシルクが私たちの民族が故郷で使っているのと同じ種類のもので、自分はそこから来たのだと教えてくれました。それで私たちは彼に、自分たちの祖国についてもっと教えてくれるように頼んだんです。一緒に食事をしようと誘うと、彼は私たちがテーブルに用意したものはなんでも食べました。ただ、食事のあとに、こう話しはじめたんです。「こういうものを食べてはいけません。あなた方にとってこれは毒なんです。あなた方の故郷の人々はこういうものは食べません。彼らはきちんとしたものを食べているので、とてもよい健康状態を保っています。あなた方も故郷の人たちのように生きれば、病気になることはなくなるでしょう」。それで私たちは彼に、自分たちのことや故郷のこと、それからどうやってリューマチやさまざまな痛みや苦しみから自由になれるのか、教えてほしいとお願いしたんです。(7)

「自分たちの祖国」「私たちのこと」「故郷」「教えてほしい」といった表現がくり返し登場する点は注目に値する。これは、ファードの教えに反応した当時のアフリカン・アメリカンたちがどれほど自分たちのルーツや歴史に強い関心を示し、それを再構築したいと願っていたかを表わしているように思う。また、シスター・デンケの短く断片的な語りから、ファードが当時なにをしていたのかも垣間見ることができる。ファードは、ネイションを組織してその教えをひろめてゆく際に、イスラームの聖典であるクルアーン（コーラン）をすぐに紹介するようなことはしなかった。また最初から、当時多くのアフリカン・アメリカンが教会を通じて慣れ親しんでいたであろう聖書を用いて、説教をはじめたわけでもない。むしろ彼が最初におこなったことは、食事や健康の管理など、アフリカン・アメリカンたちの身体にかかわることがらについての実際的な助言であり、彼らの起源や故郷に関しての知識の提供だった。

このようにしてファードの存在は、徐々にではあるが着実にひろく知られるようになり、彼の話に耳を傾けたいと考える人の数も増えてゆく。先のベイノン論文は、ネイション発表の予測によると約八千人のメンバーがいる、と報告している。(8) ジャーナリストのラッセル・J・コーワンズは、デトロイト警察署の調査ではデトロイト市内だけで八千人以上のメンバーが存在すると指摘しているし、FBIは、「一九三四年以前の段階で、三万五千ものネイションのIDカードが発行されている」としている。(9)

ファードは、次第に聖典を用いるようになる。最初に聖書を、そして次にはクルアーンを用いて教えを語りはじめ、彼の言い方を借りるなら「青い目をした悪魔」――ネイションは白人のことをこう呼んだ――による残忍な人種差別や彼らによる聖書の悪用を非難しはじめる。ファードによる一連の教えは、あきらかにメンバーにとっては衝撃的な出来事として受けとめられたようだ。ベイノンの論文には、ネイションのメンバー、ブラザー・チャラー・シャリーフ（ネイション入信前の名前はチャールズ・ピープルズ）がはじめて教えを耳にしたときの「ショック」や「心理的危機」について語った内容が採録されている。

> はじめて集会に行ったとき、私は彼〔ファード〕がこういう風に言ってるのを耳にしました。「聖書は、太陽が昇ってはまた沈むと教えていますね。だけど、それは事実ではありません。太陽はそのまま動かないのです。あなた方はこれまで生きてきて、地球は動かないと思っていましたね。立って太陽の方角を見てください。動いているのは、あなた方の立っている地球の方なのだということをわかってください」。その日まで私はバプティスト教会に通ってました。その預言者の説教を聞いたあとで、私はすっかり人が変わってしまいました。家に戻って、夕食の準備ができたと聞かされても、『夕食は食べたくないよ。ただ、さっきのあの集会に戻りたいんだ』って言ってました。食事をとらないで、その晩の集まりに戻ろうとしてたんです。そしてそれからというもの、すべての集会に参加するようになりました。頭上にある太陽がまったく動いたことがなく、私たちのいる地球の方が動いてたなんてね。そういうことを考えただけで、私にとっては、すべてが変わってしまったんです。[10]

シャリーフにとってこの集会での経験は、それまで彼の日常生活を支えてきたはずの認識枠組みが足下からぐらつき、崩れ、新しいフレームワークにとってかわられるような種類のものだったことがわかる。太陽と地球の立場が入れかわるエピソードは、そうした認識の転換を象徴していると言える。ファードの言葉は、天動説の信仰のもとに地動説が導入されるくらいの衝撃をもたらしたのだ。一八〇度のラディカルな転換である。部分的にはバプティスト教会に通うことで培われてきたシャリーフの認識枠組みは、一種の危機に直面し、ファードによって導入される説明原理の介入によって配置換えをおこなう。

くり返しになるが、これは一九三〇年のミシガン州デトロイトでの出来事である。よく知られているように、一九一〇年頃からこの時期にかけては、南部州から北部州の都市部へとアフリカン・アメリカンたちが大規模な移動を果たした。いわゆるグレート・マイグレーションである。ニューヨークやシカゴなどに次いで、デトロイトもそのようにして移住した大勢のアフリカン・アメリカンたちが暮らす街となっていた。一九二九年に入ると、アメリカはウォール街の金融危機やそれにつづく世界恐慌のあおりを受け、失業者が街角に溢れた。アメリカだけでなく世界中が先行きの見えない未曾有の不況をなんらかのかたちで突破しようと画策していた。経済システムへの信頼が崩壊したあと、日本は状況への暴力的打破を求めて戦争への道をひた走り、アメリカもまたニューディール政策を打ち出し、公共事業などを展開しながらも結局は戦争の道を選ぶ。

このような社会状況のなかで、ファードは食事制限や服装規定などの新たな規律を導入し、聖書を脱構築し、クルアーンを紹介したのだ。そう考えると、ファードの説いたイスラームが、すでに恒常化した社会・経済的危機のなかを生き抜いてきた人びとに、新たな認識枠組みをもたらしたことが想像しやすくなる。ネイションに入信したメンバーたちは、単に目新しい教義に触れ、それまでとは異なる新しい信仰の形態に出会い、それを享受するだけではない。新しいふるまい方や行動様式を身につけ、自分たちのルーツや歴史を再構築し、そうすることで自らの存在理由を再構成する機会を手にしようとしたのだ。その意味で、彼らにとってのイスラームとは、文字どおり、新たな生き方、新たな存在様式、新たな「生の営み方《ア・ウェイ・オブ・ライフ》」だった。

イライジャ・ムハンマドの再出発

デトロイトの黒人街にあらわれ、イスラームを説きはじめたファードは、ネイション・オブ・イスラームの創設から四年後の一九三四年六月、あらわれたときと同じくらいに謎めいたかたちで忽然と姿を消す。ふたたびいくつかの仮説が誕生し、またしてもそこには警察機関の影がつきまとうことになる。

ファードはデトロイト警察による三度にわたる逮捕のあと、一九三三年にデトロイト市を逐われ、シカゴに避難しようとした、というところまではわかっているようである。しかし、そのあと彼になにが起きたのか、どのようにして姿を消すことになったのか、確実なことは現在でもわかっていない。国外追放されたというのが有力な説ではあるが、それもまた確実なこととは言えず、研究者や当事者、警察機関のあいだで主張に食い違いがある。

創始者の失踪によって、ネイションの組織基盤は不安定になり弱体化するが、完全に消滅するにはいたらなかった。紆余曲折のあと、新たなリーダーの座にはイライジャ・ムハンマド Elijah Muhammad がつくことになる。そしてそのあとイライジャは、一九七五年に亡くなるまでの期間、ネイション全体を統括しながら、さまざまなプログラムを立ち上げ、合州国中にひろめてゆくことになる。

数多くのメンバーのなかでなぜイライジャがリーダーを継承したのか、その理由については、確固たる証拠があるわけではない。ファードが自らの失踪に先だって、イライジャを次の新たなリーダーに指名していた、というのがイライジャ自身の説明であり、それが現在のネイションのオフィシャルな歴史でもある。しかし、リーダーの継承がなんの問題もなくおこなわれたわけではないことも判明している。一九三四年から四一年にかけて、ネイションのメンバー間に「内的な緊張」があったことが報告されており、イライジャは彼がリーダーの座につくことに疑問を持つ者たちからたびたび挑戦を受けていたという。街から街へと逃げてまわったあと、イライジャはシカゴに新たなネイションの本部を設立し、それを「テンプル・ナンバー・2」と名づけた。それによってネイションは、イライジャのもと、再出発を遂げることになる。(11)

そもそもイライジャはどのようにしてファードに出会ったのだろうか。その出会いに先立つ一九二三年、イライジャは妻のクララとともにアメリカ南部を逃れ、ミシガン州デトロイトに移住している。先に書いたが、二十世紀初頭は、アメリカ南部州の黒人たちが仕事を求めて大量に北部州の都市部に移住した時期でもある。イライジャも家族とともにデトロイトに移り住んだが、それでも当時は仕事がなく、生きてゆくためには家族全員が生活保護に頼らなければならなかった。また困難な状況のなかで、イライジャは酒場に入り浸ることが時折あり、妻や子どもたちが彼を連れ帰らなくてはならないこともあったという[12]。

ファードという男がイスラームを説いてまわっている——イライジャがそのことを耳にしたのは一九三一年の秋だった。関心を持ったイライジャは、ファードに会うために集会に出席する。その男の説教に耳を傾け、深い感銘を受けたイライジャは、彼に近づくと、話しかけた。あとになってイライジャは、ファードとのはじめての出会いを次のように振り返っている。

「お会いしたとき、あの御方を見ると、聖書が世界の終末期にあらわれると予言している御方なのだということがわかったのです。そのことが頭から離れませんでした。私はあの御方と握手を交わし、こう言いました。『あなた様は、人の子の名のもとに、そしてイエスの再臨として世界の終末にやってくると聖書が予言しているあの御方ですね[13]』」

ファードに出会った瞬間からイライジャが相手を特別な存在として認めていたことがわかる。ファードの信奉者たちの多くがそうだったように、イライジャもまたファードとの出会いを、なにか神的なもの、神聖なものに触れた類まれなる瞬間と位置づける。しかし、イライジャはほかの大多数の信者たちと異なり、ファードを直接的に「あの御方 the One」と呼ぶにいたる。イライジャによれば、「あの御方」と呼ばれたときのファードの応答は次のようだったという。

「……あの御方は少々険しい表情で私を見ました。そして微笑み、私の頭のそばに御自分の頭を近づけて、私の耳元でこう囁いたのです。『そのとおりです。わたしはそういう者です。けれどあなた以外の誰に、それがわかるものでしょうか』。そして、

『そのことについては黙っているように』と〔私に言いました〕。それからあの御方は、御自分の手で私の肩を軽くたたき、私が近くにいられるようにしてくださいました。そして、さらに多くの人たちがいたので、あの御方はその人たちと話をはじめました[14]」

この語りを見ると、二人の出会いがイライジャにとってだけでなくファードにとっても特別なものだったことが想像できる。移民としてアメリカにやってきて行商で生計をたてていたファードが、次第に黒人たちから受け入れられ、最後には「救世主」の位置にまで高められたのだ。だから、ファードの失踪の日まで二人が互いに信頼関係を維持したことは驚くに値しない。二人の関係を示す次のようなエピソードが残っている。――失踪まえのファードが、彼のもとにいたミニスター（聖職者）たちにむかって、組織全体のリーダーをひとり選ぶように求めたことがあったらしい。その際ミニスターたちは、イライジャではない別の人物をリーダーに選んだ。しかしファードは、ミニスターたちのまえにイライジャを呼びだし、彼を最高位のミニスターに任命したという[15]。ファードがどれほどイライジャを特別に扱っていたかを示すエピソードである。

やがてファードが失踪すると、イライジャは公式にファードが単なる「救世主」や「預言者」ではなく、人の姿をした「神」であると宣言するまでにいたる。そのようにしてファードは、イライジャの手によって神格化されることになった。そしてこの宣言によりイライジャは、「神の使徒」《メッセンジャー・オブ・ゴッド》と呼ばれる位置に立つことになる[16]。

ネイションによる歴史を読んでファードについて知った者がFBIファイルを読み込むと、しかし、拍子抜けするかもしれない。現在ではネット上でも閲覧できる

FBIファイルを読むと、そこに描かれるファードの姿は、神や救世主、預言者などといったイメージからはかけ離れた存在である。ニュージーランド生まれ、白人、詐欺容疑、逮捕歴など、きわめて世俗的な姿がそこにはある。しかし、その後ルイス・ファラカーンによって引き継がれるネイションのもとでは、この警察機関によるファード像は否定されるし、くり返しになるがこの情報にもとづいてファードの人物像を再構成するかによって、浮かびあがる歴史は著しく異なるのである。

ウォレス・ディーン・ムハンマドの改革

床屋にいたカリルは、一九七五年になるとW・D・ムハンマド（ウォレス・ディーン・ムハンマド）が組織を担うようになったと語った。ウォレス・D・ムハンマド Wallace D. Muhammad は、イマーム・W・ディーン・ムハンマド Imam W. Deen Muhammad、イマーム・ウァリス・ディーン・ムハンマド Imam Warith Deen Muhammad、ウォレス Wallace などの呼び方をされる。また彼のラストネームはモハメッド Mohammed と綴られることがある。本書では便宜上、彼のことをウォレス、あるいはウォレス・ムハンマドと呼ぶことにする。

カリルが示唆するように、一九五〇、六〇年代を通じて注目を集めたネイション・オブ・イスラームは、七五年以降の数年間、大きな変化を経験する。それは、規律や訓練、理念などによって、表面上は統一されたように見えたネイションの運動が分岐してゆく時期でもある。(17)

一九七五年二月二十五日、ネイションのメンバーにとって「神の使徒」だったイライジャ・ムハンマドが死去する。奇しくもそれは、ネイションの始祖ファードの生誕記念日――それは「セイヴィアーズ・デイ」と呼ばれる――の一日前だった。

もっとも、イライジャの死は、多くの者にとって予期せぬ出来事ではなかった。一九七三年には『ニューヨーク・タイムズ』紙がイライジャの健康状態に関する懸念を記事にしており、六九年にはFBIが次のリーダーの出現を予測するメモを残している。[18]リーダーの継承の際には、なんらかの争いが生じるであろうと予想されていたが、じっさいにはイライジャの死の翌日、この継承は少なくとも表面上は穏やかにとりおこなわれる。セイヴィアーズ・デイの集まりの場で、イライジャ・ムハンマドとその妻クララ・ムハンマドの七人目の子どもであるウォレス・ムハンマドがネイションの新リーダーである、と宣言が出される。

リーダーの座を継承したウォレス・ムハンマドはその後、組織の教義や構造を改革してゆく。たとえばネイションは、白人を「青い目をした悪魔」と呼び、彼ら白人の悪行や偽善的行為を厳しく糾弾してきた。しかしウォレスは、「青い目をした悪魔」に対する闘争はもはや物理的なものではなく心理的なものだと宣告する。彼は言う。「物理的なものごとは、より高度なレベルにある知の単なるあらわれに過ぎない[19]」と。それゆえに彼は、「白人は悪魔だ」という発言は「より高度な言語で教えられる[20]」べきだと主張する。ウォレスははっきりと次のように書いている。「私は〔白人たちを〕『悪魔』とは呼びません。彼らを支配してきた精神 mind を『悪魔』と呼ぶのです[21]」

「白人は悪魔だ」という表現が、少なくともネイションのメンバーでない人びと、とりわけメディアを通じてその発言に触れた白人たちにとって、攻撃的に響いたであろうことは想像に難くない。そしてこの発言を見るかぎり、ウォレスがそのことに懸念を抱き、攻撃性を減じるために戦略的再解釈を図っているようにも見える。その意味でウォレスのもたらした教義上の変更やその意図は、誰の眼にもわかりやすいものにうつるかもしれないが、この再解釈は、より眼につきにくいレベルで、アフリカン・アメリカンたちの認識の転換を手伝ったように思う。注目したいのは次の二点である。

第一にウォレスは、アフリカン・アメリカンの直面する暴力について、これまでとは異なる角度から問題化を図っている。具体的には、視覚に訴えるような物理的な暴力以外の暴力を認識し語ることのできる領域を切りひらいている。言葉の再定義や再解釈は、認識のパターンに変化をもたらし、これまで問題とされにくかったことがらを語るための領域を準備する。ウォレスの再解釈が切りひらいた領域で、黒人たちの直面する暴力は人間の肉体的特徴を超えた形而上的問題として捉えなおされる。ウォレスは書く。

「ある物理的な人間集団を『悪魔』と特定し、将来その集団を物理的に滅ぼしたとしても、今日抱えているのと同じ問題を我々は抱えることになるでしょう」[22]

もはや、肌の色のような肉体的特徴によってグループ分けされた集団（「白人」）が諸悪の根源なのではない。肌の色にかかわらず、人間の認識の枠組み、考え方、精神性、宗教性、ふるまい方などの傾向性が問題とされる。そして、「悪魔」と呼び得る「精神」は、物理的に滅ぼされるべき対象ではなく、精神的に乗りこえられるべき対象とされる。

第二にウォレスは、生物学上の父親でありネイションの育ての親でもあるイライジャの権威を傷つけないように配慮しながら新たな解釈を提供することで、イライジャのとった「旧来の解釈」を自分たちが乗り越えるべき対象として設定している。ウォレスの新たな解釈を正しいものとして受け入れる者にとってこれは、乗り越えるべき旧来の解釈の姿を定義づけ固定化する作業でもある。乗り越えるべきものとして対象化され、歴史の上に位置づけられた瞬間から、それは生々しく働きかける真実であることをやめ、固定された過去へと姿を変える。言い換えるとウォレスは、「白人は悪魔である」という表現の「行為遂行的」な側面をそぎ落とし、過去の信仰や心情の表明、過去の状況描写へと還元したうえで乗り越えようとするのだ。(23)

改革はこれだけでは終わらない。一連の改革のなかで、ネイションの創始者ファードの位置づけも変化する。ファードは、一九三四年の失踪後、イライジャがリーダーを務めるネイションのもとで「人間の姿をした神」とされていた。もっとも、その時期にファードが神であると信じ切っていた人がじっさいにどれほどいたのか、確たる証拠はない。(24)しかし、少なくとも表向きには神格化されていたファードは、ウォレスの改革後、「神」であることをやめる。ネイションは、創設以来はじめて、ファードが人間であると公に宣言するにいたるのである。

一九七六年になるとウォレスは、追い打ちをかけるかのように、ファードがまだ生きていると宣言する。

「マスター・ファード・ムハンマドは死んでいません〔……〕彼は物理的に生きています。そして私は準備が整うと彼と話をします。幽霊と会話するように話すということではなく、電話で彼の番号をダイヤルして話すのです」(25)

さらにウォレスは、ネイションの研究を重ねてきたクリフトン・マーシュによる一九七九年のインタビューのなかで、ファード・ムハンマドの用いた「トリック」を暴くことまでやってのける。以下はそのインタビューでのウォレスの発言である。

彼〔ファード〕は、神学の天才だったと思います。神学の象徴的な側面に通じていました。ファード・ムハンマドについてじつに興味深い点は、キリスト教が黒人たちに与えてきた「かつての」キリストの姿にとって代わるために、この男が自分のことをキリストのような人物として他人に示していた、ということなのです――そしてこのことは、イライジャ・ムハンマドも理解していました。だからファードは、あれほど謎めいたやり方で失踪したのです。彼は、自分についての謎をつくりだしたかったのです。

彼がおこなったことの多くは、〔……〕安っぽい魔術や、経験の少ない呪術医のトリックに過ぎません。イライジャ・ムハンマド師はこんな話をしていました。ファードが自分の頭から髪の毛を一本抜き、ほかのメンバーにも髪の毛を一本抜くように言うんです。そして彼らは全部の髪の毛をひとつにまとめ、ファード・ムハンマドが自分の頭から抜いた髪の毛一本で、そのまとまった髪の毛をすべて持ち上げるんです。イライジャ・ムハンマド師は、五十年間にわたってバプティスト教会で説教をしてきた牧師の息子ですから、すぐにそれがなにを意味するのかを理解しました。「私のことを支えてください。そうすればすべての人間を私の近くに集めましょう」という意味です。またある日、ファード・ムハンマドがやってくると彼の髪の毛が完全に灰色になっていて、次に彼がやってくると灰色じゃなくなっていることがあったと言います。彼は意図的に注目を集めようとしていたのです。[26]

ファードの魔術に関するここでのウォレスの分析は、短くはあるが特筆に値する。彼によれば創始者ファードは、アフリカン・アメリカンのあいだに浸透していた教会制度から彼らを引き離すために、「キリストのような人物」として彼らのまえに姿をあらわさなければならなかった。ファードの登場した頃にはすでに、教会制度が白人による一種の魔術として力を発揮していたからだ。ファードは、いわば白人アメリカによる古い魔術を取り除き、脱魔術化をはかるために、新たな魔術を発明しなければならなかったというのだ。こうした歴史的な流れを受けてウォレスは、ファードによる魔術的なトリックを暴露してみせる。それまで神格化されていたファードは、ウォレスの語りのなかでは謎めいてもおらず、神話的でもない存在へと移行を遂げることになる。

ウォレスによる改革は、理念だけでなく日々の実践にもおよんだ。たとえば、それまでのネイションのメンバーたちは一日一食主義というルールを自分たちに課してきた。しかし改革後、そのルールはなくなる。その代わりに、ほかのムスリムたち、とくにアフリカン・アメリカンではないアジアや中東、アフリカのムスリムたちとともにラマダーン月の断食をおこなうよう奨励される。また、存在を視覚的に際立たせる役割を担ってきたネイションの服装規定も変更され、メンバーたちのかつての制服はいわゆるアメリカのカジュアルな服装にとって代わられる。改革以降、メンバーはほとんどの場合、ジーンズやTシャツなどの普段着で地元のモスクにやってくる。

そのほかにも大きな変更が相次いだ。ネイションが毎週日曜日に開いていた集会および合同礼拝は、イスラームの慣例にしたがって金曜《ジュマ》礼拝に変更され、同時にムスリムとして一日五回の礼拝を奨励されるようになった。また、改革以前のネイションは軍隊や議会にメンバーを送ることを禁じていたが、ウォレスのもとではアメリカ社会に積極的に寄与しようとする理念のもと、それをためらわなくなった。

ネイションの理念と実践に関するこうした劇的な変化に加え、組織や機関紙などの名称変更も相次ぐ。

まず一九七六年、ネイションはその組織名を「ワールド・コミュニティ・オブ・アル＝イスラーム」に変更する。そのあとさらに、「ムスリム・アメリカン・ソサエティ」へと名称変更し、最後には「アメリカン・ソサエティ・オブ・ムスリム（ASM)」となる。そして、僕がフィールドワーク中だった二〇〇四年に、ウォレス・ムハンマドはASMのリーダーであることを辞め、「モスク・ケア」と呼ばれる新しい組織とともに活動すると宣言した。

ネイションの発行する機関紙の名称も一九七五年、『ムハンマド・スピークス』から『ビラリアン・ニューズ』へと変えられ、その後一九八一年には『ワールド・ムスリム・ニューズ』、一九八二年には『アメリカン・ムスリム・ジャーナル』、最後に一九八五年に『ムスリム・ジャーナル』へと変更される。

礼拝所や聖職者の呼称、入信者に与えられる名前も変更される。

礼拝所や集会所はかつて「寺院《テンプル》」と呼ばれていた。しかし、それも改革後は「モスク」となり、やがては「マスジッド」と呼ばれるようになった。たとえば、かつてマルコム・Xの送りこまれたハーレムの「テンプル・ナンバー・7」は、「モスク・ナンバー・7」と呼ばれるようになり、いまでは「マスジッド・マルコム・シャバズ」と呼ばれる。各モスクのリーダーたちに付された称号も、「ミニスター（聖職者)」から「イマーム（指導者）」に変更される。たとえばウォレスは、「イマーム・W・D・ムハンマド」と呼ばれる。

改革以前のネイションのメンバーは、ラストネームのかわりに「X」という呼び名を用いていた。たとえば、マルコム・Xは、かつてはマルコム・リトルという「本名」だったが、ネイションに入信する際に「X」という名前を付与される。これは、「リトル」というラストネームが白人の奴隷主によってあてがわれた名前で、本来の自分のラストネームがわかるまで「X」を用いるというネイションの考え方に基づいたものだった。しかし、改革以降は「X」に代わって、イスラーム名——たとえば、アブドゥル＝カリームやユセフなど——を用いることを奨励されるようになった。

一九七五年以降のウォレスの改革をざっと概観するだけでも、それが変化の連続だったことがわかる。部外者にとっては、これほどの数の変更を追いかけるだけでも難しいことだが、渦中にいたメンバーたちはどのように反応したのだろうか。あるとき、ウォレス・ムハンマドの熱心な支持者でもあるハミッドに尋ねたことがある。彼は言った。

「混乱だよ。たくさん混乱が起きた。いまだになにが起きたのかわかってない人たちもいる。そういう騒ぎから逃れることができて、俺は運がよかったね。グループの中心から離れたところにいたからね」

一連の改革が、ネイションに所属していたメンバーにとってさえ混乱に満ちたものだったことを、ハミッドの発言は教えてくれる。

それにしても、なぜウォレスは組織名や機関紙名などの名称を何度も変更しなければならなかったのだろうか。それについての直接的な回答は難しいかもしれないが、先のマーシュによるインタビューに登場するウォレスの言葉がヒントになってくれる。このインタビューのなかで、なぜメンバーのラストネームとして用いられていた「X」を変更する必要があるのかと尋ねられ、彼は次のように答えている。

「くり返しになりますが、それ〔Xという名前〕にもまた、謎めいたものに備わった、人びとを封じ込める力の作用があるのです。Xというのは、奇怪なもので、謎めいたものです。それは、私たちが他人にはないなにかを持っているような気持ちにさせるのです。そういうものは、もう私たちには必要ありません[27]」

ウォレスにとって、「X」という「奇怪な」「謎めいた」名前が持つ力こそ問題なのであり、そうした「謎めいたもの」を彼は徹底して取り除こうとする。その姿はあたかも彼が、ネイション全体に憑依し、いまや彼自身にもとり憑こうとしている悪霊から逃れようとしているかのようである。彼にとって名称の変更は、組織から神秘的かつ神話的に思える要素を取り除き、脱魔術化を図るために必要なプロセスだったのかもしれない。ウォレスはさらに述べる。

「イライジャ・ムハンマド師は、私たちの精神《マインド》をつくりなおすために、一旦私たちの精神を封じ込め、制御してきたことを認めていました。〔……〕彼は、信者の考えを制御するために教義を打ち立てたのです。信者らの考えを制御しているあいだは、ほとんど彼が実験室のテーブルに信者たちの脳みそをのせているような状態でした。彼は、信者たちの精神を手術することで、社会的病理を治療していたのです。しかし、人びとの思考に対してこうした類の制御をおこなっているときには、イライジャ・ムハンマド師は信者たちに新しい考え方を紹介していくことができませんでした。じっさいにひろめることのできた考えは、謎めいたままで、虚構でさえありました……[28]」

ウォレスによれば、父イライジャはアフリカン・アメリカンの認識枠組みを変化させるために、彼らの精神をコントロールしなければならなかった。イライジャは、実験台に乗せた脳みそに処置を施すようにして、信者の精神を手術する。こうした手術を通じてイライジャは社会的病理に立ちむかおうとしたのだ、という。もちろん、イライジャがじっさいにどの程度個々のネイションのメンバーの精神を統制し得たのか、そしてイライジャ自身が自らの行為をどのように捉えていたのかは、ウォレスの発言からだけではわからない。ただ、ウォレスがイライジャの行為をどのように位置づけていたのかがよく見える発言である。

ウォレスは、イライジャの打ち立てたネイションの教義をことごとく変更する。父のつくりあげた理論を位置づけなおし、解釈しなおし、つくりなおし、そうすることで新たな生き方や世界への触れ方、現実の捉え方をもたらそうとする。しかし、ウォレスは改革にあたって、父との全面対決を避けてもいる。少なくとも表面上は、イライジャに対して忠実でありつづけている。だからイライジャは、ウォレスの支持者や信奉者によって、今日でも称賛され、強い尊敬を集めているのである。

ルイス・ファラカーンの新しいネイション

改革の連続を経てもなおウォレスのもとにとどまり、一連の変化に対応しながら組織に残るメンバーが大勢いた一方で、改革を「ネイションの没落」と考え、組織を去るメンバーもいた。[29] やがて、ウォレスのもとを去ったメンバーのうちの幾人かが、「ネイション・オブ・イスラーム」の名称を復活させ、新たな組織をはじめることになる。このとき、ネイションの名前を冠した新しい組織が複数誕生することになるのだが、最も有名になるのが、ルイス・ファラカーンの率いるネイション・オブ・イスラームだった(30)。

ファラカーンは、イライジャの死後三年間はウォレスのもとにとどまっていた。そのため、改革の影響は彼にもおよんだ。ファラカーン(ウォレスの改革以前、彼の名前はルイス・Xだった)は、イライジャのもとでは「ナショナル・リプレゼンタティヴ」という重要な役職を務めていたのだが、改革の最中でハーレムのテンプル・ナンバー・7から、比較的人目につきにくいシカゴのウェストサイドへと異動を命じられ、さらにウォレスによって名前をイマーム・アブドゥル・ハリーム・ファラカーンに変えられる。

一九七七年になるとファラカーンは、イライジャ・ムハンマドの教えに基づき、かつてのネイションの教義を復活させるべきだと考え、親しい仲間たちとともに勉強会をはじめる。そしてファラカーンはウォレスのもとを去り、ネイション再建の道をあゆむ。一九七九年、彼は自宅の地下室から、新たなネイションの機関紙となる『ファイナル・コール』を創刊する。初期段階では不定期に刊行されていた『ファイナル・コール』は、一九八三年には月刊誌となり、八〇年代後半には隔週の刊行となった。そして一九九四年には、各号が全米で約五十万部の売り上げをみせるようになる(31)。

ファラカーンがウォレスの組織を去った直後、彼の次のような言葉が公の目に触れることになる。

私はキリスト教徒、ムスリム、社会主義、資本主義、共産主義の国々を訪れてきました。複数の人種が暮らす場所では、黒人が底辺にいるということにつねに気づかざるを得ませんでした。それで、私たちが患い苦しんでいる病を治癒するには、とくに黒人にむけた固有のメッセージが必要だということを、さらに自覚するようになったのです。
どのようなシステムのもとで生きていようと、黒人という存在の根底にまで届くメッセージを発しなければなりません。黒人を解き放ち、黒人は与えるべきものを持たないみじめな生き物ではないのだということを、世界に示せるようなメッセージです。イライジャ・ムハンマド師は黒人に対してそうしたメッセージを送っていました(32)。

ファラカーンがなにを重視していたのかがわかる言葉だ。ファラカーンにとっては、どのような社会的、宗教的、政治的イデオロギーのもとに人びとが置かれているのかが問題なのではない。システムや社会的境遇がいかなるかたちをとってあらわれていても、問題は同じものとしてある。そしてその問題は、とりわけ黒人にふりかかってくる。「人種」のあいだに不均衡な力関係が存在する世界では、だからこそ黒人に固有のメッセージが必要なのだ、と彼は考える。

この発言がウォレスの改革を受けて組織を去った直後になされたことを考えると、ファラカーンの発言の意図が、ネイションのかつての姿を取り戻すことにあったのは想像に難くない。ウォレスに対する直接的な批判を注意深く避けながら、ファラカーンは以前のイライジャの教義を着実に復活させ、ネイションを再建してゆく。もはや彼は、ウォレスのもとにいるイマーム・ファラカーンではない。新たに設立しなおされたネイションを率いるミニスター・ルイス・ファラカーンである。そしてファラカーンの支持者たちは、ふたたび制服やスーツを身につけはじめる。一九六〇年代にはじめて『ムハンマド・スピークス』に掲載されたイライジャの「ムスリム・プログラム」も、ふたたび『ファイナル・コール』に掲載されるようになり、かつてそうだったように、自らの独立した土地と国家を要求することになる。
ファラカーンはネイションの再設立について、次のように語る。

私がとった姿勢は、イライジャ・ムハンマド師がとっていた姿勢なのです。それは、アメリカは黒人の友人ではない、という姿勢です。イライジャ・ムハンマド師は、アメリカは古代のソドムとゴモラよりも精神的・道徳的に邪悪だと考えていました。古代ローマよりも邪悪で、黒人の奴隷化という意味では、イスラエルに対するエジプトのおこないよりも邪悪だと考えていたのです。そのことを考えると、どうしてムスリムやそのほかの正しい考えを身につけた人間が、アメリカの生活を愛したり、それと和解したりすることができるのか、私には理解できかねます。この世界での生活が、クルアーンの説く生活や預言者の教える生活、つまり正義と真実に満たされた生活と正反対であるにもかかわらず、どうしてそんなことができるのか。(33)

「アメリカ」という言葉が、ここでは「クルアーン」や「黒人」と鋭く対比させられていることがわかる。「アメリカ」は、悪魔や反ムスリム、反黒人の要素を象徴する語になっている。黒人やムスリムを苦しめ、痛めつけるものとして。その意味でファラカーンの用いる言葉は、少なくとも表面上、徹底的に反アメリカ的であろうとする。

同時に、ファラカーンのこのレトリックは、ウォレスの言葉と好対照をなしてもいる。ウォレスの言葉は、「アメリカ」を反イスラームや反黒人としては描かないし、ましてや悪魔としても捉えない。むしろアメリカ社会の市民として自分たちを位置づけ、問題を捉えなおそうとする。それは、表面にあらわれる身体性や物質性——白い肌や青い目——を超えて問題にむき合うために編まれた言葉である。だから問題そのものが特定の人種・民族集団や国家と結びつくのを避けようとする。しかしファラカーンにとっては、問題は、肌の色——視覚的に認識された身体の特徴——と分かちがたく結びついている。ファラカーンは、現象を身体性や物質性のレベルで捉え、物語るのだ。

もちろん、ファラカーンが精神的、心理的、形而上的問題を無視していると言いたいのではない。あるいは物質的なものと抽象的なもののあいだに本質的な差異があると主張したいのでもない。自分たちの理念を表現する際にファラカーンとウォレスの用いる言語の特徴を示したいのだ。それは、アフリカン・アメリカン・ムスリムが自らの生を物語る——つまり問題を捉えたり、自分の記憶を語ったり、将来像を構想したりする——際に用いることのできる枠組みのうちの代表的な二つの極を示しているように思う。一方に問題の所在を具体的レベルで捉え表現するレトリックがあり、他方にそれをより抽象的なレベルで捉えるレトリックがある。前者は問題をつねに個別状況に引きもどし、それゆえにアメリカ社会の黒人という特殊な経験と結びつきやすい。後者は一般化にむかう傾向が強く、ウンマ〔世界中のムスリムによる信仰に基づくイスラーム共同体〕という発想と結びつきやすい。

ウォレスの改革後の組織とファラカーンの再設立したネイション・オブ・イスラームとの差異については、これまでも幾人もの研究者が説明を加えてきた。一般的なものを要約するとこうだ。

「ウォレスは、黒人ムスリムという特殊性を超え、世界中のムスリムとの結びつきを強調する傾向にあり、アメリカ社会のよき成員としてイスラームの実践を重視し、中産階級にアピールする。ファラカーンは、黒人であることの特殊性にこだわり、世界中の（しかしとくにアメリカの）黒人との結びつきを強調する傾向にあり、アメリカ社会を徹底的に批判し、下層階級にアピールする」

しかし、こうした差異の描写がどの程度まであたっているのかについては疑問が残る。フィールドワーク中、高等教育を受けてファラカーンを信奉する者にも出会ったし、中産階級ではない貧困層のウォレスの支持者にも出会った。黒人の置かれた特殊性にこだわり、むき合いつづけるウォレスの支持者にも多く出会った。両組織のあいだで教義やルールなどに違いがあることはたしかだが、それ以上に言語戦略上のレトリックの違いとして捉えたほうが、両者の差異と重なりや連なりをよりよく認識できるように思う。

また、ここでは両者の共通点についても手短に確認しておきたい。第一に、両組織とも、イライジャ・ムハンマドの功績をたたえ、彼に深い敬意の念を抱いている点。両者がどれほど異なる道程をあゆんでいるように見えても、それはアメリカ社会でイライジャたちによって展開されたひとつの思想と社会・文化運動の系譜のなかに位置づけられる。第二に、ウォレスの発言が親アメリカ的に響き、ファラカーンのそれが反アメリカ的に聞こえるかもしれないが、それは問題を捉える際のレトリックや言語表現の様式上の違いであり、両者ともアメリカの国家や法、社会制度に攻撃を加えたり、その利益を損ねようとしたりするわけではない点。そしてそれにもかかわらず、ファラカーンのネイションは危険視されている点。第三に、ファラカーンのネイションがアフリカン・アメリカンとしての経験にこだわり、ウォレスの組織がムスリムとしての経験にこだわっているように見えるかもしれないが、それは重点の置き方と戦略上の違いである点。じっさいには両者ともがアフリカン・アメリカンの直面する問題に取り組むなかで生まれた社会・文化運動であり、その取り組みのなかでイスラームが実践される。

両組織の差異と共通性については、さらにもうひとつ、あたりまえのようで忘れがちな次のことを心に留めておきたい。それは、組織の理念や教義、リーダーらのメッセージは、組織の支持者や所属するメンバーの語りや経験を説明しないということである。宗教組織のメンバーたちは首尾一貫して教義を熱心に信仰する者として捉えられ、描写されることが多い。しかし、フィールドワークを重ねると、「教義を盲信する信者」という認識がそもそも誤りであることや、個々人の経験が教義や教団特有の典型的な語りと連動したり、混淆したり、衝突しながら語られ、生きられていることに気づかされる。

このことを念頭に、床屋の場面に戻ってみたい。

生きられた記憶、忘却のアーカイヴ

ハーレムはイスラームからなにも学ばなかったんだ、いまとなっては関係なんてなにもないよ、一時的なものだったんだよ、周りを見てごらん、なにか変わったかい――ハミッドの床屋でカリルはそう語っていた。

カリルの眼を見つめ、彼の口から発せられる言葉に耳を傾けようとするが、頭のなかにナイーヴで表層的な自省の声が響き、集中を妨げた――おまえ、イスラームとハーレムの関係についてオベンキョウなしに、はるばる日本からやってきたのか？ じっさいに関係なんてものがあるとでも思ったのかい？ ちょっと本なんかを読んでオベンキョウしたんだろうね。いかにもガクシャらしい考え方だね。

もちろんカリルは、じっさいに僕の研究を非難したのではない。頭のなかで響いた声は、自意識が勝手につくりあげたものだったことがいまでは理解できる。終始カリルは礼儀正しかったし、ムスリムとしての自分の経験や知識を伝えようとしていた。その意味では、非難ではないが、僕を試そうとしていたとは言えるかもしれない、どれくらい本気でハーレムやイスラームのことを研究する気があるのか、と。研究したり学習したりすることが可能だったとして、どれくらいおまえには知識や情報の背後にあるもの、そこにある気配や匂いや律動を読みとる認識力があるのか、と。

カリルにとっては、マルコム・Xの活躍やミリオン・マン・マーチなど、歴史上の業績や遺産を理想化したり、過去から現在までの進歩や改善を称賛したりするような歴史語りは、あまりに勝利主義に満ちていた。マルコムがかつて取り組んだ問題は彼にとっては現在でも存在し、問題がひき起こす状況やその問題を支える制度と基盤は変わらずに維持されている。カリルや彼の仲間たちの痛みや苦しみはつづき、場合によってはさらに悪化しているようにさえ感じられる。だから、勝利主義に満ちた進歩史観には与しない。

勝利主義に満ちた歴史語り——それは歴史を現在とは切り離された過去として捉え、流用し、アーカイヴ化し、操作の対象にする。この歴史認識のもとでは、歴史は過去の集積物となり、現在という点からデータベースを呼びだすようにしてアクセス可能な資料となる。他方で、カリルにとっての歴史とは、忘れることのできない、現在進行形のものである。いままさに動いている現在と切り離すことができず、停止した現在という点から安全に呼びだすことのできる資料ではない。そしてそれは、彼が現在のなかで否応なく生きるものであり、それゆえに、努力して記憶しようとするものですらない。それは、彼が自分たちアフリカン・アメリカンの直面する問題のなかで、幾度となく想起し、むき合い、身体化する類のものである。

カリルは、不満そうな表情でつづけた。

「いわゆる革命的な運動ってのは、そこらじゅうにたくさんありますよ。だけど、そいつらがやってることはイスラームに反しています」

冷静に語っているが、状況に納得していないトーンだった。カリルが静かなしゃがれた声で早口に話すので、彼の言葉をもっとよく聞きたいと思い、座っていた古椅子から身を乗りだす。そして、不満気に現状を語る彼の様子を見て、なんとか質問を考えだし、ぶつけた——それでは、そのような困難な状況のもとで、二十五年にもわたりイスラームを教えてきたことは、あなたにとって落胆するような経験だったのか、と。

「いや」

とカリルは即座に答えた。

「それは私の務めですから。私はイスラームを教えるのが好きなんですよ」

そして彼は、ふたたび歴史の話に戻った。僕の質問は的外れに響いた。

「ハーレムの歴史ってのはね、ポン引《ピンプ》きの歴史なんですよ。プランテーションの時代からなにも変わってないんだ。男は女に依存してる。女が男に飯を食わせてる」

カリルはそうつづけた。声のトーンはさらに厳しいものになっていた。依存状態から抜け出せず、自立をなし得ない。それが、ハーレムにとっての、そしてアフリカン・アメリカンにとっての、大きな問題であることをカリルは示唆していた。黒人男性が黒人女性に依存し、自立することができなくなっている、と彼は言う。アフリカン・アメリカンのコミュニティの象徴であるハーレムも、「白人アメリカ」に食わせてもらっているかぎり、自立はない。歴史を教科書で勉強した人間には、プランテーション時代から現在にいたるまでにアフリカン・アメリカンの地位は全般的に向上したように見えるかもしれない。奴隷制の時代と比較して現在の方がよほどましだと考えるかもしれない。しかし、カリルにとって、奴隷制やプランテーション経済のもとでつくられた仕組みは、現在でも変わらず維持されている。

この種の自立と依存の問題について、ネイション・オブ・イスラームのリーダーたちはくり返し注意を促してきた。イライジャ・ムハンマドがリーダーの座についたときから、ネイションは黒人の経済的な自立の必要性を説いてきたし、ルイス・ファラカーンのもとでネイションが再結成された際にも、自立は重要なゴールのひとつとして設定された。ウォレスもまた、イライジャやファラカーンとは異なるかたちではあるが、経済的な自立を促す取り組みをおこなってきた。イライジャはかつて語っていた。自給自足というものが、アフリカン・アメリカンの解放の鍵になる、と。だからこそ、既存の経済システムにおける機会の均等を要求するだけでなく、彼らは独立した国家の制定を求めた。合州国とは区別された、「黒人の、黒人のための、黒人による国」を求めたのだ。機関紙『ムハンマド・スピークス』に収録された、イライジャ・ムハンマドの「ムスリム・プログラム」には次のようにある。

「我々は、両親や祖父母が奴隷の子孫だったアメリカの仲間〔黒人〕たちが、この大陸かあるいは別の場所に、自分たちの独立した国家もしくは領土の確立を許されることを望む。我々は、かつての奴隷主がそうした土地を提供する義務を負っており、またその土地は肥沃で鉱物資源の豊かな場所でなければならないと考えている。我々は、かつての奴隷主がそのような独立した領土で、我々が自分たちで必要なものを生産し、供給できるようになるまでの二十年から二十五年間は、我々を養い、必要なものを提供する義務があると考える[34]」

これは、ファラカーンたちのはじめたネイションの機関紙『ファイナル・コール』にも掲載されている。こうした考えをとるネイションのメンバーにとっては、公民権運動の支持者たちによってしばしば言及された異人種・異民族の「統合《インテグレーション》」という発想は、奴隷主だった白人への依存や同化として映る。「ムスリム・プログラム」にはつづけてこう書かれている。

「我々は、統合の提案というものは偽善的で、四百年にわたって自由や正義、平等を阻んできた敵が突然『友人』になったかのように、黒人たちを騙して信じ込ませようとする者によってなされていると考えている。さらに我々は、そのような欺瞞の意図が、この国の白人たちから分離すべきときがきたことを、黒人たちに気づかせないようにするところにあると考える[35]」

カリルは、手ばなしでネイションの教義を盲信しているわけではない。また、独立国家の樹立という考えに賛同しているわけでもない。むしろ、現在ではネイションの考え方に反対しており、ネイションを改革し、数々の変更を加えたウォレスの支持者である。それにもかかわらず、カリルが自らの歴史感覚を構築し、認識し、語る際の言葉は、ネイションのリーダーたちの用いる表現と共通点が多く、基本的な考えも強く共鳴しあっている。

床屋の椅子に座るカリルは、ときおり自分の太ももをさすった。どこかが痛むようだった。尋ねると、少しまえに心臓の手術を受け、そのときに医者が彼の脚部の動脈を取り出してバイパスに用いたのだという。そして、近いうちにもう一度手術をする予定だと教えてくれた。カリルを紹介してくれたハミッドもまた、先に書いたとおり、四十代なかばだが心臓や血管に問題を抱えていた。このとき、ハミッドはゆっくりと足を引きずるようにしてあるかなければならなかったし、身体を動かすときの表情からもそれが痛みをともなっていることがわかった。それにもかかわらず彼は、時間を割いてカリルを紹介してくれたのだった。

二人ともが健康上の問題を抱え、身体的な危機を経験していたことになる。統計上、アフリカン・アメリカンが、たとえば白人と比較して、高血圧や脳卒中、心臓病、糖尿病を患う可能性が劇的に高いことはよく知られている。その意味では、個人によって経験される病、痛み、危機は、アフリカン・アメリカン全体の問題でもある。カリルとハミッドにかぎらず、フィールドワーク中に出会ったムスリムの多くが心身になんらかの問題を抱えていて、自分の健康状態に気を配っていた。そういう事情もあって、健康問題はムスリム・コミュニティで最も頻繁に取り扱われる問題のひとつである。病気に関する憂鬱な統計の理由は諸説ある。遺伝的なものであるとする研究が存在し、祖先も含めて幾世代にもわたって彼らが置かれてきた社会的状況からつくられたものだという指摘もある。あるいは、彼らの現在置かれているストレスの多い生活環境が原因だとする声もある。いずれにしても、ここでの病は彼らの身体を取りまく社会・歴史環境に深くかかわるものとして見られている。それは個々の身体に訪れるにもかかわらず、社会・歴史的に構築された問題でもあることが意識されている。(36)

カリルは鋭い目つきのまま、僕をまっすぐに見つめ、話をつづけた。

「マルコムの歴史を知りたいなら、ションバーグ図書館に行くといいですよ。彼の歴史は私の歴史でもあるんです」

カリルのこの発言の意味をよく理解できなかった。そして、カリルの言葉にどこかで軽い不満を覚えていたように思う。こんなところに来て話を聞くのではなく、図書館に行って勉強しなさい——そう言われている気がした。たしかに、マルコム・X個人の歴史は、カリル個人の歴史と同様、アフリカン・アメリカンやそのほかの人種・民族的マイノリティが共感し、自らを重ね、共鳴することのできる集合的歴史でもある。その意味ではマルコムの歴史は、いわゆる個人史や私史を超えていると言える。しかしカリルは、ションバーグ黒人文化研究センターに行くよう促したのだ。ションバーグはニューヨーク公立図書館の分館のひとつだ。公立図書館である以上、そこにはアーカイヴ化された歴史しかないはずだった。フィールドワークをするからには、アーカイヴ化されていない「現場の生の声」のようなものに出会わなければならないし、出会うはずだと、当時は強く思い込んでいた。無意識のうちにフィールドワークという方法を美化し、理想化していたのかもしれない。そして、図書館とフィールドは根本的に違うのだと頭で理解しながらも、じっさいには、図書館で資料にアクセスするのと同じ要領で、フィールドで出会う語りにアクセスしようとしていたのだろう。

しかしフィールドでは、自分の都合で物事が進むわけではない。現場に行ったからといって、自動的に歓迎されるわけでもなければ、なにかに出会えるわけでもない。また、相手に問いかけたからといって、答えが返ってくるわけでもない。自分のペースでテクストを読み進め、疲れたらそれを閉じる、ということができないのだ。

カリルとのやり取りのあと、しばらくしてから僕はションバーグ黒人文化研究センターに足を運んだ。それは、ハーレムの一三五丁目とレノックス・アヴェニュー（マルコム・X・ブルヴァード）の角にある。一二五丁目からそのアヴェニューを北にむかってあるいた。目抜き通りの一二五丁目の角にはスターバックス・コーヒー店があり、楽しそうにおしゃべりに興じる常連客や、コーヒーを買うわけでもないのに店に出入りをくり返す人びとでにぎわっている。比較的新しいこの店内が、ハーレムの社交の場になっているのだ。

あるいてスターバックスのそばを通ると、店のまえにも人が集まっていることに気づく。持ち運び可能な折りたたみ式テーブルを設置し、お香《インセンス》やアロマオイルを売るムスリムの行商人《ヴェンダー》。地下鉄の出入り口近くに大きな新聞の束を積みあげ、その脇に座ってストリートの様子を眺めているアフリカン・アメリカン。あたかも自分たちのエネルギーを燃やし尽くす義務があるかのように叫びながら、楽しげにあるいてゆく少女たちの一群。黒いビニール袋を手にした長身の男性が、「ニューポート、ニューポート、ニューポート」と快活な調子で道行く人びとに語りかけている。それは、ほとんど韻文《ライミング》のように響いた。その声のトーンがあまりに軽快で音楽的なので、彼がじつはタバコの銘柄を口ずさんで売っているのだと気づくのにしばらく時間がかかった。一二七丁目の角にある現在のネイションのモスク・ナンバー・7を左手に眺め、廃墟化したいくつかの建物——その多くは再開発の名のもとに改築が進められている——を通り過ぎると、目的の場所にたどり着く。ションバーグ・センターは、赤いレンガづくりの建物で、ハーレム病院のむかいにある。この研究センターは、プエルトリコ人の歴史家で活動家のアーサー・ションバーグらの尽力によって、アフリカン・アメリカンに関する歴史資料を一カ所に蓄積するために創設された。市の公立図書館の分館であるセンターの空間内には当然、アフリカ系だけでなく、イライジャ・ムハンマドやマルコム・Xが「青い目をした悪魔」と呼んだ白人や僕のようなアジア人もいる。そして利用者は全員、アフリカン・アメリカンの歴史に関する膨大な情報にアクセスすることができる。

多人種、多民族、多文化が並存するニューヨーク市という立地を考えると、この公的な施設にアフリカン・アメリカン以外の人びとがいること自体は驚くに値しない。そして、そのことを咎める人も、もちろんいない。しかし、アフリカン・アメリカンであるカリルやハミッドは、じっさいにこのリサーチ・センターに対してほかの人びとと同様に均等な利用機会を持っているだろうか。もちろん原則的には、彼らはこの施設を利用し、情報にアクセスすることができる。それを妨げる法やルールや制度はない。だが彼らは、この場所にあるアーカイヴを利用し、自分たちの歴史を研究するだろうか。

少なくとも知り合って以降、彼らがこのリサーチ・センターのアフリカン・アメリカン関連の資料を利用することはなかった。しかしそうだとすると、カリルにとって、自分の生きてきた歴史を他者に理解させるために、その人物を公的なアーカイヴに案内するということは、どのような意味を持つのだろうか。アーカイヴを利用しない彼が、自分の歴史を公的なアーカイヴに委ねるというのは、どのような行為なのだろうか。

もしかすると、図書館に来て資料を調べるということが、すでに特定の記憶の想起の仕方なのかもしれなかった。それは文字資料に関するリテラシーの問題であると同時に、ある特殊な過去への触れ方であって、その触れ方を通じて、特定の歴史感覚が培われるように思えた。


床屋では、カリルの話がつづいていた。

そして、次に彼の発した言葉が、忘れ難いものとなる。

「このことは、あまり多くの人には言わないんですが」

と、カリルは落ち着いた声で言った。

「私はマルコム暗殺の容疑で有罪判決を受けて、二十二年間刑務所に入ってたんです。刑務所に二十二年間いるってことが君に想像できますか？」

想像できなかった。いや、想像できなかったというより、問われたことの意味をよく理解できなかった。そして僕は、なにかを言わなければならないような気がして、ひどく馬鹿なことを口にする。

「二十二年間ですか。それについて、なにか補償のようなものはなかったのですか？」

カリルは即座に応じた。

「補償だって？　とんでもない！　なにかの冗談かい？」

そうだ！　補償なんてあるわけがないのだ！

カリルの言うとおりだった。アメリカ史を少しでも紐解いたことがあれば、それはあたりまえのことだった。奴隷貿易が開始されて以降、四百年以上にわたって黒人たちに対して絶え間なく振るわれつづけた、集合的、組織的、象徴的残虐行為についても、これまでにまともな補償なんてほとんどなかったのだ。「四〇エーカーの土地と一頭のラバ」やそこに象徴される補償の約束が果たされたことはなかったし、いまも果たされる気配はない。

しかし、そもそもカリルはなぜ、どのようにしてマルコム・Xの暗殺事件とかかわることになったのだろうか。マルコム暗殺は有名な事件であるが、当時の僕は事件について深く知っていたわけではなかった。メディアの注目を集め、人気のあったマルコムに対し、ネイションのメンバーからやっかみがあったこと、一九六四年になってマルコムがネイションを脱退してからはネイションとマルコムとの関係が余計にこじれたこと、ネイションのメンバーが主犯格として逮捕されたこと、けれどもこの事件にFBIやCIAがかかわっていた可能性があること、事件の真相については現在でも不可解な点が複数残り、そのことも手伝って、ときとしてセンセーショナルに報じられてきたこと。知っていたのは、その程度のことだった。事件当時のことを直接知る人間に会えるとは予想していなかったし、ましてや、主犯格として逮捕された人間が眼のまえにあらわれるとは思ってもみなかった。

カリルに出会ったことで、僕はこの事件のことを気に懸け、調べることになる。しかし、調べれば調べるほど、事件の「真相」がわからなくなる。そして、事件がなんの解決も見ていないばかりか、捜査や裁判が不当であったことだけが、ますますあきらかになってゆく。

現在では、この事件について言及した書物のほとんどすべてが、判決が誤りだったとしている。裁判が不当だという主張は目新しいものではないし、事件の真相や陰謀を暴くことがここでの目的ではない。それでも、カリルの言葉を捉えるためには、事件に触れざるを得ない。なぜなら、この事件は、当時三十九歳だったマルコムの命を奪っただけでなく、三十歳だったカリルの生をも鋭く変えることになったのだから。

マルコム・X暗殺犯？

事件は一九六五年二月二十一日、ハーレムの一六五丁目とブロードウェイの角にあるオーデュボン・ボールルームで起こった(37)。そこで起こったことを唯一の事実として提示することは、かなりの困難を要する。しかし、ときとして食い違いを見せる複数の文献や証言をもとに、その共通点をもとにして大まかにまとめるとこうだ。

その日講演をする予定だったマルコムは、前座を務めていたブラザー・ベンジャミンにステージ上で紹介されると、四百人ほどの聴衆にむかって「ア・サラーム・アレイクム」と挨拶をした。午後二時半過ぎのことだ。聴衆はそれに対し、「ワ・アレイクム・サラーム」と返す。

マルコムが話をはじめるとすぐ、何者かが「おい、オレのポケットから手をはなしな！」と叫んだ。ステージ上にいたマルコムは、聴衆に落ち着くようにとうながす。マルコムの警護にあたっていた数名が騒ぎの方にむかう。その直後、銃身を短く切りつめたショットガンを手にした男性があらわれ、マルコムにむけて発砲した。つづいて、少なくとも二人の別の男性が銃を手にステージに近づくと、すでに銃弾を受けて倒れているマルコムにむけ、さらに発砲した。

騒然となった会場で、マルコムのボディガードだったジーン・ロバーツが、マルコムのもとに駆け寄った。脈を測ると弱くなっていたため、ロバーツは人工呼吸を試みる。このロバーツがニューヨーク市警の覆面捜査官だったことが判明するのは、ずっとあとになってからのことだった。このとき会場に居合わせた日系二世の活動家ユリ・コウチヤマも駆け寄って、息を引き取ろうとするマルコムの頭を抱えていた。お願いだから死なないで、と祈りながら。このときの写真が残っている[38]。

病院に運ばれたマルコムの死亡宣告は、午後三時三〇分に出される。

銃撃の直後、二人の容疑者らしき人物が現場から逃走を試みるのが目撃されている。そのうちの一人、トーマス・ヘイガン（のちにタルマッジ・ヘイヤーに改名）は、ロバーツとともにマルコムのボディガードを務めていたルーベン・フランシスによる銃弾を足に受けて転倒。現場にいた群衆につかまり、殴る蹴るの暴行を受けていた。駆けつけた警察官は、ヘイガンを救出するかのようにしてパトロールカーに乗せたという。そしてこのとき、警察によってもう一人の男性が逮捕されるのを、当時その場に居合わせた人が目撃している。そのことを認めるかのように、各新聞は最初、ヘイガンを含む二人の容疑者が事件現場で逮捕され、全部で五人の人間がこの事件にかかわっていると報じた。しかしその後、ヘイガンとともに現場にいたはずのもう一人の容疑者は、不思議なことに姿を消す。そしてニューヨーク市警はこの二人目の容疑者の存在を否定する。新聞もまた誤報だったと認めるにいたる。この人物が何者なのか、あるいはそうした人物がそもそも存在したのかどうか、本当に誤報だったのか、いまだにわかっていない。

トーマス・ヘイガンのみを現行犯逮捕した警察は、後日になって、さらに二人の容疑者を追加で逮捕、起訴する。そのうちのひとりがトーマス・15X・ジョンソンで、これが床屋で出会った男だ。のちに刑務所内で改名し、カリル・イスラームとなる。以下、事件当時の記述ではできるかぎりジョンソンと表記し、改名以降の記述ではカリルとする。もうひとりの逮捕者はノーマン・3X・バトラーで、現在の名前はムハンマド・アブデル＝アジズである（以下、バトラー）。

検察側の主張によると、マルコム・X暗殺はヘイガン、バトラー、ジョンソンの三名が結託し、実行した計画的犯行ということだった。ヘイガンが隣に座るバトラーと口論のふりをして騒ぎを起こす。マルコムの警護に当たる者がそれに気を取られたすきをねらって、ライフルを手にしたジョンソンがステージにむかい発砲。その後、ヘイガンおよびバトラーも互いの銃を使用して追い打ちをかけたという。

しかし、ジョンソンとバトラーは、事件当日、現場から離れた自宅にいたと証言している。それればかりか二人とも、裁判がはじまるまでヘイガンと面識はなかったと語っている。

裁判中のジョンソンの証言によれば、彼は二月二十一日、夕方にアイスクリームを買いに出かける以外は、ずっと部屋にいた。その日、彼はブロンクスにある自宅でいつものように妻とともに朝五時に起床して礼拝をすませた。礼拝後、妊娠中だった妻のエタはふたたびベッドに戻るが、ジョンソンは部屋の掃除と片づけをおこない、四人の子どもたちに朝食をつくって与えた。別室では、しばらくまえに体調を崩し、ジョンソン家に来ていた妻の母が休んでいた。事件当時、家にはジョンソンを含めて七人がいたことになる。ジョンソンは、休養している義母を気遣って、子どもたちに部屋のドアを閉めて中でテレビを見るよううながし、自分はそのまま部屋の掃除をつづける。午後三時頃になると、同じ建物に住む友人エドワード・4X・ロングが、ポータブル・ラジオを手に興奮気味にジョンソンを訪ねてくる。そしてジョンソンに告げたのだ。マルコムが撃たれた、と。夕方に近くなると、エドワードの妻ミュリアル・X・ロングもここに加わる。ラジオやテレビを通じて、彼らは情報収集に努め、また互いに考えを述べ合ったという。そして夕方、ジョンソンはアイスクリームを買いに、外に出かける。このときにはじめて、ジョンソンはパジャマを脱ぎ、外出用の服に着替えている。

時間については、エタやロング夫妻の証言は、多少の食い違いを見せている。また、ジョンソンも、正確な時間については思い出せないようで、裁判中も何度か異なる証言をしている。しかし、マルコム・X暗殺の現場にいた記者、チャールズ・ムーアが午後三時過ぎに、ラジオ局WABCに電話をかけ、銃撃の報告をしていること、病院に搬送されたマルコムが三時三〇分に死亡宣告されていること、事件現場であるハーレムのオーデュボン・ボールルームからブロンクスにあるジョンソンの当時の自宅(932 Bronx Park South, New Yorkにあった)まで車をどんなに速く走らせても二十分から三十分はかかったであろうことを考慮すると、家族全員と友人夫妻二人ともが示し合わせて嘘をついていないかぎり、不可能である。そして、仮に示し合わせて嘘をついていたとしたら、互いに微妙に食い違う時間を証言している点は、奇妙にうつる。

もうひとりの実行犯とされたバトラーについても、ジョンソンと同様、現場にいた可能性はきわめて低い。事件当日の午前中、バトラーは少しまえから抱えていた右足の痛みのため、ブロンクスにあるジェイコビ病院を訪れている。これは病院側の記録にも残っており、九時四三分に病院の受け付けを終えている。また当日にバトラーを診察した医師ケネス・E・サルスローも証言台に立ち、表在性血栓症静脈炎の診断のもと、右足に包帯を巻く処置をおこなったと語っている。病院から戻ったあとは、自宅の部屋で足を高い位置に置いて休息していたという。医師は気づかなかったと語るが、バトラーの妻テレサ・7X・バトラーは、夫が足を引きずってあるいていたとも証言している。そして、午後三時頃、テレサの友人でネイションのメンバーでもあるグロリア・11X・ウィリスから電話がある。電話を最初に受けたのはバトラーだった。彼が電話を妻に取り次ぎ、グロリアは義理の母から電話があり、マルコムが撃たれたことを知ったと告げた。三時半頃、やはりネイションのメンバーでテレサの友人であるジャニタ・8X・ギブズから電話がかかってくる。この電話を受けたのもバトラーだった。バトラー本人はもちろんのこと、テレサもグロリアもジャニタも、時間の記憶に多少のばらつきはあるものの、証言台で同様の内容を証言している。

検察側の証人のうち、ジョンソンとバトラーを現場で目撃したと証言する主な人物は、キャリー・トーマスとヴァーナル・テンプルである。

キャリー・トーマスは、一九六三年にネイション・オブ・イスラームに入信し、すぐにやめてマルコムの新しく立ちあげたアフロ・アメリカン統一機構（OAAU）に所属する。彼は、ネイションに所属したごく短期間に、当時一一六丁目にあったモスク・ナンバー・7で、ヘイガン、ジョンソン、バトラーの三名を見かけたことがあっただけだという。そして事件当日、会場で彼らの姿を認め、その後ショットガンを手にしたジョンソンと銃撃に参加するバトラーを見たと証言する。しかし、弁護側の反対尋問で、キャリーは、銃自体は十五歳から携行し、また自宅にも複数所持した経験があるが、銃身を切り詰めたショットガンは写真以外に実物を見たことがなかったと語る。また、証拠品として提出されたショットガンは、事件当日に約二〇フィートの距離から見たという銃身を短くしたショットガン「のように見える」と証言したに過ぎない。そのほかにも、キャリーについては不可解な点が多い。薬物所持などで逮捕歴があることは、この当時のネイションのメンバーの経歴としては珍しいことではないが、彼はムスリムになったあとも酔っ払って警察に連行されたり、拘留中の施設で放火罪に問われたりしている。

もうひとりの証人ヴァーナル・テンプルは、事件現場でジョンソンを目撃したと証言している。しかし、事件当日以前にジョンソンを見たのは一度だけ、数千人が集まるシカゴでの大きな集会の場で見たのみだと述べている。大集会で一度しか見たことのない顔を、銃撃戦の混乱のさなかで確認できるものだろうか。また、テンプルは事件の三週間後に裁判に先立って警察で証言をおこなっているが、それまでに新聞記事などを通じて容疑者の名前に通じていたという。またテンプルは、難聴を抱えていることや教育のバックグラウンドも手伝って、検察や弁護士の質問をうまく理解できず、裁判中のやり取りはちぐはぐなものが多い。

裁判が少し進んだ時点で、現行犯で逮捕されていたヘイガンが当初の無罪主張を覆し、自らの罪を認めたうえで、ジョンソンとバトラーは事件とは無関係であり、共犯者はほかにいると証言する。しかし、この時点ではヘイガンは共犯者が誰なのか、具体的な計画がどのようなものだったのかについて、証言を拒み、沈黙する。それがひとつの理由かもしれないが、決定的な重要性を持つかに思われたヘイガンのこの告白も、裁判の進行には大きな影響を与えていない。

一九八七年に刑期を終えて出所したジョンソン、つまりカリルがずっとあとになって受けたインタビューをまとめた冊子『「イスラーム」を制度化する』によれば、マルコム・Xが暗殺された二月二十一日、彼はブロンクスにあるジェイコビ病院を退院したばかりだった。リューマチ関節炎で治療を受けていた彼の手と足は、まだ腫れが残っていて、動きまわるには相当の困難を要したという。彼が自宅に戻り部屋にいると、電話をかけてきた近所の知人が「ビッグ・レッド〔マルコムのネイション入信前のニックネーム〕が撃たれたぞ」と言ってきた。彼はテレビをつけ、そこではじめてオーデュボン・ボールルームでの惨事を知ることになる。それから十日後、三人の刑事が彼の家にあらわれた(39)。

私は少しだけならあるくことができたんだ。二階に住んでたんだけど、まだ下におりて行って郵便物を取ってくることさえ難しかった。三人の刑事がやってきて、「おまえに話がある。ダウンタウンまで来てくれ」って言うんだ。私は「なぜです？」って聞いた。奴らは「質問があるんだよ」って言った。「なんについてです？」って私は返した。「おまえ、生意気な奴だな。トラブルはご免だ。おまえが「武術」を心得てるのは知ってるんだ。〔……〕「大人しく来てほしい。マルコム・Xの暗殺との関連でだよ」って奴は言ってた。「おいおい、本気で言ってるのかよ。頭おかしいんじゃないか」って私は言ったんだ。〔……〕それでひとりの奴が「さあ、連れていこう」って言うんで、私は「弁護士に電話させてくれ」って言った。もうひとりが「電話させてやれ」って言ったんで、それでミニスター・トロイに電話をした。彼〔トロイ〕は、「うしろでなにが起こってるのかは聞こえてるよ、ブラザー。そのままダウンタウンにむかうんだ。奴らはおまえをどこに連れていくんだい？」って言うんで、奴らに「私はどこに連れていかれるんだい？」って聞くと、奴らは「第三四番署だよ」って答えた。[40]

じっさいにはカリルが連行された警察署は、第三四番署ではなく第二八番署だった。この第二八番署は、ハーレムの住民、とりわけネイションのメンバーたちのあいだではよく知られた警察署だった。一九五七年にネイションのメンバー、ヒントン・ジョンソンに対して暴行が加えられた警察署だったからである。[41] このときには、マルコム・Xがネイションのメンバーとともに警察署に出向き、抗議を申し入れたことで、その男性は病院で治療を受けることができた。警察に堂々と抗議をおこなうマルコムやネイションのメンバーの姿は、長いこと警察官による暴行に苦しめられてきたハーレムの住民たちにも強い印象を与えている。[42]

第二八番署に連行されたカリルは、自分がなんらかの力によって、ある物語のなかの一役を担わされてゆくのに気づく。

「そこに到着すると、私は服を脱がされ、いろんな角度から写真を撮られたんだ。〔……〕なぜ裸にされるのかがわからなかった。ボディ・チェックを受けたり、シャツを脱ぐように言われたりしたことはある。だけど、そのときは全部脱がされて、あらゆる角度から写真を撮られたんだ。あとで知ったんだけど、ボールルームの外で警察官によって捕えられた奴は、パトカーに押し込められたあと、姿を消してしまった。そいつが上半身を撃たれてたから、弾丸の傷跡がないかどうか確認してたんだよ[43]」

おそらくは気心の知れた仲間によるインタビューということもあり、裁判のときには語られることのなかった証言が、このインタビュー冊子には収録されている。刑期を終えたあとの証言で、事件からはかなり時間が経っているから、記憶違いや脚色も含まれているかもしれない。それでもこのインタビューでカリルは、自らの出自や事件のこと、裁判中の想い、刑務所内での生活について、かなりオープンに自分の感情や想いを語っている。

他方、裁判におけるカリル（ジョンソン）の証言は、四千五百ページの長さにおよぶマルコム・Xの暗殺に関する裁判記録に収録されている。法廷での証言であり、あたりまえだが、ある種の身構えをともなった語りになっている。そしてそれは、スカラリー社によって公刊され、いくつかの地域や大学の図書館で読むことさえできる。(44) それでも、あとになってカリルは、この裁判記録が自分の人生のすべてなのだと語ったことがあった。いま、裁判に関しては専門家でもなんでもない僕がこの記録を読むと、約二カ月におよぶ裁判がなぜこのようなかたちで進行せざるを得なかったのか、いったいここにどのような正義があったのか、と苛立たしく感じざるを得ない。

事件当時のカリルは、いわゆる純粋無垢な善人だったわけではない。それは彼自身も告白している。当時のカリルは、ネイションのなかでとくに警護などを担当するフルーツ・オブ・イスラーム（FOI）に所属しており、FOIのメンバーがネイションの規律や尊厳を守るためなら暴力をいとわなかったこと、また彼自身が銃を所持していたことも認めている。そしてそのような彼のバックグラウンドがゆえに、「ありえる話」「あながち間違ってはいない話」として、彼の暗殺への加担が「立証」されてゆく。冤罪事件に典型的に見られる想像／創造のプロセスだった。

くり返しになるが確認しておこう。カリル本人だけでなく、友人や家族の証言によれば、彼は二月二十一日に、暗殺現場となったオーデュボン・ボールルームには足を運んでいない。それればかりか、彼がその場にいることは文字どおり物理的に困難だった可能性が高い。しかも犯行現場で捕えられた唯一の実行犯は、トーマス・ヘイガンだけだった。カリルもバトラーも、事件当初から一貫して自らの無実を主張している。多くの疑問点があきらかにされず、約四百人いた聴衆のうち、検察側がカリルの罪を立証するために裁判に呼んだ主な証人は、前述の二人だけである。

それにもかかわらず、陪審員たちは、トーマス・ヘイガン、トーマス・15X・ジョンソン、ノーマン・3X・バトラーの三人を起訴どおり有罪とし、裁判官は彼らを終身刑に処した。裁判記録を読むと、三人の被告にそれぞれついた弁護士たちが、再三にわたってこの裁判の進行自体に異議を申し立て、判決が無効であることや、検察の集めた証言をすべて開示することを要求しているのがわかる。判決の出されたあと、裁判官が陪審員に対し、裁判が長引き二カ月におよんだことを詫びると同時に、自分自身も大変だったとわざわざ声明を出している。

一九七七年になると、タルマッジ・ヘイヤーと改名したヘイガンは、改めてカリルとバトラーは事件に無関係である、とする宣誓供述書を提出する。このときヘイヤーは、共犯者としてリー、ベン、ウィリー、ウィルバーの四人の名前（ファーストネームのみ）をあげた。そして、一九六四年の夏にリーとベンが犯行を持ちかけてきたこと、マルコム・Xがネイションの代表であり「神の使徒」でもあったイライジャに背いたことが犯行の動機となったこと、当時の自分としては「正しいこと」を達成するための闘いという認識だったこと、ヘイヤー自身は四五口径の銃を、リーがルガーというドイツ製自動拳銃を、ウィリーがショットガンを手にしていたこと、犯行前日の二月二十日に現地に偵察に行ったこと、当日ウィルバーの車で現地にむかったことなどをあきらかにしている。

また、翌年の一九七八年には、もうひとつの宣誓供述書でじっさいに事件に関与した共謀者の名前を挙げ、ヘイヤーはなお事件の詳細を語り、改めてトーマス・ジョンソンとノーマン・バトラーの無実を訴えている。共犯者の名前はそれぞれ、リオン・デイヴィス Leon Davis、ベンジャミン・トーマス Benjamin Thomas、ウィリアム・ブラッドリー William Bradley、ウィルバー・マッキンリー Wilbur McKinley であることがわかっている。[45] そして、この二つ目の供述書には、およそ以下の内容が掲載されている。

一九六四年の夏に私がマルコム暗殺計画を持ちかけられたときには、すでにマルコム・Xが師イライジャの教えに背き、イライジャの評判を傷つけているという認識が、多くのネイションのメンバーのあいだで共有されていた。最初にベンがリオン（リー）を誘い、それから二人で私（ヘイヤー）に声をかけてきた。二人とも顔見知りだった。そのあとさらに、ウィリアム・Xと、ウィルバーもしくはキンリーという名前の男性が加わった。二人ともニュージャージ州ニューアーク市に住んでいた。暗殺計画を練るために、ときには車を運転しながら、そしてときにはベンやリーの家に集まって、何時間も話し合った。マルコムの行動についてできるかぎりの情報を手に入れた。じっさい、マルコムの主宰する集会に顔を出し、どれくらいの警護があるのかをたしかめることさえした。事件前日の二月二十日にオーデュボン・ボールルームに行くと、ダンス・パーティをやっていたため、チケットを購入して入場し、場所の偵察をおこなった。事件当日は、リオンと私が会場前方、ステージにむかって左側に座り、すぐうしろにベンとウィリアムが座った。私が四五口径の銃、リオンがルガー、ウィリアムがショットガンを持っていた。ウィルバー（キンリー）が、うしろの方に位置取り、誰かがスリをしていると訴えて騒ぎを起こし、発煙弾を投げることになっていた。

ここに提出されているのは、犯行現場で取り押さえられたヘイヤーによるかなり重要な証言である。にもかかわらず、カリルとバトラーはそのあとも刑務所に留まりつづけることになる。上訴審請求も認められず、裁判のやりなおしも、いまのところはない。

FBIのアーカイヴ

この事件でもまた、背後にFBIやそのほかの警察組織の執拗な影が存在している。そしてその影によってカリルとマルコムとが奇妙なかたちで結びつけられている。陰謀説を唱えたいのではない。そうではなくて、警察機構がこのときになにをしていたのかに注目してみたいのだ。

この章で幾度も示してきたように、アフリカン・アメリカンのイスラームの歴史記述を読むと、FBIや地元警察の覆面捜査官や情報提供者《インフォーマント》の数の多さに衝撃を受ける。覆面捜査官や情報提供者は、わかっているだけでも、いたるところに存在していた――マルコム・Xのボディガード、イライジャ・ムハンマドの側近、ネイションのリーダーなどとして。フィールドワークの最中、仲間だと思っていたかつてのネイションのメンバーが、じつは捜査官やインフォーマントだったという語りに幾度も出会った。

たとえば、マルコムが撃たれた際に人工呼吸を施したジーン・ロバーツがNYPDの覆面捜査官だったことはすでに書いたが、当時ネイションでナショナル・セクレタリーという役職にあったジョン・アリは、FBIの捜査官で、マルコム・Xとネイションとの関係を悪化させるように仕向ける作戦に従事していたことがわかっている。

そのほかにもアフリカン・アメリカンに関する歴史研究で知られるマニング・マラブルが、自身のマルコム・Xに関する長期研究プロジェクトについて、エイミー・グッドマンとのインタビューで指摘していることが興味深い。マラブルによれば、『マルコム・X自伝』の実質的な著者であるアレックス・ヘイリーとFBIがなんらかのかたちで接触していた可能性があるというのだ。彼は、ヘイリーがFBIと直接連絡をとりあっていたという証拠はないとする一方で、ヘイリーの協力者でありジャーナリストであったアルフレッド・ボークがFBIと接触していたと主張している。また、ベストセラーとなった『マルコム・X自伝』は三章分の原稿が抜けているという。アフリカン・アメリカン・ムスリムだけでなく、アフリカン・アメリカン全般にもひろく読まれ知られたこの書物にもまた、FBIの影がつきまとっているのだ(46)。

捜査官や情報提供者は、なにをしていたのだろうか。彼らは、膨大な時間とエネルギーをかけてネイションに関する情報を集め、FBIに報告していた。報告を受けたFBIは、その情報をアーカイヴ化する。もちろんこれは諜報活動（インテリジェンス）の基本作業でもある。ヒューミント HUMINT と呼ばれる、人を媒介とした情報をはじめ、あらゆる種類のデータを収集・解析する。FBIはネイションを理解しようとするのだ。ちょうど戦争に際して当事国が敵国となる相手の情報を集め、理解しようとするのと同じように。しかしこのときの理解とは、相手と対話をすすめ、相互の認識を深め豊かなものにする類の理解ではない。それは、しかるべき介入を前提とした理解であって、結局のところ相手を滅ぼすこと、あるいは滅ぼさずに生かしておくが、自分たちの利益を生むシステムに従属させることを目的とする。いかにして相手を効率よく支配し、コントロールすることができるか、それを知るための情報収集なのだ。(47)

もちろん、理解のあり方は一枚岩ではなく、諜報活動における情報収集と人類学や歴史学などの学問研究における情報収集とでは、性質が異なる。しかし、その違いは、思っているほど大きなものではないかもしれない。中立的になされたと思われる研究でも、成果として発表された途端にFBIのファイルに収められることだってあるし、情報が利用されることもある。また、中立的だと思われている研究も、そのテーマ設定の時点でつねにすでに政治情勢の強い影響を受ける。イスラーム圏や中国の政治・経済的影響力が強まれば、それだけ多くの研究資金が投入されるし、大学にはそれを専門とした学科も創設されることになる。反対に、ある国や地域の政治・経済力が弱まれば、その学科は閉鎖されることになる。

FBIファイルの不気味さは、そうすると、自分の従事するフィールドワークとの不気味な重なりに由来するのだろうか。情報収集や理解のあり方を、知と権力の結託の問題として一般化し、倫理的に咎めたり、反省してみたりするのは簡単だが、僕はさらに詳しく知り、考えてみたいと思った。

当時のネイション・オブ・イスラームについて、FBIが具体的になにをアーカイヴ化していたのかを知ろうとＦＢＩファイルを紐解くと、まずその情報の多さに衝撃を受ける。たとえば、晩年のマルコム・Ｘは、二十四時間つねに監視され、電話などの通信もすべて盗聴されていた。彼の言動について、あらゆる些細なことまでもが観察され、記録され、アーカイヴにおさめられている。現在では、重要な情報が墨塗りされたかたちではあるが、そのファイルの一部を閲覧することができるし、それはインターネット上にも公開されている。[48]

ここでのＦＢＩのアーカイヴは、その内容以上に、アーカイヴの存在自体が多くのことを物語っているように思う。ＦＢＩのアーカイヴに収められているのは、たしかにネイションに関連する情報である。同時にそれは、ＦＢＩの暴力的な介入の痕跡でもある。そしてまた、ＦＢＩがネイションの存在に固執し、それを制圧するという考えにとりつかれていることも、ほのめかすように教えてくれる。それは、ＦＢＩのオブセッションである。

ここにＦＢＩとネイション・オブ・イスラームの、言い換えれば「統治する側」と「抵抗する側」の、ねじれた関係を見ることができる。もちろんＦＢＩは警察組織であり、ネイションとはその性格や趣旨を異にする。ＦＢＩは、組織の性格上、歴史に関心があるわけではないし、歴史を必要とするわけでもない。それはメンバーシップによって支えられた官僚組織ではあるが、既存の国家のもとに置かれたひとつの法執行機関《ロー・エンフォースメント》であり、捜査組織である。ＦＢＩやその組織にかかわった人びとの歴史を語ろうとする際にも、ネイションの存在に言及せずにそうすることができてしまう。

他方でネイション・オブ・イスラームは、歴史を必要とする。だがその歴史は、自分たちの言葉で語る場合にも、ＦＢＩの存在を認知することなしには語り得ない。ネイションはつねに監視され、警察組織によって捜査員を潜入させられていた。ネイションのリーダーやメンバー、支持者、共感者たちにとって、当局の暴力的な介入を無視し、忘却することは不可能である。ネイションが自分たちの歴史を捉えようとするときは、つねにFBIによる介入と創造／捏造の歴史に直面せざるを得ない。その点でネイションの歴史は、ネイションの存在がFBIという支配的他者から切り離し得ないことを教えてくれる。どれほど暴力的な存在であろうと、それを無視したり、忘れ去ったりすることができない。とはいえ、こうした無視や忘却の不可能性は、FBIという存在に対するネイションの固執――とりわけ支配への固執――を意味しているわけではないのだ。

ネイションとFBIとのこのような不均衡な関係は、一方が徴をつけられる側として「有徴」であり、他方の徴をつける側は「無徴」のまま留まるという、いわゆるマイノリティとマジョリティの関係に見いだされる「有徴－無徴」の関係と共通する。ネイションは、徴をつけられ、監視され、記録され、追いこまれ、攻撃の対象にされる側である。しかしFBIは、その姿が奇妙にも見えない。監視し、記録を残し、相手を追いこみ、攻撃するが、その具体的な様子がはっきりとは見えない。その暴力的な介入の痕跡をわずかに感じ取ることができるだけである。

だがそれ以上に、無徴の側に立つFBIの抱える知や情報へのオブセッションは、以下のことを教えてくれる。先ほど確認したように、FBIはアーカイヴ化を通じて、ネイションを生々しい人びとの集まりから操作可能な情報としての対象につくりかえようとする。記録することによって、ネイションという運動体を、ひとつの固定的な枠のなかに閉じこめようとするのだ。その意味では、介入のプロセスは、この記録の段階からすでにはじまっている。そして、閉じこめることでその対象を、よくわからないものから理解可能なものへ、不合理なものから合理的な説明のつくものへ、不安を誘うものから明確な脅威へと、つくり変えてゆく。けれどもこうした対象の操作は、相手が生々しくダイナミックな存在であるかぎり、つねに新しいデータによって補われる必要がある。相手以上に相手のことをわかり、相手が考えるまえにその考えを見抜き、相手が行動するまえにその行動を予測するため、ダイナミックな相手に対し、たえず影のようにつきまといつづけなければならないのだ。

このような意図と感性のもとで集められた情報は、より一般的な歴史資料とどのようにかかわるのだろうか。FBIのファイルは、歴史アーカイヴのなかでも特殊なケースに見えるかもしれない。しかしじっさいには、一般的な歴史アーカイヴと大きな共通点がある。それは両者ともが、対象を分析と理解が可能なものにつくりかえる装置であり、そのつくりかえの事実を隠しておくことができ、また分析と理解を最終的なゴールとする、という点である。そしてアーカイヴ化された歴史は、分析と理解を通じて、「大文字の歴史」のなかのひとつの要素として位置づけられ、その瞬間からそれは奇妙にも用済みになってゆく。長期の保存を前提とするがゆえに、かえってそれは現在に生きなおされる歴史とはならず、「大文字の歴史」を描くというより大きなプロジェクトのなかに定位させられ、過去のものとなってゆくのだ。

カリルの口からその名が出たションバーグ黒人文化研究センターには、膨大な歴史的資料が収められている。そこには、マルコム・Xを含めた幾人かのアフリカン・アメリカンについての情報や、彼らが政府機関や警察から法のもとで受けてきた暴力的介入の痕跡が記されている。それはたしかにアフリカン・アメリカンの歴史かもしれない。しかしそれは、過去にあった出来事であり、すでに起きてしまったことの集積なのだ。

他方でカリルにとっての歴史とは、学習や研究の対象になるものではない。分析や理解を最終目標とするものでもない。理解しようと試みることはあっても、理解しおえた時点で、忘れ去ることのできるものではない。それは彼が毎日の生活のなかで、捉えなおし、語りなおしながらも、ともに生きつづけなければならない類のものである。

そうだとするならば、カリルが僕に公的なアーカイヴの置かれたションバーグ・センターに行くよう勧めたことは、驚くに値しないかもしれない。歴史的に介入を受け、操作の対象とされてきた者が、とっさにとったひとつの戦略だったのかもしれない。ションバーグ・センターには、すでにアーカイヴ化され、活用に適した情報が収められている。それは研究されるための情報であり、分析と理解を歓迎する。そして、そうした情報は、カリルやマルコム、イライジャなど、個々人の生を取りこむと同時にどこか遠くへと隔離し、描かれた対象を、当人たちの生を、安全なものにつくり変えてしまっている。眼のまえのカリル本人は、そこにはいない。(49)

ハミッドは、僕がハーレムやイスラームに関する「正確な情報」を入手できるように、カリルを紹介したのだと語っていた。「その場〔ネイションの歴史の生成する場〕にいて、自分の眼で見てきた」人の話を聞くのが一番よいのだと彼は言った。そしてこうも語っていた。「俺もネイションのもとに生まれたけど、俺はそのときまだ子どもだった。だから俺が見てきたことは、必ずしも俺の頭に正しく登録されてるわけじゃないんだ」

しかし、僕はその頭の中を知りたかったのだった。仮に誤解や間違いを含み、偏見に凝り固まっていたとしても、じっさいに生きられている歴史を知りたいと思った。記録されなかった記憶を語る言葉に耳を傾けたいと思った。誰もがアクセス可能な資料など、なにも僕が読まなくてもよいではないかとさえ思った。記録に残らないもの、はかなく消えてゆくもの、忘れ去られてゆくもの、そういうものに強く惹かれていた。よくも悪くも、マルコム・Xについての書物は、今後も書かれつづけるだろう。しかし、カリルのことを誰が書くのだろうか。けっして有名ではないハミッドのことを誰が書くのだろうか——そんな風に思った。

床屋のなかで、カリルとのやり取りが途切れてきた頃、ハミッドがふたたびやってきて言った。

「〔研究のために〕必要なことはすべて得られたかい?」

返すべき言葉がなかった。一一六丁目ストリートの床屋のイスに座り、いましがたのやり取りを受けとめられないまま、ただ、意味もなくうなずくしかなかった。帰りの時間が近づいていた。どのようにお礼を言ってよいのかわからないと伝えると、彼らは二人とも、とんでもない、こちらこそ感謝しているという。

別れを告げて握手すると、カリルは言った。

「なにも心配しないでください。あなたがよい論文や本を書いて、学校でよい成績をとることが、私たちにとっての喜びなのです」

カリルの表情を見つめた。皮肉を言っているようには見えなかった。

第二章

ストリートのニーチェ

——アリの闘いと純白のアーカイヴ

奴らの歴史についての理解は、奴らがあなたにもたらしているように見える心理的支配を打ち壊すのに役立つだろう。

アリによるマーシャル・アーツ教則ビデオより

あなたがた「純粋な」者たちよ、あなたがたのかぶっている仮面は、ひとつの神の仮面だ。この神の仮面のなかに這いこんでいる、あなたがたの醜悪な環虫だ。

フリードリッヒ・ニーチェ、氷上英広訳「汚れなき認識」

敵が死に絶えることはない。奴らは増殖する。

アリによるマーシャル・アーツ教則ビデオより

「ハーレムは死んでんだよ」――アリの不満

「ハーレムにはとにかく否定的なことが多いんだよ」

と、アリは礼儀正しさをたもったまま、低音のきいた声で語った。

「ここにはなんにもねえし、なんの動きもねえよ。俺はもうこんなところには来ないことにしてる。停滞してるし、こんなとこにいると自分のエネルギーがマイナスの影響を受けちまう。わかるだろ？　俺はアップタウンに近づかないようにしてるのさ」

アリを僕に紹介したハミッドは、ときおり頷きながらも黙って耳を傾けている。アリは、僕の研究テーマについて、さらに突っ込んで質問をしてきたので詳しく告げると、アリは丁寧に、しかし、早口で言った。

「ハーレムはかつて本物のハーレムだったんだ。いま、おまえさんが眼にしてんのは偽物のハーレムだ。ハーレムにはいま、エネルギーがねえんだ。文化ってものがねえ。文化はな、いま、全部ブルックリンに行っちまってるよ。ハーレムが本物のハーレムだったとき、俺が言ってたんのは、七〇年代頃のことだけど、おまえさんはここに来ることさえできなかっただろうね」

おそらくは初対面ということもあって抑制はきいていた。けれども、アリの声や表情にはあきらかに不満の色があらわれていた。それに、アリのこの反応は、カリル・イスラームの反応と似通ってもいた。それは、僕の研究テーマに「ノー」を突きつけると同時に、アフリカン・アメリカン・ムスリムの置かれた現状、そして黒人文化の象徴とされるハーレムの現状に対し、あからさまな不承認の態度をとっていた。

アリの話を横で聞いていたハミッドが口を開く。

「そういえば、俺は昔、二回ほど銃で撃たれたことがあったね」

淡々とした表情だった。

ハミッドもまたカリルやアリと同様、若い頃にはストリートで生きていた。とはいえ、そのあとになって大学教育を受ける機会を得たハミッドが、銃撃の話を日常的な出来事のようにして語ることに僕は驚いた。彼が普段から穏やかで静かな物腰だったので、余計に違和感を抱いたのかもしれない。ハミッドの経験した銃撃の話を詳しく聞きたいと思った。しかし、ハミッドはそれについてはあまり詳しく語りたくないようだった。すると今度はアリが、自分がかつてハーレムで撃たれたときのことを語りはじめた。二人の語るエピソードは、一九七〇年代のハーレムのストリートの暴力のすさまじさをほのめかしていた。と同時に、アリによると、七〇年代にはハーレムがまだ生きていたという。そして、二人とも口許に小さな笑みを浮かべ、どこか懐かしそうにそのときの様子を語った。

アリはストリートの闘士《ソルジャー》だ。

アリの人物像をひと言で表すのに、これ以上の表現を思いつくことができない。子どもの頃から六十歳になろうという現在まで、彼は文字どおりストリートで闘い、生き抜いてきた。だからアリは、いつだって戦闘態勢を崩さない。二人だけで会うようになってからも、話している最中ずっと周囲に目を光らせ、四六時中なにかを察知しようとしていた。

カリルのときもそうだったが、アリともまた、ハミッドを通じて出会った。フィールドワークをはじめて約半年が経過したある日、ハミッドが電話をかけてきて、日本語のわかる人を探している友人がいるから、その人物に会って、翻訳などの作業を手伝ってもらえないかと尋ねてきたのだ。日頃からハミッドに世話になってばかりだった僕は、よろこんでそれを引き受け、その友人に会うことにした。それが、アリだった。

アリの肌は、ハミッドよりさらに濃い黒色をしていた。もうじき六十歳になるというが、外見は若々しく、四十歳くらいにしか見えない。彼は礼儀正しく自己紹介をしたあと、ずっとマーシャル・アーツの道場を開いており、そこで自分が生徒のために準備した、級や段の認定書と卒業証明書に書く文章を日本語に翻訳してほしいと語った。また、自分でデザインしたTシャツがあり、それを販売したいから、ロゴに使われている漢字が正しいのかどうかをたしかめてほしいという。

やれるかぎりやってみましょうと僕は応え、ハミッドの管理する床屋の店内にある横長のベンチに座り、そこで翻訳作業を進めることにした。ハミッドは、電話をかけて用事を済ませると言って席をはずし、床屋の奥にある小さなオフィスに消えた。二人きりになった床屋の店内で翻訳を進めると、アリは律義に隣に座って、その過程を見守っていた。しかしときおり、好奇心を抑えられないのか、研究テーマや日本の文化などについて質問を投げかけてきた。翻訳自体はそれほど難しいものではなかったが、そんなわけで結局僕は、彼との雑談を交えながら、一時間ほどかけて英語を日本語に訳し、漢字に修正を加えた。

翻訳を終えた頃、ハミッドが奥から戻ってきて、三人でしばらく話をつづけた。最近心臓発作を経験したハミッドが健康上の問題について語ると、アリは自分がおこなっている健康管理の方法を披露した。そして、自分がどのようなビタミン剤を毎日服用しているか、どのようにしてヴィーガン（純菜食主義者）になったかなどを語りながら、最後に、ハーレムにはできるかぎりいないようにすることが重要だと語ったのだ。ハーレムについての否定的なコメントが飛び出したのは、そんななかでだった。

別れ際にアリは、翻訳してほしい文章がさらにあるので再度会いたいと言った。日本語と日本の文化や歴史への強い関心があり、今後は曜日を決めて毎週日本語のレッスンもしてほしい、いつか日本を訪れ、しばらくそこで暮らしたい、そのためにも日本語を習得したい――そう付け加えた。

こうして毎週の日本語レッスンがはじまった。しかし、じっさいには日本語レッスンの名目で会っている時間の多くは、アリが――ときとして強い怒りをともなって――数々の不満を語ることに費やされていった。レッスンをはじめたばかりの頃、僕は彼の語りの勢いとエネルギーに圧倒され、その内容を捉えるのに手間取った。語られたことの全体像はわかるのに、内容が記憶できないのだ。録音したいと何度も思ったが、セキュリティを気にするアリは、それをよしとしなかった。それでも、何度も会って言葉を重ねるうちに、アリの不満や怒りが直接にどのような対象と結びつき語られるのかがあきらかになっていった。

白人種ってのは弱いんだ。〔白人の男は弱いから〕オリジナル・マンが女には必要なんだよ。白人には名誉ってものがねえんだ。なんでみんなこの国にやってきて、白人の真似ばっかりすんだ。白人は外国に行ってもいっさい真似をすることなんてねえ。俺はそのことに腹がたつ。白人の奴らには悪意がある。俺がなにに腹をたてってかわかるか？　みんなこの国にやってきて、白人種の真似をする。だけど奴らは誰の真似もしねえってことだ。白人は、よその国に行っても誰の真似もしねえ。奴らは自分自身でいられんだ。（フィールドノートおよびメモの抜粋）

この種の語りはアリに固有のものではない。アリは一九六〇年代にネイション・オブ・イスラームに入信したが、ネイションのリーダーたちが、同種の表現や論理を用いて、これに類似する主張を展開してきた。あとで詳しく触れる「オリジナル・マンthe Original Man」という表現も、イライジャ・ムハンマドによってひろめられたもので、「最初の人類」「人類のもともとの姿」などの意味を持ち、黒人たちをさしている。こうした発言をリーダーたちがくり返したため、ネイションは反白人的であるとか、逆差別をおこなっているといった非難を浴びてきたのだ。アリはその後ネイションを脱退するが、いまでもイライジャの教えの影響を強く受けていることが語りからもわかる。さらに、こうした発言や語りを支える認識や思想のあり方は、「アフロセントリズムAfrocentrism」というタームで呼ばれ、問題視されるようになった。

アリの不満は、白人についてだけではなく、アメリカにもおよぶ。

アメリカは悪意に満ちてる。俺はこの国が好きじゃねえ。英語を話すのも好きじゃねえ。もし話す必要がなけりゃ、話してねえだろう。英語ってのは、奴隷の言葉だ。この国に黒人として生まれたら、システムと闘って生きるか、システムの一部になるか、そのごっちかしかねえんだ。この国がやってることには、もちろん賛成しねえ。だけどな、嫌悪もしてねえよ。ただ、その仕組みを理解するだけだ。アメリカ人の奴らは外国に行ってもどこにも謙虚さがねえから、学ぶってことをしねえんだ。だから嫌われんだよ。白人種が自分たちだけでオリジナルにつくり上げたものなんてのは、ひとつもねえんだ。だから俺は、歴史を勉強すんのが好きなんだ。事実を見りゃ、白人の連中がなにかを人から学ばずしてつくり上げたものなんか、なにひとつねえのがわかる。白人っていうカテゴリーがいまのようになったのも最近のことだろ。イタリア人のように南ヨーロッパの地域から来たヨーロッパ人の連中は、黒人奴隷ほどひどくはなかったけど、同じような境遇にあった。だけど、黒人をさらに管理するためにイタリア人たちは白人のカテゴリーに入れられるようになってった。ヨーロッパ人が日本にはじめて行ったときにも、奴らは野蛮人だって言われてたろ。風呂に入るっていう習慣さえなかったんだ。歴史を見りゃ、奴らが野蛮人なのはあきらかだ。いまだって、かつてとおんなじだよ。

（フィールドノートおよびメモの抜粋）

アメリカに対するアリの不満が、白人種に対する不満とときおり入れかわる。この文脈でアリの言う「アメリカ人」や「アメリカ」とは、ほぼ「白人種」もしくは「白人」ということと同義である。しかし、同時に白人というカテゴリー自体も本質的で不変のものではなく、時代によって変化するものだということにアリは気づいている。白人種というカテゴリーの可変性を前提としながら、白人が独自のもの、オリジナルなものをなにもつくっていないにもかかわらず、「白人はオリジナルである」という主張がまかり通っていることに、不満が述べられている。

単に白人種やアメリカに対してむけられた不満だけを見ていると、不満の表現方法に違いはあるにせよ、これまでにもくり返されてきた黒人による白人への抗議となんら変わらないように見えるかもしれない。結局のところ、これまでも唱えられてきた主張が、アリによって語られているに過ぎないのではないか、と。けれどもアリの不満は、同じ強度をともなって、自らの帰属する集団やコミュニティにもむかう。

ハーレムはかつて本当のハーレムだったんだ。ハーレムは死んでんだよ。いまあんのは、企業化しちまったハーレムだけだよ。コーポレイトのハーレムだよ。わかるか？　奴らが乗っ取ったんだ。俺たちはかつて、この場所を持ってたんだ。もう手遅れだね。みんな、いまになってハーレムを取り戻すとかいう話をしてる。もう遅いんだよ。そんなことは二十年前にやっとくべきだったんだ。ウォレス［・ムハンマド］がネイションを引き継いで、すべてを壊したんだ。それから［ルドルフ・］ジュリアーニが一二五丁目の通りからヴェンダーたちを追い出した。これもひとつの兆候だった。五〇年代、六〇年代には、別にすべての奴らがネイションに賛成してたわけじゃねえ。ネイションの方針《ポリシー》は特殊なものだったからな。だけど奴らはネイションをリスペクトしてた。いまいる人間を見てみろ。奴らには恐れってもんがねえんだ。憶えておいてくれ。いまから十年、二十年経ったら、白人とラティーノが一番ラディカルなムスリムになってると思うね。いまの戦争〔イラク戦争〕に反対してんのも〔反対できるような力があるのも〕奴らなんだ。奴らが最もラディカルな人間になる。俺らの人種はもうおしまいだね。

（フィールドノートおよびメモの抜粋）

会って話をするたびにアリは、白人の国アメリカに対してだけでなく、自らもその範疇の成員であるはずのハーレムの住民やアフリカン・アメリカン、そしてムスリムに対しても、強い不満を口にした。人種主義的な断定を含み、ときとして乱暴で暴力的にさえ響くアリの言葉は、たしかに、白人やアフリカン・アメリカン・ムスリムなどの特定の集団に対してむけられている。しかし、それは必ずしも暴力的な行為へと結実するわけではなく、彼と不満の対象となる集団との間に単純で一様な敵対関係があるわけではない。そうだとすると、こうした数々の不満は、どのように捉えることができるだろうか。

アリの言葉に耳を傾けていると、「俺たち」と「奴ら」という言葉が、はっきりと誰をさすのか特定されないまま、用いられ対比されることが多いのに気づく。ここでの「俺たち」とは「アフリカン・アメリカン」であり、「ハーレムに暮らすアフリカン・アメリカン・ムスリム」であり、同時に「ハーレムを所有していた頃のアフリカン・アメリカン」である。またここでの「奴ら」とは「ハーレムを企業化した人たち」であり、「白人」であると同時に、「五〇、六〇年代のネイションをリスペクトした人びと」でもあるのだ。

これはアリにかぎった話ではない。ハーレムでのフィールドワーク中、会話のなかでアフリカン・アメリカン・ムスリムたちが、「私たち」や「奴ら」が誰をさすのか特定しないまま、話を進めるという場面に何度も遭遇した。もちろんそれは、観察者である僕が特定できないだけであって、話し手や会話の参加者にとっては、明白なことという可能性もある。しかし、参与観察を長くつづけてゆくと、彼らにとってそれはどうでもよい問題なのだということがあきらかになってゆく。それはまた、ストリートでの話し言葉の特徴でもあった。アリにとってもまた、不満の矛先は場合によってめまぐるしく変化した。彼らの差異化のレトリックは、見かけほど単純ではないのだ。

このことは、自己と他者の線引きや承認にかかわるアイデンティティの問題について、多くのことを教えてくれる。そもそも、アリがアフリカン・アメリカンのムスリムであるという事実が、すでに複雑なアイデンティティのありようをほのめかしている。けれどもそれだけではない。アリの不満の多くは、アイデンティティをめぐる問題に関係しており、その述懐においては歴史——さらに言えば歴史の捉え方——が重要な役割を果たしている。「白人は弱い。アメリカは悪意に満ちている。ハーレムは死んでいる。黒人は終わっている」などの「AはBである」の形式をもった一文が頻出することは、自己および他者をめぐる価値判断を、苛烈に連発しなくてはならない切迫した社会状況を物語ってもいる。

奴隷制のもとでの慣習や伝統の破壊と収奪、そしてその後もつづく人種差別を経験したアフリカン・アメリカンたちは、「おまえは何者か」という問いに明確な答えを求める個人主義の伝統の強い社会にあって、たびたび自分たちの定義を書きかえようとしてきた。一九〇三年に出版された『黒人のたましい』のなかで、黒人社会学者のW・E・B・デュボイスは、二十世紀の問題が「皮膚の色の境界線《カラー・ライン》」をめぐる闘争になることを予見し、自らの経験を振り返りつつ、「アメリカ人であることと黒人であること」の「二重意識《ダブル・コンシャスネス》」、その独特の感覚がもたらす問題について言及した。彼は書く。

「アメリカの世界――それは、黒人に真の自我意識をすこしもあたえてはくれず、自己をもう一つの世界（白人世界）の啓示を通してのみ見ることを許してくれる世界である。この二重意識、このたえず自己を他者の目によってみるという感覚、軽蔑と憐びんをたのしみながら傍観者として眺めているもう一つの世界の巻尺で自己の魂をはかっている感覚、このような感覚は、一種独特なものである[1]」

虐待し、侮蔑し、痛苦をもたらす相手、傍観者として眺め、憐れみ、同情を語る相手、そのような「白人世界」の価値意識や信仰が浸透した社会にあって、それを内面化してしまった（せざるを得なかった）黒人は、「黒い身体」の内に分かち難く結びつきながらも衝突をくり返す二つの存在様式を、どのように統一させようとするのだろうか。それがデュボイスの問いかけだった。ネイション・オブ・イスラームは、デュボイスのこの本の出版から約三十年後、デトロイトの黒人居住区においてはじまり、一九五〇～六〇年代にマルコム・Xの活躍もあってひとつのピークを見る。デュボイスが指摘した問題状況のなかで、「黒人ムスリムたち」は自らのアイデンティティや経験世界を徹底してつくりかえ、再定義しようとする運動を展開する。彼らは、名前や服装、信仰の対象、挨拶の仕方などを変え、新たな自己を獲得しなおそうとするのだ。そのとき彼らは、とりわけアリは、よりひろく社会に認められてきた歴史の持つ暴力に、どのように向き合うのだろうか。

「自分たちのものにできたはずだ」――所有と贈与

「くそ！　このコミュニティにいる人間を見んのは、本当に嫌気がさすね」

その日の日本語レッスンも、いつもと同じようにアリが声高に不満をぶちまけることからはじまった。この日のアリは、とくにハーレムのアフリカン・アメリカンについて、不満と怒りをあらわにしていた。

「奴らはなんにもしねえんだ。ただ一日中座って、話しているだけじゃねえか。奴らは働かねえんだよ。努力して、もがいて、闘うってことをしねえ。『ブラザー、俺もがんばって、もがいて、闘ってるんだ』とか奴らは言うんだろうけど、まったくやってないね」

アリは、勢いよく言葉をくり出した。

日本語レッスンは、晴れて暖かな日には公園のベンチで、寒い冬の間や雨の日にはハーレムにあるケーキ屋の小さなカフェスペースでおこなわれた。その日は、セントラル・パークの中にあるベンチに腰かけて話していた。パーク内に区切られた庭園風の敷地があり、そこにいくつかのベンチが据え置かれている。近くにある九六丁目のストリートが、北側のハーレムと南側の裕福なアッパー・イースト・サイドとを隔てている。公園内の僕らのいる場所は、丁寧に育てられ手入れされた木々や芝生が生い茂り、中にある道やベンチは綺麗に掃除され管理されていた。ゆっくりと散歩を楽しむ高齢者たちのほかに、犬を散歩させている人もいる。

「奴ら〔ハーレムのアフリカン・アメリカン〕は道化と一緒だ」

アリは話をつづけた。

「本当に嫌気がさすね。俺は奴らに対してはなんの敬意も持ってねえ。まったく同情する気になれねえよ」

怒りとともに不満がくり返され、あたりは徐々に暗く、寒くなりつつあった。話している最中、小さな電動カートに乗った若いアフリカン・アメリカンの男性がそばまで寄ってきて、僕たちのいる区画の門が十分後に閉まると告げた。この区画はセントラル・パークの中でも特殊な場所で、通常午後六時になると閉鎖され錠がかけられるということを、そのときはじめて知った。僕たちは礼を言い、その後アリは少しのあいだ話すのをやめていたが、しばらくすると再開した。

「俺らは、この場所を自分たちのものにすることができたはずだ」

アリは、セントラル・パークのことをさしてそう言った。

「俺がここに来ることは許されてるし、おまえがここに来ることも許されてる。俺らはここで歓迎されてるんだ。けど奴らは、何時に門が閉まるのかを告げにくる。俺はこれを逆にしようって言ってんだ」

たしかに、僕らはこの公園になんの問題もなく入ってくることができた。ここでくつろいだ時間を過ごしても、誰も咎めない。ここにいる人間が僕のようなアジア人であろうと、アリのような黒人であろうと、誰も気にもとめなかった。寛容に受け入れられ、歓迎されていた。しかしアリにとっては、門の閉まる時間を告げられたことで、誰が、誰に対して、寛容さをもって、この場所を提供しているのかがあきらかになる。

アリは、この場所の提供、寛大な贈与の方向が、逆であるべきだと主張していた。公園を設置し、それを自分たちアフリカン・アメリカンによって所有、運営、管理したいと彼は考えていた。そしてその場所を、人種にかかわりなく誰でも好きに入り、好きなことができるよう開放する。しかし公園の門を閉める時間になると、おそらくは現状とは反対に白人の守衛を使って、門が閉まる時間をみんなに告げる。そのような状況にしたい、と。贈与が支配の道具になり得ること、したがって、与えられるということ、贈与を受け取るということが、負債を通じて被管理につながること——そういう力学に敏感な者の発想に思えた。

ハーレムに暮らすムスリムへの不満をさんざん聞かされた僕は、なにか手がかりを得ようと思った。

「それでは、このコミュニティではイスラームはなんの可能性も持たないと思いますか」

「いいかい」

アリは言った。

「この国でイスラームがやったことって言えばな、いや外国のことはわかんねえぞ。けどな、この国に関するかぎりはな、イスラームがやったことって言えば、ネイションを通じてやったことくらいだ。唯一そのときだけが、奴ら［アフリカン・アメリカン］の闘ったときだ。ほとんどの奴らは、イライジャ・ムハンマド師の教えが好きじゃなかった。けどな、奴らはそれでも俺たちを尊敬してたんだ」

十分ほど経つと、小さな電動カートに乗った先ほどの男性が、ふたたびこちらにむかってやってきた。彼がなにか言うまえに、アリが口を開いた。

「門を閉めるんですよね」

アリの声色は先ほどまでとはうって変わり、礼儀正しく、控えめだった。

「はい、そうなんです」

その黒人男性も礼儀正しく応じた。

アリと僕は立ちあがり、綺麗に手入れされ、シェルターのように守られたその場所をあとにした。

自分たちのものにできない、所有できない——アリはくり返してそう語った。彼は自分たちの建物や公園、言葉、文化、ネイションを持つことの重要性を幾度にもわたって強調し、そのうえでそれが達成されないことに不満を表明した。

「いいかい、この場所だって、俺らがかつて所有してたんだ」

別の日、ハーレムのガソリンスタンドのまえを通りかかったとき、アリは立ちどまって、そちらのほうを指さして話しはじめた。

「いまのこのざまを見てみろよ。持ってた物件は全部なくなっちまった。なぜかって？　自分たちのことになるとな、アフリカン・アメリカンは途端にビジネスを優先できなくなっちまうんだ。結局奴らは、白人のために働くのが好きなんだよ」

固有の土地や財産を所有できない、けれどもそれは、かつて一度は所有していたはずのものが失われてしまったからなのだという。所有に関するアリの不満は、所有が原則的に不可能であるという認識にではなく、かつて所有することができた、本来は所有できていたはずだという認識に支えられている。

またアリは、自分たちの所有の失敗の責任を、白人だけではなく黒人にも求めていた。アリはこの点を何度も強調した。彼によれば、イタリア人、ユダヤ人、中国人などの移民は、ときには不正に得たお金も用いて投資をおこない、自分たちのコミュニティの力を強めることができたのだという。アフリカン・アメリカンだけが自分たちのためにお金を投資することができず、強いコミュニティをつくることができなかったのだと、彼は不満気にくり返した。

ポケット・マネーを用いて自らのコミュニティのために投資し、モスク建設のためにお金を寄付してきたアリは、自分のようにコミュニティのために投資する人間がもっと必要だったと感じている。そのアリが、アフリカン・アメリカンのコミュニティの過去の姿やほかのコミュニティとの比較において、「所有していたのに失われてしまった」という喪失の感覚を抱いているのだ。

こうした喪失の感覚は、一九二〇、三〇年代のハーレム・ルネッサンスから一九六〇、七〇年代にいたるまで「黒人文化のメッカ」とされてきたハーレムが、とくに八〇、九〇年代以降、目に見えてアフリカン・アメリカンのものでなくなってゆくプロセスと重なる。九〇年代に入ると、ニューカマーのアフリカ人移民たちがハーレムにモスクを建てはじめ、アリが少年・青年時代を過ごしたストリートにもアフリカ人たちの雑貨屋やレストランが立ち並ぶようになる。同時に、再開発が進み、新しい装いの高級アパートメントが建てられ、目抜き通りのある一二五丁目には大手企業が進出し、フランチャイズ系の店舗がいくつもつくられた。

アリの語る所有の問題は、彼の敬愛するイライジャ・ムハンマドの教えとも重なる。ネイライジャもまた、つねにアフリカン・アメリカンの所有の重要性を説いてきた。ネイション・オブ・イスラームのメンバーや支持者たちの間でひろく読まれた『アメリカの黒人へのメッセージ』という著作のなかで、イライジャは書いている。

我々が今日理解しなければならないのは、自分たちの土地《ランド》を獲得することの重要性である。〔……〕我々は、なにも代価を払わないまま、我々に仕事を与え、学校教育を施し、家を建て、食べ物を売ってくれるようにと、アメリカに永遠に頼りつづけることはできない。〔……〕二千二百万人の人間が、他人の政府の体制のなかで適正な市民になろうと統合《インテグレーション》の歌を喜んでうたっている。そのような国が、この地球上でほかにあるだろうか。我々は、じつに愚かな民族《ネイション》である。統合は自己破壊を意味する。そしてその目的のための手段は死以外の何物でもない。地球上の黒人たちが白人社会への統合ではなく、自分たちの独立を求めている。四百年にわたる敵と統合しようとする我々は、いったい何者に見えるだろうか。〔……〕ネイションを建設するにはまず土地を持たなければならない。一番はじめの奴隷の世代から現在の我々の世代にいたるまで、我々は一致団結して自分たちの土地を獲得することができないでいる。それは元奴隷主たちが、我々の欲求を、自分や自分の仲間のために考え行動しようとする欲求を破壊し、我々の精神を犯したからである。(2)

「自分たちの土地を獲得することの重要性」を指摘することからはじまるこの文章は、自らのネイションの設立を標榜する。それに付随して「統合」の拒否が示され、「統合」に賛同する黒人への批判が述べられる。この「統合」の拒否の念頭には、マーティン・ルーサー・キング・ジュニアらによる公民権運動がある。そのことからも、このメッセージが直接的にはアフリカン・アメリカンにむけて発せられていることがわかる。イライジャにとって「統合」は偽善的であり、「独立」こそが黒人たちのめざすべき道のりである。独立し、自分たちの建物、土地、ネイション、領土を所有してしかるべきなのに、あるいは所有しつづけることができたはずなのに、それができない。そしてその原因と責任は、黒人と白人との両者にある。イライジャやアリは、そうくり返し語るのだ。

手にしていたものを手放さざるを得なくなる。その経過はアリ自身が個人的にたどったものでもあったかもしれない。アリはかつて、ダイヤモンドなどの取り引きを手がけ、大金を所持していた。高級アパートメントに暮らし、高価なスーツに身を包み、高級車に乗っていたという。だから、お金次第で、周囲の人の対応がどれほど変化するかを熟知している。アリは言う。

「もっとカネがあった頃はダウンタウンの高級アパートメントに住んでた。そこは、建物に入ったあと、鍵を使わねえとエレベータが動かねえんだ。ある日、そのエレベータに乗ろうとすると、うしろから新米のセキュリティ・ガード兼ドアマンが俺に呼びかけるのが聞こえた。『すみません、すみません』って呼んでたけど、わざと無視してそのままエレベータに乗ったんだ。次に下に戻っていったときには、そいつは俺が鍵を持ってるってことに気づいたようで、態度をがらりと変えて『ごきげんいかがですか《ハウ・アー・ユー・ドゥイング・サー》』って声をかけてきた」

黒人である自分が高級アパートメントに住んでいるはずがないとドアマンは判断したに違いない。アリはそう思ったのだ。白人だったらこの新入りのドアマンは声をかけてきただろうか、と。だから彼は呼びかけに応じずにエレベータに乗り込んだ。

「飛行機のファースト・クラスにも乗ったことがあったな。フライト・アテンダントが、食事はなにがいいかって訊いてきたから、俺は野菜しか食べないって答えたんだ。そしたら、まえもって言ってくれたらベジタリアン・フードが用意できたけど、ないので自分がなにかつくってくる、もう少し待っていてほしいって言うんだ。それで俺は、いまは勉強したいし、食事はいらないから、飲み物だけもらうって言ったんだ。そしたら、そのやり取りを聞いてた隣の白人が『宗教的な理由で野菜しか食べないのですか』って訊いてきた。だから俺は『健康のために野菜しかとらない』って答えた。彼は、なんでこんなところにいい時計をした黒人が座ってるのか、不思議だったに違いねえ。しばらく話をしたあと彼は、『いい時計ですね。おいくらでしたか?』って訊くんだ。だけどそんなことは、そいつの知ったこっちゃねえだろ。個人的なことだ。それで俺は、『もらいものだからわかりませんが、一万ドルくらいだと思います』って答えた。そしたら今度は奴は、どんな仕事をしてるのかって訊いてくる。だから、ドラッグ・ディーラーだって言ってやった。奴は『そうですか』って言ったきり到着するまで一言も話さなくなった。そいつが聞きたがってた答えを与えてやったまでだよ」

アリはそう言って微笑んだ。

それでもアリは、お金を稼ぐことがいかに難しく、またリスクを抱えているか熟知している。

「カネを稼ぐのは大変だよ。カネを稼ぎたいって思ったらな、道徳上の問題なんかを全部脇に置いとかなきゃなんねえ。システムはそうやって機能してんだ。だから億万長者になったら、もうもとには戻れねえんだ」

「僕たちの神はどこ？」——神と悪魔

ムスリムになるまえから、あることがいつもに気になってたんだ——アリは語りはじめた。レッスンの帰り道だった。

幼い頃、敬虔なキリスト教徒である母親に連れられて教会に行ったアリは、白人の顔をした天使の絵が教会中の壁に描かれているのを眼にしたのだという。そしてそのあとすぐ、白人の顔をしているのが、あたり一面に描かれている天使だけではないことに気づく。

「イエス・キリスト像の顔が白かったんだ」

アリは、いつもよりもゆっくりとした調子で言った。かつて見た光景を想い出そうとしているようだった。

「その教会の神父も白人だった。だけど、ふと気づくと、説教を聞きにきてる奴らはみんな黒人だったんだ。俺は、『待てよ。この構図はなにかがおかしいぞ』って思った。それで俺は、隣にいた母親に質問したんだ。『ママ、ママ、僕たちの神はどこ？僕たちの神はどこにいるの？』ってな」

アリの母親はその場では質問に答えず、ただ「静かにしなさい」と言うだけだった。アリはそれでも母親にむかって質問をつづけた。

「最後には母親は怒ってたよ」

その夜、アリは教会で眼にしたことを父親に語った。

「見たことについて話すと、父親は『おまえ、自分のコートを取っておいで』って言って、夜だったのに俺をブルックリンにある別の教会に連れていったんだ。そこには、黒人のキリスト像や黒人の姿をした天使の壁画があって、近くには『ただ私たちが黒人だという理由で見下すな』といった言葉が書かれてた」

やがてアリは青年になり、ネイションの教義に同調するようになる。しかしアリは、自分が宗教に傾倒し、祈りに救いを求めたことは一度もないという。

「俺が宗教的だったことは一度もねえよ。スピリチュアルではあるかもしれねえ。けど、宗教的じゃねえんだ」

そのように語るアリは、つねにムスリム・コミュニティやそのほかの宗教的コミュニティに対して、批判的だったという。当然そのような彼の態度を快く思わない人もおり、文句を言われることもある。それでも彼はその態度を貫いてきた。アリの母親は敬虔なキリスト教徒で、彼はそのことに敬意を示してはいたが、同時に、一日中神に祈っているだけではテーブルに食べ物を運んでくることはできない、とも語った。

「俺には公営団地に住んでる友だちがいる。もう何年もそこに通いつづけてるけど、そこで目にする光景には本当に腹がたつ。そこの団地のクソのようなエレベータは、糞尿であふれかえってんだ。人がそこで用を足してんだよ。それを見て、警察ならどう思う？　それが報道されたら、ほかの人間はどんなふうに受けとめる？　公営団地に住んでる奴ら全員がそうなわけじゃねえ。だけどそれが報道されたら、それがすべてであるかのように受けとめられるだろう。白人たちはな、俺たちをゴリラって呼んだ。そして俺らはじっさいに奴らが言うように、クソッタレのゴリラみたいに振る舞うようになったんだよ。言葉が汚くてわりいな。けど、カネがなくても清潔でちゃんとまともな生活を送ることはできるはずだ。俺の家は貧乏だった。食う物がなくなることだってあった。でも母親が床なんかを本当にきれいにしてたから、家の中は清潔だった。当時は、グリッツ〔トウモロコシなどの穀物をひき割りした、おかゆ状のもの〕ってい う、食うと腹がふくれるものとかをよく食ってたな。父親は外でなにをしてんのかわかんなかったけど、出かけてくと大量の食べ物を手にして帰ってきた。それが家族の面倒をみるってことだった。ある日、母親が教会に寄付するために二十ドル札を箱の中にしまってた。まえにも言ったように、母親は宗教的な人だった。そのとき、家に食べ物がなかったから、俺はその二十ドル札を取って、外に出かけてひと儲けしてから食料を手に入れ、家に戻ってきたんだ。持っていった二十ドルを返すつもりだったけど、手もとには二十ドル札がなくて、四枚の五ドル札しかなかった。話が長くなるから短く言うけど、俺はその四枚の五ドル札を箱の中に戻しといたんだ。母親は俺がそんな風にして外で稼いでこなきゃならないってことをわかってたけど、母親はわざと気づかないふりして、次の日の朝こんなこと言ってた。『あら、イエス様が二十ドル札を五ドル札四枚に変えたのね』ってね」

アリは笑いながらそう話しおえた。

教会でのアリの記憶は、ネイション・オブ・イスラームの教義を知る以前の、幼い頃の私的な体験からくるものだ。けれどもその語りの主題は、彼だけに特有のものではない。ネイションのリーダーたちは、組織の創設以来、アメリカのキリスト像や天使の姿が白人として表象されていることを、くり返し批判してきた。白人のキリスト、天使、神父は、黒人と白人の両者の世界観において神聖なものを表象し、それゆえに人びとの価値意識を縛っていると彼らは主張した。

イライジャ・ムハンマドは、一九五七年発行の冊子『至高の知恵——いわゆる黒人問題に対する解決策』のなかで次のように述べる。

> キリスト教は、黒人を奴隷化する目的で、悪魔たちによって組織され支えられている宗教である。神（アッラー）は、キリスト教とは白人によって組織されたもので、彼ら白人は黒人を欺きそれを認めさせるために、創始者・創造者としてキリストの名前をそこに刻んだのだと言った。我々のとるべき最初のステップは、白人にその宗教を返すことである。キリスト教、教会、そして白人の名前。この三つは、我々を彼らに拘束された状態のままにしつづける奴隷制の鎖である。これら三つを手放したとき、はじめて我々は自由になることができる(3)。

「キリスト教」、「教会」、「白人の名前」の三つが奴隷化の際の道具になったというイライジャの主張は注目に値する。イライジャによれば、黒人が白人によってキリスト教徒に改宗させられた場合、彼らの認識する神が白人と同一になることで、非白人であるアフリカン・アメリカンに劣等感が植え付けられるという。この最初の改宗が、すべての白人が黒人にとっての神となるような認識の枠組みをつくり出す。ゆえに、黒人は「白人にその宗教を返す」必要がある、とイライジャは語るのだ。イライジャにとって、白人の宗教である「キリスト教」に取ってかわるものがイスラームであり、「教会」に取ってかわるものがテンプルであり、「白人の名前」に取ってかわり得るものがXやムハンマドなどのネイションが付与する名前だった。

そして、第一章でも触れたように、ネイションの語りのなかで最も有名かつ論争の的になってきたもののひとつが「白人は悪魔である。黒人は神である White man is the devil. Black man is God.」という言明だ。この言明を、アリの語る幼い頃の記憶やイライジャの歴史認識のなかで捉えるならば、それは単なる信仰や思考の表現、あるいは彼らの状況認識の記述と考えるべきでない。アリの語る教会での記憶は一九五〇年代のものであり、イライジャがネイションの機関紙を発行し、積極的な発言をおこなうのも同じく五〇年代のことだった。一九六四年の公民権法が通る以前のこの時期には、法律・制度上の差別が残り、一部の地域では公然とリンチがおこなわれていた。教会制度を通じて白い肌のキリストや天使の姿が、英語辞典を通じて白と黒の定義が、教育制度を通じて白い肌の英雄や偉人が流通していた。「白人は神、神聖、善である。黒人は悪魔、不浄、悪である」という現実が生きられていた時代に、先の言明はなされたことになる。そうだとすれば、社会・文化的文脈のなかでこの言明を解釈するだけでなく、その発話がなにをしていたのかと問うほうがよい。

先に述べたように、一九五〇年代の社会状況下で、「白人＝神、黒人＝悪魔」という等式であらわすことのできる価値判断は、明確に言語化され得る事実というよりは、意識化される以前にまさにそのように生きられている現実であり、その現実を支えるほとんど無意識と呼べる信仰だった。そしてアリやイライジャにとって問題なのは、それが白人にとってだけでなく、黒人にとっても生きられた現実だったことである。イライジャの導きでネイションに入信し、戦闘的な話術を用いて「白人中心のアメリカ社会」を徹底的に批判するマルコムもまた、入信前には縮れた毛髪を矯正してまっすぐにし、白人の女性を求めたことをのちに告白する。「肌の色の境界線」によって隔てられ、一方から他方への抑圧と暴力が継続するなか、それにもかかわらず黒人が白人の価値意識を内面化しようとすること、白人の姿に近づこうとすること、これがアリやイライジャにとっての問題だった。白人の姿をしたキリストや天使像を通じて共有されたこの等式は、まさにその等式を明言しないこと、語らないこと、その姿を隠しておくことによって、最も効率的に機能していたのであって、一旦機能しはじめたこの等式は、たとえ白人がその場に物理的にいなくても機能しつづけた。そのことがアリのもうひとつの幼少の記憶にもあらわれている。アリは語った。

「みんな、偏見ってものを持ってるだろ? だけど、たとえばある人のことをよく知ってくと、徐々にその人のことを好きになってくってことがある。俺はそんな風になりたいって思ってる。俺はシャイだったし、肌の色が濃かったから大変だった。小学生のとき、ある女の子がいたんだ。俺はその子のことが好きだった。ある日、学校でその子に話しかけた。好きだからどこかに一緒に行こうとか、そんなようなことを言って声をかけたんだ。その子は俺の顔を見て、『でもあなた、黒すぎるじゃない!』って言ったんだ。その子の方が俺なんかよりもずっと肌の色の濃い黒人だったんだぜ。五〇年代ってのは、こんな感じだった。だから、俺はいつも疑わしきは罰せずって思ってるよ」

　黒人が黒人を見下し、白人の身体——あるいはより白い肌——を美しいものと捉え、その姿に近づこうとする。当時のアフリカン・アメリカンにとって、それは具体的にどんな経験だったろうか。それは、「黒い肌は醜い、縮れた黒い髪の毛は気色悪い、黒い瞳は邪悪だ」といったメッセージを、生まれた瞬間からあらゆる媒体——テレビや新聞から教育や大人たちの語りまで——を通じてつねに耳もとでささやかれる社会にあって、それとは気づかぬうちに価値意識を変更させられてゆく経験だったかもしれない。そのような現実を変えようとイライジャは試み、黒人に対して語りかけた。そのことが、『アメリカの黒人へのメッセージ』という書名にもあらわれている。

数々のメッセージの言葉尻だけを捉えると、イライジャは単純に、白人のキリスト像や天使像に刻まれた等式を反転させ、「白人＝悪魔、黒人＝神」という黒人至上主義的信仰をつくりあげているように思えるかもしれない。けれどもネイションは、黒人キリスト像や黒人天使像を持たなかった。ネイションはイスラームに基づく運動であり、イスラームがいっさいの偶像崇拝を禁じている以上、等式を反転させた黒人の偶像を持つことは不可能である。この点でイスラーム運動は、黒人キリスト像を飾ることになる一部の黒人教会の運動と異なっている。そしてここには、特定の民族性を超えてウンマ（イスラーム共同体）を志向しようとするイスラーム運動でありながら、同時にアフリカン・アメリカンが置かれた特定の社会状況に取り組もうとする運動であるネイションの特徴もあらわれている。

「白人の宗教」と規定されたキリスト教と聖書は、イライジャによって次のように位置づけられている。

私はいくらかの善を含まないような神聖な書物や宗教を知らない。〔ただし、〕今日アッラーが求めるのは、混じったものでもなく、すべてが善であるような書物あるいは宗教である。真実と虚偽の混合物でも、アッラーの敵によって変更を加えられてきたものでもない。

聖書は神聖な書物と呼ばれ、しばしば神の言葉だと言われてきた。現在の英語版は、一六一一年にキング・ジェームズの権限によって原語 the original tongues

から現代英語に翻訳されたと言われている。

聖書が書かれた原語とはなんであったか。モーセが話した言語はなんであったか。もともとは、トーラ〔旧約聖書〕は古代エジプトのアラビア語を話したムサ〔モーセ〕に紀元前二〇〇〇年に与えられた。そして残りの半分〔新約聖書〕はイサ〔イエス〕に二〇〇〇年前に啓示された。彼〔イエス〕はアラビア語とヘブライ語との両方を話した。[4]

聖書は全否定されるわけではなく、単純にクルアーンに取ってかわられるものとは位置づけられていない。ただ、聖書の英語訳版と原語版とが区別され、英語訳は「敵」によって「変更を加えられてきた」とされる。クルアーンにおいて聖書が聖典のひとつとされ、キリストも預言者のひとりとされていることは周知の事実だが、ネイションの教義においては若干ニュアンスが異なっている。聖書は、「本来の姿」「オリジナルの状態」に、手が加えられたものと受けとめられている。

「白人は悪魔である、黒人は神である」と語りかけることによって、イライジャは二つのことを同時になしとげる。第一にそれは、発話内容とは真逆の状況、すなわち「白人＝神、黒人＝悪魔」という、暗黙のうちに生きられてきた現実を浮かび上がらせる。しかしこれだけならば、状況を指摘するだけで足りたはずだ。あるいは「白人は神ではない、黒人は悪魔ではない」と、否定形によって語ることで充分だったはずである。ここに第二の彼の行為遂行がある。イライジャは、つねにすでにそのように生きられてきた現実とは正反対の状況、いまはまだ達成されていない「現実」を想起させ、それを等式のかたちで語ってみせた。忘却されていたがほかでもあり得た可能性、異なる等式でもあり得た可能性を、じっさいに言語化して描いてみせたのである。わずか二つのセンテンスからなるこのシンプルな言明は、白人と黒人のアイデンティティだけでなく、善悪にかかわる価値基準をつくりなおし、提示する文でもある。

多くの信者たちが、こうした言明をはじめて聞いたときのショックを語る。そして、イスラームに入信した者たちは、意識や生活態度、服装、名前、信仰を変えた者のように見える。しかし事態はそれほど単純ではない。フィールドワークの初期の段階で、私はこの改宗の体験について、頻繁にアフリカン・アメリカン・ムスリムたちに尋ねた。「どうやってイスラームに改宗するにいたったのですか。ムスリムになろうと考えたきっかけはなんですか」等々。その際に得られる応答の多くは、しかし、次のようなものだった。

イスラームに改宗したということではないのです。そういうのをなんと言うかといえば、すべての人がムスリムとしてこの世に生まれる、と言うのです。ただそのことに気づくかどうかの問題なのです。

改宗という語で想像される経験は、必ずしも彼らによって改宗とは語られない。すべての人は生まれながらにしてムスリムであるが、それを意識するか意識しないかであると説明される。これは、イライジャによる次のような言明にも見てとることができる。

「イスラームはすべての黒人たちの本来の宗教 the original religion である。イスラームの意味とコーランが教えるところによれば、そのことは疑いようがない。イスラームは平和と、イスラームの創始者 the Author であるアッラー（神）の意志への服従を意味する[5]」

イライジャやそのほかの複数のアフリカン・アメリカン・ムスリムたちが、この点については共通して語る。「本来の」姿はムスリムであり、「ムスリムになる」ということは、その「本来の」姿に変更を加えられ、汚され、気づかずにいた状態から「もとの」状態に戻ることだ、と。つまりここでの「改宗」は、ひとつのものから別のものへの乗り換えや移行ではなく、「本来の状態」の回復として経験されているのだ。

イスラームへの「改宗者」は、見知らぬ「本来の」自分を取り戻す。けれども、自分たちの「本来の」名前や信仰、姿を回復することに成功したからといって、彼らがそれまでとまったく異なる日常生活を送るわけではない。フィールドワーク中に知り合ったムスリムたちの多くが、キリスト教徒の親や兄弟姉妹を持ち、非ムスリムの友人と連絡をとりつづける。また親族は彼らのことを、クリスチャン名、つまりアフリカン・アメリカン・ムスリムたちが言うところの「奴隷名」で呼ぶこともある。ハーレムでの日常生活は彼らが「非イスラーム的な」と呼ぶもの、たとえばアルコールやドラッグなどで満たされており、彼らはそれらに取り囲まれながら生活している。その意味でも、彼らが「改宗」を経験しつつハーレムに足場を持つということは、キリスト教からイスラームへの単なる転向や乗り換えではなく、イスラームを知る以前の自分の姿と「本来の」自分の姿との同居を引き受けることでもある。

アリもまたイスラームに可能性を見た。名前を変え、アラビア語を学び、クルアーンを勉強した。その点でアリは、ほかのアフリカン・アメリカン・ムスリムたちとほとんど変わりなく見える。しかし、アリは自らをムスリムであるとしながらも、制度化された宗教からは一線を画し、「俺はスピリチュアルだが、宗教的じゃねえ。宗教的な奴らとは話ができねえ。金曜日の礼拝にも俺は行かねえ。時間の無駄だ」などとくり返し語る。

「ファードのことを神聖化して語る奴がいるけど、そんなのはばかげてる。だから宗教的な奴とは話ができねえんだよ。みんなして神の介入なんてことを話してる。そんなもん、ねえんだよ。人間を助けることができんのは、人間だけだ。ベトナム戦争のとき、どこに神の介入があったんだい。奴らがヒロシマに原爆を落としたとき、どこに神の介入があったって言うんだい。なんでそのときに介入しなかった?」

アリは、ムスリムになることを選んだ。しかし、彼はほかのムスリムの友人たちとも、ハーレムで育った仲間たちとも、そして尊敬するイライジャとも異なる、独自の道を模索してゆく。

「坂上田村麻呂は黒人だ」——隠された歴史

ある水曜日、アリはプリンターで印刷された記事らしきものを持ってレッスンの場所にやってくると、坂上田村麻呂(七五八—八一一)について語りはじめた。彼の口から田村麻呂について語られたのは、このときがはじめてではない。以前から彼はこの将軍に強い関心を抱いており、田村麻呂について書かれた本——それは新野直吉の『田村麻呂と阿弖流為——古代国家と東北』(吉川弘文館、一九九四年)という本だった——を翻訳してほしいと頼んできていた。

この日のアリは、怒りにまかせて不満をぶちまけるというより、少々興奮している状態に近かった。一一〇丁目にある小さなコーヒーショップに入ってくると、すぐに彼は田村麻呂がアフリカンであったという事実を突きとめたと語りはじめた。そして、た。その事実がディオップという名のセネガル人研究者によってあきらかにされたと主張した。

僕は、アリの主張に驚くと同時に違和感を覚え、すぐに尋ねた。

「ディオップはどこからその情報を得たのですか？　彼の情報源はなんでしょうか？どのような参考文献を彼は使っているのですか？」

翻訳を依頼されていた新野直吉による文献には、田村麻呂の民族性についての言及はなかった。また、日本史の研究領域のなかでこの種の議論がなされているということも、聞いたことがなかった。

「情報源は示してなかった」

とアリは答え、さらにつづけた。

「彼はたくさんの博士号を持ってて、すぐれた学者なんだ。だから彼はなにかを見つけたに違いないよ。彼だけが読むことのできるなにかを分析したに違いない」

そのように言いながらも、アリの口調はいつもと比べると激しいものではなかった。

違和感を消すことができないままに僕は言った。

「同じようなことを以前にも話しましたよね。あなたが言ったのですよ。博士号を持っていることは、それだけではなんの意味もないんだってね」

アリはそれまでに、高等教育研究機関にいる教授らの態度に、根本的な疑問を呈したことが幾度かあった。僕はそのときのアリとの会話を思い出していた。大学教授たちは、助けを必要とする人びとが直面している焦眉の課題に取り組むべきだと、彼はくり返し主張したのだった。

「飢えてる人間を見るたびに、耐えられなくなんだよ」

と彼はかつて語った。

「誰ひとりとして飢えるべきじゃねえ。わかるか？　派手な車だとか、そんな話をしてんじゃねえんだ。全員が適度な量の食べ物を手に入れられてしかるべきなんだ。いい教育を受けて学位も持ってる奴らに、なぜそんなことがわからねえんだ」

アリに言わせれば、大学や研究機関で働く人びと、資金と資源と権力を持った人びとは、本来するべき仕事をしていなかった。

「奴らがやることとって言ったら、話して、話して、ただ話しつづけることだけだろ。あいつらがやんのは、そんなことだけだ。だけど、そういう問題〔焦眉の課題〕を合理的に分析したって意味ねえんだよ。奴らがいったい人のためになにをしてるって言うんだい？　いったいなんだい？」

アリは、声のトーンに変化をつけながら、架空の大学教授と彼自身とのあいだの会話を演じてみせた。

「ええとですね……そうですね……なんと言いましょうか……」

とアリの演じる想像上の大学教授が言う。

「なんだよ。てめえがいったいなにをしてくれたんだい？　いったいなんだ？」

アリ自身がそれに応じると、

「つまりですね……いわゆる……ええっと、この問題について少し話し合ってみましょう」

教授は言葉をつまらせる。

アリの言わんとすることは明白だった。大学には膨大なカネとエネルギーがつぎ込まれ、世界中の情報と知識人が集められている。それなのに、その数ブロック先にあるハーレムでは人びとが飢えていた。人種差別の制度に苦しみ、警察の脅しにおびえ、教育の機会を奪われていた。アリにとって、世界はあからさまに区分され、分離されている。そのように明快に分離された世界にあって、具体的な貧困、差別、機会の剥奪をすぐそばに眺めながら、それらの問題性について語り、議論し、分析しつづけるだけの大学の世界、知識人の世界に、アリは強い不快感を覚えていたのだ。空調のきいた快適な空間でその問題について論じるだけで学位を取得し、それを利用して職に就き、権威を再生産しつづける世界のからくりへの、切実で苛烈な批判でもあった。このゲームのなかで努力すればするほどその体系内に取り込まれ、優秀であればあるほど評価され、権威の再生産が加速する。

しかしいま、コーヒーショップで、アリは博士号を取得した学者の提供した歴史について語り、合理的に分析しようとしていた。そのときの僕には、学位を持った人間に権威を与えるような論理──あれだけ彼が批判していた論理──に、アリが従っているように見えたのだ。

「いや、ちがうよ」

アリは礼儀正しく、しかしくり返して僕に言った。

「わかるかい？　真実ってのは隠されてんだ。本当の歴史ってのは、隠されてんだ。だからコロンビアのような大学で博士号をとったあとは、自分を再教育しなきゃなんねえんだ。奴らは真実を教えねえからな。自分で見つけ出さなきゃなんねえんだよ」

アリにとって、歴史的事実というものは、つねにすでに隠されたもの、修正されたものなのであって、そのように隠された事実を見ないよう教え込まれ、訓練され、それゆえに再教育されるべきなのは、(僕のように)大学で訓練を受け、大学に籍を置く人間の方だった。

アリが手にしていた文書はウェブサイトからダウンロードされたもので、「黒人将軍」というタイトルが付けられていた。僕はその文書にすばやく眼をとおした。そこにはおよそ次のような内容が書かれていた。

「人類の祖先はアフリカ人だった。彼らは黒人だった。白人種と黄色人種は両者とも、黒人種から誕生した。日本には多くのアフリカ人が存在していた。そのうちのもっとも有名な例が、坂上田村麻呂である。多くの日本研究者がこの見解に同意している」

一次資料等の直接の情報源は記載されていないものの、多くの研究者と研究書が記載され、引用されていた。そしてこの記事の著者は、多くの日本人研究者がこの事実を確認済みであり、彼の見解に同意していると述べていた。

アリは、僕が「田村麻呂=黒人」説に同意しないことを見てとったのかもしれないが、ひととおり話しおえると話題を変え、『ジェリコ・ムーヴメント』というタイトルの新聞を見せてくれた。彼によれば、それは数少ない革命的な新聞のひとつだった。アリが手にしている号には、何人かの政治犯の写真が掲載されている。そして彼は、そのうちの数名を個人的に知っていると語った。彼らのほとんどが捕まって刑務所に入れられており、何人かはいまだに逃走中なのだという。

「たとえば、俺はニューヨークでこのアルベルト・ロドリゲスに出会った。あいつはプエルトリカンの活動家だ。俺は、奴ら〔活動家たち〕のおかげでここにいて自分の仕事ができきんだ。奴らが基礎を築いたんだ。奴らが土台をつくった。奴らと俺の唯一の違いは、当時俺には経済的な力があって、そのおかげで俺は逃げることができたってことさ。わかるか？　俺は奴らのミスからも学んだんだ。たくさんの顔を持たなきゃならねえってことを学んだ。ビジネスマン、活動家、密売人など〔の顔を〕だ。もしそういうことをやってなかったら、もうとっくの昔に捕まってたろうね」

アリ自身も六〇年代、七〇年代を通じての活動で前科があるため、カナダとタイで入国拒否されたことがあるという。だから、将来日本に行くときにも同じ問題が起きないかを心配していた。異なる名前で四つのパスポートを持っているが、九・一一以降の制度変更を経たいま、それが通用するのかどうか確信が持てないでいた。

アリにとって、この新聞に収められた政治犯たちは犯罪者ではなく、革命家であり、手本となるべき先達だった。しかし、世界はそのように見ないであろうことも承知している。世界――つまり、現行のシステムを信頼し、そのなかで生きる人びと――は、この写真の人物を凶悪な政治犯やテロリストだとみなすだろうことを、彼は知っていた。そして、何度かくり返したことのある言葉をふたたび口にした。

「世界を変えるためにはな、世界を一度終わらせなきゃならねえんだ。世界を破壊して、いまある本を全部焼き払って、それで世界を新たにつくりなおせば、ましな場所になるかもしんねえ。そういった類の革命がねえと、世界は変わんねえんだよ」

アリが話しつづけていると、中年の白人男性が店に入ってきた。この店では白人の客は、皆無ではないがめずらしい。中肉中背で身だしなみのよい男だった。アリと僕は窓際のカウンター席に並んで座り、店内に背をむけていたが、うしろから男が接近したため、アリは横座りの位置に体勢をかえた。男はなにも言わぬまま、アリと僕とのあいだを割るようにして手を伸ばし、アリが手もとに置いていた『ニューヨーク・

タイムズ』紙を取った。アリは一瞬険しい顔つきになり、なにかを読みとろうとするかのように、新聞を手にした白人男性の顔を何度も見た。僕たちが話すのをやめ、彼の方を見つめているのがわかったのか、男はここではじめて口をひらいた。

「これ、見てもよいですか？　これ、あなたが読んでいたわけではないですよね？」

「返してくれるんでしょうね」

アリは険しい表情のまま言った。

「ええ、ただこれを見たかっただけなのです」

その男性は言うと、悪びれた様子もなく僕たちのうしろの席に座って読みはじめた。

アリは眉を上げ、溜息をついた。あきらめたような表情だった。

「俺が〔いつも〕言ってることがわかんだろ？　俺が黒い肌をしてるっていう理由で、あいつは無意識に俺が『タイムズ』を読まねえだろうって思ったんだ。俺の『タイムズ』にさわるまえに、奴はちゃんと俺に尋ねるべきだったんだ」

アリはその白人男性の動作を真似ながらつづけた。

「こうやってつかんでから、人に『これもらっていい？』なんて訊かねえだろ？最初に『失礼ですが、これこれのことをしてもよろしいですか？』って訊くのが普通だ」

この白人男性が、その新聞は店が客用に置いたものだと勘違いしていた可能性は大いにある。しかしアリは、二人の人間が会話している背後から、黙ったまま手を伸ばして新聞を手に取るという行為を、単に無礼というだけでなく、歴史上くり返されてきた人種差別構造を象徴するものとして受けとめていた。僕はアリの話に相槌をうちながらも、おそらくはアリの言葉が耳に入っているであろう白人男性が気になった。

しかし、アリはとくに気にする様子もなく、話をつづけた。

「ついこないだも、ダウンタウンで俺の運転手〔アリの生徒でもある〕に車を運転させて移動してるとき、その運転手が間違えて横断歩道の途中で車を停めちまったんだ。そんとき、妻と子どもを連れた白人の男が俺たちにむかって『おい、下がれ！』って言ってきた。それで俺は、そいつにむかって、てめえだけじゃなく、てめえの妻と子どもも殺すぞって叫んだ。そしたらその妻は夫に、『いいから、あなた、行きましょう』って言って、その場を立ち去った。なぜ俺が怒ったのかって言やぁ、それが命令だったからだ。あきらかにその男は、俺たちの乗ってた車が高級車で、そんなかにいんのが黒人だと知って、それで命令をくだしたんだ。俺の生徒が間違えたんだから、丁寧に言われりゃ、謝罪して、車を移動させるだけですんだんだ。俺がもっと若かったら、そいつはもっと大きなトラブルを抱えることになっただろうね」

しばらくすると、店内の白人男性が『ニューヨーク・タイムズ』を返しにきた。表情を変えずに「ありがとう」と言い、アリに新聞を渡した。アリは「ああ」とだけ言い、それを受け取った。男が店を出ていくと、アリはもうそれについて話題にしなかった。

僕たちもその後しばらくして、店を出た。帰り際にアリは、必ず何切れかのケーキを買う。それは自分のためではなかった。ヴィーガンを貫き、つねに健康管理を怠らないアリがケーキを口にすることはない。数時間を店内で過ごしたことに対する、彼なりの礼儀の尽くし方だった。そして必ず僕にも、なにか食べたいかどうかを尋ねるのだった。これもまた、彼なりの礼儀の尽くし方だった。

外はもう暗かった。通りがかりの太った中年の女性が僕たちに道を尋ねてきた。アリは丁寧に道を教える。その女性は、酒に酔っているのか、あるいはドラッグで意識が朦朧としているのか、口調がおかしく、アリに礼も言わずに立ち去ると、横断歩道をふらふらとあるいて渡っていった。直後にアリが、もしかするとこちらの地下鉄に乗ったほうがよいかもしれない、とうしろから再度声をかけた。すると女性はゆっくりとこちらに戻ってきて、ジュースが飲みたいと僕らに告げ、ガソリンスタンドの方にむかってあるいていった。アリが苦笑いしながら首を振って言った。

「いつもこうやって、誰かを助けようとすっと、なんか嫌な目にあうんだ」

そして、以前にも話題に出た買い物中のエピソードを口にした。

「こないだも買い物してたら、歳をとった白人女性が『すみません、すみません』と呼びかけてきた。俺はやることがあったから、うつむいて自分のことに集中しようとしたんだ。けど、その女は俺のところまで来て、『すみません、あなた。このバッグを運ぶのを手伝っていただけませんか？』って言うんだ。バッグが重いからってね。しょうがねえから手伝おうと思ってバッグを持ち上げたら、中にフルーツが入ってるからそれが崩れねえように気をつけてくれって言うんだ。おいおい、バッグを運んでくれるようにお願いしてきて、今度はフルーツの世話まですんのかよって俺は思った。いつもこういう面倒なことをお願いされるんだ。目立たないようにしてても、必ずそうなるんだ」

アリは、アフリカン・アメリカンの歴史や文化だけでなく、日本の歴史や文化に強い関心を寄せていた。そして坂上田村麻呂に興味を持ち、田村麻呂が黒人将軍だったと主張するにいたる。部屋に戻った僕は、アリが印刷して手にしていたインターネット上のサイトを探してみた。サイトに掲載された文章の正式なタイトルは、「黒人将軍――初期日本におけるアフリカンの存在に関する評価」だった[6]。読んでみると、アリの言及したディオップという学者はシェイク・アンタ・ジョップ Cheikh Anta Diop〔シェイクは長老や指導者、知識人に与えられる称号。また、混乱を避けるため、Diop はここではアリの発音にしたがってディオップと表記する〕であることがわかった。けれどもこの記事自体は、ディオップによるものではなく、ルノコ・ラシディという人物によって書かれている。ディオップは、ただその記事のなかで言及され、引用されているだけだった。

ラシディのこの記事は、彼自身の日本やそのほかのアジアの国々への旅の回想からはじまり、次のような主張を展開する。

「日本における黒人が古代から最低でも九世紀にいたるまで重要な役割を果たしたことは議論の余地のないことのように思える」（同サイトより）

この主張を根拠づけるためにラシディは四つのテクストを参照する。ひとつは、一九八六年二月十五日付けのAP通信による記事。この記事は、大阪近くでの発掘に関するもので、当時の大阪府教育委員会で調査にあたっていた考古学者、広瀬和雄の言葉を引用し、二万二千年前のものとされるその住居跡がアフリカのものと似ていると報告しているという。いまひとつは、ローランド・B・ディクソンによる一九二三年の著作。書名はあげられていないが、『人類の人種史 *The Racial History of Man*』であろう。三つ目は、ディオップによる『文明と野蛮――真正の人類学 *Civilization or Barbarism: An Authentic Anthropology*』（英語版一九九一年）。この著作でディオップは、最初の人類である黒人の突然変異で白人が誕生し、その混血によって黄色人種が誕生したとする浜松赤十字病院の高野信夫の説を参照し、それが自分の仮説と一致すると述べている。高野の説は、『黒人→白人→黄色人種』（一九七七年、三一書房）で読むことができる。そして最後に、詩人であり政治家であるレオポール・セダール・サンゴールの一九八七年の発言。

これらの文献を挙げたうえでラシディは、日本における黒人の最も有名な例として田村麻呂をあげ、田村麻呂がアフリカンであったという主張を根拠づける文献として、短い文章の中で、人類学者を含めた十三人の文筆家による、十一のテクストを参照し、ときに引用している。以下に列挙してみる。

アレクサンダー・フランシス・チャンバーレイン「人類の文明へのニグロの貢献」『ジャーナル・オブ・レイス・ディヴェロップメント』（一九一一年四月）
W・E・B・デュボイス『ニグロ』（一九一五年）
カーター・G・ウッドソン＆チャールズ・ハリス・ウェズリー「他者との歴史におけるアフリカ人」『我々の歴史におけるニグロ』（一九二二年）
ロイス・マイロー・ジョーンズ「坂上田村麻呂」『ニグロ・ヒストリー・ブルテン』（一九四〇年十一月）
ビアトリス・J・フレミング＆マリオン・J・プライド『国外で活躍するニグロたち』（一九四六年）
ジョエル・アンガスタス・ロジャーズ『性と人種』（一九四〇年）および『世界の偉大なる有色人種』（一九四六年）
シェイク・アンタ・ディオップ『黒人民族と文化』（一九五四年）
アドウォア・アサンテワー・B・ムンロー『アフリカの宗教、歴史、文化につい

て学ぶべきこと』（一九八一年）
マーク・ハイマン『日本の黒人将軍』（一九八九年）
ジェイムズ・E・ブルンソン『坂上田村麻呂の世界』（一九九一年）
ジェイムズ・マードック〔書名はあがっていないが『日本史　第一巻　起源から一五四二年のポルトガル人到来まで』（一九一〇年、二一七頁）にラシディの引用する田村麻呂の記述がある〕

ラシディの挙げる右の文献のなかで、田村麻呂が黒人であるとする根拠を最初に提示しているると思われるのは、最も初期に公刊されているアレクサンダー・フランシス・チャンバーレインのものである。この文献に呼応し、ときにはそれを参照するかたちで、そのほかの文献があるようなのだ。しかし、チャンバーレインの文献を繰っても、田村麻呂が黒人であるという記述があるだけで、その根拠となるものがなにも示されていない。

チャンバーレインの歴史記述が捏造だとか、事実に反するとか、根拠がないと批判したいのではない。田村麻呂が渡来人であった阿知使主の子孫だとする公認の歴史も、田村麻呂の父、坂上苅田麻呂による上表文が『続日本紀』の編纂者らによって記されたことに依拠している。そしてそうである以上、ひとつの歴史が依拠する資料も、その「はじまり」の地点において、誰かがなにかしらの意図と偏りと癖をもって、「AはBである」と言ったことの記録がもとになっている。少しばかり考えてみればあたりまえのこの事実は、しかし、歴史資料の量が多くなればなるほど、そしてその資料をもとにひとつの方向に歴史物語が展開するほどに、ぼやけてゆく。一次資料そのものが数々のブラックボックスや仮説やイデオロギーによって成立しているということ、そのなかには憶測や誤解や偏見が入り込むことを、元も子もない不可知論以外のかたちで指摘するのが難しくなってゆく。普段何気なく口にする歴史的事実が、こうした神話的断定のなかから立ちあらわれる。ひょっとすると歴史記述のはじまりは、いつだってこうなのではないかとさえ思えるのだ。

ラシディの参照する文献が信頼できるものなのかどうか、あるいはじっさいに田村麻呂が黒人だったのかどうかは、したがって、ここでは問わない。むしろ、ラシディの文書で注目したいのは、その歴史のつくり方にある。この記事は、大量の文書を引用し、情報の源《ソース》を文字で示すことで、表面的には実証主義の体裁を保っている。けれども、日本とアメリカの学校教育制度のなかで歴史を学習し、大学で文化人類学や社会学の訓練を受けた僕は、アリのあげるテクストをにわかに信用することができなかった。現時点から振り返ってみれば、アリの主張を聞いてとっさに出た僕の質問は、社会科学の訓練を受けた人間の発想をよく象徴していた。当時の僕からすれば、主張が受け入れられるためには、歴史家が一次資料と呼ぶもの、つまり「はじまり」に関する共有可能な資料、「起源」を示す源が存在しなければならなかった。僕たちの歴史の真理を支える信念は、すでに構築された一連の資料からできあがっており、それを覆し、書きかえ、塗りかえるには、新たな資料が必要だ、僕はそう信じきっていたことになる。

アリは、田村麻呂の歴史を読みかえようとする。あるいはその読みかえを通じて、黒人史を、世界史を読みかえようとする。そしてラシディの試みた歴史の読みかえ作業では、これまで白人中心の歴史を支えてきた資料にかえて、別の資料が用いられ、歴史が再構成される。黒人によるこのような歴史のつくりかえがアフロセントリズムと呼ばれ、その逆にアフロセントリズムの立場としてくられる者たちは、これまで一般的に流通してきた歴史をユーロセントリズムあるいは白人中心主義だと批判する。もちろん、ある人物がアフリカ人である、黒人である、日本人である、黄色人種であるという表記そのものに、近現代人の偏見がたっぷりと混入していて、問題含みであることはわかる。人種のカテゴリーは、奴隷制をつくりだし維持した近代西洋の認識枠組みに依拠しているし、ナショナリティの表記も近代国家成立以降の産物である。アフロセントリックな歴史家たちが、「最初の人類は黒人だった」と唱えるとき、その「黒人」は現代で言うところの黒人と、さし示す内容も含みも鋭く異なっていただろう。そもそも、人類誕生の時期に、黒人などという作為的なカテゴリーが存在する余地はない。同様に、「平安時代の日本人」という表記も、系譜学的に見ればナンセンスなことがわかる。ナショナリズムのブループリントができあがって以降の「日本人」概念は、当然のことながら平安時代には存在し得ない。にもかかわらず、錯誤の表記が有意味なものとして、あるいはあながち間違っていないものとして流通する。

しかしまた、アフリカで誕生した最初の人類を仮に「黒人」だと定義するのであれば、地球上の人間種はすべて「黒人」ということになり、田村麻呂が「黒人」だったという言明は正しいことになる。したがって、田村麻呂が阿知使主の末裔であると同時に、「黒人」でもあるということが、理論上可能になる。アフロセントリックな歴史家たちの問いの出発点は、おそらくこの辺りにある。いわゆるヒト科の祖先がアフリカにあったという説は多くの人が受け入れるのにもかかわらず、じっさいの文明史、社会史、文化史の記述になった途端、なぜアフリカや黒人の要素は、かき消されてゆくのか。なぜ人びとに違和感を与えつづけるのか。なぜつくられた歴史の一方の側だけが正しいとされるのか。

ネイションの教義に登場し、アリも頻繁に用いる「オリジナル・マン」という表現も、ラシディやアフロセントリックな研究者たちの主張する黒人起源説のひとつのヴァリエーションと見ることができる。というより、ファードやイライジャらによる「オリジナル・マン」の発想は、今日のアフロセントリズムの原型でもある。神話的に見ても、政治的に見ても、内容が豊かで興味深い「オリジナル・マン」をめぐる物語の要旨はこうだ。


最初の人類「オリジナル・マン」は黒人だった。彼らは神聖なる民であった。ところが六千六百年前、のちに科学者となるヤクブという名の黒人の男の子が生まれる。彼は生まれながらにしてトラブルを起こす性質を持っている。若い頃から天才的な能力を発揮し、彼は神学や科学などあらゆる知識に精通する。ある日彼は、顕微鏡を用いて、黒人たちが黒色と茶色の二つの人種に分割できることを知る。同時に彼は、メッカで人びとに話しかけ、自分のもとに集まる信者を増やしてゆく。彼の力の増大を恐れた人びとがヤクブを捕らえるが、それでも彼の影響力は消えないばかりかますます大きくなる。彼の力の増大を懸念する当時の王との交渉の末、ヤクブは、五万九九九九人の信徒たちを引き連れ、パトモス島〔ヨハネに啓示のあったとされる島で、イライジャはペラン島と呼ぶ〕に一時的に移住する。

ヤクブには計画があった。彼はその計画を着実に実行してゆく。まず彼は、医者、聖職者、看護師、火葬場担当者を、高い地位につける。医者たちには、肌の色の黒い結婚前のカップルがいたら、検査の名目で採血し、「あなたがたの血はうまく混じらず結婚できない、別の相手を探しなさい」と告げるように命じる。また、その旨を聖職者にも伝え、結婚を阻止しなさい、と命ずる。その逆に、肌の色の茶色がかったカップルは結婚を促すよう言われる。看護師たちには、黒人の赤ん坊が産まれたらすぐ殺すよう命じる。鋭い針で頭を刺すか、野生動物に食わせるか、火葬場に持って行かせるのだ。こうして黒人を次々に抹消してゆくことがヤクブの計画には含まれていた。

やがて、二百年の時間をかけ、パトモス島から黒色人種はいなくなり、茶色人種ばかりになった。さらに二百年が経つと、黄色人種や赤色人種ばかりになった。そして次の二百年、つまりパトモス島到着から六百年が経過すると、白色人種が誕生した。ヤクブの製造したこの悪魔は、白い肌で青い目をしていた。彼らは黒人たちの暮らすメッカに戻ってくるが、黒人とのあいだにトラブルが絶えなかったため、現在ヨーロッパと呼ばれているアジアの西側の地区に送られ、監視された。

彼らは文明を剥奪され、野蛮な状態のまま、二千年にわたって洞窟に暮らした。やがてモーセがやってきて、彼らを洞窟から連れ出し、服を着せ、文明を与えようとした。しかし、うまくいかなかった。モーセは、白人種のなかでも最も邪悪だった三百人を選び、殺す。それでも悪魔たちは持ちまえの詐術を活かし、オリジナル・マンだけでなく、地球上の全人類を支配するにいたった。[7]

こうして並べてみると、ラシディをはじめとするアフロセントリックな研究者たちとアリの意図には共通性があり、それは僕や非アフロセントリックな研究者たちの意図と対立しているように見えるかもしれない。しかしアリ自身は、持参した文書を検討し、すでにある歴史研究書や資料の配置転換を図って歴史記述を書きなおし、特定の技法を用いてそれが正当な研究だと人びとを説得するわけではない。その意味ではアリは、ラシディを含めたアフロセントリズムを標榜する研究者たちと同じ地平には立っていない。アリはただ、そうした文書や資料をもとに歴史を語るのだ。そしてこの語りは、歴史記述のゲームに参入することができない。

他方で、ラシディと僕とは、歴史認識において一見対立しているかに見えるが、両者とも文書を「源」と同定し、必要であれば再配置し、それを根拠として自らの主張を展開する。表面上はまったく異なるラシディと僕とが、過去というものへの触れ方において、不気味なほどに重なりあう。（それ以外ではあり得ず）そうでしかなかった過去の姿を実証すること、根拠となるデータを資料として提示すること、自らの主張に引用と参照によって権威を持たせること、そしてそれらすべてのためにテクストを、資料を、アーカイヴを、巧妙に操作すること。ラシディの方がこれらの点において過剰さが目立つとはいえ、やはり僕との共通性は否定しようもない。過去への触れ方においてより根本的に対立しているのは、アリとラシディ、アリと僕であって、アフロセントリズムと白人中心主義ではない。

しかしこの対立も単純ではない。アリは、現行の社会システムの中ですでに歴史は歪められており、革命のためには書物をすべて焼き尽くし、ゼロからもう一度やりなおさなければならない、とも発言している。単純に理解してしまいそうな言葉だが、なぜ革命のためにほかでもない書物が焼かれなければならないのだろうか。この言葉がすでに、書物の持つ権威性をアリが認めていることをほのめかしている。書かれた文字がさらなる研究書の「源」となり得ること、アーカイヴ化され資料となった文字が権威を持ち、さらなる書物を呼び込むこと――そうした歴史の魔術（詐術？）にアリは気がついている。アリにすれば、現在流通する歴史を構成する文書には、すでに特定の価値判断が含まれている。そしてそれは、ゆらぎ難い信仰の対象となっているように見える。だから、革命のためには書物が焼かれなくてはならない。アリにとって、書物の焼ける華氏四五一度は、思想が燃え、奪われてゆく温度ではなく、思想を取り戻し、貫き、まっとうするのに必要な温度である。しかし、書物を焼き尽くすことが現実にはかぎりなく不可能に近いことも、アリは知っている。したがってアリが、現在信じられているかたちとは異なる隠された歴史、ほかでもあり得たかもしれない歴史の可能性を求めて、田村麻呂についての書物を読みたがり、諸々の研究を探そうとしたのは、不思議なことではない。

アリのなかに、過去に触れるための二つの異なる傾向が混在する。ひとつは、自らの仕方で歴史という物語の「はじまり」を文書のなかで検証し、またそのような検証作業を通じて過去を想起しようとする傾向である。それは、物語を定位し、固定し、客体化し、厳密化し、分析しようとする。もうひとつは、過去の文書化というゲームを拒否し、それとは異なるやり方で過去を想起しようとする傾向である。その傾向は物語を定位せず、おおよそのかたちで、そして操作可能な対象としてというよりは、内面化・身体化したかたちで過去を現在において生きようとする。

ウォルター・オングによる「声の文化」と「文字の文化」との対比が役立つかもしれない。文字が浸透してもしばらくは、今日のように文字に価値が認められ、（たとえば裁判などにおいて）信頼に値するものだと認識されるのには、時間がかかったことを確認しながらオングは書いている。

「〔……〕声の文化が機能しているところでは、人びとは、過去を、項目化されたitemized領域とは感じていない、つまり、検証され議論されうる『事実』や、情報の単位がちりばめられているような領域とは感じていない、ということである。〔そうした声の文化においては〕過去は、祖先たちの領域であり、現在の生活への意識を更新するためにふりかえってそこから教訓をくみとる源泉なのである[8]」

オングが「声の文化」と呼ぶ一連の感性を、アリの語りを支える感性と重ねるならば、アリの不満の表出は、アーカイヴと語りとのあいだにある齟齬や力の不均衡をあきらかにしていると言える。

それにしても、ここに登場する「アーカイヴ」とはいったいなんだろうか。アリは、アイデンティティにかかわる不満を語るなかで歴史の探求に強いこだわりを見せていて、その際にはアーカイヴが重要な位置を占めているように見える。前章でカリル・イスラームに影のように執拗につきまとったFBIは、アフリカン・アメリカン・ムスリムについて、情報のアーカイヴ化を推し進めていた。通常は文書を中心とした記録をさすこの言葉を、絵画や写真、映像、音声、モニュメントなどまでを含めた、「(理論的には)共有可能なもの」をさすものとして捉えるなら、アリが幼い頃に見たキリスト像や白人の姿をした天使、白人たちのひろめた聖書、異なる歴史を想い描こうとした際にそれを阻むかのようにまえに立ちはだかる歴史記述とそれを支える一連の資料などは、アーカイヴの一例と言えるだろう。すでにこのことからもわかるように、アーカイヴはある種のメッセージを前提に成立していて、価値意識や信仰、歴史認識の浸透に深くかかわっている。

けれども、キリスト像や天使の姿を描いた壁画、聖書、教科書、歴史研究書、歴史資料――それらの物質的媒体が、じっさいに共有されるのかどうかはここでは問題ではない。その媒体が共有可能性を有し、共有を志向していることがアーカイヴのひとつの特徴なのだ。そして、こうした共有可能性に加えて、アーカイヴには再生・再現可能性 replayability, repeatability や編集可能性 editability という特徴も備わっている。(9) 共有可能であるということは、多くの人がある特定の時間と場所を越えて何度も見たり聞いたりすることができるということであり、そのようにくり返し再生・再現可能だということは、アーカイヴがある特定のコンテクストを離れて編集の対象になり得るということである。さらにこの再生・再現は、現在とは切り離された過去に起きたことそのものを再現し、分析しようとする意識に対して、忠実に、厳密に、明瞭なかたちでなされる。

しかし、アーカイヴは、単純に記憶・保存のための媒体であるだけではない。それは、なにを、どのような仕方で想起し、忘却するのかを方向づける装置でもある。(10) ジャック・デリダが指摘するように、アーカイヴの語源はアルケー Arkhē であり、なにかの「はじまり commencement」であると同時に、「掟・支配 commandment」でもある。(11) それは「始原の」記憶を共有可能な記録へと置き換えることで、当初の記憶をつくりかえ、うち立てなおし、維持しようとする暴力として働く。なにを共有可能な記憶とするのかを決定づけるアーカイヴは、それゆえに、なにを忘却するのかを決定づける装置でもある。その意味でアーカイヴは、なにをアーカイヴ化するのか、つまりなにを記憶し忘却するのかを選択――それが意識的であれ無意識であれ――する。

だが鵜飼哲が正しくも述べたように、記憶と忘却は単純な二項対立によって成り立っているわけではない。[12] ナショナルなものの想起と忘却を扱ったすぐれた論考のなかで鵜飼は書いている。忘却が語られるための前提には、忘却に先立つ記憶があるが、その記憶がひとつの形をとってあらわれる以上、その「始原の」記憶からとりこぼされたものは、あらゆる記憶に先立つ忘却であり、「けっして想起されることはない」と。だがすぐにこう付け加える。

「しかし、この『前-起源的な忘却』について、それは『けっして想起されることはない』と言うとき〔……〕私たちはすでに、ある特定の記憶の仕方を肯定性として前提していないだろうか。言い換えれば、別の、おそらくは複数の記憶の仕方の忘却のうえに、私たちは、今日、記憶と忘却を経験し、またこの経験を二次的に表象しているのではないだろうか」[13]

ある特定の記憶の方法が、あたかも自然であるかのように前提とされることに警鐘を鳴らす鵜飼は、アーカイヴの問題について直接語っているわけではない。しかし鵜飼の指摘を念頭にアーカイヴの存在を考えるならば、アーカイヴはいくつもの記憶の方法のうちのひとつであり、それゆえにアーカイヴ上の記憶と忘却を語るという試みがすでに、私たちが念頭に置く記憶のあり方を方向づけていることがわかる。つまり、アーカイヴが浸透し、それが過去を忠実、厳密、明瞭に、多くの人にむかって再現できると信じられることで、またそうしたアーカイヴ上の記憶と忘却の問題が議論されることで、かえってアーカイヴを媒介しない想起のあり方が忘却されることになるのだ。

そのように考えると、アリの闘いは、アーカイヴとの闘いでもあるように見える。それは、この世界を覆い、貫き、随所に浸透した、漂白され純白化したアーカイヴとの闘いであると同時に、アーカイヴという装置の要求する二重の忘却――アーカイヴ上の忘却とアーカイヴを経由しない記憶のあり方の忘却――との闘いでもある。

自らのアイデンティティに切実にかかわる歴史の探求において、アリは歴史記述のゲームに片足をつっこみながらも、レヴィ＝ストロースの描いたケサリード――呪術を信じず、そのトリックを学んだうえで暴いてみせようとする男――のように、批判精神を失わない。しかし、名声を得て大呪術師となることで、トリックを暴きながらも結局はより誠実な呪術の追求に邁進してゆくケサリードと違って、アリは自らが「呪術師」となりアーカイヴを分析し、操作し、さらなるアーカイヴとなるテクストを生み出すことはない。彼は、ニーチェが書物のなかでとった系譜学の手法を、語りのなかで、そして日常の態度やふるまいのなかで実践しつづけるのだ。

「孤独な道のりだよ」――全身全霊、命を懸けて闘うということ

アリが読みかえるのは、白人中心に編集された歴史だけではない。彼は、「白人は悪魔である」というネイション・オブ・イスラームのリーダーたちによる有名な言明をも読みかえてみせる。アリは別の機会に次のように語った。

「イライジャは、『白人が悪魔だ』って言った。そうやって語ることで黒人の心理状態を逆転させたんだ。だけど彼は、白人のもとに行って、面とむかってそのことを告げろとは言わなかった。多くの奴がその点を誤解したんだ。イライジャはたしかに『白人は悪魔だ』って言った。けど同時に彼は、『彼ら〔白人〕に対して公平を喫するように』とも言ったんだ。その点を見逃してる奴が多い。俺はそのとき、そこんとこ

を理解できたんだ。イライジャに会いに行ったとき、彼が白人たちと一緒にビジネスをしてるのを見たからだ。彼はその白人らと一緒に談笑してた。あるとき彼は、白人たちとビジネスをしていることについて尋ねられると、『蛇は蛇です。ある蛇には毒があり、ある蛇は無害です。それ以上はなにも言いません』って言ってたね」

　アリは、イライジャが白人を嫌悪しているというイメージは誤っていると主張した。彼によると、イライジャはつねに白人たちに囲まれていた。

「俺にも白人の友だちがいた。そいつがある日電話してきて、『ウェスト・サイドで会おう』って言うんだ。そいつはそのときイースト・サイドに住んでた。で、『おまえ、ウェスト・サイドにいても大丈夫なのか？』って聞いたんだ。そいつは、『ああ、でも、一緒にいてくれるんだろう？』って言うんだ。俺らは待ち合わせて、話しながらあるいてた。それで、あるいてるときに別の奴にたまたま出くわしたら、そいつが俺にむかって、『ア・サラーム・アレイクム』って言った。俺は、『ワ・アレイクム・サラーム』って返した。そしたらその白人の友だちは驚いた顔をして、『おまえ、ムスリムなのか？』って聞いてきた。だから『ああ』って答えた。そいつは、『おまえがムスリムだったなんて知らなかったぞ』って言って、それから『じゃあ、おまえは白人が悪魔だと思ってんのか？』って聞いてきた。俺は『いや、いや。おまえは俺の友だちだ。説明させてくれ』って言ってそいつに説明した。そいつは最後には理解してくれたよ。〔……〕イライジャは、ものごとの捉え方《マインドセット》について話してたんだ。だけど、そんな風には言わなかった。もしもそんな風に言ってたら、そのうたい文句は機能しなくなっちまう。彼は、黒人たちが立ち上がって、自分たちをリスペクトできるようなやり方で言ったんだ。俺たちにはそれが必要だった。……俺が尊敬するリーダーは四人だ。イライジャ、マルコム、マーカス・ガーヴェイ、そしてマーティン・ルーサー・キング・ジュニアだ。キングについては、理解するのに俺自身の成長が必要だった。ネイションではいっとき、彼はタブーだったし。彼は統合とかそういうことを語ってたからな。いまじゃ、彼のことをリスペクトしてる。彼は博士だったんだ。ストリートまでおりて来る必要なんて本来はなかった。彼が撃たれたとき、ボディガードすらいなかった。〔……〕一九三〇年にデトロイトでネイションをはじめたマスター・ファード・ムハンマドだけど、彼の父親は黒人で母親は白人だったんだ。だから、どうやったらファードが白人を嫌いになれるんだい？　イライジャは、俺たちに俺たちの現実を見せたんだ。唯一の現実を見せたわけじゃねえ」

白人たちに囲まれ、やり取りを重ねながら生きると同時に「白人たちは悪魔だ」と主張すること。それはアリに言わせれば、矛盾というよりは戦略的なものであり、生き抜く知恵のようなものだった。しかしアリ自身はどうか。アリには複数の妻がいるが、そのなかに黒人はいない。彼がもっとも信頼し、右腕となって働いてきた妻は、イタリアン・アメリカンで白人だという。彼の開く道場の弟子たちも白人が多く、彼の一番弟子も白人である。彼は白人から隔絶、分離するどころか、最も身近なところで白人と接触し、コミュニケートする。このように見てくると、アリの描くイライジャの姿と、アリ自身の姿とが重なって見えてくる。

アリは、現在ではハーレムに暮らしていない。ハーレムにいて、たむろすることも嫌いだという。それでもアリは、ハーレムでも週に一度は道場を開き、教え子たちに訓練を施してきた。彼はハーレムのために活動し、子どもたちに服を買い与え、モスクの設立や維持に出資し、アフリカン・アメリカンの状況を少しでも改善するために生きてきた。

「けどな」

彼は言った。

「ずっと生きてきて、俺が犯した最大の過ちは、人に対して思いやりを持ったことだ。そのことに気づくのに四十年もかかったよ。以前にした話、憶えてるか？　昔、俺が住んでたブロックの子どもたちを買い物に連れていって、そいつらに必要なものを買い与えてやったっていう話だよ。その子どもたちの何人かが大人になったら同じようなことをやってくれるだろうと思って期待してた。いまそいつらに会うと、奴らがなんにもやってねえのがわかる。コミュニティに対してなんもやってねえんだ。わかるかい？　本当の敵は、俺の仲間である黒人《マイ・ピープル》たちなんだよ。黒人は訓練ってものをしたがらねえ。ここまで来られたのは、俺くらいだよ」

アリの眼には、自分の生まれ育った場所、自分の家族、仲間、友人たちが、システムによって飲み込まれ、狂わされ、惑わされているように映る。他方、アリの家族や友人を含めたほかのハーレムの住民たちの眼には、彼のものの見方やふるまいは、極端で、厳格で、激しすぎるように見える。しかし、それでもなお、アリはあきらめない。彼は、三百六十五日二十四時間、戦闘態勢を崩さない。六十歳になる現在でも、ヴィーガンを貫き、ビタミン剤を摂取し、毎日トレーニングを怠らず、セキュリティに対してつねに気を配る。「弱点を自分に見つけるたびに、俺はそれに立ちむかい、克服するんだ」と彼は言う。会うときはいつも周囲に注意を傾け、ときには自己防衛のために武器になりそうな小さな道具を携帯した。アラビア語を学び、八年間クルアーンの勉強を重ねたあと、僕から日本語のレッスンを受け、つねに自分の知的好奇心を刺激するものを読んだ。道場に通う生徒たちの面倒を見て、昔からの友人たちの世話をし、自分の妻たちに衣食住を提供して養い、武術の先生たちに礼をつくした。彼は、自分の言葉で、自分の認めることのできるルールをつくりだそうとし、その掟に厳格にしたがって生きようとしてきた。

もちろん、彼のルールに納得しない者もいる。たとえば、ポリガミスト（正確にはポリジニスト）であるアリの、「男性は複数の女性と付き合ってもよいが、女性はだめだ、なぜなら女性は一度に一人の男性としか子どもをつくることができないからだ」という論理には、自己正当化が多分に含まれているように見える。また、付き合うと決めた女性は必ず医者に連れていき、自分とともに血液検査を受けさせる、避妊が必要なセックスはしない、セックスするときは必ず子どもをつくることを目的とする、医者に連れていこうとすると怒り出す女性もいるが、自分としては親切心であって感謝されてよいはずだ――こうしたアリのルールは、極端で独善的で頑なに見えるかもしれない。しかし、彼は出会った女性に自分がポリガミストであることを隠さないし、自分にも厳しいルールを課している。その意味で彼は、ひとつひとつの自分の経験を振り返り、自分のルール、自分の解釈、自分の世界を構築しながら、フェアネスを確保しようとする。

ときおりハーレムをあるくと、昔からアリに世話になってきた人が、彼にむかって丁寧に挨拶をする。話しかける人びとの表情や仕草を見ていると、アリに対して大きな敬意を持っていることがわかる。なかにはアリがよく憶えていない人もいるらしかった。けれども彼らの側が、自分の子ども時代からアリを憶えているのだ。彼らのために奮闘を重ねるストリートの闘士として、アリのことを記憶しているのだ。アリは、彼らに話しかけられると、少しばかりうれしそうな表情を浮かべる。けれども彼は、彼らの話に思いやりを持って接することで、どのような代価を支払わなければならないかを知っている。そして彼は、置かれた環境ゆえに自分は、幼い頃から早く成長し、闘士として生きる必要があったのだという。

「俺にはな、子ども時代なんてなかった。子どもだった頃なんてねえんだ。孤独な道のりだったよ」

彼は言う。

「ストリートで生きてた頃、俺は毎日、無事に帰ってくるなんてことは考えたことがなかった。生きようなんてことは考えなかったんだ。毎日、自分は死ぬかもしれねえって思ってた。だけど俺は生き残った。全部経験から学んだんだよ。だから俺はサムライを尊敬してんだ。彼らは生き残ろうと思って戦場に行くことはねえだろ。死ぬために行くんだ。そして、自分が間違いを犯したら、こうやって自ら命を絶つだろ」

そう言って、刀での切腹の動作を真似た。

「そこには尊い誇りがある。それに戦場では死ぬ気でいる奴が生き残る。だから俺は生き延びたんだ。……俺の生徒のうちほとんどの奴がそのことを理解してねえ。あいつらには俺を倒せねえ。なぜなら俺は死ぬつもりで闘ってるからだ。……サムライが闘いに行くときは、何度も練習なんてしてる時間はねえ。物事を合理的に分析して考えてる時間なんてねえんだ。彼らは経験から学ぶんだ。先駆者から学ぶんだ。闘いに出た先駆者をよく見て、『あ、いま首をはねられた。てことは、なにか動きを間違えたに違いねえ』って言うんだ。〔……〕孤独な道のりだぞ。多くの代価を支払った。俺自身、先駆者だったから多くの間違いも犯した。俺が生きてるうちに〔この社会状況の大きな変化もしくは革命を〕見ることはねえだろう。俺の息子もそれを見ることはねえだろうな。けど、なんかしらの貢献ができればって思うんだ。そうすりゃ、あとから誰かがやってきて、それをすくいあげてくれるだろう。俺は本当に革命を信じてたんだ。七〇年代には本当に信じてた。あの頃、出まわってたカネの額を聞いたら、おまえも驚くと思うよ。ストリートで百万ドル稼ぐことだってできた。だけど合法的なビジネスと非合法のビジネスが合体することがなかった。融合できなかったんだ。それをできなかったのは、俺ら〔黒人〕くらいなもんだ。ユダヤ人もやったし、イタリア人もやった。アイリッシュも中国人もやった。俺らだけがやらなかった。みんな、怖がったんだ。みんな、『トラブルに巻き込まれるのは嫌だ』って言ったんだ。いまじゃもう手遅れだ。ダウンタウンじゃ高くて暮らせねえっていう白人たちがいま、アップタウンにやってきてる。貧乏人にとっちゃ、それ〔アップタウンのアパートメントの金額〕でもたけえ。だけどダウンタウンに比べたら、なんでもねえ値段だ。だからここに住んでる白人たちは、いまはひっそりと隠れるように暮らしてる。俺は奴らのことを白人中産階級って呼んでる。この辺りにもっとたくさんの白人が暮らしはじめたら、奴らはいろいろとルールを変えてくだろうね。もう手遅れだ。俺らはハーレムを自分たちのものにすることができたはずなんだ。もうそりゃ無理だ。でも教えてやるよ、それは俺らのせいなんだ。俺らが自分たちに対してやっちまったことなんだ。抑圧者が大きな役割を果したことも俺らは知ってる。けどね……」

とはいえ彼は、道行く物乞いに声をかけられると、いつも足を止め、ポケットから財布を取り出して、いくばくかのお金を渡す。そのとき、普段の厳しく険しい表情はない。

「昔からそうだったけどな、貧しくてカネを必要としてる奴を見たら、必ず少しは金を与えるようにしてんだ。それは奴らが人間だからだ。どんな見てくれだろうと、俺は気にしねえ。本性をあらわすそのときまで、俺はそいつに丁寧に接する。もちろん全員がいい奴なわけじゃねえよ、誤解しないでくれ。けどな、俺は自分のすべき仕事をしてえだけだ」

アリは知っている。与えたお金が、必要な食事にではなく、ドラッグを買うお金にあてられる可能性があることも。

「俺は二冊の本をすでに書き上げてあんだ。娘に渡してあってな、俺が死んだら出版するように言ってある。いま出版したらいいのにって娘は言うけど、いま出すのは危険だ。捕まる可能性がある。本を書いたのは、知恵をいくらかでも次の世代に残してえからだ」

自分にできることはごくわずかだが、それでも最低限、今後の変化のために必要な小さな役割を果たして死んでゆくのだ、とアリは折に触れて語った。あとは次の世代に引き渡すことぐらいしかできないのだ、と。

転覆させるには世界はあまりにも大きく、根本的に改めるにはシステムはあまりにも強力であることを、彼は知っている。少なくとも自分が生きているうちには、大きな変化が訪れないであろうことを、知っている。彼の眼には、自分の生まれるはるか以前から、この世界の「はじまり」から、つねに、すでに、諸々の不当なおこないがあるように見えた。肉体の誘拐、買収、使い捨てがあった。精神の強姦、抑圧、飼いならしがあった。文化の破壊、矯正、リンチがあった。そしてそれは総じて、黒人の魂を絶え間なく傷つけ、痛めつけ、苦しめているのだ。

「二重意識」という言葉で生の根幹にかかわる問題を表現したデュボイスは、アメリカの黒人たちの歴史とは、二つに引き裂かれた自己をよりすぐれた存在へと統一するべく格闘するプロセスだと述べた。彼は書く。

「この統一の過程で、彼は、古い自己のいずれをも失いたくないと望んでいる。彼はアメリカをアフリカ化しようとはしないであろう。なぜなら、アメリカの持っているものというのはあまりに多大なので、アフリカと世界に数えきれるものではないからである。また、彼は、黒人の魂を、白いアメリカニズムの奔流のなかで漂白させようともしないだろう。なぜなら、彼は、黒人の血のなかに世界に対する予言がながれていることを知っているからである[14]」

デュボイスの取り組んだ問題はアリにとって、さらに複雑さを増している。それはもはや「二重意識」であることから、「多重意識《マルチプル・コンシャスネス》」とでも呼べそうな問題へと移行を遂げている。アリは、アメリカに生まれながらアメリカになじめず、母語である英語を日常的に用いながらもその母語になじめずアラビア語や日本語に関心を示す。黒人でありながら黒人と距離をとらざるを得ず、ムスリムに「改宗」しながらモスクでの礼拝や集まりに参加せず、ハーレム出身でありながら「ハーレムは死んでいる」と語って寄りつかない。アリは、デュボイスが書いたように、複数の自己のうちのいずれかを失い、ひとつに落ち着くことを拒んでいる。そしてこのような、複数の集団の範疇に帰属させられながら、同時にそのいずれにもなじむことのないアリの「生のあり方」は、アイデンティティをめぐる闘争とその困難をあらわしている。このアイデンティティをめぐる闘争は、過去のバラバラの出来事を結びあわせ、「はじまり」を持つひとつの物語に昇華させ共有させる装置としてのアーカイヴを必要とする。さらにアーカイヴをめぐるゲームへの参入は、アーカイヴを通じた特定の想起のあり方を——したがってそれ以外の想起のあり方の忘却を——要求する。しかしアリは、純白のアーカイヴに取り囲まれながらも、そのゲームに（批判的にであれ）埋没し、結果としてアーカイヴを必要としない過去への触れ方を忘却してしまうことを、拒んでいる。

「それで、おまえはこの研究を通じてなにをやりたいんだ？　新しい視点を提出したいのか？　けど、そんなことはすでに多くの人がやってきただろ。しばらく経つと、その新しい視点だっていろんな人間に使われ、破壊されるんだ。それでシステムの一部になる」

　幾度か突きつけられたこの問いをまえに、言葉に詰まった。当時の僕には応えようがなかった。いまでも、うまく応えられる自信はない。アリの見解すべてに納得したわけでもなければ、賛成できるわけでもない。けれども、口をひらけば互いの唾がかかるほどの距離にいて、これだけの量の言葉と表情と感情を重ねながら、僕らのあいだには、年齢やら経験やら知識やら考え方やらを超えた差が横たわっていた。彼は語り手であり、僕は書き手だった。そしてそれ以上に、彼はストリートの実践者であり、僕は観察者だった。フィールドワーカー、参与観察者、インタヴューアーなどと言えば聞こえはいいが、それは貧弱なる視姦者のユーフェミズムのように思えなくもなかった。そしてまた、それについての意味ありげな反省も空虚に思えた。

「俺のことを書きてえのか？　俺の名前さえ出さなけりゃいいぜ。知識ってのは共同財産だ。俺がしゃべったことは、なんだって使ってくれていい。俺は普段はこんなにしゃべらねえ。こんだけ話してんのは、おまえが俺の日本語を手伝ってくれてるからだ。それにおまえが研究してるってのも知ってるからな。おまえが自分の仕事をなし遂げられるように祈ってるよ。やろうとしてることは誠実なことに思えるしな。俺は、俺の子どもがよりましに生きられるように、自分の役割を果たすまでだ。どでかいことをやるつもりはねえよ。〔……〕さあ、これで〔俺が語ったことは〕もう全部おまえの潜在意識に入っただろ。あとはそれが出てくるように努力するだけだ。けど、おまえが本当に考えていることを書いたら、教授たちとトラブルを起こすことになるだろうね。奴らが思っているように書くなら、なんの問題もなく終わるだろう。だけど、おまえが本当に事実を書いたら、トラブルを抱えることになる。経験から俺にはわかるんだ。奴らの考えってのが、俺にはわかる。俺が書いて提出したものを見て、俺の先生は『アリ、それはあなたの意見です』とか言うんだ。まったく！　俺は言ったんだ。『いや、これは俺の意見じゃない。事実だ。その根拠になる歴史的事実を俺は手に入れてるんだ』ってね。彼女は『そうですか、でもね……』とかなんとか言ってたな」

　アリは、「文字を持つ伝承者」に違いない。しかし彼の書く文章は、断片的で、論証がなく、断定口調の結論が並ぶ。説明が足りず、時系列を無視して唐突にはじまって、終わる。それでも彼は、自らの見たものを、そのうちにある一片の真実を、誠実に写しとろうとする。

「だから、おまえには長い道のりが待ってるよ」

　アリは僕に言った。

「多くの仕事が待ってる。教えといてやるよ。それは孤独な道のりだ。いつもひとりぼっちだ。奴らはおまえを殺しにくるか、刑務所に入れるかしようとするだろう。マルコムのときと一緒だよ。奴らは俺を殺そうとする。奴らは俺が言いたいことを聞きたがらねえんだ。全部自分のことしか考えてねえんだ。だけどな、俺には女たちがいた。女たちが俺によくしてくれた。彼女らは俺を不幸にすることがなかったね」

アリが自ら制作したというマーシャル・アーツのビデオの一場面が、いまでも脳裏に焼き付いている。ゲリラ戦の方法や銃の解体方法、自己防衛技術、武器の使い方などを解説するものだ。覆面をしたアリが山の中でナイフの使い方を説明する場面が収録されている。アリは眼のまえにある大木を敵に見立て、何度もナイフで切りつけていた。さまざまな方向から、さまざまな持ち方で、何度も、何度も、切りつけていた。同じ映像中にあらわれる自分の言葉――「敵が死に絶えることはない。奴らは増殖する」――を証明するかのように。

望んだわけでもない闘いに、生まれるまえにはじまり、多くの人間がすでに終わったと錯覚した闘いに、アリは全身全霊、命を懸けて臨んでいた。

第二章

116丁目ストリートのスケッチ

——ハミッドの「あるく、みる、きく」

エチケットの基本的ルールが習得され、内面化されてしまえば、人は観察や経験を用いてさらなる洞察を得ることができる。そうすることで、事実上彼らは「フィールド・リサーチ」に従事することになるのだ。公共の場でのあらゆる企てが一回性の固有なものだという知恵に到達すると、人は具体的な出来事を特徴づけるのは典型ではなく、個々の人間であることに気づくようになる。(1)

Elijah Anderson, Streetwise: Race Class, and Change in an Urban Community

ストリート小景

金曜日の昼下がり、ハーレムの一一六丁目ストリートをあるくと、建物の外に設置されたスピーカーから低音のきいた伸びのある声が響いてくる。

アッラーフ・アッラーフ・アクバル
アッラーフ・アクバル、アッラーフ・アクバル
アシュハド・アン・ラー・イラーハ・イラーッラー
アシュハド・アン・ラー・イラーハ・イラーッラー
アシュハド・アンナ・ムハンマダン・ラスールッラー
アシュハド・アンナ・ムハンマダン・ラスールッラー
ハイヤー・アラッサラー、ハイヤー・アラッサラー
ハイヤー・アラルファラー、ハイヤー・アラルファラー

アッラーフ・アクバル、アッラーフ・アクバル
ラー・イラーハ・イッラッラー

これはアザーンと呼ばれる、ムスリムに礼拝を促す呼びかけだ。小型スピーカーを使って大音量で流すせいか、その声は軽く歪んでいる。そして、その声音はストリートの喧騒とまじりあい、特徴的な不協和音をかたちづくっている。行き交う人びとの話し声、途絶えることのない公共バスのエンジン音、懸命に先を急ごうとする車やジプシー・キャブのヒステリックな警笛音《クラクション》。そのなかをアザーンが流れるのだ。

混淆する音の群れを背景に通りをあるくと今度は、道端で売られるお香《インセンス》の独特でおもねることを知らぬ香りが、ジャンク・フード屋の食欲を誘うフライド・チキンの匂いとともに漂ってくる。露店にインセンスと並んで置かれているのは、さまざまな色彩のアロマ・オイルだ。けっして綺麗とは言えない瓶に入ったサンプルを手に垂らしてもらうと、これもまた個性豊かな香りを強く主張してくる。「これが私の香りなの、なんか文句ある?」とでも言いたげだ。フライド・チキンは、この地区で最も安く手に入るファスト・フードのひとつだ。ホルモン剤や抗生剤を注入されたであろう食材は、食べつづければ身体によいわけはないだろうし、それがハーレムのように特定の地区のみで手に入りやすいということがすでに社会のあり方を反映しているが、それでも絶妙にスパイスをまぶされ、高温で揚げたチキンは、抗いがたい誘惑を仕掛けてくる。

ジーンズとシャツを身につけたひとりのアフリカン・アメリカンの男性が、アフリカの民族衣装に身を包んだアフリカ人男性に挨拶の言葉を投げかける。

「ア・サラーム・アレイクム」

普段はウォロフ語とフランス語を話すアフリカ人男性も、アラビア語で挨拶を返す。

「ワ・アレイクム・サラーム」

古くから暮らす黒人とニューカマーの黒人が挨拶を交わす。一一六丁目では日常的に見かける光景だ。しかし、彼らのあいだにそれ以上の会話はほとんど見られない。


一一六丁目ストリートとマンハッタン・アヴェニューの交差点からは、マスジッド・アクサとマスジッド・サラームが見える。[2] この二つのモスクは、両方ともアフリカ人イマーム（指導者）が代表を務めている。イマーム・ソウレメン・コナテとイマーム・ムスタファ・ソウマホロである。金曜日の午後になると、両方のモスクは主に西アフリカからのニューカマーの移民たちで満たされる。モスクの中に入れない人びとが建物の外に列をつくり、お説教《フトバ》に耳を傾け、礼拝をおこなう。ムスリムたちは一般的に、ムスリムの団結とウンマの重要性をくり返し強調する。しかし、この二つのモスクにはアフリカン・アメリカンは参加していないようだ。彼らの通うモスクは、マスジッド・マルコム・シャバーズかモスク・オブ・イスラミック・ブラザーフッド（ＭＩＢ）だ。ハーレム病院やフェイス・ピギー・バッグなどの一画での金曜礼拝にも、数多くのアフリカン・アメリカンが参加している。

マスジッド・サラームから通りを挟んで正面にある建物の二階から上は、すべての窓が板張りで閉じられている。「ボーディドアップ・ビルディング」と呼ばれるその種の廃墟化したビルが、この周囲にはいくつも見られる。そのように廃墟となった建物は、夜中になるとドラッグの取り引き場所やクラック・ハウスとして利用されることもあるという。だが、それを昼間の様子から想像するのは難しい。部外者がそれを知ろうと思ったら、ストリートの事情に精通した人物に案内してもらうしかない。そして、こうしたドラッグやストリートの活動に関連する場所は、時期によってめまぐるしく変化もする。

フィールドワーク中の二〇〇二年から二〇〇四年にかけて、一一六丁目から一二五丁目のあいだのあるブロックで、ドラッグ売買が活発だった。一度だけそこを案内してもらったことがある。時間帯は昼間で、一見するとほかのブロックと変わらない。だが、その案内してくれた人物の指示どおりに眼を凝らすと、そのブロックの特定の場所のみに数人の男性が配備され、ストリートの様子を見守りながら、ときおりやってくる人物と短く言葉を交わしているのが見えた。ニューヨークのストリート文化を調査してきた社会学者テリー・ウィリアムズがかつて述べたように、ストリートには昼の顔と夜の顔がある。同じブロックが、時間帯によってまったく異なる表情をみせるのだ。特定の場所を長期間にわたって観察しつづけても、すべてを知ることができるわけではない。しかし、洗練された観察眼を通すと、昼夜を問わずその両方の顔の表情をいくらか垣間見ることができる。

いま、こうしてストリートの様子を概観しただけでも、ハーレム内の一区画に営まれる、けっして一枚岩ではない人びとの生活を垣間見ることができる。ニューカマーのアフリカ人、民族衣装、路上で売られるインセンスやアロマ・オイル、ここに生まれ育ったアフリカン・アメリカン、ストリートで見かけるたっぷりとしたサイズの服装。マスジッド・サラームの近くには、最近できたアフリカ料理のレストランがある。同じブロックに複数並ぶ雑貨店や九九セント・ストアもアフリカ人たちによって営まれている。モスクの対面には、韓国人たちの営む小さなクリーニング店がある。角のとやその営みはどのように互いに関係し合っているのだろうか。

デリを営むのはラティーノたちだ。そして、アフリカン・アメリカンたちの通うファスト・フード店やレストランがある。雑多に見えるこれらの「風景」を構成する人び

ハーレムという言葉を最も単純に理解すれば、それはアメリカ合州国内の大都市ニューヨーク市に位置する場所の名前ということになる。しかしじつは、ハーレムと呼ばれる確固たる行政区が存在するわけではない。ハーレムは、コミュニティ・ディストリクト（CD）と呼ばれる行政区の第九、一〇、一一地区に位置し、それは大まかに言って、マンハッタン北部の一一〇丁目から一五五丁目にかけての場所となる（二二九頁地図1参照）。第一〇地区には、「セントラル・ハーレム」という名称が一応付けられているが、第九地区、第十一地区は、ハーレムを含みつつもそれぞれ、モーニング・サイド・ハイツやイースト・ハーレム（スパニッシュ・ハーレム）をも含んでいる。

マンハッタンは、アルゴンキン語族のアメリカ先住民・ラナピ族の言葉で、「丘陵の多い島」という意味を持つとされている。この島は、一六二六年、オランダのウェスト・インディアン・カンパニーによってわずか六十ギルダーで「買い取られて」いる。そのときには、ニューヨークはニュー・アムステルダム、ハーレムもニュー・ハーレムと呼ばれていた。

アフリカン・アメリカンがハーレムにいたという記録は一六三九年にまでさかのぼるが、彼らはほかの地区からの労働者であり、住民ではなかった。ハーレムにアフリカン・アメリカンが暮らしはじめるようになり、のちにいわゆる「ハーレム・ルネッサンス」とともにそこが「黒人文化のメッカ」として有名になってゆくのは、およそ

一九〇〇年以降のことである。

しかし、ハーレムは単に物理的な場所をさす名称としてのみ用いられるのではない。それは同時に、アメリカのスラム街やゲットーを表象する記号として象徴的に用いられ、複数の意味を担わされてもいる。アメリカ中のインナーシティ・ゲットーにある痛みや苦しみ、歓びや創造性、現状や将来像、そして歴史というものが、「ハーレム」という言葉のうちに集約されているのだ。ソウル・シンガーのボビー・ウォーマックの曲「一一〇丁目ストリートをわたると（Across 110th Street, 1972）」の歌詞は、それをみごとにあらわしている。

すべての都市で同じことが起きてる
ハーレムはそんなすべてのゲットー・タウンの中心さ

一一〇丁目ストリートをわたると
ポン引きが弱った女をつかまえようとしてる
一一〇丁目ストリートをわたると
ヤクの売人がジャンキーを離そうとしない
一一〇丁目ストリートをわたると
女が客をつかまえようとしてる
一一〇丁目ストリートをわたると
このストリートじゃね、なんだって見ることができるんだ

他方でハーレムは、人種が階級問題の政治性を象徴する場所でもある。一九九〇年代後半、ハーレムを調査した文化人類学者のジョン・L・ジャクソンが言うように、「ハーレムの人たちはどう思うだろうね」という政治問題の解説者の発言は、下層階級のアフリカン・アメリカンによる統一された一枚岩のコミュニティを想像したうえで、政治的に正しい（ポリティカリー・コレクトな）選択というものを問題にしていると言える(3)。

またハーレムは、いまとなっては観光化された場所でもある。観光客にとってそこは、人種にかかわりなくゴスペルを聴くために教会に並び、見学ツアーやエンターテイメントを楽しみ、レストランでソウル・フードを味わうことのできる場所でもある。しかし、それはまた別の人にとって、社会的病理の巣食う場所であり、その病理につきまとうイメージは、ある特定の人種と階級のイメージと結びつくことで、悪名高く、しかし循環する等式を再生産しつづけている。それはたとえば、以下のような等式である。

ハーレム＝アフリカン・アメリカンの場所／黒人のコミュニティ／下層階級／社会的病理／ドラッグ／犯罪／カオス／危険／非人間的……。

ハーレムの現在に関する等式が再生産される一方で、ハーレムについて書かれた文献を紐解くと、この場所が極度に歴史化されてきたことに気づかざるを得ない。ハーレムは、かつてハーレム・ルネッサンスが起こった場所であり、数々の革命的な思想家たちが訪れスピーチをした場所でもある。一九九〇年代、ハーレムの現在の姿――その光と影との両方――を見据えるべく聞き書きを重ねた文化人類学者の辻信一は、ハーレムが頻繁に過去形で語られてきたことを指摘しながら書いている。

「それにしてもハーレムは過去形で語られることが圧倒的に多い。そして過去のハーレムを語る者の声には甘い感傷の響きがつきまとっていることがしばしばだ。またそこには、ハーレムを遠い過去の思い出の中に閉じ込めておきたいという身勝手な願望さえ、時に感じとれる(4)」

そして、ベル・フックスの言葉を借りながら、彼はハーレムについての過去形での理想化した語りは、『帝国主義者の遊び場』についての『帝国主義者風ノスタルジア』(5)以外のなにものでもないと付け加える。彼にとっては、こうした過去形で語られ理想化されたハーレムは、ハーレムの現在の姿への無関心と共犯関係にあるのだ。

そうだとすると、人類学者の課題のひとつは、単一でまとまりのある「黒人近隣地区」として語られるハーレムの現在の姿を牛々しく描くことだ。そのやり方は、幾通りもあるように思う。ここでは、ハーレムの主要なストリートのひとつである一一六丁目での出来事に注目し、そこに展開する人びとの関係について解釈を重ねてみたい。特定の個々人の他者への触れ方を描くことで、個人や集団の対他関係の多層性を明るみに出したいと思う。

服装と外見

フィールドワークをはじめてまもないある金曜日の午後、僕は合同礼拝《ジュマ》に参加するために一一六丁目を東にむけてあるき、マスジッド・アクサを通り過ぎてマスジッド・マルコム・シャバーズの建物にやってきた。丸い緑の屋根を載せたそのモスクは、周囲にある建物群のなかでもひときわ目立っている。このモスクのイマームは、ウォレスの改革したネイション・オブ・イスラーム、のちのアメリカン・ソサエティ・オブ・ムスリム（ASM）に所属しており、そのためここにはASMのメンバーや支持者が多く通う。

建物に入ると小さなフロント・デスクがあり、そこに大柄で屈強そうなアフリカン・アメリカンの男が座っていた。この男が建物の警護にあたっているようだ。僕は男性に、訪問者として礼拝に参加できないかと尋ねた。この場所に入るのははじめてではないが、礼拝に参加するのははじめてだった。男性は、とくになにも問うこともなく、バックパックを置いて中に入るようにと言った。

この対応に僕は少々驚いた。以前、ネイションのモスクを訪れたときには、入念なボディ・チェックを受けた。だから、当然ここでもそうされるだろうと思い込んでいたのだ。訪問の目的などについても、事細かに訊かれるだろうと予測していた。

ネイションのモスクでは、その種のセキュリティ・チェックは通常の手続きのひとつだ。二〇〇三年にニューヨークのモスク・ナンバー・7を訪れたときには、ネイションの二人のメンバーによって別室に案内され、身元や訪問の目的などについていくつもの質問を受けたうえで中に通された。一九九九年にシカゴにあるネイションのモスクを訪問した際にもセキュリティ・チェックはあったが、シカゴよりもニューヨークのモスクの方がセキュリティ面でより注意深いという印象受けた。シカゴのモスクでは、日本から来た大学院生でアフリカン・アメリカンのイスラーム運動を研究していると告げると、すぐに歓迎してくれ、さまざまなイベントやミーティング、勉強会、議論、プロセシング・クラスと呼ばれる入信に伴う授業に参加させてくれた。しかし、ニューヨークのモスクでは、中には入れてくれたものの、すぐになにかに参加させてくれるようなことはなかった。

理由はいくつか考えられる。ひとつは、ネイションの元メンバーのひとりが教えてくれたように、シカゴのモスクがネイションの本部であり、それゆえに自分たち独自の判断を下しやすい立場にあるということだ。ニューヨークのモスクは支部で、重要な判断について本部の了解が必要になる。

いまひとつは、ニューヨークのモスクへの訪問が九・一一の約二年後で、それゆえにセキュリティ・チェックの度合いを強めていた可能性があるということだ。ニューヨークに到着した二〇〇二年、「同時多発テロ」直後に見られたようなきわめてヒステリックな反応はさすがに多少おさまってきてはいた。しかし、まえに書いたように、社会全体のピリピリとした緊張感とある種の発言をタブーとする風潮は、依然としてつづいていた。倒壊したツイン・タワーのあった場所は、不自然な穴がぽっかりとあいたようで、不用意に近づいてはいけないような雰囲気があったし、町角の要所要所にはM-16を手にした兵士が警備についていた。テレビでは連日、イスラームや中東情勢についてのニュースが流され、ときおり、国の警戒レベルがオレンジ色へと引き上げられた。ムスリム市民に対する嫌がらせやヘイト・クライムが懸念されるなか、FBIやそのほかの国家組織によるムスリムの拘留、潜伏捜査、取り調べ、拷問等も取りざたされるようになっていた。九・一一の翌月には愛国者法をはじめとする法整備が進められ、二〇〇二年十月からはアフガニスタンでの軍事作戦が、二〇〇三年三月からはイラク戦争が開始された。

いずれにしても僕は、マスジッド・マルコム・シャバーズでの無条件の歓迎に驚くと同時に、なんだか拍子抜けした感じがあった。言われたとおりにバックパックをあずけると、中に入った。礼拝のスペースは建物の三階部分にある。三階にあがり、礼拝スペースの手前に設置された簡易下駄箱のまえで靴を脱ぐと、すでに八十人ほどのムスリムの男たちが列を成し、敷き詰められた絨毯の上に座っているのが見えた。入り口近くには椅子が置かれ、そこには女性や子どもたちが腰かけている。

すぐにジェイムズの姿が見えた。ジェイムズは四十代の大柄な男だ。彼に会ったのは一週間ほどまえのことで、そのときに今日の礼拝に招待してくれたのだった。この日の彼は、かぎられたスペース内に人数がおさまるよう、入ってくる人たちを誘導していた。僕は、部屋の後方部分に用意してあった訪問者用の折り畳み式椅子に座るよう言われた。この席には訪問者以外にも、足腰が悪く床に座れない人びとが座っていた。

着席するとすぐに、隣の席の男性が「ア・サラーム・アレイクム」と挨拶し、握手を求めてくる。僕は「ワ・アレイクム・サラーム」と応じて彼と握手する。

うしろの席に座る別の男性が僕の肩をたたき、「ニーハオ」とあかるく興味津々の表情を浮かべて話しかけてきた。日本からやってきたことを告げると、彼は「コニチワ」と言いなおした。

しばらくすると、若いアフリカン・アメリカンの男がその部屋のまえにやってきて、両手のひらを耳のうしろに当て、アザーンを透きとおった声で美しくうたいあげた。このモスクでは、マスジッド・アクサやマスジッド・サラームとは異なり、スピーカーを外に設置してアザーンを流すことはしていない。モスク内でのアザーンのみだ。

アッラーは偉大なり、アッラーは偉大なり

アッラーは偉大なり、アッラーは偉大なり
我は証言す、アッラーのほかに神はなしと
我は証言す、アッラーのほかに神はなしと
我は証言す、ムハンマドは神の使徒なりと
いざ礼拝に来たれ、いざ礼拝に来たれ
いざ成功のため来たれ、いざ成功のため来たれ
アッラーは偉大なり、アッラーは偉大なり
アッラーのほかに神なし

男のうたいまわしは独特で、ソウルフルだった。そんなゴスペル風のアザーンの唱え方を耳にしたのは、このときがはじめてだった。

つづいてイマームがあらわれ、全員のまえで説教《フトバ》がおこなわれる。イマームが話しているあいだにも、さらに多くの男が姿をあらわし、横並びにいくつもの列をなして座る人びとに加わった。皆、短い祈りを捧げてから腰をおろす。男たちの服装はまちまちだ。ジーンズやTシャツなどのカジュアルもあれば、ビジネススーツにネクタイを締めた人もいる。顔をあげて熱心に話に聞き入る者もいれば、うつむいている者もいる。けれども、全員が静かに座っていた。イマームが話しおえて背をむけ、信徒のむいているのと同じ東の方角を見ると、座っていた信徒は立ち上がって、肩と肩、足の側面と側面とをくっつけ、横並びの列を改めてつくる。

「アラーフ・アクバル」

イマームがそう口にすると、皆が同じ言葉をくり返し、合同礼拝がはじまった。百人を超えるであろう人数の男が、静謐な時間を共有していた。ここにいると、ストリートの喧騒が嘘であるかのように感じられる。周囲には聞こえないくらいに小さな声で、囁くようにして祈りの言葉を復唱する人もいる。そして全員が同じ方角にむかって肩を並べ、ひざまずき、神のまえにひれ伏す。一日のうちで五回の礼拝をおこなうことが、ムスリムたちの日常のテンポを規定している。そして、この金曜の合同礼拝への参加は、ムスリムたちの一週間のリズムでもある。めまぐるしい日常のなかで、透明な時間を確保し、この儀礼的所作を通じて、眼に見えぬものへの想像力を獲得する。もちろん、仕事の都合で参加できない者もいる。それでも、多くの人がなんとかして参加しようとする。

礼拝が終わると、隣り合った者同士が握手を交わす。そのまま再度座って、静かな時間を過ごしたり、立ち上がって顔見知りの者と言葉を交わしたり。合同礼拝は、友人や知人と顔を合わせることのできる、一種の社交の場にもなっているようだ。

礼拝のあと、僕のまえに座っていた七十代のアフリカン・アメリカンの男性が、一緒に昼食をとらないかと誘ってくれた。モスクの一階に簡易食堂があるのだという。喜んでその誘いを受け、階下の食堂に移動する。そこではビュッフェ形式で簡単な食事が提供されていた。フライド・フィッシュ・サンドイッチ、フライド・チキン・サンドイッチ、フレンチ・フライ、ジュースなどが並ぶ。四十人ほどの男女が――とは言え、多くが男性だ――食事をとりながら話に興じている。僕はひどく腹が減っていたが、食べると集中して話が聞けないのではないかと思い、フルーツ・ジュースだけで我慢する。幾人かの人と短い会話を交わしたあと、先ほどの七十代の男性に、ひとりの男性を紹介された。もの静かで柔らかな物腰の男だった。四十代くらいだろうか。この男性が、一、二章に登場したハミッドだ。このときはまだ、彼がのちのフィールドワークに、そして僕の心に、深い影響を与えることになるとは思っていなかった。ハミッドは若々しく見えた。しかし、身体の動きが緩慢で、唇は乾き、目が腫れていた。最近心臓発作を起こし、数日前に退院したばかりなのだという。僕の横にゆっくりと座ったとき、彼の右手に白い紙バンドが巻かれているのに気づいた。病院で付けられたタグのようだった。

「ゆっくりと動かなきゃならないんだ」

と、ハミッドは言った。

「ずいぶんとたくさんの薬を与えられたからね。まだ少し弱ってる感じがするよ」

そうしてハミッドは、自分の出自について語ってくれた。ハーレムでムスリムの両親のもとに生まれ育ったこと。両親がネイションのメンバーだったこと。ネイションのなかで教育やトレーニングを受け、少年たちによって形成されるジュニア・フルーツ・オブ・イスラームのキャプテンを務めたこと。

フルーツ・オブ・イスラーム（FOI）は、ネイション内に設置されたグループで、そのメンバーは警護に関係する課題をこなすため、武術や護身術などの訓練を受ける。ジュニアFOIとは、FOIの若者版と言える。

短い会話のあと、ハミッドが印象的なことを口にした。僕が自分の研究テーマについて話した直後のことだった。

「宗教と文化とは、違うものごとなんだ。そのふたつを混同しちゃいけない」

しばらくのあいだ、僕はそれがどういう意味なのかはかりかねていたし、どのように応じてよいのかもわからず、彼の次の言葉を待った。

「アフリカの服やアラブの服を身につけた人を眼にすることがあるだろ？　わかるかな？　ドレスのような見てくれの服のことだけど」

彼は、服の種類を示すためにジェスチャーを用い、理解しているかどうかをたしかめるためにこちらの表情をうかがった。僕がうなずくと、ハミッドはつづけた。

「俺は彼らを見て、『おいおい、ほんとかよ！』って思う。ニューヨークにいるかぎり、アメリカにいるかぎり、俺は普通の服を着るよ。中東とかアフリカの砂漠に行くんだったら、そういう服〔アフリカやアラブ的な服〕を着るかもしれない。けどね、ここにいるかぎり、そんな服を着る意味なんてないよ」

彼は、ひとつひとつ、はっきりとわかるように言葉を発した。そして、僕が理解できているかどうか、納得しているかどうか、何度も確認した。

「そういう類の服を着て、自分がいいムスリムだって思ってる奴がいるんだ。髭についても同じことだね。長い髭を生やすのが、いいムスリムだなんて思ってる。奴らは、『おまえ、長い髭してないけど、それでおまえは自分のことムスリムだって思ってんの？』とか言ってくるんだ。そいつらに俺がなんて言ってやるか、わかるかい？　俺は言うんだ。『そんなのはイスラームとはなんの関係もない』ってね。髭の長い人間が連続殺人鬼だってこともありうるだろ。言ってること、わかるかい？　特定の服を着ることとか、長い髭をたくわえることとかは、文化に関係することなんだ。イスラームとはなんの関係もない。いいムスリムになるためには中東とかアフリカに行かなきゃいけないって考えてる奴もいるくらいだ」

話している最中にも、ハミッドは何度も集中力を途切れさせ、近くをあるいて通り過ぎる人びとを横目で見やった。処方された薬のせいで意識をうまく集中できないのだ、と彼は言った。

「……奴らがなんて言おうと、俺はアメリカを愛してる。俺はここにいたいって思う。アメリカの外に旅行へ出かけたいとは思わない。この国には言論の自由と信仰の自由がある。アメリカに問題がないって言ってるんじゃないぜ。たくさんの問題がある。だけど、中東とかアフリカの多くの国にはない自由が、ここにはあるんだ」

食堂にいる人たちは食事と会話を切りあげ、その場を去りはじめていた。部屋の中央に立ってビュッフェ・スタイルの食事を盛りつけていた男性が、フライド・チキンやパンの入った大皿を片付けはじめた。細身のこの男性は、無骨ではあるが手際良く、残った食事を一カ所に集め、空いた皿を重ねてゆく。その素早い動作は、ハミッドのそれと好対照をなしていた。

「ムスリム学生組合《ステューデント・アソシエイション》に連絡をとるといいですよ。コロンビア〔大学〕やシティ・カレッジ〔ニューヨーク市立大学〕にあると思う」

彼は去り際にそう言って立ち上がった。そして、ふざけた調子で笑いながら付け足した。

「けど、変な連中にはかかわらないようにね」

彼の言う「変な連中」が具体的に誰をさすのか、彼は語らなかった。しかし、話の流れからそれが、「反アメリカ的」とされる類の集団であることは、あきらかだった。

ハミッドは、彼が文化的要素だと考える視覚情報〔髭や服〕を用いて、他者との差異化を図っている。彼の言う「普通の服」とは、ジーンズやTシャツなどのアメリカのいわゆるカジュアルな服装のことだ。そしてそれは、そのときに彼が身につけていたものでもある。

フィールドワークを重ねるなかでわかったことだが、このようにして他者との差異化を図ろうとしたのは、ハミッドだけではなかった。出会った多くのアフリカン・アメリカン・ムスリムたちが、服装やそのほかの外見的要素、そしてときには言語の違いに言及することで、アフリカ人ムスリムやアラブ人ムスリムとの差異を強調した。アフリカや中東の「伝統的衣装」、長い髭などの「イスラーム的容姿」は、宗教とは関係のない文化であり、アラビア語を話せることは必ずしもよいムスリムであることを意味しない、と。

すでに一章でも触れたとおり、服装やそのほかの外見は、アフリカン・アメリカン・ムスリムの歴史・文化的文脈のなかで特殊な意味合いを持っている。ネイションの存在は、現在でも、メンバーの制服や髭を剃り、髪の毛を刈り込んだ外見によって認識されているが、一九七五年のイライジャ・ムハンマドの死後にネイションの大改革をおこなったウォレス・D・ムハンマドは、そうした特殊な外見に変化をもたらした。ハミッドはネイションのもとで生まれ育ち、教育やトレーニングを受けたが、のちにウォレスの教えに従い、彼の運営する組織アメリカン・ソサエティ・オブ・ムスリム（ASM）に支持を表明するようになる。確認したいのは、どの組織かにかかわらず、アフリカン・アメリカン・ムスリムたちの多くが、服装や髭などの外見的要素を象徴として積極的に用い、他者との差異化を図っている点である。そしてこの視覚的標識は、彼らのアイデンティティの構築に深く関係している。

もちろん、外見的要素が、集合的アイデンティティの構築にかかわるのは、なにもアフリカン・アメリカン・ムスリムにかぎった話ではない。肌や毛髪、目の色、そのほかの見てくれの要素は、すでに流通した人種・民族の範疇およびその背後にあるステレオタイプと密接に関係しているし、特定の服装や立ち居ふるまいはその人物の出自や社会階層、趣味や指向（嗜好）について多くを語る。だから、アイデンティティと差異を表明するとき、これが積極的に用いられる。よく言われるように、軍への入隊や刑務所への入所に際して、丸坊主が課されたり、ユニフォームや呼び名、識別番号を与えられたりするのは、その人物が社会におけるこれまでのアイデンティティを一時的に捨て、軍隊や刑務所内におけるアイデンティティを獲得しなおす必要があるからだ。会社におけるスーツや役職名にも同じことが言える。しかし、注目したいのは、ここでの具体的な視覚要素の用いられ方である。

ネイションはフォーマルな服装をメンバーたちに要求してきた。男性には制服や蝶ネクタイ、もしくはスーツやネクタイ、女性には白いドレスとヴェール、あるいは通常のドレスとスカーフ、といった具合である。この服装は、ネイションの主だった活動拠点であるインナー・シティでは、ほかのアフリカン・アメリカンとの差異を強調する手段として用いられる。スラム街やゲットーのストリートに特徴的な身だしなみや服装との差異を強調するためだ。同時にネイションの服装は、アメリカにおけるアッパー・ミドル・クラスのフォーマルで規律的な伝統を取りこんでもいる。ウォレスの率いるASMは、ネイションの特殊な制服をやめ、カジュアルな「アメリカ的服装」を用いることで、ネイションとの差異化を図る。そして、特別な規則を手放すことで、スンナ派のイスラームとの共通性を強調しようとする。しかし同時に、アフリカン・アメリカン・ムスリムの多くはニューカマーのムスリム移民たち（彼らの多くはアラビア語を話す）との差異を語る。

少なくともアフリカン・アメリカン側の語りを聞くかぎり、彼らとアフリカ人移民ムスリムとのあいだには深い溝があり、潜在的な対立で満たされているようだった。

両者のあいだにあるぴりぴりとした緊張感を感じながらフィールドワークをつづけるうちに、一一六丁目ストリートでアフリカ人ムスリムが襲撃される、という事件が起きた。その事件とその後の反応について、以下に描写してみたい。それは、両者の関係やストリートの雰囲気について考える際に、多くのことを提供してくれるように思う。

アフリカ人ムスリム襲撃事件と警察服

その日の朝は、吐き気のするような頭痛とともに目を覚ました。そのため、昼近くまでベッドから起き上がることができないでいた。午後三時頃になって、ようやくアパートを出発し、一一六丁目ストリートにあるマスジッド・サラームにむかった。

一一六丁目での事件について、この日、抗議集会とデモがおこなわれると聞かされていた。一週間前の夕方、マスジッド・サラーム近くの一一六丁目ストリート上で、七十三歳のアフリカ人移民ムスリムの男性が襲われた事件についての抗議だった。実行犯はまだ逮捕されていなかったが、複数のアフリカン・アメリカンの若者たちによる犯行だとされていた。

時間どおりに教えられた場所に到着したのだが、辺りにはデモや集会が開かれるような気配はなかった。ストリートの所々で立ち話をしている人はいたが、それはいつもと変わらぬ光景だった。十分ほど待ったが、状況は変わらない。もしかすると、抗議集会の場所が変更になったのかもしれないと思い、不安になった。

マスジッド・サラームのまえに立って、マルボロの箱を左手に持ち、タバコを吸いながらストリートを見まわしているひとりの男性がいたので、今日の抗議集会についてなにか知らないかと尋ねてみた。すると彼は、自分もまた今日の抗議集会に参加するためにここに来たのだ、と言った。

僕らは立ち話をしながらもうしばらく待つことにした。彼は、自分はムスリムではなくキリスト教徒で、エチオピアから来たのだと語った。そして、事件についても説明してくれた。

「年寄リガ若イ連中ニ襲ワレタンデスヨ」

強い訛りだった。

「僕ニモ子ドモガイマスカラネ。ヤッパリ怖イデスヨ。ワカルデショ？　コノ辺リジャ、警察ヲ呼ンデモ、スグニハ来ナインデス」

加害者を責める気持ちとともに、自分の子どもが被害者になり得た可能性への強い懸念が男性からは読み取れた。

話しながらさらに十分ほど待つと、次第に人が集まりはじめた。その多くがアフリカ人移民ムスリムだった。彼らに比べれば少数ではあるが、アフリカン・アメリカンのムスリムたちもいた。

人の数が増えてくると、被害者の息子だという人物が、手書きの黄色いビラを配った。背の高い、もの静かなその男性は、父がいま集中治療室にいること、さらに鼻の手術を受ける予定であることなどを語った。事件や被害者の状況についてさらに詳しく知ったのは、そのビラを通じてだった。配布されたビラには、次のようにある。

「彼は、鼻、顎、腕の数カ所と肩を骨折し、目の下が切れ、脳出血が見られた。集中治療室に入り、すでに三回におよぶ手術がなされた」

そして、事件に関する簡潔な描写に加えて、ビラは警察に対する三つの要求をリストにして掲載していた。

一、警察による保護をさらに拡大し、より迅速な対応を提供すること。
二、今回の、そしてそのほかの暴力事件に関与した残忍な若者ギャングを即刻逮捕し、起訴すること。
三、警察の感受性を磨き、コミュニティのリーダーたちと定期的に話し合いの機会を持つこと。
（配布のビラより引用）


突然どこからともなく、地元ラジオ局のジャーナリストだと名乗る男性が、肩から大きなテープ・レコーダをぶら下げ、片手にマイクを握ってあらわれた。彼は肌の色の薄いアフリカン・アメリカンで、四十代前半に見えた。デイヴィッドと名乗り、周囲にいた人間に、手当たり次第に自分の名刺を手渡した。

「私がFBIの仲間じゃないってことがこれでわかるでしょう」

と、彼は大げさにおどけて冗談めかした風に言ったが、誰ひとりとして笑う者はいなかった。

やはり四十代くらいのアフリカン・アメリカン・ムスリムの女性が、彼を探して近づいてきた。

「あなたがデイヴィッドですか？　リポーターの？」

「ええ、そうです」

デイヴィッドはそう答え、握手の手を差し出した。

「いえ、できないんです」

彼女は、握手ができないことを示した。すぐさまその理由について説明しようとしたが、デイヴィッドの反応は素早かった。

「できないですって？」

デイヴィッドは、ショックを受けると同時に苛立っているようだった。ムスリム女性のなかには、たとえそれが握手であっても、男性の身体の一部に触れる行為に抵抗を覚える者がいる。あきらかにデイヴィッドは、そのことに思いいたらないようだった。もちろん、全員のムスリム女性がそうなのではない。しかし、異なる感性のもとで異なるマナーと常識が培われるということを、うまく想像できないようだった。彼は微笑もうとしたが、表情はこわばっていた。彼は彼女から少し離れ、今度は隣にいた僕の顔を見た。なんとかしてこの居心地の悪い状況から抜け出そうとしているかのようだった。

女性は何度もデイヴィッドに説明しようとした。

「デイヴィッド、お願いですから聞いてください。あなたが思っているようなことではないんです。ムスリム女性として、わたしはよく知らない男性と握手することができないんです」

事態を理解できないデイヴィッドは、彼女がどれだけ説明をくり返しても聞こうとしなかった。その拒絶は頑なだった。彼女にむき合うかわりに、ずっと僕の方を見て、頭を横に振り、同意を求めた。ムスリム女性は最終的に説明を諦め、デイヴィッドのいる場所から離れていった。

僕はその女性の立場を代弁せざるを得なくなった。彼女はムスリムで、なかには男性と握手したがらない女性もいるのだ、と。彼は相変わらず頭を横に振ったまま、「知らないよ」とだけ言った。

今度は僕が苛々しはじめた。しかし、ちょうど言葉を交わそうとしたところで、マスジッド・サラームのイマームがあらわれた。するとデイヴィッドの興味は、動く獲物を見つけたネコのように急激に眼のまえのイマームへと移行した。彼は即座にイマームに近づくと録音の許可を求め、インタビューをはじめた。デイヴィッドとイマームの周りには十五人ほどの人が集まり、インタビューの様子を見守っていた。その人だかりから十歩ほど離れた場所に、被害者の息子が心配した表情を浮かべ、静かに立っていた。

イマームは強いアフリカの訛りとともに話した。

「コウイウコト、ハジメテノコトデハナイデスヨ。コンナ事件、ホカニタクサンアル。ワタシタチ、モウ、コウイウコト許セナイ。あふりかん・あめりかんニコウイウコト起キタラ、ますじっど・まるこむ・しゃばーずノ、いまーむ・ぱーしゃハ、ナニカ行動ヲ起コスコトガデキルデショウ。カレ、あめりか人ダカラデス。ワタシタチ、あふりか人デス。ワタシタチ、ナニモデキマセン。ワタシタチ、オ金ヲ稼グタメニココニヤッテキマシタ。とらぶるハ、ゴメンデス」

僕の立っている場所からは聞こえなかったが、デイヴィッドがイマームになにか質問を投げかけた。しかし、その質問が理解できなかったのか、あるいは難し過ぎたのか、イマームは混乱した表情を浮かべて、隣にいた通訳の方をむいた。デイヴィッドは、今度はその通訳にむかって質問をくり返した。だが、通訳を介して質問を受け取ったイマームは、質問に答えずに言った。

「ソノ質問、答エラレナイ。ソノコトニ関係スル、担当者ガイマス。カレニ訊クノガ一番デス」

そう言ってイマームと通訳は、別の男性の名を呼んだ。するとすぐに、その男性があらわれ、デイヴィッドにむかって話しはじめた。デイヴィッドはあきらかに苛立った態度を見せ、肩から下げたテープ・レコーダを止めて叫ぶように言った。

「お願いですよ、一度に一人ずつにしてください！」

デイヴィッドは、ふたたび首を横に振っていた。

「私はほかの人たちが理解できるように、今回の一件をわかりやすく単純なものにしようとしてるんです。あなたたちが何者で、どのような問題を抱えているのか、リスナーに説明したいと思ってるんです」

彼は、そう言ってインタビューを再開しようとした。

僕はデイヴィッドに、悪しき調査者の典型を見たような気がした。自分の質問やそれを支える意図とペースをあくまでも守りつづけ、理解困難なものにまごわされたり、わき道にそれたりしないよう、細心の注意を払いながらひとつのわかりやすい物語を仕上げようとする。あたりまえだが、ジャーナリストだけがこうした典型に陥るのではない。人類学者や社会学者、心理学者、経済学者、政治学者、そのほか社会調査にかかわる者であれば、誰もが調査や執筆にまつわる暴力から自由ではない。しかも、現代の調査や書くことにまつわる暴力は、もっと巧妙に洗練され、わかりにくなっている。美しい修辞、寛容な態度、反省性、科学主義がそこには見いだせる。デイヴィッドの場合、あまりにあからさまで、戯画化されているかのようでもあり、それゆえにどこか滑稽でもあった。

しばらくすると、集まっていた人びとが、一二三丁目の警察署第二八分署にむけてあるきはじめた。先ほどの手書きのビラを配りながらあるいている人もいた。デイヴィッドと先のやり取りを交わした女性が近寄ってきて言った。

「デイヴィッドはなんだか怒ってたけど、わたしたちは男の人と握手するのを許されていないのよ。もし握手したら、なにか間違ったことをしたような気持ちになる。それは文化的な違いなのよ。彼のことを不快にさせるつもりはなかったの」

彼女は困った表情を浮かべていたが、冷静だった。彼女の言わんとすることは理解できるし、彼の気持ちを害するつもりがなかったこともわかる、と僕は彼女に告げた。安易な同情から出た言葉ではない。彼女に他意がないことは、当然のことだった。人類学上のトレーニングの産物とはいえ、異なる信仰や信念のもとで、異なる経験と認識を経て、異なる感性が培われるのはあたりまえのことなのだ。たかが握手ごときのことで、とデイヴィッドは思ったのかもしれない。しかし、多くのムスリム女性が、髪の毛や肌を見せること、身体に触れることなどに関して、多くの一般的なアメリカ人女性とは異なる感性を持っている。それでも、このように書くからと言って、すべてのムスリム女性が握手に際して同様の反応を見せるわけではない。出会った多くのムスリム女性が、初対面の挨拶に際して相手から手を差しだしてきた。それは、彼女たちの多くが、アフリカン・アメリカンだったからということと関係があるかもしれない。彼女たちの多くが改宗者であり、アメリカの黒人キリスト教文化圏の慣習に慣れ親しんでいるからだ。

午後四時半頃、ハーレムの第二八分署に到着すると、デモ参加者は警察署内の一室に案内された。この時点で、参加者の数は八十人ほどだった。大半がアフリカ人移民だが、幾人かのアフリカン・アメリカンと、少数の白人もいる。そして、全体の約三分の一が女性だった。用意された部屋は、八十人全員が収まるには小さ過ぎた。しかし、なんとか全員が部屋の中に入り、人数分はなかったがあるだけの椅子を並べた。椅子には、女性やお年寄りに優先的に座ってもらえるようにと、配慮の言葉が男性たちからあがった。

制服に身を包んだ五人の警察官(いずれも非白人)が自己紹介した。日々の任務やこれまでの自分たちの成果を、自信に満ち溢れた様子で披露する。最後に、そのなかのひとりの警官が五人全員を代表して話を取りまとめ、ストリートの暴力や警察官の数の少なさ、電話に対する警察の応答の鈍さなど、かねて指摘されてきた問題に「解決」をもたらすためのアイディアを口にした。それは淀みなく明快に語られる企業のプレゼンテーションのようでもあり、政治家のスピーチのようでもあった。長くつづいた警察官のスピーチの内容を要約すると以下のようになる。

「我々警察官はあなた方の敵ではありません。文句ばかり言うのはやめて、協力してください。毎月一回、第二水曜日にここで集会を開催しています。この集会には、このの地域コミュニティのさまざまなリーダーたちが来て参加しています。だから、みなさんもその水曜日の集会に来てください。土曜日にここでおこなわれている警察補助員 police auxiliary プログラムのトレーニングを受ければ、みなさんが警察の制服を着て、警官の役割を果たすこともできます。この部屋にいるみなさんの半数が参加すれば、一一六丁目に多くの制服を着た警官を配置することができるということです。ストリートに制服を着用した警官が多くいることに人びとが気づけば、多くの犯罪を未然に防ぐことができます。今回の襲撃事件は、特別なケースではありません。過去に犯した過ちにばかりこだわり、それについて不平を言いつづけるべきではありません。我々は未来について考えるべきです」

そしてその警官は、こう言ってスピーチを締めくくった。

「このコミュニティは我々〔警察官たち〕のコミュニティでもあるのです。この犯罪を起こした若者たちは、我々のコミュニティの若者でもあるんです。我々は、自分たちの手でコミュニティを守る必要があります」

自信をもって堂々と語られたスピーチは、部屋中から大きな拍手をもって迎えられた。彼が「我々のコミュニティ」という言葉を用い、住民と警察官との団結を強調するたびに大きな拍手があがった。そして彼が、たとえアフリカ人たちが移民法を犯してここに住んでいたとしても、そのことで警察が彼らを逮捕することはないと語ると、部屋にいるアフリカ人移民たちはさらに熱心に大きな拍手を送った。あたかもその警察官の述べていることが真実であるかのように。

抗議集会に来たうちの何人かは、それでも、いくつかの問題を指摘することを忘れなかった。

「あふりか人ガ警察ニ電話シテモ、到着マデニ、二十分モカカルノデス」

「あふりか人移民ノ若者タチガ遊ンデイルト、あふりかん・あめりかんノ若者ガ彼ラニ大声デ言ウンデス、『テメエノ国ニ帰ンナ』ッテネ」

「一一六丁目ノイクツカノ廃墟ビルデハ、イママサニごらっぐノ取リ引キヲシテルンデス。ナゼソレニツイテナニモシナインデスカ」

「九・一一以降、むすりむハ攻撃シテモヨイコトニナッテシマイマシタ。私タチハ、ソレヲ許シテハイケナイノダト知ラセル必要ガアリマス。彼ラガ私タチヲ攻撃スレバ、彼ラハ大変ナ目ニアウノダト知ラセル必要ガアルノデス」

懸念を表明する彼らの表情は、真剣そのものだった。だが、警察官の雄弁なスピーチとそれにつづく拍手のあとでは、愚痴の披露のように響いた。

夕方六時半を少し過ぎた頃、抗議の集まりは終わり、解散になった。多くの人が、今回の事件が特別なものではなく、頻繁に起こる事件のひとつだと語った。被害者の息子は一度も口を開かなかった。ただその場で静かに立ちつづけていた。彼に言葉をかける人もいないようだった。彼と何度か目が合ううちに、僕はなにかを言わなければならないような衝動にかられた。逡巡の末、彼に近づいた。

「起きたこと、大変なことでした。あなたのお父様が回復することを祈っています」

ほかにかけるべき言葉が見つからなかった。

彼は静かに微笑んで言った。

「アリガトウ」

自分の言葉がひどく偽善的に感じられ、苛立たしかった。それでもすぐにその場をあとにする気持ちになれず、あてもなくしばらく部屋の中をウロウロした。

危険とされる地域の人びとの心理内で、警察の制服およびその外見が、正義の象徴として強い権威性を帯びることが、経験的にわかる。警察服は、ハーレムの住民にとって、安全や安心の象徴として機能し得るのだ。たとえばそれは、深夜の二時、人影の少ないハーレム一二五丁目の駅で電車を降りるとき、ニューヨーク市警（NYPD）の制服を着た警官の姿を見て、「ああ、彼らがいれば安心だ」とほっとするような歪んだ心理状態に近いかもしれない。心理内では、そうした外見が警察とその権威の存在に根拠をもたらすのだ。そしてその権威は、警察機関が定められた法を施行し、ストリートの暴力から僕らの身を守ってくれるだろうという、ときとして淡い期待と信頼（あるいは信仰）によって支えられている。さらにその期待と信頼は、警察機関の背後にある法と国家への期待と信頼に深く関係している。

しかし、期待や信頼とは裏腹に、物事はそれほど単純ではない。警察機関が暴力の牙をむき出しにする瞬間を、僕らは何度も垣間見ている。とりわけアフリカン・アメリカンたちは、警察機関およびその背後の法への疑義を集合的に経験している。奴隷制廃止後に頻発するようになったリンチや、ジム・クロウ法と呼ばれる一連の差別的法律だけではない。一九九二年のロス暴動のきっかけをつくった白人警官らによるロドニー・キングへのリンチ、一九九九年のNYPDの警官らによる丸腰の黒人青年アマドウ・ディアロの銃殺事件（四十一発の弾丸が放たれ、そのうちの十九発が命中した）、二〇一四年のミシシッピ州での黒人青年マイケル・ブラウン銃殺事件（白人警官によって六発の弾丸が命中）。これらの事件は、過剰さをともなってあらわれた氷山の一角であり、日々のレイシャル・プロファイリングも含めると、警察機関による差別や暴力の例には枚挙にいとまがない。

警察服は、だから、ハーレムの住人にとっては腐敗と暴力の象徴でもある。そして警察による暴力は、明るみに出た場合にのみ、なにがしかの暴露の雰囲気をともなって、「警察の残虐行為 police brutality」と呼ばれ、暴力として認識される。暴露の雰囲気をまとうのは、それが通常は起こらないことだからではなく、本来は隠されているべきことがら、「起きてはならない事態」だからである。そして、法という存在が、原則から言って、対象として見定めた暴力を取り締まり管理するために、自ら暴力をふるわざるを得ないことに僕らは気づいている。ヴァルター・ベンヤミンの指摘を待つまでもなく、法の施行もまた暴力のひとつとして機能するのだ。公認された暴力を取り締まる「法の暴力」の存在は、しかし、普段は奇妙にも見えにくく、指摘されにくく、問題になりにくい。

警察署内の部屋を出てゆくとき、アフリカン・アメリカン・ムスリムの女性、アイシャと顔を合わせた。ハーレムでの長年の活動歴のある彼女は、この種の集まりでは大抵の場合、真っ先に声をあげ、問題を指摘する。しかし、今日の彼女は静かだった。部屋のなかで皆が拍手喝采しているときにも、彼女は拍手に参加せず、黙ったままだった。落胆し、疲れているようにも見えた。警察官があちらへこちらへとあるきまわるなか、僕らは警察署のメイン・ゲートにむかった。一緒にあるきながら、彼女は今日の集まりの感想を僕に求めてきた。

僕はそのときの感想をはっきりと口にした――はっきり言って茶番にしか見えなかった、と。そして、こう付け加えた。

「けれど、どうして茶番にしか見えなかったのか、それがよくわからないんですが……」

僕の言葉を聞いたアイシャは、落ち着いた静かな声で話しはじめた。

「わたしには、これがうまくいくようには思えません。わたしたちが、自分たちの美しい服を脱いで、警察の制服を着ることなんてできない」

そして彼女は、いつもなにかを主張するときそうするように、眉をひそめ、断固とした口調で言った。

「服装を変えたりなんかせずに、それでも安全に暮らしていけることが大事なんですよ、ユタカ。それが大事なんです。たとえば、ユダヤ人の居住区に行けば、ユダヤの服に身を包んだユダヤ人が平和に暮らしてます。彼らは、平和に暮らすために警察の制服を着る必要なんてないんです」

アイシャはこの日、「アフリカの民族衣装」に身を包み、スカーフを着用していた。それは珍しいことではない。特別な行事のときだけでなく、日常生活のなかでこの種の衣装を身に着けるアフリカン・アメリカンの女性も多い。

「彼らが今日したことは、真剣なムスリムとそれほど真剣ではないムスリムとのあいだに、亀裂をもたらすことでしょうね。わたしたちはまた、こういうことも考えなければいけませんね。ハーレムには、白人の警官がこれまで好き勝手にやってきたという歴史があります。いまでも、黒人やアジア人の警官が少ないことに気づくでしょう。彼らはかつて、わたしを警察にリクルートしようとしたことがあります。けれどね、わたしは断りましたよ。わたしは断ったんです、ユタカ。そんなこと、できませんよ。彼らがハーレムの人びとになにをしてきたのかを見てしまったあとではね。とてもできません。〔……〕彼らが今日やったことは、正しくありません。人間の意志のもとでおこなわれたのであって、アッラーの意志ではありません。〔……〕彼らの歴史を考えてみてください。私たちを白人に売ったのはアフリカ人だったんですよ。彼らはそのことを知っています。なぜ若者たちは、アフリカ人の若者にあんなこと〔「てめぇの国に帰んな」」を言ったんだと思いますか？　それには理由があるんですよ。すべてのことには理由があります。今日起きたことにも理由があります。すべてはアッラーの意志の通りです」

アフリカ人イマームは、アフリカ人移民の抱える特殊な困難に言及することで、アフリカ人とアフリカン・アメリカンとの立場の違いを際立たせた。アフリカ人の若者とアフリカン・アメリカンの若者とのあいだにある敵意に言及する者もいた。抗議の集まりにはアフリカン・アメリカンも参加していたが、二つの民族集団のあいだにはただならぬ緊張があった。

ストリートの態度

抗議集会の数日後、一一六丁目ストリートにあるハミッドの床屋にいた。店内には、髪を切るのを待つ人や思いおもいの会話を楽しむ人が大勢いた。

アフリカ人女性の美容師メイが、アジア人女性二人にヘアブレイドを施している。メイはセネガルからやってきたムスリムだ。僕がハミッドの店に頻繁に出入りするようになってからは、メイとも挨拶を交わすようになっていた。長い会話をするようなことはなかったが、顔を出すと必ず彼女は満面の笑顔で迎えてくれた。いつも彼女のもとには多くの客が訪れたが、アジア人の客を目にしたのはこのときがはじめてである。もしかすると、アジア系の女性がこの店に来ること自体、はじめてだったかもしれない。

ハミッドは、僕に彼女たちと話をするようにしきりに勧めてくる。ハミッドはいつも、僕と同じ年代の女性を見かけると、話しかけろと言うのだった。あまり気乗りしないまま、それでもあまりにハミッドが勧めてくるので、二人に話しかけにいった。二人は韓国から遊びに来ていて、どういうわけかハーレムで美容院に行こうと計画を立てたらしかった。ごこから来たのとか、どれくらいこちらにいるのとか、これからどこに行こうと思っているのとか、ありきたりの話題を済ませてしまうと、とくにほかに話題にすべきことがらも思い浮かばず、また二人がそれほど英語を話せなかったこともあって、話は途切れがちだった。早々に話を切りあげ、ハミッドのところに戻ると、彼は意外そうな表情を浮かべながら言った。

「俺がおまえくらいの年齢の頃は、きれいな女を見たらすぐに、本当に文字どおりすぐに追いかけていって話しかけてたけどな……。そういうことについては、俺は悪名高かった。奔放だったんだよ。大学にいた頃も、本当にアホなことばっかやってたな」

口許には、少年のような笑みがあった。

天井から下がったテレビに、ニュース速報が流された。NBAのロサンジェルス・レイカーズに所属するコービー・ブライアントが、性的暴行の容疑で告訴されたという。店内の話題は、すぐにそのことで持ち切りになった。

「終わりだな。これで奴もおしまいだ!」

ジハードが興奮気味に叫びながら、部屋中をあるきまわった。ジハードは、ハミッドとともにこの床屋を管理しているアフリカン・アメリカン・ムスリムの男性だ。ハミッドより背は低いが、筋肉質でがっちりしており、屈強そうなイメージを人に与える。

「O・J〔・シンプソン〕は有罪だったけど、奴は罰をのがれた。けどコービーはおしまいだね。仮釈放つきで二十年ってとこか。それで奴はおしまいだ！」

ジハードはあるきながら大声で言った。

「お金を持ってれば罰を逃れることができるって彼は思ってるのよ。この件が本当だとしたら、彼は自業自得ね」

隣に座る女性が落ち着いた声で言った。

店内の人びとは皆、この件について熱心に語った。全員がなんらかの意見を持っていて、その意見を表明するのをためらわなかった。僕はニュースそのものよりも、そのことに感心していた。黒人男性を嵌めるためにまたもや白人女性が罠を仕組んだのだと言う者もいた。そもそも白人女性とかかわるべきでなかったと主張する者もいた。「かかわるから、そうやって罠にかかかんだよ」と誰かが叫んだ。ジハードのように、O・J・シンプソンの事件を引き合いにだす者もいた。そうすると次の瞬間には、シンプソンが有罪だったか無罪だったかをめぐって論争が起こった。ジハードが相変わらず興奮を抑えられない様子で店内をまわり、そこにいる人びとと全員に話しかけていた。ジハードとハミッドとのあいだでも、シンプソンが有罪か無罪かをめぐって議論になった。

しばらくすると議論に疲れたのか、ハミッドが外に行って話そうと言うので、僕らは二人で店外に出た。本格的な夏がはじまりつつあって、その陽気にうたれながら、店のまえに立ち、ストリートを眺め、おしゃべりを楽しんでいた。ハミッドが言った。

「椅子を持ってこよう。ちょっと一緒に店の中に来てくれ」

店内で適当な椅子を二つ見つけると、ハミッドは電話をかけたいので、椅子を持って先に外に出ているようにと言った。僕は椅子を持って外に出て、ハミッドが戻るのを待った。外の気温は次第にあがってきていた。季節が移り変わり、それにあわせて大気が匂いの質を変じていた。路面のアスファルトや、通りの木々に茂る葉や、行き交う人びとの肌から、湿り気を帯びた空気の粒が沸き立ってきて、嗅覚を刺激するように感じられた。それとともに、ストリートのいたるところから生ごみの腐った臭いも漂ってきた。

あとになって考えると、ストリートを眺めながら、夏のはじまりを楽しみ、ほんの一瞬、気を抜いたのがいけなかったのかもしれない。突然、中年の太ったアフリカン・アメリカンの女性が僕のところにやってきて、一言も発さないまま、持っていた椅子のひとつをひったくるようにして奪い取り、そのままあるき去っていった。そして、すぐ近くにあった九九セント・ストアのまえにその椅子を置くと、そこに腰かけた。すると今度は別の痩せたアフリカ人の女性がやってきて、「コレ、ワタシノ椅子」と言ったかと思うと、なすべきことを知らず呆気にとられている僕の手から、もう一方の椅子をひったくり、隣にあるアフリカ人の営む雑貨店の中へと消えていった。僕は去ってゆく彼女に「おい！」と大声をあげることくらいしかできなかった。

もちろんその声は無視された。どうすることもできず、茫然と立ち尽くしていた。そしてこのときになって、ハミッドが外に出てきた。彼は僕の表情に気づき、なにが起きたのかと尋ねた。

「あの女性が椅子を持ってったんだ」

ハミッドはそれを聞いてもとくに驚いた表情は見せず、ただ最初に去った女のもとにあるいていった。女は、なにごともなかったかのようにさっきから椅子に腰かけ、くつろいでいる。ハミッドは彼女と短くやり取りを交わしたあと、ふたたびもとに戻ってきて言った。

「大丈夫、あの人は椅子を戻しにくるよ。心配するな」

「いつもこんな感じなの？　めちゃくちゃだね」

僕はまだ唖然としながらハミッドに言った。その言葉を耳にしたのか、女は僕の方を見やり、微笑みをたくわえながら肩をすくめてみせた。馬鹿にされたような気持ちもなくはなかったが、不思議と怒りは湧いてこなかった。

「なんだ、おまえ、ビビってるのかい？」

ハミッドが僕に尋ねた。彼は、いま起こったことについて気をもんでいる様子はなかった。

「そうか、そうか。この地区にようこそ！」

とくに冗談めかした様子もなくハミッドは言った。

椅子を奪ったアフリカン・アメリカンの女性は、僕がハミッドの友人であることを知らなかったようだ。二人が話しているのを見ると、彼女は僕たちのところに先ほどの椅子と小さなホットドックを持ってやってきた。

「さっきのことはすみません。あなたに無礼をはたらくつもりはなかったのですよ」

そう言って、彼女は僕に握手を求めてきた。急変したその態度になかば呆れ、馬鹿ばかしい気持ちになりながらも、彼女と握手する以外に選択肢はないように思った。ホットドックは、彼女なりのお詫びの気持ちだったのだろう。

店の中に姿を消した二人目の女についても、ハミッドがその店に入っていって話をつけてきた。

しばらくしてハミッドが言った。

「おまえがこういうことを経験できてよかったよ。おまえが言ってた警察署での抗議集会のことは、このコミュニティのメンタリティが理解できないとわかんないんだよ。起きた事件はひどいことだし、俺も賛成はしない。だけど、仮に、さっきの女がおまえから椅子をひったくろうとして、そのときにおまえが抵抗して、そうするつもりがなくても彼女を叩いたとしたら、どうなると思う？　彼女は、『あの男がわたしを叩いた』って言うだろ。自分が椅子を盗もうとしたことは語らない。わかるかい？人ってのは、自分の身を守るために必要なことは、なんだってするんだ。それでも、俺たちにできることはある。ひとつは、定期的に対話することのできる場所をつくることだね」

ハミッドが話しているあいだに急激に雲行きが変わり、小雨が降りはじめた。白い民族衣装に身を包んだアフリカ人の男が、ハミッドの床屋のまえに折り畳み式の自分のテーブルを運んできた。床屋の店頭には庇がついていて、雨を避けるのに適した小さなスペースになっているのだ。彼は、こちらを見ることなく眼のまえでテーブルを設置し、アフリカの民族衣装やTシャツ、アロマ・オイルなどを並べた。ハミッドはその様子をじっと見守った。

「たとえば、あいつがいま、そこに自分のテーブルをセッティングしようとしてるだろ？」

ハミッドは、抑えた声で言った。

「まともな人間なら、ほかの人の店のまえでそんなことはしない。あいつは俺たちになんにも断りをいれなかったろ？　だけど俺はあいつに対してごなったりはしない。

あとで個人的に話しかけて、穏やかに言うんだ。もし俺が騒いで問題にしたら、〔アフリカ人とアフリカン・アメリカンとのあいだの〕緊張関係がひどくなるからね」

このとき、ハミッドがなぜ椅子をめぐるやり取りとアフリカ人移民ムスリムの男性の襲撃事件とを比較しているのかが、いまひとつわからなかった。椅子を奪った二人のうち、一方はアフリカン・アメリカンで、他方はアフリカ人移民だった。襲撃事件では、実行犯とされた若者たちはアフリカン・アメリカンで、被害者はアフリカ人移民だった。しかしハミッドは、襲撃にはそれ相応の理由があるという。椅子を奪った相手に対して僕が暴力的な抵抗をもって応ずることができたのと同様、襲撃した若者たちはアフリカ人移民に対して暴力的に応答したのだ、と。

しかし、ハミッドはこのとき、アフリカン・アメリカンとアフリカ人移民とのあいだの民族関係を語ると同時に、ストリートのメンタリティについても語っていたのだ。襲撃事件に関するハミッドの解釈の多義性がより明確になるのは、もっとずっとあとになってからのことだった。

床屋のアフリカ人

別の日、ハミッドと床屋で話をしていると、美しいアフリカの衣装に身を包んだアフリカ人女性が店内に入ってきた。彼女は誰かを探しているようだったが、僕たちの姿を見てもなにも言わなかった。ハミッドがおどけて彼女に話しかけた。

「おお！　めかしこんでるね！　結婚でもするのかい？」

それは彼がよくやることだった。しばしば彼は、まったく見知らぬ人――多くの場合は女性――に、賛辞を投げ、会話をはじめた。二人で道をあるいているときでも、彼は道行く人にすぐに話しかけたし、その人と立ち止まってしばらく会話することすらよくあった。そして彼は、そのような見ず知らずの人との会話を楽しんでいるようだった。

「ソウヨ」

そのアフリカ人女性は、会話をつづけることに関心がなさそうに冷たく言った。

「ほんとかよ！　いつ？」

ハミッドは、それでも会話をつづけようと、おどけて言い、次の応答を待った。しかし、女性はそれには応じず、店の中を見渡し、なにも言わぬまま出て行こうとした。

ハミッドはあきらめずにふたたび問いかけた。

「シスター！　いつ結婚するんだい？」

「明日ヨ」

女性はいかにも興味なさそうに答えた。

ハミッドは、これ以上努力しても面白い会話が生まれそうにないと判断したのか、質問を変えた。

「メイを探してるんじゃないの？　彼女に電話をかけようか？」

「イイエ」

女性は相変わらず無関心な様子でそう言い、店を出て行った。

その女性が去ったあと、ハミッドはいまのやり取りについて振り返った。

「あの女の態度を見たろ？」

彼女には見せなかったが、ハミッドはあきらかに腹立たしげだった。

「あれがアフリカ人たちのアフリカン・アメリカンに対する態度なんだよ。事件〔先日の襲撃事件〕について理解するには、それをわかっていないといけない。彼ら〔アフリカン・アメリカンの若者たち〕がやったことが正しいとは言わない。だけど、このコミュニティにああいう態度でやってきたら、彼らがなにをしてくるのか、とくに若者たちがなにをしてくるのか、それくらい知らなきゃね。彼らは侮辱《ディスリスペクト》されたって思うだろ。言ってることわかるかい？　じっさい奴らは、アフリカン・アメリカンに無礼な態度を取るように習うんだよ。それはアフリカン・アメリカン人の奴らだけじゃない。ほかの場所に行けばわかるけど、それがアフリカン・アメリカンに対する一般的な態度なんだ。俺はアフリカ系の子孫ではある。けど、共通するのはそこまでだ。アフリカ人じゃない。結局、奴らは俺らをヨーロッパ人に売ったんだしね」

ハミッドの語る「侮辱／ディスリスペクト」は、英語の日常語であると同時にストリート用語でもある。ストリートでは「ディス」と省略されることが多いこの語は、ときとして人の生死をも左右するストリート上の文化コードにかかわっている。ストリートでの生についてすぐれたモノグラフを残している社会学者イライジャ・アンダーソンをはじめ、数多くのエスノグラファーが、スラム街やゲットー、ストリートなど、これまで（いまでも）「無法地帯」「混沌」「無秩序」とされてきた場所での見えにくいルールや慣習、規範の存在を指摘している。ここでの文化コードとは、その場所でなにが許容され、なにが許容されないかを規定する不文律のようなものだ。「ディスリスペクト」はそのなかでも、最もやってはいけないことがらにかかわる。そして、このような不文律が存在するということは、その背後にこれを支える観察眼や智恵、思想が存在するということを意味している。

「ディスリスペクト」にかかわる不文律は、じっさい、とても繊細である。そのことを理解するには、ストリート文化のもうひとつの側面、闘争《バトル》の文化を知る必要がある。たとえば、ヒップホップと呼ばれる文化表現を構成するラップ、グラフィティ、ブレイク・ダンスは、いずれも闘争の要素をその表現内に持ち込んでいる。ラップではMCによるジェスチャーを交えた言葉での競い合いがあり、グラフィティではスプレー缶でなされるアーティストの表現上の果たし合いがあり、ブレイク・ダンスでは身体全体を用いての技巧の勝負がある。それらはスポーツと同様、聴衆をも含めた参加者に、物理的暴力による抗争や紛争に代わる表現上の闘争を経験させてくれる。たとえば、社会学者テリー・ウィリアムズらがその著作『アップタウン・キッズ』でも述べているように、ヒップホップは一時期、ギャング同士の抗争を抑止する効果を発揮していた。そして、それらのストリート表現はいずれも、社会内の物理的暴力や象徴的暴力などを通じて抑圧された者たちの、全存在をかけた身体的表現でもある。それは、ストリートで生きざるを得ない人びとの、ほかに方法を持たない人びとの、最後の手段なのだ。そのような切迫した闘争の文化のなかで、「ディスリスペクト」にかかわる不文律が成立している。

店内やストリートでのやり取りを見るかぎり、アフリカン・アメリカンとアフリカ人たちとのあいだになんらかの敵意が存在することは明白だった。そしていまや、アフリカ人男性の襲撃事件をめぐるハミッドの見解も、ごく明快なものに見えてきた。襲撃した若者たちのおこないには賛成しないとしつつも、それは理由があって起きたことだと彼は言う。ハミッドにとっては、近年ハーレムに来て暮らしはじめたアフリカ人の多くの「無礼な態度／ディスリスペクト」が対立の背景にあったのだ。別の日にハミッドは言った。

「FBIがマスジッド・アクサを捜査しているらしいよ。数カ月前の『ニューヨーク・タイムズ』に載ってた。アフリカ人たちの集まるモスクには俺は行かないことにしてる。避けてるんだ。かかわりたくない。彼らは隠れた意図を持ってるからね。多くの奴らが反アメリカ的なんだ。反アメリカ的なメッセージを主張してる。九・一一のまえは、反アメリカ的なメッセージをあからさまに主張してた。そんなにこの国が嫌なら、さっさと出て行けばいいだろ。俺はアメリカを愛してる。たしかに問題はある。本当にたくさんあるけれどね」

アフリカ人とアフリカン・アメリカンとのあいだの緊張関係について認識しているのは、ハミッドだけではない。ハーレムに暮らすアフリカン・アメリカンの多くがそのことを認識し、口に出してもいる。あるアフリカン・アメリカンの社会学者が語ったことがある。

「一一六丁目ストリートの店のうち、約九十パーセントがニューカマーのアフリカ人たちによって所有され、運営されていると言えるでしょうね」

彼は一一六丁目のアパートメントに長いこと暮らし、ストリートの変化を見つづけてきた研究者である。

「アフリカ人の多くがハーレムのこの地区にやってきて、それはすでにここに住んでいた人びとを追いだすことなく起きているんです。だから一種の文化の衝突のようなものが起きていると言えます。そして、双方のあいだには多くの敵意が存在します」

アフリカ人の主に通うモスクとアフリカン・アメリカンのモスクのあいだには、もちろん相互理解のための取り組みが存在する。しかし、アフリカ人とアフリカン・アメリカンの関係に横たわる一般的な雰囲気は敵意だと、多くの人びとが指摘する。そして、敵意がはっきりと発話されるときに、服装やそのほかの外見、言語といった要素が引き合いに出されるのだ。

目立たぬ仲裁 I

抗議集会から約四ヵ月後のことだった。いつものようにコロンビア大学のキャンパスを通り抜け、一一六丁目ストリートをあるいてハミッドの床屋に到着すると、アフリカ人の女性が、椅子に腰かけていた。挨拶しても、うんともすんとも言わない。表情を動かすこともなかった。あきらめて床屋の奥にあるオフィス・スペースに行き、ハミッドに挨拶をした。

ハミッドによると、その女性はメイを探しているという。しばらくしてハミッドは、その女性と僕に果物をふるまってくれた。女性は英語が話せないようだった。表情も変えず、渡されたオレンジをただ黙々と食べはじめた。そうしていると、メイの姪であるマリアムが店のまえを通り過ぎてゆくのが見えた。ハミッドはそれを見ると、彼女に話しかけるために突然外にむかって走っていった。

数分後にハミッドは戻ってきて、マリアムにメイの居場所を訊いたが知らないようだと女性に告げた。女性はあきらめた様子で、その場を立ち去ろうとした。

「メイの家に行って、彼女がどこにいるか訊いてきてあげましょうか?」

ハミッドは女性が理解できるようにゆっくりと尋ねた。

「イイエ」

女性は小さな声でそう言い、そのままその場を立ち去った。女性がいなくなると、店にはハミッドと僕だけが残された。ハミッドはいま起きたことを振り返った。

「俺がなにをしたか見ただろ？　俺は、あの女のためにメイやマリアムを呼びにいこうとしただろ？　メイの住んでるところまで行って、『あんたのことを探してる人がいるよ』って言ってやるのは俺だけなんだ」

僕はこのとき、てっきりまたハミッドが女性の態度を問題にするものと思っていた。しかし、いまハミッドは、異なる問題をとりあげようとしていた。

「そういうの〔手助け〕を弱さだって捉える人もいる。でもな、俺にとっては、それは親切心だ。だから、俺はいつもメイに言うんだ。『奴らはあんたに微笑みかけるかもしれない。けど、奴らがあんたの友だちだなんて一瞬たりとも思うなよ』ってね。あいつらの悪い仕打ちをいくつも見てきたよ。彼女がいないあいだに、奴らがいろんなことを全部彼女のせいにしたりね。彼女が店を出ていった瞬間、奴らは彼女の悪口を言うんだ。そういうのは奴隷根性《スレイヴ・メンタリティ》だよ」

『奴ら』ってどういう意味ですか？　誰のことを言ってるの？」

僕は尋ねた。ハミッドの言わんとすることがよく理解できなかったし、彼が「奴ら」と呼ぶ者が誰なのか、単純にわからなかったのだ。

「店にいる連中のことだよ！」

ハミッドは、あたかも僕の質問が的外れであるかのような表情で即答した。

このとき僕は、メイがこの店で働く唯一のアフリカ人美容師であることを知らなかった。それで、見当違いな質問をさらにつづけることになった。

「それはアフリカンかアメリカンかアフリカ人かに関係なく、店にいる人間がメイに嫌がらせをするってこと？」

ハミッドは、一瞬混乱したような表情を浮かべた。そして、僕の質問について少し考えたうえでゆっくりと言った。

「そうじゃなくて、俺が言ってるのはアフリカン・アメリカンのことだよ。奴らが奴隷根性を持ってるんだ。メイはこの店で唯一のアフリカ人なんだ」

「そうでしたか。それは知らなかった」

「そうだよ。だから俺はメイに言うんだ、『あんたを傷つけようと思って言ってるんじゃない。だけど、気をつけなくちゃいけない。奴らはあんたに微笑みかけるかもしれないけど、奴らが友だちだなんて一瞬たりとも思うなよ』ってね。そう彼女に言ってるんだ」

いまや、構図が入れかわっていた。アフリカ人たちの「ディスリスペクト」を問題にしていたハミッドは、今度はアフリカン・アメリカンたちの「奴隷根性」を問題にしている。

そんな話をしているうちに、メイが店に顔をだした。そして入ってくるなり彼女は、ジハードについての不満を勢いよく語りはじめた。ジハードが彼女のことをしつこく探しまわっていて、迷惑しているのだという。

「あの人、アタシに電話してきて、お金を請求してくるんですよ。いろんなところを探しまわって、アタシの家にまで来ました。ムスリムだったら、そういうことをしてはいけないはずです。そんな風にして探しまわれば、みんな『ジハードがあんたのことを探してたよ』って言うでしょ。あの人、狂ってるわ」

メイは、人びとのあいだにジハードと彼女についての噂がひろがるのを心配していた。これまでアフリカン・アメリカンとアフリカ人との差異を何度も強調し、アフリカ人に対する憤りを口にしてきたハミッドは、静かにメイの言葉に耳を傾けていた。

メイは、ハミッドの友人であり同僚でもあるジハードについての苦情を言いおえると、今度はハミッドに、結婚はしているのか、子どもはいるのかなど、個人的な質問を投げかけはじめた。ハミッドは最初のうち、まじめには答えず、冗談を言ったり、ごまかしたりしていたが、メイが同じ質問を繰り返すと、少しずつ答えはじめた。

「ヴァージニア州に妻が一人いるよ」

ハミッドはふざけた調子で言った。

「それからアップステイト〔ニューヨーク州のアップステイト〕にも一人、アップタウン〔ハーレム〕にも一人ね」

ハミッドは三度の結婚を経験し、そのうち二人とは離婚、最後の一人とは離婚協議中だった。

「彼女たちのことはもう愛してないのよね?」

「みんな愛してるさ!」

ハミッドが真顔で叫ぶように言った。

「そんなこと不可能よ」

メイがおだやかに反論する。

「一度に一人しか愛せないはずでしょ。別れたあとは、ただ好きっていうだけでしょ」

「いいや、みんなのことを愛してるよ」

ハミッドは考え込むことなく、静かに言った。メイは今度は反論せずにつづけた。

「なぜあなたにこんなこと訊いているかわかる? アタシが自分の夫のことを愛せな

いからよ。彼のことを好きではある。けど、愛してはいない。なんとか彼との関係を修復したいとは思うけど、彼のことを愛せないの」

そして彼女は、夫との関係でいかに自分が低く屈辱的な位置にあり、それに耐えなければならないかを語った。夫から受ける無礼な扱いに本当に嫌気がさしている、という口調だった。

「あなたは思いやりのある人よ」

「あなたは人と話をすることができる。ときにはアタシがあなたにむかってひどいことを言うこともある。だけど次の日にはまたアタシたちは話すことができるでしょ？」

メイがハミッドのことを褒めるのを耳にするのははじめてだった。このやり取り以前にも彼らが口をきくことはあったが、二人のあいだのやり取りは、非友好的とまでは言わないまでも、些細なものにとどまっていた。

ハミッドがメイの言葉を受けてつづけた。

「礼拝のとき、俺が妻と横並びになって祈るって言ってたの、憶えてるかい？　俺らは横並びになって礼拝するんだ。身を引いて俺のうしろに立とうとする女性には耐えられないんだ。自分でそういう位置に屈する女性が耐えられない。そういう人間からはなにも学べないだろ？」

ハミッドは注意深く言葉を選びとるように、ゆっくりとした口調で、しかしきっぱりと言った。

「言わせてくれ。そんな人間は妻じゃない。奴隷だよ」

「ありがとう、そのとおりよ！」

メイは大きく肯いてそう言った。

「あなたも知ってるように、アタシは働いて自分の国にお金を送るためにここにいるのよ。アタシに言い寄ってくる男たちもいる。なに考えてるんだか。男を探すためにここにいるわけじゃない。自分の国に帰れば男はたくさんいる。アタシは仕事をするためにここにいるの。高価な服を買う人たちもいるけど、アタシの場合は、一二五丁目に行って、十ドルのジーパンを買う。『メイ、あんたの容姿すてきね』って言う人もいるけど、アタシは外見なんて気にしない」

たしかにメイは、いつだってジーンズにシャツという姿で店に立っていた。彼女が、ハミッドの言う「アフリカの服」を身に着けているのを見たことがなかった。ハミッドの床屋で見かけるときには、つねにカジュアルな服装だった。

やがてメイは店の外に出て行くと、しばらくしてフレンチ・トーストのようなスナックを手にして戻り、それをふるまってくれた。そして、自分が料理するときにはハミッドと僕に声をかけるので、今度一緒に食べようと誘ってくれた。

アフリカ人ムスリムについて否定的な解釈を示していたハミッドは、その言葉とは裏腹にアフリカン・アメリカンとアフリカ人移民とのあいだを仲裁 mediate する役割を果たしている。人びとの諸行為を拘束する記号論的力を越え、認識上くり返し陥りがちな単純な構図（アフリカン・アメリカン対アフリカ人など）を切り崩してゆくなにかが、ここには存在するように思えた。もちろんこのことは、ハミッドとメイとのあいだの、あるいは彼らの帰属する／させられる民族集団のあいだの衝突が解消したり、消え去ったりすることを意味しない。そしてもちろん、ハミッドの仲裁を理想化しようとする意図は僕にはない。しかし、右のエピソードは、言説が先行するかたちでつくられる現象（差別や紛争など）に巻き込まれ、また自らも加担する行為者が、それでもその構造の力に抗い、身をよじる瞬間があることをほのめかしているように思える。

目立たぬ仲裁 Ⅱ

その日、僕はアリとともにハミッドの床屋へあるいていた。アフリカ人男性の襲撃事件からはすでに九カ月が経っていた。相変わらず毎週水曜日になると、日本語レッスンの名目で約三時間程度の時間をともに過ごしていたが、それでも、アリが一一六丁目に来るのは珍しいことだった。彼がアップタウンに「たむろする」ことを嫌っていたからだ。しかし、その日はハミッドから電話があり、レッスンのあとアリと一緒に床屋まで来てくれと言われたのだった。アリは気が進まない様子だったが、それでも一緒に床屋にむかった。

店に到着したが、ハミッドの姿が見当たらなかったので、店内でしばらく待つことにした。数人の店員が客の髪を切っていた。テレビからは、アフリカン・アメリカンのスタンドアップ・コメディが流れてきた。コメディアンが、早口で僕の理解できない言葉を駆使し、聴衆を沸かせていた。僕がそれらの表現についてアリに質問すると、答えてくれた。

「たとえば、いまあいつが『ファイヴ・オー』って言ったろ。ファイヴ・オーってのは警察《サツ》のことだ。俺らがストリートで互いの身を案じて警戒し合ってた頃には、『レイズ・アップ』とか言ってた。サツが来たときなんかに使う。ほかにも、『レイズ・ザ・ブレッド』とか言ったな。『ブレッド』ってのはカネのことだ。こういう表現は、どんどん世代によって変わっていく。いまの若い連中が使ってる言い回しは俺にもわからねえし、俺たちが使ってた言い回しは逆に若い奴らにはわからねえ。そういう言い回しは、特定のコミュニティのメンバーにだけわかる言葉として生まれるんだ。けど、そのあとでテレビとかで使われるようになると、みんながその言葉の意味について説明しはじめるんだ」

アリの説明を聞いていると、ハミッドが店内に入ってきた。互いに挨拶を交わしたあと、僕らは外に出て話しはじめた。最初に話題になったのは、この近隣地区の変化についてだった。長いこと一一六丁目に来ていなかったというアリは、すぐにアフリカ人移民の数の増加を指摘した。

「それにしても、いまじゃ、アフリカ人がずいぶんたくさんいるな。ここにある建物はかつて俺らのものだったのに。奴ら、自分たちのモスクまで建ててるじゃねえか。それって、俺がアフリカに行って、自分のモスクを建ててるようなもんだろ」

アリは、ハーレムでのアフリカ人の行動を快く思っていないようだった。アリにとっては、アフリカ人がハーレムの只中に自分たちのモスクを建てることは、無礼な行為だった。アフリカ人は、すでにある地元のモスク――アフリカン・アメリカンによって建てられ運営されている地元のモスク――に通うべきだ、と彼は言う。

このアリの発言を聞きながら、僕はハミッドのこれまでのアフリカ人ムスリムに関する発言と重ねていた。ハミッドがアリに賛同するだろうと勝手にも考えたのだが、そうではなかった。

「いや」

と、ハミッドはゆっくりと穏やかに返した。

「だけど、〔アフリカン・アメリカンのモスクの〕イマームが奴ら〔アフリカ人〕を見下したようにしてしゃべるんだ。そのイマームが奴らにひどいことを言うんだよ。俺だってあのモスクには礼拝をしにいくだけだ。あいつのフトバ〔説教〕を聞くためにいくわけじゃない。けどあいつはそういうのが嫌いなんだ。エゴイストなんだよ」

ハミッドはアリに賛成し、アフリカ人がモスクを建てるのは無礼なおこないだと一緒になって非難することだってできた。しかし、彼はその責任を、ハーレムの地元モスクで活躍するアフリカン・アメリカンのイマームに帰した。ハミッドによれば、かつて通ってきていたアフリカ人ムスリムたちをモスクから追い出し、自分たちのモスク設立にいたらしめたのは、そのイマームと彼を取り巻くアフリカン・アメリカン・ムスリムなのだという。

ハミッドはここでもふたたび、仲裁の役割を果たしていた。彼は、アフリカ人ムスリムが自分たちのモスクを建てるにいたった社会・文化的背景を引き合いに出し、アリや自分自身の抱える憤りに対置させていた。

「そうなのか……」

アリは穏やかに、静かに呟いた。

「それは知らなかったな。そうか……。知らなかった。それはひどいな」

アリは顎を撫で、どう考えてよいのか思案している様子だった。ハーレムの抱える問題について、通常は強い言語を用いて自分の態度や位置取りを表明してきたアリが、こうした応答を見せることも珍しいことだった。ハミッドと話しているいま、アリの態度は著しく変化していた。いつもの戦闘的なトーンや挑発的な仕草は鳴りをひそめ、ハミッドの話に耳を傾けていた。

「そうだよ」

ハミッドは静かに言った。

そして彼らは、自分たちのこの地区での思い出と現在の状況を比較した。ハミッドは、この近隣地区の最近の変化をアリに説明する。ストリートで会話していると、白人女性が地下鉄の駅からストリートに上がってきて、僕たちの横を通り過ぎた。そのすぐあとには、アジア人女性の二人組や、有名ブランドの包装を手に高価そうな服に身を包んだ数人のアフリカン・アメリカンが通った。その度にハミッドはアリにむかって、「ほら、見てみろよ」と言った。そして、僕らは彼らがあるき去るのを見つめた。

ハミッドがある建物を指してアリに言った。

「あの建物に住んでる奴らのこと、昔俺らは馬鹿にして笑ってたよな、憶えてるだろ？『よくあんな所に住めるな』とか言ってたろ。いまじゃ、そこに白人が住んでんだ」

その建物は現在では修繕《リノベーション》を終え、家賃は以前に比べてあきらかにあがっている。アリは、コロンビア大学が一一四丁目の建物を買い取り、修繕していることを指摘した。その建物は、以前はドラッグの取り引きに使われていたため、不法に用いられていたその物件を誰も守ることができなかったのだ、とアリは言う。そしてふたたび、ハーレムに新たに移り住んできたアフリカ人や白人、アジア人に触れて言った。

「俺がむかつくのは、畏れ《フィア》っていうものがねえことなんだ。わかるか？　畏れだよ。たとえば、ブルックリンに行く奴らは、ブルックリンに畏れを抱いてる。昔はここもそういう場所だった。けど、いまはそうじゃねえ。かつてそのときには、ハーレムは本物のハーレムだったんだ」

ブルックリンはアリにとってひとつの例に過ぎない。そしてもちろん、彼はブルックリン全体のことではなく、そのなかの一部の地域について語っている。彼は一貫して、こうした畏れの欠如を強調してきた。彼によれば、ハーレムは、この黒人文化の中心地は、畏れられるべき存在なのだった。そして、そうした畏れの不在は、彼にとって、敬意の不在を意味していた。

会話をつづけるなかで、アリがハミッドに尋ねた。ハーレムが本物のハーレムだったとき、果たしてユタカがそこで生き延びてゆけただろうか、と。

「彼〔ユタカ〕なら、なんとか馴染む方法を見つけてたんじゃねえかと思うけど、ごうだろ?」

アリは言うが、それは本心からではなく、おそらく彼の礼儀正しさからくる配慮だったように思う。

ハミッドは少しそれについて考えてから言った。

「いや……。彼はそういうタイプじゃないよ。人助けしたいって思うタイプだからね。あのときは、〔ここは〕そういう雰囲気じゃなかった。生き延びなきゃならなかったんだ。文字どおりね」

アリはそれについてはコメントしなかった。

「俺らは野蛮だったんだよ。恐竜みたいにね」

ハミッドが冗談めかしてそう付け加えると、皆声を出して笑った。

すでに夜の十時をまわっていた。四月初旬で、季節は春のはずだったが、夜になるとぐっと冷え込んだ。手足が凍るように冷たくなっていたが、それでも、彼らの語る一一六丁目のストリートの歴史に耳を傾けるのが楽しくて、手をさすったり、足をばたつかせたりしながら、その場にとどまりつづけていた。いまとなっては滅多に顔を合わせることのなくなった二人が、昔話に花をさかせ、普段あまり見せることのない表情を浮かべているのを目にすると、なぜかうれしかった。

やがて、アリがそろそろ行かなければと言ったのをきっかけに会話を切りあげ、帰路につこうとした。突然どこからともなくNYPDのヘリコプターがやってきて、地上近くで旋回をくり返した。プロペラの回転音が近づき遠のきをくり返し、サーチライトが地上をめまぐるしく這いまわった。そのうち僕らにも照明が当てられると、ハミッドが叫んだ。

「おいおい、奴らは本気で誰かを捕まえようとしてんだな！」

アリが冷静な声でそれに応えて言った。

「いや、奴らは誰も捕まえられねえよ。ここじゃ、奴らは人を脅すだけなんだ」

ハーレムへの人びとの畏れと警察の脅威との対比が印象的だった。前者が消えつつあるいま、後者だけが残っているかのようだった。警察車が数台、激しい速度でストリートを走り抜けた。このときの警察が、警察官を撃った人間を追いかけていたことを、あとになって知った。

アリが帰路につくと、ハミッドがモーニングサイド・パークまで僕を見送ってくれた。ハーレムとコロンビア大学とを隔てるこの公園ではたびたび事件が起こったため、ハミッドは僕がここを通るときにはほとんど毎回、途中までついてきてくれた。あるきながらハミッドは、ガンパウダーの匂いがすると言った。

銃声は聞こえなかったが、火薬のすすけた匂いが辺りに漂っていた。

第四章

理想郷のつくりかた

――ハーレムとコロンビア大学との境界

言葉に抵抗すること、言いたいことしか言わないこととは、〔……〕、借り物の用語によって語られる代わりに、語ることであり、自らも語られているスポークスマンによって語られる代わりに、語るということです。中立化され、婉曲化され、月並みにされた言葉に抵抗することとは、つまりはエリート官僚的な新しいレトリックの仰々しい陳腐さが作りだすことのすべてに対して、さらにまた、やれ動議だ、決議だ、政策綱領だ、計画だといって磨きをかけられ、ついには沈黙に行き着くまで削りに削られた言葉に対して、反抗するということです。内的・外的ともごもの検閲と妥協した産物である言語はすべて、押しつけという効果、思考する気力を奪いとる思考不在の強制という効果を行使するものです。〔……〕私が書くのは、まず第一に言葉をもっている人びと、スポークスマンといった人びとが、社会的世界に関する外見だけは音楽もどきの騒音を、二度と作り出せないようにするためです。

ピエール・ブルデュー、安田尚他訳「言葉に抵抗する技術」

大学キャンパスでのちょっとした異変

その日、ハミッドはコロンビア大学のキャンパスにいた。ハーレムに隣接するこの大学のキャンパスを彼が訪れるのは、はじめてのことではない。年若かった頃から最近にいたるまで、平穏で手入れのゆきとどいたこの場所に幾度となく足を運んできた。しかしこの日、ハミッドはこれまでになかった経験をすることになる。

調べもののためにコロンビア大学の図書館を使いたい、ついては一緒に図書館に行って、利用許可証の取得を手伝ってくれないか――少しまえにもらった電話で、ハミッドはそんなことを言った。早速、その日の午後に待ち合わせ、一緒に大学のキャンパスへとむかったのだった。

当時、僕はコロンビア大学の日本語学科でティーチング・アシスタントのアルバイトをしていた。生活費に困ってやむにやまれずはじめた仕事だったが、そのおかげで「オフィサー」と呼ばれる職員の肩書で大学の身分証明書を持っていた。それを見せると、図書館を利用できるだけでなく、友人のために図書館利用証を発行してもらうことができたのだ。ハミッドは、法律関係の書籍を置く図書館に行き、過去の裁判記録を調べたいとのことだった。

その頃、一一六丁目のモスクのリーダーたちに関して論争が起きていた。あるイマームがモスクの所有する土地を勝手に売却し、それをポケットマネーにしたと噂されていて、そのことに腹をたてたムスリムたちが法的措置を検討していた。ハミッドはその一件をめぐって、土地の所有に関してこれまでにどのような訴訟が起きてきたかを調べようとしていた。

コロンビア大学に二十三棟ある図書館のうち、僕らはまず、メインの図書館であるバトラー・ライブラリーの事務所に行き、一週間有効な図書館利用証をハミッドのために発行してもらった。そして、あるいて法律専門の図書館に移動した。大学のキャンパス内には、学生や教職員、事務スタッフだけでなく、ゴミを集めてまわる清掃員、芝や木々の手入れをするスタッフ、建物等の管理・整備をする者、一般の通行人たちなどがいる。一目見て学生とわかる若者の数が多いとはいえ、人種・民族構成や年齢層、服装などの点で多種多様な人びとが混在していた。

一〇分ほどあるき、ジェローム・L・グリーン・ホールと呼ばれる建物内にあるアーサー・W・ダイアモンド法律図書館に到着すると、入り口近くのカウンターにいた図書館員に二人で話しかけ、裁判記録の調べ方について質問した。図書館員は丁寧に応対してくれた。しかし、ハミッド自身が裁判記録の扱いに不慣れなせいもあって、彼が期待していたような回答は得られなかった。それでも、僕らは図書館の中に入り、ハミッドはそこで調べ物に着手した。

二時間ほど過ごしたろうか。いくつかの文献に目を通しおえたハミッドは、明日にまたくるので今日はもうおしまいにしよう、と言った。そこまで、とりたてて問題はなかった。

図書館の出入り口に向けてあるいていると、ハミッドが静かに、ゆっくりとした口調で言った。

「あそこにいた女、おまえのことを思いっきり見つめてたぞ！」

ハミッドはうれしそうだったが、僕は関心のないふりをしてそっけなく応じた。

「たぶん、どっかで僕の顔を見たことがある人なんじゃないかな」

図書館内にいたからなるべく静かにしていたかったし、話しかけにいくようにとハミッドから強く勧められるのを避けたかったのだと思う。彼の調子に合わせて反応したら、そうなりかねなかった。

「いや、俺は本気で言ってんだよ。あれはおまえのことが気に入ってるんだと思うな」

彼は真剣な表情でそう言った。なんでせっかくのチャンスを逃すんだい、もったいない――そう言いたげだった。

その後、ハミッドがトイレに行きたいと言うので、僕たちは図書館を出て、トイレを探してゆっくりと廊下をあるいた。この建物の中には、図書館だけでなく教室もあり、複数の学生が立ち話をしたり、話しながら集団であるいたりしていた。ひとりで黙々とどこかにむかう者もあった。

あるきながらハミッドが、すぐそばを通った学生たちがはしゃいで話しているのを観察し、少しあきれたような表情をみせた。そして、彼らの真似をしながら、からかうように言った。

「コロンビアの学生ってな感じだな。わかるかい？　あの子たちは『そうだよね、それはさ、とってもステキだよね』ってな話し方をするんだ」

ハミッドにとっては、学生がはしゃぐ様子、そのときの声のトーンや用いられる単語、アクセントの置き方が、ハーレムで彼が慣れ親しんでいる「ふざけあい」と異なって見えるようだった。

そうやって話しながらトイレの場所を探してあるいていると、突然、中年の警備員が僕たちに近づいてきた。体格のよい男だった。急接近した彼は、僕らのまえに立つと、即座に尋ねた。

「なにかお困りですか？」

言葉の表面上は礼儀正しさに覆われていたが、声のトーンと仕草からは不審者を見つけたときの匂いがたっていた。僕らはトイレを探してあるいてはいた。しかし、けっしてきょろきょろと捜しまわってあるいていたわけではなかったし、迷子になっていたわけでもない。それでも、警備員の鋭い眼つきからは逡巡――声をかけることに対するためらい、不審者発見の判断に対する迷い――を読みとることはできなかった。

警備員の姿を見たハミッドは、瞬時に表情と話し方を変え、落ちついた様子で応じた。

「ええ、トイレに行きたいのですが、どこにあるか教えてもらえますか？」

警備員は、こちらをまっすぐ見つめたまま、声のトーンや表情を変えずに、トイレはすぐそこにありますと言って、場所をこまかに説明した。ハミッドと僕は、ていねいに礼を言い、その場を離れた。

トイレに行ったあと、ハミッドと僕は大学のキャンパス内を肩をならべてあるいた。

「かつて、よくここに来て、リラックスしたもんだよ」

ハミッドは語った。

「ハーレムの喧騒を逃れたいときによく来たんだ。ここにいると、とてもリラックスできる。夜になると、ここに座ってたね。この場所でエネルギーを取り戻すことができるんだ」

それが当時の僕には意外なことに思えた。警備員に呼びとめられた場所、自分の慣れ親しんだものとは異なる言動やふるまいが渦巻く場所。いわばハミッドにとっては違和感がともなうはずの場所なのに、彼はリラックスできるという。喧騒を逃れたいからここに来るという気持ちは理解できた。僕もまた、ハーレムでのフィールドワークに疲れると、このキャンパスに来て、ひとときの静寂を味わうことがあった。しかし同時に、十分、十五分とキャンパスを行き交う人びとを眺めていると、この場に馴染めない感覚が頭をもたげてくる。この場でくつろいでしまう自分に強い矛盾と罪責の念を覚え、いたたまれぬ感触を持つのだった。馴染めないという感覚は、自分が正規の学生や教職員ではないことへのうしろめたさや劣等感に由来したのかもしれない。くつろいでしまうことへの矛盾や罪責の念は、もっとハーレムの中へ深く食い入り、膨大に紡がれる語りやその内側や背後にひろがる情動や怨念や智恵や感性に触れられるはずなのに、それができていないことが理由だったかもしれない。

だがそれ以上に、わずか数ブロックしか離れていない大学のキャンパスとハーレムのストリートとのあいだに横たわる圧倒的な隔絶感が影響していたように思う。世界中の知識（人）の集められたこの場所は、あまりにも平和で温厚で無邪気に見えた。それは、隔離された場所にそびえたつ「理想郷」を彷彿させもした。だから、当然この隔絶を眼にしてきたであろうハミッドは、大学のことをあまり快く思っていないのではないかと勝手に想像していたのだ。大学そのものを否定することはないにせよ、大学関係者たちに敵意に近い感情を持っている可能性だって十分にあり得たのではないか、と。

しかし、ハミッドは警備員との一件についてなにか発言する様子もなく、大学についてもとくに触れなかった。代わりにハミッドは、人種にかかわる、以前の自分の発言について、振り返りはじめた。

「人をあるカテゴリーで判断しているわけじゃないんだ。友人と話してると、いつも忘れちまうんだけど。つい忘れて、ユダヤ人がどうのとか、白人がどうのとか話しちまうんだけど。それでも、なるべくひとりの人間を、あるグループ全体と同一視して判断することがないようにしてるよ」

その後もハミッドがこの警備員との一件を直接話題にすることはなかった。

境界現象の探求

右の出来事は、表面上は単純明快な事実の積み重ねによって成立しているように見える。ハーレムに生まれ育ったアフリカン・アメリカンのムスリムである中年男性が、アイヴィー・リーグのキャンパス内で警備員によって呼びとめられる。大きな事件に発展したわけではないし、ドラマティックな展開はそこにはない。日常の連鎖のなかではよくある些末な出来事とされ、顧みられることはほとんどない。

この出来事は、しかし、一歩間違えば大きな事件に発展したであろうことは想像に難くない。たとえば、呼びとめられたハミッドが、「てめえの知ったこっちゃねえ《ノン・オブ・ユア・ファッキン・ビジネス》」と、ストリート的な態度で応じたらどうなっていただろうか（もちろん、ハミッドはそんなことを言うタイプではない）。たとえば、そのときに呼びとめたのが警備員ではなく、銃を携行する警察官だったらどうだったろうか（ストリートではよくあることだ）。呼びとめられた側が「よそ者」ではなくこの大学の教授で、レイシャル・プロファイリングなどの問題に精通する政治意識の高い黒人だったらどうだろうか（二〇〇九年、ハーヴァード大学教授であるヘンリー・ルイス・ゲイツ・ジュニアの身に起こったことに近い）。ここで起きたことが運よく大きな問題に発展しなかったのは、第一に呼びとめた側が警備員であって銃を携行する警察官ではなかったこと、第二に警備員の態度が少なくとも表面上はそれほど威圧的ではなかったこと、第三にハミッドが態度をうまく切りかえ、丁寧さと敬意をもって警備員に接したこと、この三点が強く関係しているように思う。

この一件は、「境界」という現象について多くのことを教えてくれる。ハミッドは、警備員によって一種の「よそ者《ストレンジャー》」あるいは「異者」として発見されたのであり、この種の異者の発見にかかわる価値判断は、一瞬のうちになされる総合的なものだと言える。そしてこの価値判断は、コロンビア大学のキャンパスという空間内に「ふさわしい要素」と「ふさわしくない要素」を、瞬時に腑分けできる能力によって成立する。「ふさわしい／ふさわしくない」の諸要素は、ある特定の時空間における文化コードにかかわるものであり、多くの場合、明文化されず、したがってその逸脱の発見とともに明るみにでる。

そこでこの章では、境界の発生する瞬間、顕在化する瞬間に着目し、境界の設定、維持、変更にかかわる人びとの具体的な営みに迫ってみたい。それはまた、ある種の境界をあたかも自然なものとして規定する（暴）力Gewaltをあかるみに出す試みにもなるだろう。

具体的な場所としてとりあげるのは、ハーレムとそこに隣接するコロンビア大学だ。「ハーレム」と「ハーレムでない場所（非ハーレム）とされるコロンビア大学」とを隔てているさまざまな境界が立ちあらわれる瞬間・契機を捉え、複数の境界のあり方を描写し、検討する。文化やコミュニティと呼ばれるものに輪郭を与えているのがこの境界であり、その意味では、境界の引かれ方の検討は、文化やコミュニティの構築のされ方にかかわるものである。

のちに詳しく述べるが、さしあたりコミュニティ・ディストリクト（地図上はCDと表記）の第九、一〇、一一地区をハーレムと考えるのであれば、コロンビア大学はハーレムのなかに存在することになる（地図1参照）。しかし、コロンビア大学とその周辺地区をハーレムの一部と考える人は少ない。コロンビア大学もキャンパスの場所がハーレムにあるとは言わずに、モーニングサイド・ハイツないしアッパー・ウェスト・サイドと呼ばれる別地区にあると位置づけてきた。また、歴史的に見ても、コロンビア大学とハーレム住民とのあいだには、不均衡な関係が存在してきたことが、たとえば一九六八年のコロンビア大学によるモーニングサイド・パーク内へのジム設立をめぐって起きた対立などにあらわれている(1)。

境界が顕在化する瞬間を捉えるために、以下ではとくに、コロンビア大学によるハーレムへのキャンパス拡大計画に焦点を当ててみたい。段階的に進むこの計画が、

「ハーレム」と「非ハーレム」とのあいだの境界のあり方やその変化の特徴をあきらかにするように思うからである。

ハーレム西側への大学キャンパス拡大により、ハーレムの景観は今後約二十五年間で大きく変化するだろう。そして、それにともない、人びとが持つハーレムのメンタル・マップも大きく変化することは想像に難くない。それは同時に、ハーレムを成立させている境界が引きなおされ、境界そのものが質的に変更されてゆくことをも意味

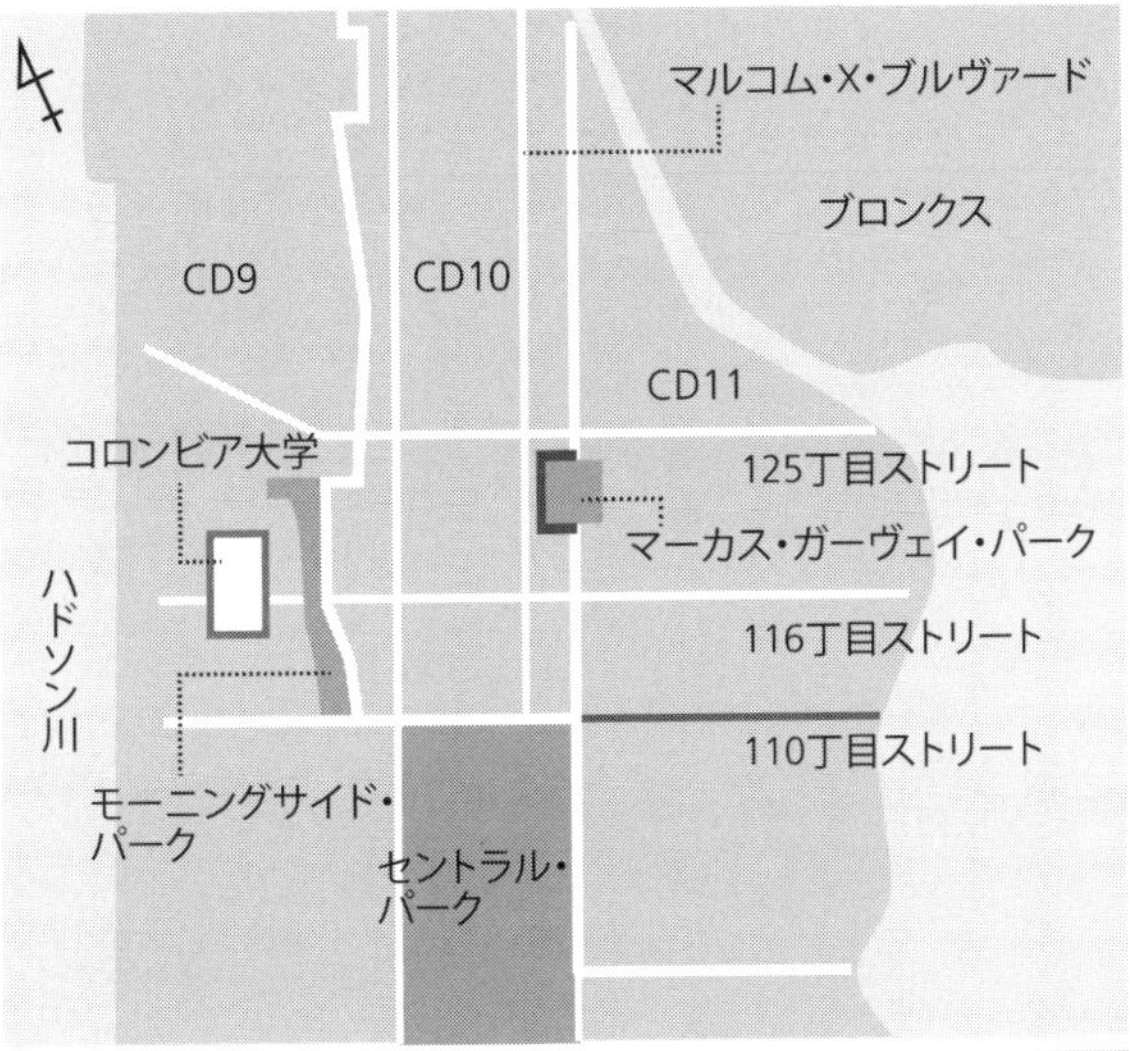

地図 1
ハーレムと呼ばれるエリアは、
およそコミュニティ・ディストリクト（CD）9、10、11 によって構成される

している。しかし、その際の境界とは、具体的にいったいなにを意味し、どのような要素と結びつけられて認知され、語られるのだろうか。景観などの地理的境界だろうか。経済指標や人口統計などによってあきらかにされる地政学的境界だろうか。人種・民族構成などによって視覚的に認識され、イメージなど諸々の表象と結びつく類の社会学的境界だろうか。用いる言葉の違いなどによって生じる言語的な境界か。あるいは、ふるまいやジェスチャーなどのより見えにくい習慣もしくは傾向性の領域での文化的境界なのか。キャンパス拡大計画に焦点を当てることで境界そのものの複雑性や複数性も見ていきたい。

そして、さらに重要なことだが、さまざまな専門家によって周到に計画された空間上のデザインの変更は、具体的に人びとの生活にどのような変化をもたらし得るのだろうか――それを考えてみたい。そこで、大学による計画の中身を検討するまえに、ハーレムの境界に関するごく基礎的なスケッチをおこなっておく。

ハーレムとコロンビア大学との境界

すでに書いたとおり、ハーレムは確たる行政区として存在しているわけではないので、どこからどこまでをハーレムと呼ぶのかは、人によって異なっている。それでも通常は、セントラル・パークの北端一一〇丁目から一五五丁目あたりにかけてがハーレムと呼ばれる地域と重なっている。行政区上は、コミュニティ・ディストリクト（CD）の第九、一〇、一一地区がほぼハーレムに重なり、このうちセントラル・ハーレムと呼ばれるコミュニティ・ディストリクト一〇がハーレムの中心地区になっている。

ハーレムと非ハーレム地区とを区別する境界は、南北端だけではなく、東西端にも存在している。ハーレム東端の境界は、南北に走る五番街の大通りで、これによってハーレムはその東側のスパニッシュ・ハーレムと隔てられている。ハーレムの西端の境界は何丁目かによって異なるが、一一六丁目界隈だとモーニングサイド・パークがハーレムの西端を縁取る。一一〇丁目から一二三丁目ストリートにかけて細長く横たわるこの公園は、丘のような傾斜につくられており、公園の上にはコロンビア大学とそれを取り囲むモーニングサイド・ハイツ地区がひろがっている。つまり、この公園はハーレムとコロンビア大学との境界をなしている。

コロンビア大学のメイン・キャンパスは、一一四丁目から一二〇丁目にかけて、そしてブロードウェイからアムステルダム・アヴェニューにかけての敷地にある。一一六丁目ストリートがそのメイン・キャンパスの中央を突き抜けており、ブロードウェイとアムステルダム・アヴェニューの校門には守衛がいる。大学の敷地内には、美しく管理された芝生が敷かれており、手入れのゆきとどいた木々やきれいに掃除された小径とともに、ここが大都市の中であること、ハーレムから数ブロックしか離れていない場所であることを忘れさせる。よく晴れた暖かい日には、大勢の学生たちが芝生の上に寝転がり、本を読んだり日光浴を楽しんだりしている。

大学構内をあるいて東端のゲートから外に出て、国際公共政策大学院の建物を左手に見ながらさらに先に進むと、モーニングサイド・パークにぶつかる。公園の入り口に立つと、そこからはハーレムが一望できるようになっている。眼下にはハーレムのストリートがひろがり、北東の方向に黄土色で背の高いステイト・オフィス・ビルがそびえたっているのが見える。

一一六丁目の通りは公園の中の急な階段へとつづき、そのまま今度はハーレムの一一六丁目ストリートにつながる。傾斜を下りきって振り返ると、コロンビア大学の敷地がハーレムから見上げた高台にあるのに気づく。日中のモーニングサイド・パークは、たいていは静かで、ひと気もあまりない。階段を昇ったり降りたりして通り過ぎる人がときおりいるくらいである。通行者のなかには、リサイクルしてお金を得るため、大量の空き缶をゴミ袋につめて運んでいるホームレスらしき人びと、コロンビア大学の学生、ハーレムの住民などが含まれる。

この公園は、とくに非ハーレム住民から、「危険な場所」「治安の悪い場所」とされている。ハーレムでのフィールドワークをはじめたばかりの頃、この公園で日中にもかかわらず襲われた人の話を耳にし、またこの公園には不用意に近づかないようにとの警告を複数の人びとから受けた。フィールドワーク中、ずっと案内役になってくれたハミッドも、夜はこの場所では気をつけるようにと言い、また僕が夜のその公園を通って高台にあるコロンビア大学側に抜けなければならないときには、公園の上に無事に到着するまで、下から見守ってくれていることもしばしばであった。

あるとき、ハーレムのアフリカン・アメリカンのあいだで通用したというジョークを聞いたことがある。

> ダウンタウンからコロンビア大学をめざして地下鉄に乗ってきた白人が、乗り間違えてハーレムにむかってしまう。マンハッタンのダウンタウンからコロンビア大学のあるアッパー・ウェスト・サイド方面に行く地下鉄は、1、2、3、9と

番号の付けられた四種類の路線があり、途中まで同じ線路を走るのでレッドラインと総称される。1と9は各駅停車で、2と3は急行だ（9ラインは、二〇〇五年をもって廃止されている）。いずれも途中までブロードウェイの下を走る。ところが、九六丁目の駅を境にこのレッドラインは二手に分かれることになる。1・9ラインはそのまま北上してコロンビア大学の正門の真下を通るが、2・3ラインは九六丁目から東側に折れてハーレムの只中を通るレノックス・アヴェニューの下

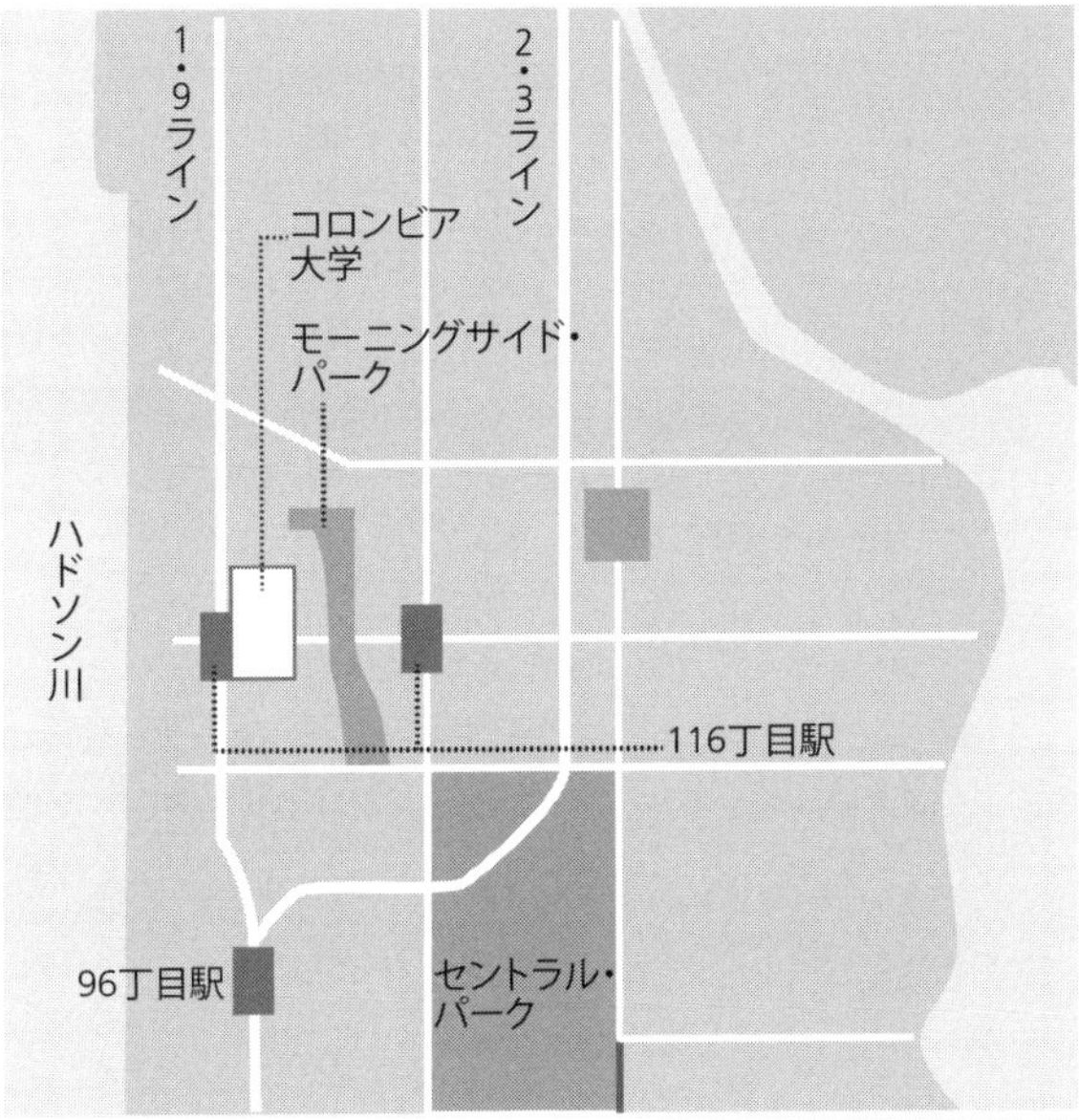

地図 2
地下鉄 1・9 ラインと 2・3 ラインは途中で枝分かれする

を走る。両路線とも一一六丁目の駅があるが、1・9ラインの駅は大学正門のあるブロードウェイとの交差点に、2・3ラインの駅はレノックス・アヴェニューとの交差点に位置する（地図2参照）。

その白人は、駅を降りて自分の犯した「致命的」な間違いに気がついた。彼が乗ってきたのは2・3ラインだったのだ。辺りは見渡すかぎり全員が、（自分とは異なる）黒い肌の人びとだった。彼はおびえた様子で、道行く黒人のなかからもっとも温厚そうで人のよさそうな人物に声をかける。そして、たじろぎつつ、コロンビア大学への行き方を尋ねる。

「ここからコロンビア大学にはどうやったらたどり着けるのですか？」

声をかけられた黒人男性は、モーニングサイド・パークの方面をさして即座にこう答える。

「だんな、コロンビア大学に行きてえのかい？ そんなの簡単だよ。この通りをまっすぐ行ってな、あの公園の中を突っ切って、むこうに渡ればいいんだよ」

この冗談は、人びとがこの公園をどのように捉えているのかをよく物語っている。この小話が事実かどうかが問題なのではない。この小話が笑いをともなって受けとめられるためには、話者と聞き手のあいだに、ある前提が共有されていなければならない。笑いと呼ばれるとっさの身体的反応は、多くの場合、規範や慣習などの文化コードの逸脱とともに現象する。[2] 逸脱の認識は、逸脱以前の「通常の」文化コードや知識の内面化を前提とする。そしてこの話の場合その前提は、モーニングサイド・パークが、ハーレムと非ハーレム（コロンビア大学）の境界線上にあり、二つの異なる空間

――この場合は「白人」の空間と「黒人」のそれ――を隔てているという知覚と認識である。また、その公園が少なくとも「白人」にとっては「危険な場所」であり、けっしてその公園をなにもないまま素通りはできないであろうという認識と想像、この二点が含まれる。

この白人は、(自分の肌の色に敵意を持つであろう、この恐ろしい)ハーレムから、(自分にとっては友好的で、安全を保障してくれ、かつくつろぐことのできる)コロンビア大学にはどうやってたどり着けるのか、と質問したわけである。そして、明確に言葉にされてはいないが、その白人が、公園を通っている最中に襲われて身ぐるみ剥がされるだろうということ、またさらに言えば、最終的にはコロンビア大学にはたどり着けないだろうということが話に内包されていて、そのことと白人の必死の形相とのあいだにあるギャップが、シニカルな笑いを誘うのだ。そして、こうした冗談がユーモアとして受けとめられるためには、ハーレムの住民である黒人たちが日常的には、白人中心の「主流社会」によって政治・経済・社会的な差別や抑圧の対象になってきたことが自覚されている必要がある。そうでないとこの小話は、グロテスクな差別と暴力表現になってしまう。

モーニングサイド・パークを通り抜け、ハーレムの一一六丁目に出ると、ストリート上の景観は一変する。

ニューヨークの道路は一般的に状態があまりよくないが、それでもハーレムとコロンビア大学近辺との差は歴然としている。ハーレム側の一一六丁目には、多くの廃墟ビルがあり、修繕中の建物もある。一一六丁目にあるモスクや、新たにやってきたアフリカ人移民たちがはじめた小さなお店からは、ときおりアザーン〔礼拝のよびかけ〕が流れてくる。ストリートの角にあるデリの店外は汚れており、たくさんのシールが貼られている。店内に入ると、扱っている商品の種類がコロンビア大学近辺やダウンタウンのそれとは異なるのに気づく。タバコやキャンディー、風邪薬などの錠剤が、レジの横でばら売りされ、店によっては防弾ガラスの向こうにレジがある。置いてあるスウィーツやスナック菓子も、大学周辺やダウンタウンのデリとは異なってい
る。色のごぎつい、油っこいお菓子が、狭くて綺麗だとは言い難い店内に並んでいる。消費される食品の種類がハーレムとそれ以外の地区で異なっていることは、ハーレム内のスーパーマーケットに行ってもわかるだろう。ほかの地区ではけっして売っていない類の肉が、安い値段で大量に売られている。

このように、コロンビア大学のキャンパスを通りハーレムまであるく経験は、ハーレムと非ハーレムとのあいだにある境界の存在を視覚情報としてあきらかにしてくれる。ハーレムとそうでない場所を行き来する経験を持った者は、人種・民族構成、人びとの服装、建物の景観、ゴミの量、販売される商品の種類などの情報から境界を意識することになる。そして、視覚的情報に加え、さらにインセンスの匂い、モスクからのアザーンの音などの嗅覚および聴覚的情報、そして取り交わされる冗談を構成する言語と想像力が、ハーレムという場所の特殊性を際立たせているのである。

コロンビア大学のキャンパス拡大とハーレムへの進出

二〇〇三年、コロンビア大学は大規模なキャンパス拡大の計画を公表した。大学総長のリー・ボリンジャーは、二〇〇二年の就任以来、継続してより広範なスペースの確保を優先課題としていた。スペースの確保は都市部における大学ではどこでも問題

になるが、ほかのアメリカ国内の大学と比べても、コロンビア大は学生一人当たりの面積が極端に小さかったため、とくに大きな意味を持っていた。キャンパス拡大を説明したコロンビア大学のウェブサイト内にある「よくある質問（FAQ）」のセクションでも、この問題が語られている。なぜコロンビア大学がさらなる敷地を必要としているのかという問いに対する回答では、これまでの業績を列挙しながら、この大学の存在がいかに重要であるかを強調しつつ、次のような言葉で締めくくっている。

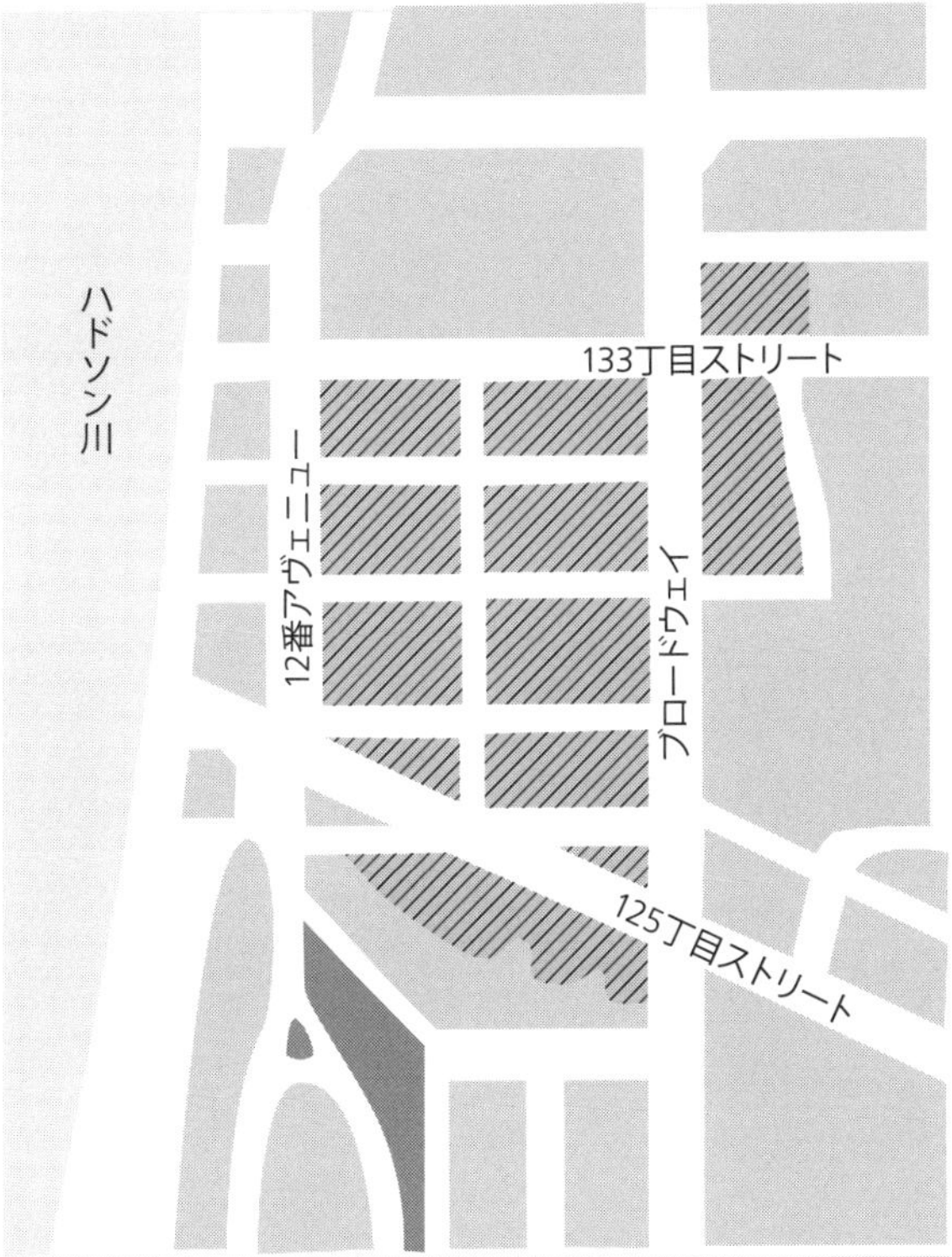

地図3
キャンパス拡大により再開発される地区。
斜線をほどこしたエリアが影響を受ける。
大学のウェブサイトに公開されている地図を参考に再構成した

「現在、コロンビアは、ほかの一流大学と比べ、学生一人当たりのスペースが著しく狭いという事態に陥っています。敷地面積は、ハーヴァード大学の半分であり、プリンストンやイェール大学の三分の一です。コロンビアが緩やかかつしっかりと計画されたキャンパス拡大に向けて新たな一歩を踏み出さないかぎり、大学がこの先も、世界レベルの知的優秀さ、最先端の学問的研究や医療看護の中心地でありつづけるのは難しいでしょう(3)」

約六十三億ドルをかけるそのキャンパス拡大計画によれば、コロンビア大学は第九地区に属するハーレムの西側にあるマンハッタンヴィル地区の土地と建物を買い取って再開発、リゾーニングし、建物の一新を計画していた。このプランは、二〇三〇年までかけて徐々に進行してゆく予定とされており、主にブロードウェイと一二番アヴェニューのあいだの一二九丁目から一三三丁目の四ブロック、そして一二五丁目の所有地、ブロードウェイの東側一三一丁目から一三四丁目のあいだにある所有地が含まれる(地図3参照)。

対象となる地区の約半分が、すでにコロンビア大学の所有物となっており、残りの建物を買い取る交渉を大学側は進めてきている。二〇〇七年八月には、それまで所有物件の売却を拒否していたディスパッチ運送・倉庫会社のオーナー、ジョセフ〝ニック〟ザハスキーとピーター・ザハスキーが、コロンビア大学への売却に同意した。二〇〇七年九月には、キャンパス拡大予定地内で最大の物件所有者だったニック・スプライレゲンが、大学との交渉を申し出ている(4)。

ここでの目的は、計画を推進するコロンビア大学と周辺に暮らすハーレム住民との関係――交渉、対立、齟齬など――の全体像を詳細に描くことでも、将来ほぼ確実に起こるだろう周辺地区のジェントリフィケーション（高級化）に対して政治的・倫理的立場からなんらかの警告を発することでもない。コロンビア大学のキャンパス拡大計画に対しては、積極的な賛成から、黙認、諦念、積極的な反対にいたるまで、異なる立場から多様な反応が出ている。反対運動に関しては、主に「コミュニティ保護のための連合 Coalition to Preserve Community」が展開しており、彼らの活動の一部は、ウェブ上で垣間見ることができる。[5] ここでは、大学が将来構想をどのように公表し、いかなるレトリックを用いて人びとを説得しようとするのかを検討する。賛成か反対かの判断を一時保留し、できるかぎり冷徹に、そこに働く力を明るみにだしてみたい。

なお、二〇一五年七月現在でも、このキャンパス拡大計画は進行中の出来事である。長期にわたって継続されるこの出来事を取り巻く状況は、もちろん変化し得る。フィールドワーク中の二〇〇二年から二〇〇四年にかけて、この計画はいかなる組織からの認可もない状態にあり、まだ初期段階にあった。二〇〇七年には市議会がコロンビア大学の提案する計画に認可を与えたが、コミュニティ・ディストリクト九の地元住民や活動家など約五十名で構成されるコミュニティボード9によって否決された。大学の計画は、周辺地区の高級化を急速に進め、収用権《エミネント・ドメイン》の発動によって住民や商店を立ち退かせる可能性があった。そのため、コミュニティボード9およびキャンパス拡大反対派の多くは、現在の住民や商店にとってより利するところの大きいと思える、代案を支持していた。その後も議論と応酬がつづいたが、二〇一〇年六月、ニューヨーク州最高裁が下級裁判所の判決を覆して、収用権の発動を認可、コロンビア大学の拡大計画を事実上合法としている。スプライレゲンを含む物件所有者たちは、連邦最高裁に見なおしを求めたが棄却され、大学の計画は

着々と進行している。(6)

写真とイラスト――大学のプレゼンテーション I

手はじめに、コロンビア大学がキャンパス拡大計画をどのように公表し、説明しているのかを検討してみよう。大学は、ウェブサイトとパンフレットを通じて計画の概要を説明しているが、その際に五組の写真とイラストを用いている。ここではそのうちの三組をとりあげてみたい。写真A、B、Cが、大学の提示するハーレムの一区画の現状を、イラストⅠ、Ⅱ、Ⅲが大学の描く将来構想をあらわす。AとⅠ、BとⅡ、CとⅢはそれぞれ対応しており、同じ場所についての現状と将来図とを示していることになる。

すでにあきらかなように、写真とイラストとのあいだには、時間のズレ、そして媒体の差異がある。この問題についてはあとでまた戻ってくるとして、まずひとつひとつの写真とイラストに眼を凝らしてみたい（写真とイラストは、いずれも許可を得てコロンビア大学のウェブサイトより転載。実際はカラー）。

まず、西一三〇丁目の現在と将来をあらわした写真AとイラストⅠとを比較してみよう。

両者とも同じ場所を描いているが、Aには人間が登場しない。数台の車が写真に写り、またそのうちの何台かはテイルランプが点灯しているために運転手がいることはわかるが、顔のわかるような人は写っていない。通りの左側に写しだされた建物のシャッターはおろされており、道そのものの荒れ具合とともに、結果として活気のない、いかにも荒廃した地区の様子が見てとれる。真正面に見えるもっとも高いビルが、マンハッタンヴィル・ハウスと呼ばれる公営団地で、その手前に「ディスパッチ運送・倉庫 Despatch Moving & Storage」と書かれた大きな看板が見える。コロンビア大学は、拡大を進めようとするこの地区ですでに半分以上の建物を所有しているが、このディスパッチ社の有する物件については例外的にまだ獲得していない。看板は汚れて黒ずんでおり、全体的に古さを感じさせる。太陽光の具合から、写真が日中に撮ら

写真A（上）とイラストI
マンハッタン地区西130丁目の現在と予想図

れていることはわかるが、それにもかかわらず全体として暗い印象を見る者に与える。

それと比較してイラストⅠはどうだろうか。同じ通りをスケッチしたはずのこの将来構想図には、大勢の人間が登場する。左下一番手前には、赤いシャツに赤いネクタイをし、黒っぽいスーツに身を包んだ黒人男性が、左手に新聞を、そして右手に携帯電話を持って話をしている。手にしている新聞は、タブロイド紙ではなく、『ニューヨーク・タイムズ』や『ウォール・ストリート・ジャーナル』のような、中産階級以上の知識層の手にする新聞を彷彿とさせる。中央と右手の手前側には、学生らしき格好をした若者数人があるいている。奥のほうにも何人もの人が見えるが、いずれの人物も小ぎれいで品のよい《ディーセント》服装をしているのがわかる。ストリートは美しく整備され、歩道が大幅に拡大されている。歩道脇には何本もの街路樹が植えられ、枝には青々とした健康的な葉が生い茂っている。また、中央には芝生のスペースがあり、その手前に設置された人工池のまえで二人の若い女性が座ってくつろいでいる。こうした要素に加えて、ガラス張りの透明色の新しい建物が、このスペースにさらなるひろがりを与えている。日中であることを強く意識して描かれた点では写真もイラストも同様なのだが、それでもこのイラストは、Aと比べると全体的により明るく健康的で、くつろぎと活気のある空間という印象を見る者にもたらす。

つづく写真BとイラストⅡは、一二九丁目のブロードウェイ付近から西側を眺める視点で切りとられている。

Bには、人影らしきものが登場する。その影は横断歩道を横切っているが、シャッター速度が追いつかなかったためか、あるいは肖像権の関係ではっきりと見せられなかったのか、たしかに人間であると断定できない。人種や性別はおろか、風貌すらはっきりしないのだ。多くの車が駐車してあるのはわかるが、それ以外に人間の存在を想わせる要素は見当たらない。画面左から右にのびるブロードウェイの上には高架の線路があり、その奥には小さく古びた建物と駐車スペースがいくつか見える。手前の駐車場らしき場所に樹木が数本写っているが、葉はついていない。画面左側の奥にかろうじて見える、大きなビルの端の部分が、コロンビア大学の教職員用の建物である。じっさいにこの場所に足を運ぶと、大学教職員用の建物の出入口が一二九丁目

写真B（上）とイラストII
129丁目のブロードウェイから西側の眺め

側にはないこと、つまりハーレムの方角にはないことをうかがい知ることができる。ハーレムを通らずに建物に出入りできるよう建築されたのだ、という噂を耳にしたことがある。いずれにしても、この写真が全体として、ここはなにもない場所であるという印象を見る者に与えることは否定しにくい。

IIのイラストは、Bとは対照的に、明るい印象を与える。手前の横断歩道を、シャツを着てネクタイを締めた非白人系の男性——黒人であるのかどうかまではわからない——があるいている。自動車は停車した状態ではなくじっさいに動いており、この場所で人びとが生きて活動している様子がわかる。ブロードウェイの上を通過する地下鉄の線路はそのまま残されているが、周囲の明るさが増したおかげでこの線路までもが一新されたかのように見える。線路の背後にたっている新しい透明のビルは、ここでは割愛したが、このイラストに付けられた短いキャプションによれば、ジェローム・L・グリーン・サイエンス・センターという名称の科学研究施設であり、つづけて「パーキンソン病やアルツハイマーなどの病気との闘いを手助けするのに重要な役割を担う」と書かれている。

ふと、なぜ数ある病気のなかで、パーキンソン病とアルツハイマーだけが病例として用いられたのだろうか、との疑問がよぎる。より詳細な大学側の発表によれば、この施設はバイオセーフティ・レベル3を扱う研究所なのだが、なぜか感染症や伝染性の病への言及は、キャプションでは避けられている。バイオセーフティ・レベル(以下BSL)は現在、四段階にレベル分けされており、BSL4が最も危険度が高く、BSL1が最も低い。BSL3の研究室で認められている物質には、炭疽菌、SARS、天然痘ウィルスなどが含まれる。(7)

建物の周辺には大勢の人間があるいており、周辺地域に活気を与えている。Bの写真にも写っていた画面手前の樹木は緑色も鮮やかで、その近くには子どもを自転車で遊ばせている黒人のカップルがいる。また奥につづく道の両脇にも新しい樹木が複数植えられ、枝には葉が生い茂っている。そのことから、どうやら季節が変わったらしいことがうかがえる。

写真CとイラストⅢは、ともに一三一丁目とブロードウェイとの交差点を捉えた構

写真C（上）とイラストIII
131丁目ストリートとブロードウェイの交差点

図になっている。

写真Cには、またしても人間が一人も登場しない。路上には雪が残っており、どうやら冬であるらしいことがわかる。右側手前にある建物の一階には、「自動車部品 AUTO PARTS」、「自動車修理 AUTO REPAIR」と刻まれた看板が見てとれるが、シャッターは下ろされており、人の気配はない。そしてそのシャッターにはスプレーで落書きされている。建物の上階に眼をうつすと、右側半分は窓が板張りでふさがれており、人が住んでいないことがわかる。写真の左側にある線路の下には何台もの自動車が駐車してある。

イラストⅢを見ると、写真Cと比べて人の数の多さにまず圧倒される。一番手前では、サングラスをかけ、スーツもしくはジャケットを身につけた黒人女性が、こちら側に振り向いている。そのほかにも学生やビジネスマンらしき人びとが道をあるいている。自動車は、イラストⅡのときと同様、動いている。奥にあった建物は、新しい透明の建物に入れ替わっており、手前の壁には「サイバー・カフェ〔インターネットカフェ〕」という文字が読みとれる。建物のまえには、ふたたび緑葉の樹木が立ち並ぶ。通りをあるく人びとの格好から、ここでも季節は、写真Cより暖かい季節であることがわかる。おそらくは春から夏にかけてだろう。このデザイン図に付けられたキャプションには、「新たな建物は、地元消費者の要望にこたえ、地域に必要な利便性をもたらす小売業のスペースを提供する」とある。

以上がコロンビア大学の提示するキャンパス拡大にともなうハーレムの再開発計画概要の主要な一部である。これら三組の写真とイラストとの組み合わせから、大学の計画内容だけでなく、その公表の仕方、プレゼンテーションの仕方、見せ方の特徴があきらかになる。

第一に、くり返して見てきたように、写真には人間がまったくと言ってよいほど登場しないのに対し、イラストには複数の人物が詳細に描かれている。このイラスト群は、地域の建造物および土地の再開発後の予想図であり、建造物のデザインを示すことが主な目的であるはずだ。大学が再開発し、直接に変更を加えるのは、その地域の物理的側面であって、そこに暮らす人びとではない。にもかかわらず、多くの人物が、しかもじつに多種多様な人物が図面に登場する。登場人物の人種や性別があきらかにされ、また容姿や身なりから職業や社会階層さえ想像できる。ビジネスマンらしき人物が携帯電話を手に通話し、子どもが親とともに遊び、学生らしき若者があるいている。多種多様な人びとの注意深い配置は、計画図に活気を与えるだけでなく、多様性を認めあう寛容の空間の誕生を祝福し、それをある種のメッセージとしてイラストの内に織り込み、配信する。

だが、他方で、これだけ多種多様な人物が複数描かれているにもかかわらず、描かれていない存在があることにも気づかされる。たとえば子どもや若者、中年層は描かれるが、高齢者やホームレス、障害者の姿は描かれない（もっとも、ここにとりあげた三枚のイラストには登場しないが、ウェブサイト上の残り二枚のイラストの内のひとつには、車椅子に乗った人物がひとりだけ描かれている）。経済的生産性に直結する者の姿は多様に描かれるが、そうでない者はここにはほとんど登場しない。とはいえ、社会的マイノリティがひとまとめにして排除されるわけではない。アフリカン・アメリカンやヒスパニックの姿は、ある意味では過剰なほどに見いだすことができる。それはあたかも、「コロンビア大学によるハーレムの乗っ取り」を懸念する者たちへの、反論の余地のないほどきめ細かな配慮であるかのようだ。

登場するのは、しかし、彼らの内の特定の一団だけである点に注意したい。描かれるのは、スーツに身を包み、特定の所作を身につけた者だけである。したがってこの予想図に、ハーレムで生まれ育ち、ストリート的所作を身につけ、ハーレムの文化をつくり、担ってきた者たちの姿を見いだすことは難しい。ストリートに椅子を出してくつろぐ者、ストリート・コーナーにたむろする者、路上でものを売るヴェンダーの姿はそこにはない。アフリカン・アメリカンたちは、予想図に、ある特定の姿でのみ取り込まれることで、同時に別の姿で存在し得る可能性を失うのだ。

大学の提示するイラストは、したがって、次のことをあらわしている。コロンビア大学がハーレムに進出（侵出）し、場所を再編成したうえで、人びとをそこに丁寧に迎え入れる。迎えられた人びとは、しかし、ある種の契約を結ぶことを、ひそやかに、静かに、求められる。契約を結ばなかった者、結び得なかった者の姿は、登場しない。あたかも、はじめから存在しなかったかのように、静かに葬られる。ここに見られるのは、無条件の迎え入れ、寛容、ホスピタリティではなく、あらかじめ決められた、抗いにくい条件のもとでの歓待である[8]。

プレゼンテーションの第二の特徴として、写真には木や枝葉、芝生など、「自然」に結びつく要素がまったくないのに気がつく。写真に写しだされているのは、倉庫のような建物、いくつかの高層住宅、自動車修理店である。自動車修理店のシャッターは下ろされているが、二〇〇九年に僕が訪れた際にはこの店は開いていたから、おそらく朝早くに撮影されたのだろう。歩道は殺風景でなにもない。この点で、イラストとの対比がより際立っている。イラストに登場する歩道には何本もの木が植えられ、その枝には葉が青々としている。そしてその点に思いいたると、奇妙なことに気づく。どうやら写真とイラストとは、比較されて提示されているにもかかわらず、時間帯と季節とが変えられているようなのだ。写真は朝早くに撮られ、イラストは人の数から日中であることが想像できる。また、写真は雪の残る冬を写し、イラストはおだやかな陽気の春あるいは夏をあらわす。イラストは、明るくまぶしい世界がそこにひろがっていることを見る者に訴えている。

時間帯と季節をねじまげて対比されるこうした「自然」とその不在の描写は、なにを意味するのだろうか。観察からあきらかになるのは、イラストに描かれた「自然物」が、いずれも野放しの自然ではないことである。野生の森林がそこにひろがっているのではない。そこにあるのは、人間の手によって巧妙に制御され、丁寧に管理されつづける必要のある「自然」である。しかも、それを制御し管理する人間の姿は、この絵には登場しない。登場するのは、制御・管理の結果である「自然」を（おそらくはそれとは気づかずに）享受する人間である。そのことを端的に象徴しているのが、イラストⅠに描かれた人工池である。人工とはいえ、「水」という「自然」と結びつくことで、この池は都市の緑化的要素をあらわす。だが、この池は誰によってどのように管理され維持されるのだろうか。そしてその維持にたずさわる人びとは、はたしてこの描かれた近未来の場所に暮らすのだろうか。暮らし得るのだろうか。

第三に、写真の建物はいずれも、古くさびれた様子の工場や倉庫を写しだし、掲げられた看板も汚れていることがわかる。イラストのほうには、デザインが一新された、ガラス貼りの美しい建造物が描かれている。イラストの中には、奇妙なほど汚れを認めることができない。イラストの建造物の透明度は、確定的なことをなにも告げておらず、そのことでかえってこれからの未来の可能性を無限大、無制限に見せている。この透明性は、建造物をきれいで美しい状態に見せるだけでなく、現実になにがそこにあるのか、それにともなってどのような制限があるのかを覆い隠すのだ。

そうとは言え、イラストの中で、建造物の中身を確定する要素がひとつある。それがイラストⅢに見た「サイバー・カフェ」の文字である。この文字と写真中の「自動車部品・自動車修理」の文字との対比に注意を払いたい。それはまず産業の種類の移行と、それにともなう身体とそのふるまいの変質を示唆している。自動車は、二十世紀初頭以降のアメリカ社会の経済的繁栄の象徴だが、同時に、近代の産業社会で編成された時空間内での日々の慣習行動や身体的所作に深くかかわっている。フォード社によるT型車を筆頭に、大量生産、消費、流通、（廃棄という名の）投棄をくり返すことになるモータリゼーションは、わかりやすい一望監視システムのもと、スピードを管理されたベルトコンベアのかたわらで、効率性を至上命題として単純作業に従事する身体を前提に成立した。イラストには、チャールズ・チャップリンが映画『モダン・タイムズ』（一九三六年）のなかでみごとに表現してみせた労働者の身体の居場所がない。イラストにおけるサイバー・カフェの登場は、工業から（高度情報化をともなった）サービス業および情報産業への移行をあらわしている。それは、新たな身体の規律《ディシプリン》＝訓練を必要としている。迅速に更新されるデジタル技術を駆使し、数多くの電子メールやそれに類するデジタル文字を読み書きし、ネット上の膨大な情報を検索して処理する身体の存在が前提となるのだ。[9] 写真とイラストとでは、表現されたその場所に登場する身体の要素に関係し得る身体の種類が異なるのである。

最後に、写真とイラストという媒体の違いにも言及しておきたい。写真は、その特性からして事実《ファクト》を写しだす。写しとられたものはその瞬間に過去のものとなり、動かし難い歴史的事実の証拠となる。イラストは、写真とは対照的に、事実というよりは真実《トゥルース》をあらわすことを得意とする。そこに表現されるのは、期待され願望された未来であり、いままさに生起しつつある、しかしまだ成就しない現実でもある。その意味では、見る者の欲求の影響を受けやすい表現手法だと言える。写真は、過去を「過去そのもの」として完結させ、現在とのあいだを媒介する。イラストは、将来を物語り、現在と関連づける。写真は徹底的にノンフィクションであるという物語とともに現実をつくり、イラストはフィクショナルでありながら実現可能な近未来に説得力を与え、真実味を帯びさせる。事実に即しているはずの写真からは、地域に暮らす住民の姿が省かれ、将来を構想したイラストからは、描かれた自然や建造物を管理する人びとが省かれてしまう。

先に見たように、こうして媒体を巧妙に使い分け、季節と時間帯にねじれを生じさせたうえで過去と未来とを提示することで、このプレゼンテーションは過去－現在－未来という時間の流れをつくりだし、そのそばからそれを管理下に置く。制御された「自然」の美しさが透明な建物群とともに並置されたとき、その汚れのなさ、穢れの欠如は一層際立つが、それがゆえにまた、この場所での時間が止められていること、消滅させられていることに気づかざるを得ない。そこでは、「自然」も建造物も、ともに不老不死である。大学は、時間を支配したうえで場所を提示するのだ。(10)

言葉の使用——大学のプレゼンテーション Ⅱ

これまでに見てきた写真とイラストを掲げて、コロンビア大学は自らのキャンパス拡大をどのような言葉で語るのだろうか。具体的な計画とデザインを記したウェブサイトを見ると、写真とイラストとともに四つの謳い文句が掲載されている。以下、それぞれ全文を引用したい。コロンビア大学による言葉の使用法、その操作の仕方が特筆に値するからだ。なお、このウェブサイトは二〇一五年七月現在もアクセス可能だが、大学側の計画がニューヨーク州最高裁判所の決定を受けて実行に移される段階に入ったことで、仮定法未来 would から単純未来 will に変わるなど、言語表現が微妙に変更されている。ここでは、二〇〇八年の段階での表現を採用し、分析してみよう(11)。

一つ目は「開かれた友好的な環境」と題され、次のような文章がつづく。

計画されている十七エーカーの再開発は、一二二番アヴェニュー、ブロードウェイ、一二五丁目に沿って、教育、学術研究、アートのための多目的センターとなり、新しいお店や文化施設、コミュニティ施設もそこには含まれます。現在、西一二五丁目から一三三丁目にかけてのストリートは、空き車庫や空き地、降ろされた金属シャッター、チェーンのかかったフェンスが目立ち、全体的に孤立していて、活用されていません。しかし、この計画によって再活性化され、教育・商業・コミュニティ活動のために一体となった中心地へと変わります。

今回の開発が教育や学問の場所だけでなく、「多目的センター」であることが強調されている。そのうえで、この計画によって「再活性化され」る場所の特徴が示される。孤立している、活用されていない、空っぽの、といった形容詞とともに現在の状況が語られ、それがこの計画によって「一体となった」「再活性化」した場所に「変わ」る。そして、この生まれ変わった場所には、「文化施設、コミュニティ施設」がつくられ、「教育・商業・コミュニティ活動」がおこなわれる。短い文章中に、「コミュニティ」という言葉が、なんら特定のコンテクストを与えられることなく二度にわたって登場することに留意しておきたい。

二つ目に登場する謳い文句は、「地元消費者と地元ビジネスのためのストリートライフと店舗の再活性化」と題され、次のような文がつづく。

西一二五丁目、ブロードウェイ、一二番アヴェニュー沿いの建物の一階には、店舗やレストラン、そのほかのコミュニティ娯楽施設が入ります。これらのスペースを貸し出すことで、大学は地元消費者のニーズに応える地元企業を支援するという、長期的な方針を維持していきます。

マンハッタンの要の通りであるブロードウェイやハーレムの目抜き通りである一二五丁目、そして一二番アヴェニューの建物の一階には「店舗やレストラン、そのほかのコミュニティ娯楽施設」が入ることになっているが、これらの場所を貸し出す際には「地元の消費者のニーズに応える地元企業」に有利になるように計らうとある。再開発やそれにともなう大企業の進出によって、地域に根差す小さなビジネスが破壊されるのではないか——そういう危惧に配慮しているように見えるが、ここでの「地元」がどこからどこまでをさすのか、具体的に誰をさすのか、そしてスペースの貸し出しをおこなう際の配分の具体的な割合は示されていない。また「コミュニティ娯楽施設」という言葉も、具体的になにをさすのか明言されない。

三つ目は、「すべてのストリートは公共に開かれたままに維持され、歩行者や車両が通行可能」という題のあと、次のようにつづく。

一二番アヴェニューの交差点では、新しい建物が余裕をもって配置され、歩道が拡大されることで、ハドソン川沿いの新しい公園へのアクセスが改善されます。新しく設置される木々や照明、ストリートの飾りつけ、パブリック・アート、一般に開かれたオープン・スペースが人びとをこの地区に誘います。

ここでもまた、「新しい」「アクセス」「改善」「パブリック」「オープン・スペース」という語がくり返し用いられる。歩道がひろくなり、新たに木々が植えられ、照明やパブリック・アート（それがどんなものであれ）が人びとを歓迎するとあり、読む者に平穏な空間を想像させる。それはあたかも、境界や隔たりが一切ないかのような空間である。

最後の文章は、「過去に敬意を払う人間味ある都市デザイン」と題され、次のようにつづく。

新しい建物は、じっさいに一般市民に開かれているだけでなく、一階が透明なガラス張りになるため、開放感を与えてくれます。その建物は、リバーサイド通りとブロードウェイ上にある歴史的に有名な高架橋の、建造物として際立った特徴に配慮したうえで設計されます。大学は、新たな建物の建築やエネルギー効率の点で、責任ある環境管理を引きつづき推進していきます。

「一般市民に開かれている」ことが、ここでもまた強調される。だが、それだけではない。ここでは、革新されるこの場所が、その介入にもかかわらず、「環境」や「歴史」に対してつつましくあることが説明されている。改革につきまとう人びとの不安のひとつは、伝統や歴史、記憶の破壊であり、周囲の環境や状況の破壊であるから、それに対する配慮を示すというのが大学側のここでの戦略になっているように見える。

ここでの焦点は、コロンビア大学側の提示する計画が傲慢であるとか、偽善的であるということではない。そうではなくて、コロンビア大学側の言葉の用い方が、人びとに向けて——だが、いったいどれだけのハーレムの住民がじっさいに大学のウェブサイトをクリックして、あるいはパンフレットを入手して、この言葉を読むのだろうか？——この計画がどれほどすばらしいものかを説得的に語るその仕方が注目に値するのであり、語の選び方、レトリックの用い方がいかなる効果を発揮するかに関心があるのだ。

大学によるこうした用意周到な言葉の駆使は、たとえばコロンビア大学総長リー・ボリンジャーによる「大学総長からの手紙」と題された文面にもよくあらわれている。ここでも文章のトーンが重要であるため、長くなるが全文を引用したい。原文のニュアンスを残し、その特殊性をあきらかにするため、読みやすさを優先した意訳よりも逐語訳を心がけた。

西ハーレム、マンハッタンヴィル地区にコロンビア大学のプレゼンスを拡大する計画をかたちづくるべく、私たちは近隣住民やコミュニティ・リーダーとともにさまざまな取り組みに努めてきました。今後数十年にわたって私たちを導く共有された未来に向け、ひろくコンセンサスをつくりあげるためです。

コミュニティ・メンバーや市民リーダー、教職員、学生たちとの百回を超える会合から誕生したのは、この場所を教育や学術研究だけではなく、経済的な機会の拡張、文化的施設の充実、市民生活の向上のための活気に満ちたセンターにするという計画です。この新しいアカデミック・センターは、アッパー・マンハッタンでの私たちと近隣住民との絆を強めてくれることでしょう。マンハッタンヴィルで世界レベルの学術研究や授業がおこなわれることで知的資本が増大し、ニューヨーク市がビジネス、金融、発案やイノベーションの国際的な中心地になるのを手助けすることでしょう。

計画はこれからも発展していきます。コミュニティからの提言に応えて、現在の計画では、周辺地区との調和がとれるように建物の高さに変更が加えられています。また、一般市民がよりアクセスしやすくなるよう、オープン・スペースをさらに西側に配置しなおしました。さらに私たちは、地元の開発組織とともに、近隣地区のための新たなコミュニティ提携やプログラムのかたちを探るべく、取り組みに努めてきました。現在、私たちは公的協議のため、ニューヨーク市の厳格な統一土地利用審査手続きに臨んでいます。

私たちは、大学や私たちのコミュニティ、私たちの市のそれぞれの未来にとって重要なプロジェクトへの積極的な市民参加を促す機会を歓迎します。マンハッタン北部が引きつづき、ローカル、ナショナル、インターナショナルのレベルで、この先の何世代もの人びとにとって、教育やさまざまな機会の中心でありつづけられること——それを私たちが保証するのを手助けするため、現在進行中のこの対話にみなさまが加わってくれることを私は望んでいます。

「私たち」とそれ以外の人びと——「近隣住民」「コミュニティ・リーダー」「コミュニティ」——との対比がまず目につく。最後の段落では奇妙にも、「私たちのコミュニティ」「私たちの市」という語が用いられて、「私たち」の所有格と「コミュニティ」が組み合わされているが、それ以外の箇所では「私たち」とは別の集団として「近隣住民」「コミュニティ」が描かれている。「コミュニティ」という語は、具体的になにをさすのか明確にならないまま、この短い文章の中で五回も登場している。

第二の特徴として、「私たち」と「近隣住民」とは対立するものとしてではなく、協力し合い、協調し、共同であゆみをともにするものとして描かれている。「私たちは近隣住民やコミュニティ・リーダーとともにさまざまな取り組みに努めてきました」。「私たちは、地元の開発組織とともに〔……〕取り組みに努めてきました」。ともに対等な立場で話し合い、合意形成を経て共有された未来にむかうコミュニティの存在を、読む者に想像させる文体なのである。

第三に、「近隣住民」の意見を取り入れてゆくコロンビア大学の姿が描き出されている。「コミュニティからの提言に応えて……」。「私たちは〔……〕積極的な市民参加を促す機会を歓迎します」。「……この対話にみなさまが加わってくれることを私は望んでいます」。住民は拒絶されるのでも排除されるのでもなく、迎え入れられる。提案、異議申し立て、抗議を含む住民の声は、表面的には受け入れられることになっている。

これらの特徴があいまって、ここに書かれた言葉は全体的に、非常に美しく、なめらかで、寛容な雰囲気をつくりだしている。そこには、対立や敵対の様子は見てとれない。ジェントリフィケーション、住民の追い立て、抑圧といった言葉で語られる現象からは程遠い姿が、この手紙には描かれている。また、大学の言葉に加えて、NAACP（全国有色人種地位向上協会）ニューヨーク・ローカル・ブランチのリーダーであるヘイゼル・N・デュークスや、アフリカン・アメリカンとして初のニューヨーク市長を務めたデイヴィッド・ディンキンズによる支援の声明が公表されている。[12] それらはすべて、明確に反対を表明する住民をというよりは、態度を決めかねている人びとや、より大きな影響力を持つであろういわゆる良識ある第三者を説得するために、公にされているように見える。

計画に反対する住民にとっては、右に見てきた言語表現が抑圧の形跡やしのびよる破壊を覆い隠す婉曲法に見えることは容易に想像できる。しかし、コロンビア大学にとっては、こうした住民の反対運動がどれほど敵意に満ちたものであっても、それがアメリカ社会の市民の大多数に対して説得力を持たないかぎり、直接の脅威にならない。大学にとっては、大多数の市民の反対、および裁判所の判断による計画の合法的中止がもっとも避けるべき脅威なのだ。そのことを考えると、このコロンビア大学総長による言葉がハーレムの住民に宛てられているわけではないことが見えてくる。コロンビア大学は、「コンセンサス」「コミュニティ」「市民参加」といった合州国の市民運動にしばしば登場し、またアメリカ民主主義の理念と共鳴する言語を用いて、より多くの、より一般的なアメリカ市民に向けて語ることで自らの計画を正当化しようとしているのだ。そうすることで、その言語表現はハーレムで用いられる日常言語表現からかけ離れるだけでなく、語られる内容もまたハーレムの日常生活からかけ離れてゆくことになる。

大学のとるこうした戦略は、いまや政府機関から企業にいたるまであらゆる組織が、一般的な対外戦略として採用しているものかもしれない。たとえば、スパイク・リーによるすぐれた映画『バンブーズルド *Bamboozled*』(二〇〇〇年)のなかでは、同様の戦略がすでに言い当てられている。白人が肌を黒く塗り、赤い口紅をさし、黒人に扮して演ずるミンストラル・ショーを、二十一世紀に復活させたらどうなるか、いやむしろそれが今日のテレビの現状なのではないか、という問いがこの映画の中心にある。

この映画は、黒人を白人による黒塗りの顔で登場させるコメディー番組をテレビ局がプロデュースするという設定のもとに展開する。あきらかに人種差別的なこのテレビ番組にクレームがついた際の対応として、あらかじめ話し合いが持たれ、諸々の対策が用意される場面が象徴的だ。俳優、カメラクルー、音響担当など黒人スタッフを多く起用すること、アフリカの民族衣装ケンテを身にまとうこと、番組について語る際は「コミュニティ」という語を多用すること、NAACPに寄付金を出すことなどが戦略として提案されるのである。

こうした戦略は、しかし、単に戦略を立てて実行に移す側だけの問題としては捉えきれない側面がある。大学による言語の公表が良識ある第三者にむけて発せられていることを考えるなら、それは境界の再設定と承認をおこなうための一種の儀礼として見ることもできる。境界の再設定には、社会的な承認が必要だから、共同体の儀礼行為がともなわれる。語る側（儀礼を執行するコロンビア大学）と語られる側（読むことによってそれに参加する者）は、この儀礼を通じ、はじめて共同作業に従事することになるのだ。

境界と文化コード

ここまで描写してきたハーレムとコロンビア大学とのあいだに引かれる境界は、すべて写真やイラスト、使用される言葉の内に顕在化したものだった。だが当然、境界はそうした表現のレベルでのみ顕在化するわけではない。表現されたものの内に読みとることの可能だった境界は、さらに見えにくい境界とどのように関係するのだろうか。そのことを考えるため、いまいちど冒頭の警備員との一件の記述に戻ってみたい。

コロンビア大学のキャンパス拡大計画は、大学がいかにしてハーレム的空間に「進出／侵入」してゆくかを示す出来事だったが、冒頭のエピソードはハーレム的要素がコロンビア大学の空間に「闖入」したときになにが起こるかを示している。

ここでの進出と闖入との使い分けは意図的なものである。進出はコロンビア大学側からの目線であり、一部住民にはそれは進入もしくは侵入と映るだろう。また、闖入も大学側からの目線であり、ハミッドには「訪問」でしかあり得ない。歴史学者ギルバート・オソフスキーが指摘したように、十九世紀後半から二十世紀初頭にかけてのハーレムでアフリカン・アメリカンの人口が増加した際、当時ハーレムの大多数を占めていた白人住民は、「ニグロの侵入 invasion」に対して闘いを挑むべきだとくり返し宣言した。オソフスキーは次のように書いている。

「黒人たちのハーレムへの移動を描写する言語――黒人たちを非難するのに、たとえば『侵入 invasion』『占領 captured』『黒人の大群 black hordes』『侵略者 invaders』『敵 enemy』という言葉が使用された――は、戦争の言語だった[13]」

境界の交渉のされ方とそのコンテクストとが、今日との比較でねじれていることを指摘しておきたい。十九世紀末から二十世紀初頭のハーレムの白人住民が、新たにやってきた黒人を撃退するべく死に物狂いで侮蔑的言語を駆使したのに対し、今日のコロンビア大学は、ハーレムの一部を手に入れるにあたって、少なくともプレゼンテーションを見るかぎり、寛容で気前のよい言語を駆使している。

では、本章冒頭の警備員との一件はどうか。大学キャンパスへの闖入はなにを教えてくれるだろうか。警備員とのやり取りは、時間にしてほんの六十秒ほどの出来事で、些細なことに見えるかもしれない。あるいは、私立大学の敷地内に身元不明のよそ者がいていれば、警備員がその人物を呼び止めるのは、ごくあたりまえのことだと考える者もいるかもしれない（それにしても、どのようにしてこの警備員は僕らがよそ者であると判断したのだろうか？）。しかし、このような一瞬の出来事が、歴史的にくり返され、現在でも多くのアフリカン・アメリカンにとって日常的であること、またこうした出来事を通常は差別として――多くの場合人種差別として――彼らが経験していることに注目してみたい。アフリカン・アメリカンにとって問題になるのは、まさにこのような一瞬の出来事、（部外者にとっては）些細なやり取り、（徴をつける側にとっては）ごくあたりまえに見える行為なのだ。

この種の経験は、アフリカン・アメリカンの語りのなかによりひろく見いだすことができる。たとえば、社会学者モニーク・M・テイラーによって近年書かれたハーレムの民族誌には、アフリカン・アメリカンの男性による次のような語りが見られる。中産階級に属し、現在ではハーレムに移り住んできた彼は、コロンビア大学のあるアッパー・ウェストサイドに暮らしていた頃の経験を振り返って、次のように述べる。

俺は高級アパートメントに住んでたんだ。エレベータに乗ると、お高くとまった白人の若造がやってきて言うんだ。「あなたこの建物でなにをしてるの？　誰に会いに来たの？」ってね。俺は奴らよりも長いことそこに住んでるのに、そういったことを毎日経験しなきゃならないんだ。「なぜあなたがこの建物にいるの？」とか訊いてくる奴らは、コロンビア大の大学院生だったりするんだ。

それで俺はそういうお決まりのくり返しに疲れちゃったんだ。白人中産階級の奴らとのそういった馬鹿げたやり取りにね。奴らは近くにいる人間に怯えてるんだ。とくに黒人にね。エレベータに乗って毎日奴らと顔を合わせてるのに、奴らは怯える。それが夜中の十二時だったりすると、もう奴らの手に負えない。わかるだろ。そういうことに疲れたんだよ。そういうのを経験することにね。それは俺の問題じゃないだろ。奴らの問題だ。奴らが変わろうとしないってのが問題なんだ。(14)

ハーレムでアフリカン・アメリカンの聞き取りをつづけていると、こうした語りに遭遇することは珍しくない。この語り手の男性はアッパー・ウェストサイドにあるアパートメントに長年暮らしていたにもかかわらず、その建物に所属していないであろう者、その場にふさわしくない者、よそ者と判断され、「ここでなにをしているの?」と問われる。彼にとって屈辱的なその質問を投げかけるのは、コロンビア大学に籍を置く白人の大学院生だという。ここでの対比は単純明快で、一方には、白人、中産階級、コロンビア大学、大学院生が、他方には、黒人、ハーレムが対置される。

瞬時によそ者として発見されるという意味で、テイラーの民族誌に記述された男性とハミッドとのあいだには共通点がある。だが、そこには差異もある。

第一に、右の男性の語りでは、視覚的に把握され得る人種的要素がより強調され、それが境界の顕在化の瞬間の主要な要素として取り出されている。しかし、ハミッドはコロンビア大学の建物内で唯一のアフリカン・アメリカンではなかった。ハミッドは、肌の色の薄いアフリカン・アメリカンであり、そのようなカテゴリーに合致する人間は周囲にもたくさんいた。ハミッドは、アフリカン・アメリカンだから、あるいは黒人だからという理由でよそ者として発見されたのではないということだ。彼が白人だったら呼びとめられなかったのではないかと考えることはできるが、ほかの黒人もいるなかで、なぜ彼だけが呼びとめられたのかという問いは残る。

それでも、たしかにハミッドは、いくつかのレベルで周囲にいた人間とは異なっていたかもしれない。たとえば、服装や年齢、見かけの違いから彼がよそ者扱いを受けたと考えることもできる。ハミッドが身につけていた服は、服装の身体に対するサイズ感や色使い、形などの点で、若い学生たちが好んで身につける服とはやはり微妙に違っていた——ハミッドは、どちらかと言えばダークで地味な色あいのものを、たっぷりとした大きめのサイズで着ることを好んだ。だが、微妙な違いはあっても、彼が極端に異なる格好をしていたわけではない。周囲の学生と同様、ハミッドもまたごく普通のジーンズとスニーカーを履き、シャツを着ていた。年齢という観点から見てみると、周りにいる若い学生と比べて、四十代であるハミッドは異なって見えたであろう。しかし、四十代の学生も数は少ないが大学にはいるし、教員や大学に勤めるスタッフ（清掃員や各種の受付係、建物の管理担当者など）のなかにはさらに年配の者もいる。年齢層自体はキャンパスでは多様であり、その事情は建物の中でも同様だった。

第二の違いは、テイラーの民族誌の男性がよそ者として見られていることに自覚的で、そうしたまなざしを不当な差別だと感じているのに対し、ハミッドは警備員に声をかけられたことを差別であり不当だと、少なくとも口に出しては言わない点である。これにはもちろん、二人の置かれている状況の違いが大きく関係している。右の男性はその建物に住んでいて、本来いるべき場所での不適切な質問に怒りを表明している。それに対して、ハミッドの場合はコロンビア大学に所属しているわけではない。それゆえに、ハミッドが警備員の態度に反論することはない。

一見するとあたりまえのこの単純な事実が、警備員の対応に疑問を投げかけにくくしている。「ハミッドは、もともと大学に籍を持たない訪問者であり、本来はそこにいるはずのない存在である、大学に籍を置く者と置かない者とのあいだの境界は自明で自然のものであり、よそ者がよそ者として見られるのは当然のことである、キャンパス内にまぎれたよそ者を見つけ出すのは警備員の仕事でもあり、そのおこないに非はなく正しい」という具合に。もし仮に、ハミッドがコロンビア大学付近のアパートメントに住んでいて、そこで警備員や住人によって同様な仕方で声をかけられたのであれば、テイラーの民族誌に登場する男性と同様にハミッドもまた抗議の声をあげただろうし、そうすることでなぜハミッドだけが声をかけられたのかという問いも生まれやすくなったであろう。

じっさい、コロンビア大学付近のアパートメントに僕が仮住まいしていたとき、訪ねてきたハミッドと彼の友人が入り口でドアマンに呼びとめられ、建物に入れてもらえないという出来事があった。ハミッドもその友人も、ともにアフリカン・アメリカン・ムスリムだった。ハミッドからの電話で事態を知り、階下におりていった僕に、彼らはドアマンと揉め、どれだけ不愉快な思いをしたかを怒りとともに語った。この場合、彼らは当然怒るだけの十分な理由があった。

コロンビア大学の警備員は、人種や階層、年齢ではないほかの要素によって、ハミッドのことを「よそ者」「この場にそぐわない存在」「非コロンビア大学的存在」として発見した。警備員は、なにを見て、なにを感じ取ったのだろうか。注目したのは、ハミッドのあるき方や身のこなし方だったかもしれないし、服の着こなし方や目つき、話し方だったかもしれない。あるいはそのすべてだったかもしれない。いずれにしても、その際の警備員による線引きは、既存の集合的範疇に基づいてではなく、より見えにくいなにか――日常語では「雰囲気」や「匂い」といった言葉で表現されるなにか――に基づいてなされたのだ。ハミッドはあきらかにそれとわかる異人や部外者としてというより、（根拠はよくわからないが違和感を与える）よそ者ないし異者として発見されたのである。

このように書くからと言って、ここでの問題が人種や階級の問題ではないと言いたいのではない。強調したいのは、警備員によるハミッドの発見は、人種、階級、年齢、性別といった、人を分類する際に用いられがちなすでに確立している範疇とは別のなにか、明確に言語化されたり、実体を持っていたりするわけではないなにかによってなされた、という点である。

この警備員が、ハミッドをどのような規準で選び出したのか——すなわちそのときの瞬時の判断、ほぼ無意識の判断を、当人がどのように後に振り返り語るのか——を、インタビューで尋ねることができたら興味深かったかもしれない。だが、仮に彼が「本心」のようなものを語ってくれたとしても、おそらくそこにあからさまな暴力のメカニズムを読みとることは難しいだろう。彼は自分の職務を遂行しているに過ぎない。そしてその職務の遂行は、直接的にあからさまな暴力に結びついているようには見えないのだから。

僕たちの方にむかってやってくるときの警備員の表情が頭から離れなかった。彼は言葉では、「どうしましたか?」という丁寧な言葉をかけた。しかし、それは物腰の柔らかい言い方でなされたわけではなかった。入ってはいけない場所に迷い込んだ不審者を見るような眼で、断固たる態度で、その言葉は発せられていた。境界線は、一瞬にして引かれた。この瞬間的出来事は、社会学者ピエール・ブルデューの言葉を借りれば、警備員自身の「非意識的」な態度を反映している。

同時にこの出来事は、ハミッドの「非意識的」な態度の切りかえをもあきらかにしている。ハミッドは、ハーレムの友人たちと話す際に用いる言語、発話の態度、ジェスチャーとはうって変わって、物腰の柔らかく丁寧な、ちょうど彼がビジネス上のやり取りをしている際に用いるような言葉と態度でその警備員に応答した。彼は、その後とくにこの出来事を問題にすることはなかったし、不満を口にすることもなかった。むしろハミッドは、この大学のキャンパスでくつろぎ、一息つき、よい刺激を得ると語った。ハミッドは、大学が多くの知的資源を所有していることを知っている。いくつもの図書館、いくつもの本と資料、幾人もの高名な教授たちが、その場所に集められていることを知っている。それが大きな力で守られ維持されていることも。

見えにくい暴力の探求にむけて

あらためてコロンビア大学のキャンパス拡大について触れたいと思う。ハミッドの異者としての発見は、彼のふるまい、態度、物腰、所作、身のこなし、ジェスチャー、全身からの雰囲気といったものに左右され、ハミッドが警備員に対応する際には態度の切りかえ、文化コードの切りかえが必要とされた。[15] そのことを考えるとき、キャンパス拡大によって変更を迫られるのは、建物などの物理的な外観や経済的状況だけでなく、その空間内でのふるまいや態度、ジェスチャー、所作、雰囲気のあり方であり、その人物の身体のあり方、生のあり方そのものだということがわかってくる。

キャンパス拡大によって直接立ち退きを迫られるのは約三百人（一三五世帯）の住民である。そして彼らは、しかるべき補償を受けるだろう。またその次の段階で、経済的な意味でのジェントリフィケーションがひろがる。新しく建てられたり改装されたりしたアパートメントの家賃が上がり、新たに暮らしはじめる人びとの階層や収入に呼応するかたちで、近隣地区の店舗の扱う商品やその価格設定が変わる。だがより根本的な変更は、別の次元でやってくる。寛容な言語によって万人を受け入れ、多様性を認めることを公言し自認しつつも、他方で招き入れた人びとに、ある特定のふるまい方を、密やかに、やわらかに求め、促し、導いてゆくこと——これがコロンビア大学のキャンパス拡大によって「結果的に」推し進められてゆくのだ。

大学がキャンパス拡大をもくろむ際に用いる言語は、「良識ある第三者」に宛てられ、法廷でも正当化の材料となり得るほどにすぐれて操作された制度的言語の典型例だった。それは、アメリカの民主主義の理念や市民運動の発想ときわめて親和性のある言語表現である。そして大学は、美しいイラストを確固たる「証拠」として用いることで、約束された未来にリアリティを持たせ、論理を説得的に見せている。提示された世界は、寛容で、すべての人にひらかれ、民衆のアクセスが容易で、人種的に混じりあった多様性の空間を想像させる。「コミュニティ保護のための連合（CPC）」などを中心にキャンパス拡大に反対する勢力もある。僕もCPCの集まりには何度か参加したし、キャンパス拡大によって直接影響を受ける第九地区のコミュニティ集会にも顔を出した。

拡大計画が正式な認可を得る以前の二〇〇四年春、ハーレムのセント・マリー教会で開かれたCPCのある日の集まりでは、たとえば次のような声が聞かれた。その場で取ったメモを頼りに、以下に要約してみる。

「コロンビア大学が提出してきた開発プランは、当初私たちが考えていたものより、さらに複雑なものだった。いまとなっては、地下に通路を作ることさえ計画しているらしい。私たちの見えないところでいろいろな策略が練られている。大学側が以前、住民にむけておこなったプレゼンテーションでは、住民による反対の声を聞いた大学総長のボリンジャーが、『我々のことを求めていないのであれば、我々は立ち去りますよ』と発言する一幕があった。それを何人もが耳にしている。もし本当にそう思うなら、出て行ってもらおう。

「コロンビア大学は、あらゆる力を使ってコミュニティ・ボード9にプレッシャーをかけてきている。私たちCPCも、コミュニティ・ボード9にプレッシャーをかけていく必要がある。ロバート・ジャクソンやビル・パーキンズといったこの地区の市議会議員にもプレッシャーをかける必要がある。いまのところ、彼らは大学側についている。もう少し多くの人を集めなければならない。

「コロンビアは市議会の場でも、コミュニティ・ボードの場でも、巧みな説明によって、いかにこの計画が地域にとってよいかという説明をするだろう。開発の結果、少なくとも約六百人が追い出されることになる。いま住んでいる人たちも『住宅保全開発局（HPD）』の計画によって、住居を守られていると思っているかもしれないが、コロンビアの案が通ればそれは無効になり、家を追い出されるだろう。当然、建物の所有者や家主は、現在の家賃より多くを支払ってくれるコロンビアに協力する。また、『環境影響報告書《インヴァイラメンタル・インパクト・ステートメント》』を出させる必要があるが、これも監視していないとトリックを使われる。『都市交通局（MTA）』は昔、テストの際に、スピードを緩めることで騒音のデータを書き換えた」

「コロンビアは現在、市内で二番目に大きな不動産でもある。これ以上の所有物件は必要ないはずだ。彼らは、私たちのような集団にはアプローチせず、住民ひとりひとりに個別に連絡をとり、交渉と侵略を進める。『分割して統治せよ』という典型的な戦略。コロンビアの人間が家の玄関にあらわれても、ノーと言いつづけるように。私たちが声をあげなければ、彼らは自分たちの思うように計画を進めていくでしょう」

もちろん、すでに述べたように、ハーレム住民が一様に反対しているわけではない。だが、ここには住民たちのあいだに長年にわたって蓄積してきた不信感とそこで培われざるを得なかった智恵とが、切実な声となって表明されているように思えた。

また別の日には、ハーレムの公営団地の一階にある集会場で、大学による説明会がおこなわれた。入り口がわからず少し遅れて到着すると、集会場はすでに満員だった。CPCやコミュニティ・ボードのメンバーを含め、多くの住民が参加していた。入り口付近にはいくつかのソファが置いてあり、部屋の中は安物の電燈でかろうじて明るさが保たれ、奥には扇風機が二台まわっている。天上からはハエ取りテープがぶら下がっていて、そこに多数のハエがからまっていた。

大学を代表してやってきた関係者は、パネルや模型、写真を用意し、それを使って住民に向けての説明をしていた。その説明はすべて、スペース前方に立つひとりの通訳によってスペイン語に翻訳されていた。聴衆には中年以上の住民が多いが、なかには若者もいる。多くの者が大学の説明に納得のいかない様子で、ときおり互いの顔を見合わせていた。

この日の大学関係者の数は見たところ六人ほどだったが、そのうちの二人が黒人だった。少しまえにおこなわれたコミュニティ・ボードでの説明会では、説明する側の大学関係者が全員白人かユダヤ人で、説明を聞き、疑問や異議を申し立てる住民側がほとんど黒人かラティーノという構図だった。そのことを考えると、大学は戦略的に黒人に今回の仕事を与えたように思えた。しばらく説明がつづいたあと、住民のひとりと大学関係者の黒人がやり取りをした。大学側の代表は、コロンビア大学が近隣地区に向けた教育プログラムを展開しており、そうした取り組みを通じて大学はコミュニティに貢献していることをしきりにアピールする。しばらくのアピールの末、それでも住民が納得しないと、最後には、「それでは、あなたはどんなプログラムがほしいのですか?」などと筋違いのことを口にし、ついには「コロンビアは地域に貢献しているんだ。コロンビアは住民を追い出そうとしているわけじゃない」と言ってのけた。

そのような言い訳がましい説明がなされるたびに、住民から非難の声があがった。少なくともここに集まる住民たちの、大学に対する不信感は根深いものだった。全身をつかって怒りをあらわにする者もあった。他方で、説明する側は、ほとんど冷静沈着だった。この場面だけが報道されたら、きっとそれを見た人の多くが「冷静さをうしない、感情にまかせて騒ぎ立てる群衆」と「罵声を浴びせられても理性的かつジェントルにふるまう少数のプロフェッショナル」という構図を見いだすのではないか。少なくとも僕だったら、そうしかねない。この構図は、しかし、誤りだ。両者のあいだに横たわる決定的な差異とズレとを見過ごしている。

叫ぶような声で強い表現をとるのは、あたりまえと言えばあたりまえかもしれない。そこにかかっているもの、失うかもしれないものの量も質も違っていた。苛烈なまでに違っていた。住民にとっては、自分だけでなく家族や友人や仲間との関係が、そうした関係をこれまで培い、これからも培いつづけるであろう生活の場全体が、したがって、全人生がかかっていた。ノコノコとやってきた部外者が「冷静になれ」「もっと言い方を考えろ」と言うのは、想像力の退屈なまでの欠如からくる戯言でしかない。

それでも、住民の側から、怒りと憤懣を抑制し、論理的で智恵に満たされた声が出たこともたしかだった。住民同士の声のかけ合いもあった。同じような質問がくり返されたときには、コミュニティ・ボードのメンバーでもあり、普段から集会を取り仕切ることの多い女性が介入し、「くり返しはなるべく避けましょう」と言って、大学に代わり答える場面もあった。ある住民が「結局、追い出された人はどうなるのか」

と質問した際には、その女性は「コロンビアはいろいろ言うかもしれないけれど、ひと言で言うと、彼らはこの場所を移らざるを得なくなる人たちのための場所は、どこにも用意していないのです」と短く代弁した。このとき、大学関係者は黙ったままだったように思う。

キャンパス拡大に反対する住民のブーイングやデモンストレーション、罵声、不平不満や懸念などの表明は、声のプレゼンスを示すことはできても、当面はコロンビア大学の制度的言語と同様の力を持つことはない。潜在的危機を鋭く察知する力を備え、何世代にもわたって培われ引き継がれた洞察力や智恵とそれを支える認識論とを持ち合わせる住民や活動家が、キャンパス拡大のもたらす結果についてすぐれた予見を提示し、正当な警告を発することはある。だがそうした非制度的言語は、コロンビア大学の言語以上に力強い効果を発揮することは起こりそうにない。

言語やふるまいにかかわる複数の異なるコードは、もちろん、ひとつの集団や個人の内に結びつきながら偏在している。コロンビア大学に所属を置く人間――たとえばボリンジャー総長――がいつも制度的な言語を駆使するのではない。あるいはハーレムの住人が制度的言語を用いないわけではない。たとえばハミッドは、警備員に呼びとめられたとき、瞬時に言語コードを変え、礼儀正しいマナーで応じた。公的な場面における特殊な話し方やふるまい方を見極める能力、自らの発言や所作が公の場に引き出され検証される可能性に気づく能力、ひとつのコードからほかのコードへと移行しながら言語を操る能力――こうした能力とそれによって（再）構成される感性、そしてそれに対応する技術が、境界をつくりだし、またつくりなおす。そして、そうした能力は、ジェントリフィケーションが加速すればするほどに求められてゆく。この仕組みはちょうど、新自由主義が台頭し、自由かつ平等な競争が叫ばれるほどに、すでにきわめて不均衡な世界システムのなかで基礎づけられた諸々の価値やそのもとでのみ成立する基準のなか、自己責任とともに主体的に競争に加わることを求められ（余儀なくされ）、決められた能力のみを要求される社会システムのデザインと類似している。

エスノグラフィの記述のなかで、将来の見通しを展開することは難しい。未来を学問的に見抜くことが難しいからではない。人類学の言説内における言語が、エスノグラファーが出会う予見的言語を対象として把握することはできても、それを言説内に取り込み、同調し、同意すること、それとともに思考を展開し、思考そのものを解きほぐすことに慣れていないからだ。近代西洋の認識論のもとで誕生しながら長らく非西洋世界を主たる対象としてきた人類学は、もちろん、ほかのどの人文社会科学の言説にも先立って認識論的反省を自らに課してきたし、その意味では隣接するどの学問分野よりも、ノイズとして処理されがちな叫び声や吃音に向きあい、いわゆる落ち穂拾いをつづけてきた。だがそれでも、予見や予言、予想を口にする者についての民族誌的報告は数多くあるけれど、具体的記述や分析を通じて予見され得る未来を示し、未来そのものに働きかける民族誌はそれほど多くない。コロンビア大学は、マンハッタンヴィルへのキャンパス拡大をほぼ確実になし遂げ、境界を引きなおし、近隣地区を書き換えてゆくだろう。どれほどの反対運動があったとしても。そして同時にジェントリフィケーションやそれにつづく立ち退き――直接的なものから、周囲の環境の変化や物価の上昇を理由とする間接的な立ち退きまで――が起こるだろう。それを想像するのは難しいことではない。

エスノグラフィは、しかし、じっさいにそれが起こるまで、その「証拠」を提示することができない。エスノグラフィにできるのは、きめ細かで丹念な記述と、人称変化をも含む対象との距離や関係への繊細さをともなった探求と、そうした探求のダイナミズムを支える認識論とによって、見えにくい暴力とそれをかたちづくる構造の諸力を明るみに出すことである。美しいスローガンとともにみごとなデザインを施され、またときには常識にのっとった文法に基づいてもっともな理論で武装し合意を求めてくる、静かでなめらかで避けがたい（そしてそれがゆえに致命的かもしれない）暴力の位置とそのメカニズムとを明るみに出すことである。

補論――コロンビア大学の反戦ティーチ・インにて

最後にもうひとつ、ある出来事を記述してみたい。この出来事は、ハーレムに直接関係するものではない。しかし、これはコロンビア大学で起きたことであり、これまで見てきた境界のあり方（あるいはその構造化のされ方）について多くのことを提供してくれるように思う。

ことの起こりは、二〇〇三年三月二十六日にコロンビア大学でおこなわれた、学生や教授たちによる反戦ティーチ・インだった。三月十九日にアメリカ軍がイラクへの爆撃を開始したことを受けて開催されたものだ。以下、このときの様子を、CNN、フォックス・ニューズ、『コロンビア・デイリー・スペクテーター』紙、『ニューヨーク・タイムズ』紙、『ニューヨーク・デイリー』紙、『ニューヨーク・ポスト』紙などのさまざまな報道から再構成してみる。

会場となったロウ図書館には、約三十人の教授と、学生を含む約三千人の聴衆が集まったと報告されている。招かれた発言者たちのなかに、コロンビア大学の文化人類学者ニコラス・デ・ジェノヴァの姿があった。主催者たちによれば、デ・ジェノヴァは当初予定されていた発言者ではなかった。別の人物が参加できなくなったため、急遽予定を埋め合わせるべく招かれたのだ。多くの発言者が反戦のメッセージを発したのと同様、デ・ジェノヴァもアメリカによるイラク攻撃に明確な反対の立場をとった。反戦か戦争支持かという点で見れば、デ・ジェノヴァとそのほかのスピーカーの発言とは、同じだった。しかし、デ・ジェノヴァの発言はほかと比べ、ある一点で際立ったものとして理解され、そしてそのことをめぐって彼自身も予測しなかったであろう反応を引き起こすことになったのだ。

当日のデ・ジェノヴァの発言がどのようなコンテクストのもとでなされたのか、完全には再現できない。いくつもの新聞、雑誌記事、テレビ報道がこの出来事を扱ったが、当日の彼の発言のすべてがあきらかになっているわけではない。だが、いくつもの報道が伝えているのは、彼が「個人的には百万のモガディシオを見たい。I personally would like to see a million Mogadishus.」と発言したという点である。(16)

この発言をティーチ・インの参加者たちがどのように受けとめ、「百万のモガディシオ」という言葉がなにを意味するものとして理解されたのか、必ずしもあきらかではない。ある報道によれば、それは「大方静かに見守られた」(17)とされているし、会場にいたほとんどの者が「意味がわからなかったのではないか」(18)という見解も出されている。

デ・ジェノヴァがこの言葉にどのような意味をこめたのか、いまとなっては確認のいる。

しようもないが、のちに彼はインタビューに答えて、その発言が「アメリカ兵の死を喜ぶものではない」と答えている。[19] また、この出来事からすでに十年以上が経過した二〇一五年現在、イギリスに拠点を移した彼自らが、これら一連の「騒動」についての著作を準備しているという。[20]

たしかなことは、翌日になると、英単語にしてわずか九語からなるこの一文が、アメリカ兵の死を喜ぶものとして理解され、強い非難にさらされた、ということだけである。『コロンビア・スペクテーター』等の大学新聞だけでなく、『ニューヨーク・タイムズ』紙やニューズデイ、CNN、FOXニューズといった各メディアによってもその発言は取りあげられ、「百万のモガディシオ」は、一九九三年にソマリアでおこなわれ、失敗に終わったアメリカ軍の作戦をさすものだとされた。映画『ブラックホーク・ダウン』（二〇〇一年、リドリー・スコット監督）の主題にもなったこの軍事作戦では、十八人のアメリカ兵と、正確な数はわからないがそれをはるかにしのぐ数のソマリア人民兵・市民が亡くなっている。人類学部の彼のオフィスには脅迫状が届き、非難の電話がつづいたという。[21] コロンビア大学に寄付をおこなっている卒業生からは抗議が寄せられ、デ・ジェノヴァを解雇しなければ寄付金を出さないという者もいた。[22] そして、これらの強い反応に対して大学側は、大学総長のリー・ボリンジャーによる声明の公表というかたちで応答する。ティーチ・インの三日後の三月二十九日に発表されたボリンジャーの声明は次のような内容だった。

何者かがそのような発言をしたということにショックを受けています。本大学の学問の自由の伝統ゆえに、通常私は教職員による発言についてコメントすることはありません。しかし、今回の件は一線を越えており、私はなにかを言う必要があると感じています。とりわけ私は、命を危険にさらしている人びとの家族のことを思い、悲しみを感じます。

ニコラス・デ・ジェノヴァ助教授は、ティーチ・インの場で一個人として話をしていました。彼は言論の自由の権利を行使していました。彼の発言は、コロンビア大学の視点を代表するものではけっしてありません。[23]

みごとに外交的な文章である。この文書による声明の発表の五日後の四月三日、ボリンジャーの声明は次のような文に姿を変える。メッセージは同様だが、さらに精緻で、巧妙に計算された文章になっている。

ニコラス・デ・ジェノヴァ助教授の非道な発言にぞっとしています。彼の発言が、私の見方や私が大学で話した人びととの見方をいっさい代表していないということを、みなさんに保証したいと思います。彼の発言は、教室ではなくティーチ・インという、教職員と学生が集まりそのときの緊急かつ重要な問題を話し合い議論する非公式の場でなされました。それは承認を得たり、公式に認可された教室での出来事ではありません。

デ・ジェノヴァ助教授は発言の際、言論の自由という権利を行使していました。しかし、言論の自由は、彼を批判から守るものではありません。大学の教職員や学生たちは、戦争に対する自分たちの意見にかかわらず、彼の発言に対し非難の声をあらわにしてきました。

ニコラス・デ・ジェノヴァの言葉は当然のごとく怒りと強い非難を呼び起こしましたが、大学のキャンパスでは思想や表現の自由ということ以上に大切なものはほとんどありません。それが憲法修正第一条の教えであり、私はそれがコロンビア大学で私たちがしたがう原則であるべきだと考えます。

戦争の渦中にあってアメリカ軍が危険な状況にあるときに、彼の発言はとくに憂慮すべきものです。とりわけ私は、命を危険にさらしている人びとの家族、彼の発言によって引き起こされた痛みに耐えなければならない家族の方々を思い、悲しみを感じます。(24)

デ・ジェノヴァの発言が保守派や退役軍人、戦争賛成派の強い反応を引き出したこと自体は驚くに値しない。またここでの目的は、ボリンジャーの声明を、大学を代表する立場として捉え、批評することではない。そうではなくて、ボリンジャーの声明を、ひとつの出来事として捉え、対象化してみたいのだ。

この出来事は、デ・ジェノヴァの発言、そしてそれに対する社会の反応への応答として文章を公共の場に提出する、という一連の行為によって成り立っている。それを通じて、コロンビア大学という場所でなにが許容され、許容されないかが交渉される。その意味でこの出来事は、「コロンビア大学的なもの」と「非コロンビア大学的なもの」、「大学」と「非大学」、「制度的なもの」と「非制度的なもの」とが衝突したことによって、不断に働きながらも通常は意識されることの少ないそれらのあいだの境界が顕在化した瞬間を、よくあらわしているように思えるのである。

最初に提出された声明で、ボリンジャーはまず「通常」は自分は教職員の発言についてコメントしないのだと明言している。通常はないはずの声明が発表されているということが、すでに事態の異常さを伝えており、その意味でこの言明は、ことの性質の再確認、再演出をはかっている。ボリンジャー個人にとってデ・ジェノヴァの発言が「一線を越え」たのではない。もしこの一件が、彼にとってのみ異常なことであるならば、声明を発表する必要はなく、個人的にデ・ジェノヴァに警告を言い渡せばすむ話である。結局のところ、デ・ジェノヴァはまだ終身在職権《テニュア》を取得していない助教授であり、力関係は明白である。だがこの声明は、公の目にあきらかになるかたちで披露された。この声明の文章を考え、作成し、承認した者たち（もしかすると、声明の作成者はボリンジャーだけではないかもしれない）が、これならばデ・ジェノヴァの発言に反感を持った者やいわゆる良識ある第三者の批判をかわすことができるだろうと考えた原稿なのである。

　ことの異常さを告げたあとにつづく、「今回の件は一線を越えており」というボリンジャーの表現は、潜在的な境界の存在を示唆している。「一線を越え」るという行為の主語（主体）である「今回の件」が、具体的になにをさすのかは必ずしも明言されていないが、そのあとにつづく文章から、デ・ジェノヴァの発言内容――そのなかの例の一文――であることがわかる。しかし、彼の発言内容がなんの（あるいはなにとなにのあいだの）一線を越えたのか、その一線とはなんであるのかが明言されていない。「一線を越え」るという表現は、もちろん英語圏で日常的に用いられる言いまわしだが、まさにそれがゆえに、それぞれの語がなにをさすのかが必ずしも厳密に示されないまま、理解、伝達、共有されている（と信じられている）のだ。

　ここでは、表現の意味内容の共有が信じられているという事実に注目したい。書き手は、この表現によって、なにがどのような一線を越えたのかが理解されると信じ、読み手の大多数は、それを理解したと信じているのだ。その意味でボリンジャーによる声明は、普段は明文化されることのない暗黙の了解——ある種のコードや規範——が侵犯されたことを告げると同時に、そうした了解事項の存在を確認し、それに対する信仰を再生産することに寄与している。

この種の信仰のコミュニティの存在を（再）確認すること——それがボリンジャーの声明がおこなっていることである。この声明の公表は、だから、儀礼的機能を果たしている。公の場所で侵犯行為が確認され非難されることで、信仰のコミュニティの存在が演出されるのである。

他方、デ・ジェノヴァの侵犯について、ここではさらに三つの点を短く指摘しておきたい。第一に、デ・ジェノヴァは物理的力によって侵犯をおこなったわけではない。道具や身体を用いて物理的な危害を加えたわけではないのだ。ただ言語によってのみ、それもごくわずかな単語の連結によって、彼は侵犯行為者にさせられたのである。第二に、デ・ジェノヴァの言語は、告発のための言語であった。アメリカ軍によるイラクへの攻撃——強大な物理的暴力——を非難し告発する目的を持った言語が、一転して侵犯行為として同定されたことになる。第三に、彼の発言は、文書として固定化され報道されたことを契機にして、潜在的に了解されていたルール、法、慣習を犯したと理解されていった。より正確に言えば、報道を契機にして、潜在的なルールが明るみに出たのである。

ボリンジャーの声明がデ・ジェノヴァから距離をとり、批判しているからといって、彼の発言を排除していると考えるのは誤りである。声明は、第一、第二ともに、デ・

ジェノヴァが「個人」として発言をしたこと、そして彼が「言論の自由」を行使していたことにも言及している。その点をさらに詳しく解説している第二の声明によると、デ・ジェノヴァの発言は、「憲法修正第一条」の観点から守られるべきだという。たしかにデ・ジェノヴァは「一線を越え」、あるルール、ある法、ある慣習を犯したが、彼は合州国憲法に照らして保護されるべきだ、というのがボリンジャーの主張である。もちろんこれは、この紛争が法廷に持ち込まれたときのための、大学側の戦略と見ることもできよう。仮に、デ・ジェノヴァが「これは個人的な発言ですが」と最初に明確な断りをいれていたとしても、あるいは「私はこれから言論の自由を行使して次の発言をおこないます」と宣言していたとしても、ヒステリックな反応が起きなかったとは考えにくい。また、この声明が出されたことで、各方面からのデ・ジェノヴァに対する非難がおさまるわけではない。事実、ボリンジャーは、「言論の自由は、彼を批判から守るものではありません」と述べている。非難の標的であるデ・ジェノヴァとの差異化をはかり、批判者とともに倫理的な非難をすること、しかし同時に、批判者たちに敵対することなく彼らの解雇の要求を法に照らしたかたちで拒絶すること――これが（ボリンジャーの意図がどのようなものであれ）彼によって署名された声明がおこなっていることである。そしてその声明は、デ・ジェノヴァの侵犯行為を、表立って排除するのではなく、コロンビア大学の空間内に、ひいてはアメリカの社会空間のなかに位置づけなおしているのだ。

　ティーチ・インの場での発言の問題化とそれにつづくヒステリックな反応、そして大学総長の声明は、いずれも境界の顕在化というテーマにかかわる問題だと言える。この一連の出来事が僕の関心を惹いたのは、コロンビア大学から数ブロック離れたハーレムのストリートや集会場、あるいは教会やモスクでは問題にならないであろう発話行為が、コロンビア大学ではかくも激しい反応をひき起こしたからである。それは二つの異なる世界のあいだに潜在する境界が顕在化した瞬間だった。

この境界が隔てているものは、コロンビア大学に所属する者とそうでない者との違いではない。デ・ジェノヴァはコロンビア大学に所属を置く助教授であって、コロンビア大学へのメンバーシップが問題となっているのではないということである。コロンビア大学を構成するメンバーが、明文化されていない暗黙のルールに違反したというのがこの出来事であり、その際に顕在化した境界は、コロンビア大学とその外部空間とのあいだに生じたのではなく、二つの異なる言語のあいだに生じたのだ。もちろんここでいう二つの異なる言語とは、言語体系ということではない。デ・ジェノヴァの話した言語も、その批判者の言語も、またボリンジャーの声明も、すべて同じ現代英語文法にのっとって発話され、書かれた。二つのレベルの衝突は、制度的言語と非制度的言語とでも呼べるような、ひとつの言語内に存在する異なる様態のあいだに生じたのだった。

バラク・オバマ大統領がまだ現職に就くまえ、彼の通う教会のジェレマイア・ライト牧師が「白人・アメリカ敵視」の発言をくり返していたとして問題視されたことがある。黒人教会では許容され、受けとめられていた発言が、全国ネットに流れると「問題発言」となり、非難の対象になる。それ自体は珍しいことではない。それでも気にかかる。デ・ジェノヴァの発言を許容しなかった空間に、はたしてアフリカン・アメリカンたちのストリート的言葉のやり取りが入り込む余地はあるのだろうか、ハーレムで出会った人びとの居場所はあるのだろうか、と。

大学キャンパスでくつろぐことができると語ったハミッドが、ハーレムの仲間内では通用する「人種的発言」を省察してみせたのは、その場所では文化コードを切りかえる必要があることを意識したからではなかっただろうか。そして、そうだとすると、複数の言語コードや文化コードを、その求められるものに応じて器用に乗りこなす技に長けた人のみが許容される空間とは、いったいどのようなものなのだろうか。

第五章

先送りされるコミュニティ

——アブドゥッラーの夢とディレンマ

挫かれた夢はどうなるんだい？

乾いてしなびてしまうのかな
陽にさらされた干しブドウのように？
それとも傷口のように膿むのかい——
それでやがて走って消えてゆくのかな？
腐朽した肉のように臭うんだろうか？
それとも糖分のかたまりが周りを覆うのかな——
濃厚な甘菓子のように？
もしかするとそれはたわむのかもね
重たい荷物のように。

あるいはそれは爆発するんだろうか？

Langston Hughes "Harlem (Dream Deferred)"

アブドゥッラーの夢とムスリム・ソサエティ・オブ・ハーレム

アブドゥッラーの夢は、より善きコミュニティを築くことだった。誠実なアフリカン・アメリカン・ムスリムである彼は、そのための努力を惜しまない。いつだって彼は、コミュニティが必要としていることに応えようとしてきたし、助けを求める者を支え、イスラームを説きながら生きることは、彼の望むことだった。

だからこそ彼は、「ムスリム・ソサエティ・オブ・ハーレム」という組織をつくった。僕がアブドゥッラーに出会う一年ほどまえのことだ。のちにそれは、シスター・アイシャの立ち上げた別組織「ビラリアン・プロジェクト」と合流し、「ムスリム・ソサエティ・オブ・ハーレム&ビラリアン・プロジェクト（以下、ムスリム・ソサエティ）」と呼ばれる組織になった。組織のパンフレットによると、ムスリム・ソサエティは「信仰に基づく組織」であり、「ニューヨークの男性や女性、子ども、家族に、資源や手引き、援助を提供しよう」と活動しているという。

しかし、二〇〇三年から二〇〇四年にかけて、アブドゥッラーに奇妙なことが起こる。より善きコミュニティを築くという彼の夢が、実現しつつあった矢先に崩れ去っていったのだ。

二〇〇三年の夏、コミュニティに尽くそうというアブドゥッラーの取り組みは、ひとつの頂点を迎えていた。彼の築いた組織のもと、長年の生徒指導経験を持つドクター・イシュマエルがハーレムの子どもたちを対象に、週一度の教育プログラムをスタートさせたのだ。それは、「サマー・ユース・プログラム」と呼ばれた。ムスリム・ソサエティのミーティングの際、イシュマエルは、こうした教育プログラムがハーレムのようなコミュニティでいかに重要であるかを語った。

「多くの子どもたちが、夏のあいだに学校で習ったことを忘れてしまうのです」

四十代後半で背は高くないが大きな体格のイシュマエルは、しゃがれた声でゆっくりとそう言った。毎週日曜日におこなわれるムスリム・ソサエティのミーティングには、常連である参加者と数名の来訪者が集まる。しかしその日は、この教育プログラムに興味を持った数名の親たちが、話を聞こうと参加していた。

「このサマー・ユース・プログラムを通じて、子どもたちが習ったことを忘れないようにすることができます」

イシュマエルはそうつづけた。

「基本的には、私たちは子どもに学習方法というものを教えていきます。このプログラムを通じて私たちは、子どもたちが刑務所に送られたり、手錠をかけられたりするのを防ぐことができるのです」

彼が話しおえるとすぐに、集まった参加者から多くのコメントや質問が寄せられた。

「僕はこういうプログラムを高く評価しています」

若いムスリムの男性が言った。この男性は、先日、ハーレム・ギャラリーでおこなわれたムスリム・ソサエティ主催のイベントで、ラップ・グループを率いてパフォーマンスを披露した者だった。小さな子どもたちを持つ父親でもある。

「とても前向きなことだと思います。自分の経験からも、そして僕の子どもたちの経験からも、学校で受ける試験は子どもを落第させることを意図しているのがわかるんです。そうでしょ? だから、こういうプログラムが僕らの子どもたちには必要なんです」

ミーティング中にいつも的確で賢い提案や助言をもたらすサディークが、別の観点からコメントする。

「プログラムに必要な予算を具体的な数で示しておいた方がよいだろうと私は思います。財源があるなら、それについても紙に書いて示した方がよいと思う。そうすれば、このプログラムを支援したいと思っている人がお金を提供しやすくなると思うんです」

サディークは、この教育プログラムをどのようにして維持し、前進させてゆくかに心を砕いていた。サディークは普段から、「ハーレムにおけるビジネス文化の欠如」を指摘していて、助成金なしでこの種のプログラムを継続してゆくことは、不可能とは言わないまでも、困難をともなうと考えたのだ。

もうひとり別のアフリカン・アメリカン・ムスリムの男性が、立ち上がって部屋の全員にむけて発言する。シェイク(長老)・カリッドだ。七十代で少しばかり首と腰の曲がった彼は、南部訛りで言った——自分の世代の人間は文字の読み書きもできなかった、だからこうして読み書きを学習する機会を若い人たちに与えるプログラムをつくることはすばらしいことだ、と。

「授業が具体的にどんなものになるのか知りたいんですが……」部屋にいたアフリカン・アメリカンの女性がそう問いかけた。彼女はムスリムではないが、このサマー・プログラムに興味を抱いているようだった。

イシュマエルが質問に応じる。

「授業のプログラムはクルアーンに基づくものです。しかし、ムスリムの子どもたちだけを対象とするのではありません。すべての人が参加することができます」

常連メンバーと新たな来訪者とを含め、部屋にいたほとんどすべての人が、自分たちのコミュニティの子どもや若者について懸念を表明していた。そして全員がこの場所になにかをもたらそうとしていた。彼らの言葉や仕草のやり取りからは、コミュニティについて彼らがある種の危機感や危機意識を共有していることが読みとれたし、その意味でこの一連のやり取りは、それを見る者に互いのつながりや結びつきを確信させるようなものだった。

しかし、この夏の教育プログラムとそれにつづく組織のミーティングを通じて、参加者のあいだでいくつかの衝突が起き、アブドゥッラーとアイシャは、組織の代表として責任を取らざるを得なくなる。アブドゥッラーは幾人かのメンバーを怒らせる発言をしたと非難され、アイシャはやはりメンバーの幾人かの心情を害したと責められた。

以下、組織内の衝突や対立、齟齬が明るみに出た場面をとりあげ、そこでのディスコミュニケーションのあり方を描写してみたい。とかく否定的に見られがちな、集団内におけるディスコミュニケーションの様態を描くことは、ときとして隠蔽され無視されるそれらの役割や重要性について教えてくれるようにも思う。集団間のコミュニケーションの向上——たとえばコミュニケーション・スキルの向上、テクノロジーの革新、ディベートや議論の洗練化、誤解の排除など——を通じてより善き人間関係やコミュニティを確立できるとする立場から考えれば、ディスコミュニケーションの要素は障害としてのみ認識されるかもしれない。喧嘩や諍い、誤解や偏見、紛争や差別などの現象も、ディスコミュニケーションをなくし、コミュニケーションを向上させれば解決に近づく、ということになるのだろう。

だが、ディスコミュニケーションに関する異なる見解が、すでに哲学者の鶴見俊輔によって示されている。(1) ジョン・デューイのコミュニケーション理論を注意深く検討したあと、鶴見はデューイに抗して述べている。ディスコミュニケーションを排除しようとする試みは、それを否定しタブー視することで完璧なコミュニケーションが存在し得るという幻想をもたらす、と。鶴見の議論は、ディスコミュニケーションをコミュニケーションの不可避かつ必要なプロセスとして捉える点で注目に値する。「人間が二人以上あるところには、かならずディスコミュニケーションが根づよく存在している。人間にとっての根本的状態は、コミュニケーションである以上にディスコミュニケーションである(2)」

鶴見にとって、ディスコミュニケーションの要素は必ずしも否定的に捉えられるものではない。それゆえ、彼はこうも書く。「ディスコミュニケーション(あるいは、コミュニケーションのない状態)は、しばしば、思索の跳躍を助ける。科学においても、芸術においても、その最前線にたつ仕事は、通信可能物 communicables の領域をひろげて行くと同時に、それに呼応してもやもやと心の中にわき自己じしんにしか通用せぬ新来の私的記号 personal symbols をふやすことによって、通信不可能物 incommunicables の領域をひろげて行く。これら二つの領域のあいだのダイナミックな相互作用が、人間の思索におけるもっとも重大なきっかけをつくるのである(3)」

ディスコミュニケーションの重要性への着目やデューイの理論への批判を通じての鶴見のねらいは、「信念」(と彼が呼ぶもの)にかかわる合理的な言語交換以外に、別のコミュニケーションのあり方の可能性を探ることにあった。衝突が生じた際の合理的な説得に関して、デューイの楽観的な考え方を批判しながら彼は言う。

「〔……〕重大な意見の衝突がある場合、その衝突は多分に信念の相違だけからおこるものでなく、態度の相違からも由来する。態度の相違をとりのぞくか、あるいは一時的に融和させるには、その態度の支えとなっている信念の体系を『理性的』方法によってかえることでは足りず、『情動的』方法が必要とされる(4)」

鶴見は「情動的」なコミュニケーションの方法がディスコミュニケーションを完全に除去するとは考えていない。また、「態度」にかかわる「情動的」なコミュニケーションがよりすぐれていると考えているわけでもない。そうではなく、鶴見による「信念」と「態度」、そして「合理的」と「情動的」の対比は、過度に主知主義的なコミュニケーションの理解を避けるための試みなのだ。それを避けることによって、コミュニケーションの成功や失敗として単純に理解されがちな諸現象を捉えなおすことが可能になる。たとえば、沈黙してただかたわらにいることがもっともかけがえのないコミュニケーションを生むことや、情報を常時円滑に広範にわたってゆきわたらせることがかえってコミュニケーションを阻害することなどが視野に入る。つまり、発話と沈黙、理解と誤解、翻訳と誤訳、接合と切断、融合と分裂、連帯と対立、情報の増大と縮減などの現象を、成功と失敗の二分法を超えて捉える可能性が出てくるのである。

　こうした捉え方を参照軸に、集団内で起きたディスコミュニケーションを描いてみよう。そして、衝突や齟齬、コミュニケーションの失敗の描写と解釈を通じて、逆説的な言い方だが、どのような人と人とのつながりや連なり、コミュニティ（のあり方）が獲得されたのか、され得るのかをあきらかにしてみたい。

スターたちの集まり

　二〇〇三年六月のある日——時計は午後四時をさしていて、外はまだ明るい。

　僕は、ハーレムの七番街にある小ぎれいなギャラリーに到着した。一一六丁目で出会ったムスリムの幾人かが、ここでイベントがおこなわれると教えてくれたのだ。最近になって改装されたらしいその建物は、暖かく穏やかな雰囲気に満たされ、隣のブロックの廃墟化した建物や壊れた窓、崩れた歩道、無残にも投げ捨てられ、忘れられたかのようなゴミの群れなどと鋭いコントラストをなしていた。

　ギャラリーの中では食べ物がビュッフェ形式で提供されていた。鶏肉料理の肉汁やマック＆チーズの匂いが充満し、食欲を刺激してくる。色彩豊かなヒジャーブを付けた数名のムスリムのシスターたちがビュッフェの背後に立ち、食事の盛り付けを手伝っていた。

ステージの横でマイクを手にしているのは、この部屋でもっとも背が高く痩せた男性だった。整った顔立ちで、背筋を伸ばして立つ姿が若き日のマルコム・Xに似ている。男性は、食べ物を盛った皿を手にすでに席についた来訪者たちにむかって、「ア・サラーム・アレイクム」と歓迎のあいさつを述べた。

彼は落ち着いた、友好的なやり方で皆に語りかけ、室内にリラックスした雰囲気をつくりだした。そして、この集まりのことをこんな風に語った。

「この集会を、『スターたちの集まり《ア・ギャザリング・オブ・ザ・スターズ》』と名づけました。私たちの周りには、私たちのコミュニティのメンバーには、文字どおり輝ける人《スター》がいるからです。スターとは、私たちの祖母や祖父、母や父、子どもたちであり、このコミュニティを築くために奮闘を重ねてきた先駆者たちのことです。このスターたちは、必ずしも有名ではないかもしれない。けれども彼らは、このコミュニティに寄与してきた。そういう意味でスターなのです。そうしたスターたちを呼んで、彼らを祝福し、感謝と敬意の気持ちを伝えるために今回のイベントを企画したのです」

高名な大物スターを称賛するのではない。ごく普通の生活者をこそリスペクトし、大切にしたい。自らの生活の基盤となるコミュニティをつくり、守り、維持し、継承してゆく地道な作業を、ごくありふれた普通の人間として身近なところからなしてゆこう。そうした営みを一部の高名なコミュニティ・リーダーや宗教家や政治家だけに委ねてはいけないのだ——そんな想いがやわらかな言葉で語られているように思えた。

やがて各々のパフォーマンスがはじまった。ブラザー・カリームが参加者のまえに立った。彼はこのイベントについて教えてくれたひとりだ。五十代のカリームは、途中でつかえながらも、しゃがれた声でゆっくりと自作の詩を読みあげる。それは彼がもっとも尊敬するイマームについての詩だった。

安らかに眠ってください、イマーム・ラシード
あなたは懸命に働いてきたのだから
あなたは神につかえる戦士だった
土台をつくる作業は終わった、あなたの努力のおかげで
あなたがいることで、私たちにはなすべきことがわかるのだ

カリームによれば、マスジッド・マルコム・シャバーズにかつて在籍し活動したそのイマームは本物の戦士であり先駆者だったという。いまではそのイマームは亡くなり、カリームは彼を追悼していた。

つづいてシェイク・カリッド――彼もまた僕にこのイベントについて教えてくれたひとりだ――がまえに立ち、やはり自作の詩を音楽に合わせて歌いあげた。今日の彼は、グレーのスーツに身を包み、白いハットを被っている。そのスタイルのせいか、いつもに輪をかけてクールで若々しく見えた。別のムスリムの男性の弾く電子ピアノの音にともなわれ、彼の南部訛りの肉声が場内に響く。南部州での過酷な労働を逃れてニューヨークにやってきたカリッドはいま、神を讃え、人生の豊かさを謳っていた。ときとして過剰にも見えるその称讃の背後に、どのような経験があったのか、想いを巡らせながら僕は耳を傾けた。

歳若い父親のソニーは、自分のラップ・グループをつくり、そのグループとともにオリジナルの曲を演奏した。いわゆるギャングスタ・ラップと比べるとはるかにソフ

トなそのライムは、それでも家族の価値や平和、正義をテーマとしたメッセージを伝えていた。

パフォーマンスのあと、集まりの進行役を務めてきた先の長身の男性が、会場の全員にむかって四十代くらいのずっしりと太った男性を紹介した。ドクター・イシュマエルという名前で紹介されたその男性は、この集まりのもうひとつの目的について語った。それは、「サマー・ユース・プログラム」と呼ばれる夏の教育プログラムをひろく紹介することだった。今回のイベントは、そのプログラムのための資金調達《ファンド・レイジング》も兼ねているという。イシュマエルは、ムスリムと非ムスリムの子どもたちがともに参加できる教育プログラムを準備してきたと言ったうえで、プログラムの理念や計画について手短に語り、その中身が「クルアーンに基づくものだ」と語った。

集まりが終わりに近づくと、人びとは徐々に席を立ち、その場をあとにした。幾人かが残り、おしゃべりに興じていた。僕はこの集まりに誘ってくれたカリームやカリッドと言葉を交わし、このイベントを組織した先の男性に話しかけるため、しばらく部屋の中に残った。そして、ほとんどの人が建物の外に出た頃、彼に話しかけ、彼の名前がアブドゥッラーで、ムスリム・ソサエティ・オブ・ハーレムという組織を運営しているということを知った。僕らは外に出てさらに話をつづけた。

外は陽が落ち、暗くなりはじめていた。建物の入り口まえに立つと、ふたたびこのギャラリーと周囲の廃墟化した建物との鋭い対比に強くひっぱたかれる感触があった。ドラッグの取り引きに使われるとしばしば噂される廃墟ビルは、コミュニティの荒廃が叫ばれだした一九七〇年代頃からずっと手つかずのままそこにあるかのようだ。ストリートに放置されたゴミは、最低でも一年以上は動かされることなくそこにあるのではないか。なにか別のことにも意識を奪われたが、それが具体的になんなのか思いつくまえに声をかけられた。

「あなたが帰ってしまうまえに、話をしたかったのよ」

四十代くらいに見えるムスリムの女性が、アブドゥッラーと僕が話しているところにやってきてそう言った（本当は彼女が六十歳になるということをあとから知って驚いた）。アイシャと名乗るその女性は、ムスリム・ソサエティの共同代表で、組織母体の半分に相当する「ビラリアン・プロジェクト」のオーガナイザーなのだという。短い言葉のやり取りのあと、僕らは連絡先を交換しあった。そして帰る頃になると、アブドゥッラーとアイシャは、毎週日曜日におこなわれている組織のミーティングに誘ってくれた。その会合は、ハーレムの目抜き通りである一二五丁目のステイト・オフィス・ビルディングで開かれているという。次のその会合に顔を出すことを約束して、僕はその場をあとにした。

自宅に戻りながら、僕はギャラリーでのことについて想いをめぐらせていた。集まってきた彼、彼女たちは皆、このコミュニティをより善くするために苦闘を重ねた人びとを忘れないよう、彼らのことを追悼し、想い起こしていた。追悼する者も、されるる者も、いわゆる高名なリーダーではない。ハーレムに生きたごく普通のアフリカン・アメリカン・ムスリムだった。彼らの生が記録され、アーカイヴ化され、公的領域に保存される可能性は低い。彼らの言葉が再現される可能性も低く、忘却され、消失する可能性の方が高かった。ギャラリーでの小さな試みは、記憶と忘却のそうした恣意的な方向づけのなかでかろうじて身をよじる抵抗のようにも思えた。同時に、ギャラリーの外に散乱したゴミと忘れられたかのような廃墟ビルが、僕の脳裏に何度も蘇った。その投棄された残余物を通じて、アフリカン・アメリカン・ムスリムの男性ハニフが以前に語った言葉を想い出した。

そのとき、ハニフと僕は、ほかの数名のムスリム・ブラザーたちとともにハーレムのセント・ニコラス・アヴェニュー沿いにある床屋で話に熱中していた。ハミッドの床屋から数ブロック離れた、もうひとつのたまり場だった。そこで、これからダウンタウンのグリニッジ・ヴィレッジあたりにくり出そうかと計画を立てていたのだ。時間は夜中の一時頃だった。しばらくして外に出て、床屋のむかいのストリートに停めてあるハニフの車の方に彼と二人であるいてゆくと、車の周りで四、五人の若い男たちが群れて遊んでいるのが眼に入った。僕らが近寄ると、男たちは素早くその場をあとにした。周囲は暗く、遠くからはよく見えなかったが、やがて車の上や周囲に「ゲットー・チャイニーズ」と呼ばれるテイクアウトしたファストフード中華料理の残飯が捨て置かれているのがわかった。男たちはすでに僕らから遠ざかり、一ブロックほど先にいた。ハニフは、若者たちに抗議することもなく、またとくに驚きもみせず、ただあきらめたように首を横に振って言った。

「みんなコミュニティへの気遣いってものがないんだよ。みんな関心がないんだ。彼らは自分のコミュニティを傷つけてる。彼らには配慮ってもんがないんだよ」

ハニフはこのコミュニティの人びとのあいだに存在する無関心をはっきりと指摘していた。もちろん、ここで遭遇した数名の若者がこのコミュニティを代表しているわけではない。それはハニフにもよくわかっていることだった。しかし、このときの彼にとっては、若者たちの行動はコミュニティ全体を象徴するようなものにうつった。

彼にとっての問題は、自分の属するコミュニティの環境を、自分たちの手で汚し、壊し、手荒に扱ってしまうような人びとの「心の習慣」であった。ギャラリーから出てきて、ギャラリー内の空間を埋め尽くしていた配慮とストリートの残余物との対比を眼にしたときに脳裏をかすめたのは、ハニフによるこのような無関心の指摘を耳にしていたからかもしれない。

ハーレムに蔓延《はびこ》るとされるこうした無関心は、僕の出会ったアフリカン・アメリカンのムスリムたちの多くが同様に指摘する問題だった。「ハーレムはかつて本物のハーレムだったんだ。いまおまえが見てんのは偽物だよ」。すでに書いたように、マーシャル・アーツの武道家であるアリは憤慨しながらくり返しそう語っていた。かつてはあったハーレムのコミュニティとしての結びつき、支え合い、気遣い、それらが失われてしまったことをアリは何度も嘆き、強い不満を口にしていた。床屋を営むハミッドもまた、ハーレムが様変わりしてしまったことを指摘した。「ハーレムのストリートは、六〇年代はすごくきれいだったんだ。だから、文字通りストリートに落ちたものを拾って食べることだってできたんだ」と彼は言った。ハミッドにとって、荒れて汚れたストリートに散乱するゴミは、単に道が汚いということを意味するのではない。また、スラムやゲットーの、ときに勇ましく誇らしげで、ときに非難と蔑みと改良の対象であるような象徴や、すでに記号化されたハーレムの表象などでもない。それは、そこに暮らす人びとのお互いへの配慮や思いやりの喪失を象徴するものだ。

また、こうした無関心の認識は、ムスリムだけによってなされるものではないし、最近になって顕著に聞かれる声というわけでもなかった。たとえば、ハーレムに生まれ育った作家ジェイムズ・ボールドウィンは、一九六〇年代のハーレムにおける無関心について言及している。代表作のひとつ『もうひとつの国』（一九六二年初刊）のなかで、彼は暗いトーンで書いている。

かつてはみんなここにある家を大切に思っていたのだ――それが違いだった。みんなこのアヴェニューを歩くことに誇りを感じていた。かつてここは人の生活の場だった。今では牢獄だ。

今では誰も気に懸けていなかった。この無関心がこのゲットーと本土とを結びつける唯一のものだった。今となってはすべてが崩壊していっているのに、持ち主は気にしていなかった。誰も気に懸けていないのだ。それぞれ濃紺や茶色や赤褐色などさまざまな色をしたストリートの美しい子どもたちは、窓や花にかすかに降りた霜のように、冷たい風を受けてみんな顔や足にグレーの灰をかぶったかのようだったが、彼らもまた、誰も自分たちの美しさに気づかないということを、気に懸けてはいなかった。大人は、重い足取りの大きな黒人の女たちも、すり足で歩く細身の男たちも、教訓を言ったり自らが実例となったりすることで、気に懸け配慮することと配慮しないことがどんな意味を持つかを彼らに教えていた。教訓がどれほど毎日のように破られても、実例だけは残り、ストリートを行ったり来たりしていた。(5)

ボールドウィンの作品のなかでは、六〇年代のハーレムがそれ以前の状況と比較されている。想像された過去のハーレムがいつごろ失われたのかは、ここでは問題ではない。また、ハーレムの人びとがじっさいに無関心だったのかどうかもここでは問わない。「昔はよかった」という語り口を歴史への言及のなかに見いだし、鬼の首でも取ったかのように、それはノスタルジアだ、理想主義だ、と指摘するのは、ときに必要なこととは言え、じつに簡単なことだからだ。それよりもここでは、ボールドウィンの六〇年代前半の文章が、すでにハーレムの喪失や人びとの無関心を描いている点に注目したい。フィールドで出会った人びとは、二〇〇〇年代のハーレムを語る際に、六〇、七〇年代と比較し、それがうしなわれ、無関心で覆い尽くされた地区として語る。しかし、ボールドウィンはまったく同じ仕方で、六〇年代のハーレムをさらにまえの時代との比較で語っていたということになる。

語り方はそれぞれに異なる。しかし、自分たちのコミュニティについての語り口に、少なくとも二つの共通点を見いだすことができる。第一に、コミュニティは過去との比較で現在ではすでにうしなわれたものとして語られる。それは打ちのめされ、破壊され、なくなってしまったもの、あるいは変わり果ててしまったものとして描かれる。第二に、こうした喪失、敗北、破壊、変形の痕跡が、アフリカン・アメリカンのムスリムたちにとって、外部の力（たとえば、警察、国家、人種差別、白人、ほかの移民や民族集団たち）によってもたらされたものとしてだけではなく、自分たちの応答能力の結果としても受けとめられているという点だ。もちろん、外部からもたらされる暴力に声をあげ、抗議する伝統は継続している。しかし、それと同時に、自分たちの手でコミュニティをつくりなおし、引き受けてゆこうとする語りに、僕は多く出会った。この第二の点については、ハーレムの歴史や文化について並はずれた知識を持つサディークと一二五丁目のスターバックスで話したときのことを想い出す。ハーレムでの観察を重ねてきてごんなことがわかってきたかを尋ねられた僕は、当時は明白に思えたことを口にした。

「そうですね……、ハーレムのコミュニティには、あきらかに多くの不当な処置がもたらされてきましたよね」

それがゆえに、多種多様な社会活動や宗教運動、文化運動が生まれるにいたった——と話をつづけようと思っていた。

すると間髪入れずにサディークが口を挟んだ。

「不当な処置というものが、あなたが言うようにこのコミュニティにもたらされたものなのかどうか、それはわからないね。つまり、外部の力によってもたらされたものなのかどうか」

知的なコメントを述べるときはいつもそうだが、このときも彼は、高音で透きとおった魅力的な声で自分の考えを語った。

「このコミュニティでは、じつに多くのことが内部の力によって引き起こされたと私は考えてるんだ」

サディークもまた、自分自身のコミュニティに対して、一定の距離を保ちつつ批判的な態度をとっており、コミュニティ問題は、その成員自身の手によってもたらされたと考えていた。彼だけではない。フィールドワーク中に出会ったアフリカン・アメリカン・ムスリムたちの多くが、もちろん外部の力の影響についても語ったが、自分たちのコミュニティの成員の責任に言及した。

彼らにとってコミュニティという言葉は、表面上はぶつかり合うかに見える二つの側面を有している。一方でそれは、夢や理想を未来にむけて投影するために用いられる。その意味では「コミュニティ」の一語は、願望した未来を凝固し閉じ込めた媒体のような働きをする。他方でこの言葉は、現在の現実を反映し、過去に破壊され失われたものをつねに想起させ、ほかでもない自分自身がその応答責任を取らねばならないことを思い出させる媒体として機能するのである。

日曜日のミーティング

アブドゥッラーとアイシャに出会って、毎週の集まりに招待されたことに興奮していた。ハーレムとイスラームの関係を研究しようと思っていた僕にとって、それはまたとない機会のように思えたのだ。次の日曜日が待ち遠しかった。

週末になると、一二五丁目はストリートを行き交う人びとで溢れかえる。映画や音楽の海賊版CDやDVDを売る者たちが、警官の姿がないかどうかと神経をとがらせ、ひっきりなしにストリートを見やっている。インセンスや香水、本、写真を売るヴェンダーたちは、黒人思想や黒人の歴史・文化に特化した書籍、マルコム・Xやキング牧師、ネルソン・マンデラ、ボブ・マーリーらの写真の横に静かに座り、行き交う常連客とときおり言葉を交えている。多くの歩行者が「フットロッカー」や「H&M」、「ステープルズ」、「オールド・ネイヴィー」といったラベルの入ったショッピング・バッグを抱えていて、ハーレムに進出した大企業のプレゼンスとカネの動きを読みとることができる。一軒の靴屋では、二人の若いアフリカン・アメリカンの店員がふざけ合っていた。彼らは、あたかもそれが許されるのはいまこの瞬間しかないかのように、抑制することなく無邪気に笑う。店のショウ・ウィンドウには眼がくらむほどにぴかぴかで純白のバスケットボール・シューズが飾られ、その下には「新商品」の表示がある。その表示からだけでもおよその値段が想像できた。若い店員たちがその店でどれくらいの賃金を得ているのか、彼女や彼たちがその輝かしいシューズを購入することができるのかどうか、そんなことを考えているとふたたび先日の鋭い対比が脳内を駆け巡ったが、いまはミーティングのことに気持ちを集中しなければならなかった。

一二五丁目をさらにあるくと、ネイション離脱後のマルコム・Xがオフィスを置いたホテル・テレサの斜めむかいに、ステイト・オフィス・ビルディングがある。このストリート沿いでもひときわ目立つ高層の建物だ。かつて一九三二年から一九七四年まで、この場所にはルイス・ミショーの経営する本屋があって、公民権運動の拠点にもなり、人びとが集まっては政治や経済、社会から思想にいたるまで、さまざまな同時代の問題を議論したという。ステイト・オフィス・ビルの建築に際して反対運動はあったものの、移動を余儀なくされたその店はまもなくして閉じられた。書店だけでなく、この七番街と一二五丁目のストリート・コーナーは、かつて多種多様な思想や哲学、意見、考えを持つ者たちが立ち、道行く人びとに語りかけた場所でもあった。世界中の思想と文化とがこの一画に集まってそれらの書物や肉声から学び、吸収した者たちがまた複数の思想と文化とを自分なりのやり方で仲間に表現し、次世代に継承させようとする。そうすることで世界に返礼をする。ジャズ・ミュージシャンたちがギグを終えたあとのアフター・アワーズのセッションの場でそうするように、このストリート・コーナーにも異なる表現がぶつかり合い、探り合い、競い合う空間があった。そのなかでマルコム・Xもつくられたのだ。——いまでは、そうした当時の様子は跡形もないが(6)。

午後一時前、建物の中に入りエレベータで八階に上がると、アブドゥッラーがすでにミーティングの準備をはじめていた。彼は毎回の集まりでいつも最初に到着しては、折り畳み式の小さなテーブルを設置し、買ってきた食べ物やジュースを開けて並べる。こののちに通いつづけるうちに、そのことを知った。この日は、ムスリム・ソサエティの常連でもあるブラザー・アーロンがその作業を手伝っていた。テーブルの上には鶏肉やサラダ、コラード・グリーンズ、ライスなどが用意され、アップル・ジュース、クランベリー・ジュース、水などの飲み物も置かれた。アブドゥッラーは、こうした準備を日曜日ごとに三年間つづけている。アーロンも、参加できるときはいつでもアブドゥッラーを手伝っていた。

しばらくすると、徐々に人が集まってきた。一時半頃、椅子をごけてつくったスペースに絨毯が敷かれ、お祈りがはじまった。この日の参加者はそれほど多くなく、男性九人、女性五人、子ども二人である。僕以外にもうひとり非ムスリムの参加者がいて、彼と僕を除く全員が絨毯の上で礼拝をともにした。これもあとになってわかるのだが、非ムスリムだからと言って礼拝からしめ出されるわけではない。「無理にとは言いませんが、一緒に礼拝に加わってくれてもよいのですよ」と誘われることもあった。礼拝に加わるにせよ、参加せずに見ているにせよ、なにかを強制されるようなことは一度もなかった。

礼拝が終わると、全員で絨毯をたたみ、椅子をもとの位置に戻して着席した。アブドゥッラーが改めて「ア・サラーム・アレイクム」と皆に挨拶を投げかけ、ミーティングがスタートした。

アブドゥッラーは政治的に活発な四十代のムスリム男性だ。礼儀正しく、控えめな物腰だが、強い信念と使命感が彼にはある。カリフォルニア大学サンディエゴ校にいるときに政治的な覚醒が訪れたそうだ。

「大学にいたとき、ネイションのメンバーが何人かキャンパスに来て、私たちにむけて話をしてくれたんです。ちょうどその頃ですね、ネイションやイライジャ・ムハンマド師の活動を本当に意識するようになったんです」

彼のネイション・オブ・イスラームへの関心やそれを通じての政治的覚醒という経験は、ほかの意識の高いアフリカン・アメリカンの大学生たちとも共通するものかもしれない。しかし、そこにいたるまでの道程や、ネイションに入信して以降の彼の人生のあゆみは、ほかからも際立って見える。

「私はカトリックの家族のもとで育てられました。でも十六歳か十七歳の頃には、すでに教会に行くのをやめていました」

アブドゥッラーは一度そう語ったことがある。テープをまわしながら彼の自宅でインタビューをしたときだった。注意深く言葉を選びながら、彼はつづけた。

「自分にもっと注意をむけていくうちに、自意識というものが形成されるようになりました。黒人であることの重要性や、黒人意識の重要性といったことに眼をむけるようになったのですが、そういう意識を持つようになればなるほど、カトリック教会は自分には合わないように思え、関心を持てなくなりました。そういうものをいっさいやめて、どんな信仰も持たない時期がありましたよ。どんな信仰集団にも属していない時期がね。けれど、まえにも言ったように、私はムスリムの人たちから影響を受けるようになったんです」

そして、のちの大学での時間がアブドゥッラーの意識や見識をひろげ、深めることになる。政治的意識の強いほかのアフリカン・アメリカンと同様、彼もまた、マルコム・XやW・E・B・デュボイス、フレデリック・ダグラス、ブッカー・T・ワシントン、ストークリー・カーマイケル、アンジェラ・デイヴィスなどの思想に学んだという。

ローマ・カトリック教徒の家族のもとで育った彼のことを、両親はいまでもイスラーム名で呼ぶことを拒んでいる。一度、彼は両親に手紙を書き、「アブドゥッラー」というイスラーム名で署名したうえで送った。しばらくして彼は、父親から手紙を受け取る。そこには、そのような名前の者は知らないし、見知らぬ者からの手紙を受け取るわけにはいかない、とあったという。しかし、彼と両親との関係が悪いわけではない。両親は彼を愛し、受け入れているし、アブドゥッラーもまた両親を愛しているという。

カリフォルニア大学を卒業後、アブドゥッラーはニューヨークにやってきて、コロンビア大学のビジネス・スクールに二年間通う。MBAを取得後、いくつかの職場で働き、最終的にローワー・マンハッタンの金融街にある有名な保険会社に職を得る。比較的収入のよいこの仕事は、しかし、彼の主要な関心事ではない。それは、彼の言葉を借りるなら、「食べていくためにやっていること」である。彼は金稼ぎには興味がない。彼の主要な関心は、自分のコミュニティの経済的、政治的、宗教的、道徳的向上なのだ。

ニューヨークにやってきたあと、アブドゥッラーは一九九〇年にネイション・オブ・イスラームに入信するが、九七年には脱退する。なぜネイションを去ることになったのか。彼はさらに注意深く言葉を選んで言った。

「アッラーが私にこの道のりを示されたのです。私は神のメッセージを聞き、彼の導きを受け入れることができただけで幸運なんです。神が私をここまで運んできたのですから」

アッラーが彼を導き、ネイションを去らせ、自分の仕事をやらせたのだという。どこかで「世俗的」な応答を期待していたこのときの僕には、アブドゥッラーがネイションの批判につながりかねないコメントをどこかで避けているように思えた。それについては追及できないような雰囲気を感じていた。ネイションの元メンバーだった別の男性から聞いた言葉が僕の頭にあったからだ。肌の色の薄い黒人への差別、機関紙『ファイナル・コール』の販売ノルマの厳しさ、寄付金のプレッシャー――そうしたことをその男性は自身のネイション離脱の理由にあげた。しかし、当時の僕には、アブドゥッラーがいかに神の存在や信仰を重要視しているかが、よくわかっていなかった。彼にとって信仰は人生における最重要事項だった。インタビューでも、会話のなかでも、日曜日の集まりの際にも、彼はくり返してこの点を強調していた。僕はそれが彼にとってなにを意味するのかを掴《つか》みかねていた。

「アッラーが唯一の現実なのです。イスラームとはひとつの生き方なのです。信仰は私たちのおこないのすべての根幹にあります。魂《ソウル》と精神《スピリット》が人間の根幹にあります。魂は眼には見えません。ですが、それはそこにあるのです」

別のときには、彼はこうも言った。

「知識はとても重要です。しかしある点に到達すると、信仰がそこから先を引き継ぎます。信仰は眼には見えないものが存在する証拠なんです」

アブドゥッラーによってくり返される信仰の強調とアッラーへの言及は注目に値する。それは、彼の世界観のなかでなにがどのように二つに区分けされ、それが存在論的にどのように関係し合うのかを示唆している。たとえば、知識と信仰、身体と魂や精神、見えるものと見えないもの、といった具合だ。そのなかでも、知識と信仰との対比に注目してみようと考えた。彼にとっての信仰とは、人の理解を超え、眼に見えずとも人間よりもすぐれたなにかが存在するのを証明するものだ。善きことをなし、アッラーに服従し、その意志に従って生きることを下支えするものでもある。だが、彼は知識の重要性も認めている。アッラーの示す道のりへと人びとを導くのは、人間の意識の領域に属する知識なのだ。そしてある時点から、信仰が意識を引き継ぎ、より高次元へと彼を導く。

アブドゥッラーは、頻繁にクルアーンの教えについて語り、信仰の重要性に触れた。しかし、僕がムスリム・ユース・ソサエティに参加しはじめて以降のミーティングでは、主要な話題は「サマー・ユース・プログラム」に関連するものだった。話し合いを重ねていたある日、アブドゥッラーとアイシャ、ドクター・イシュマエルの三人がハーレムの地元ラジオ局に招かれ、サマー・プログラムやムスリム・ソサエティについて語る機会があった。

そのラジオ・プログラムのなかでイシュマエルは、教育プログラムの重要性について語った。彼は、シスター・クララ・ムハンマド・スクールでの教育経験があった。

「クイーンズにあるクララ・ムハンマド・スクールでは、九十パーセントの子どもが大学まで卒業しました。博士号を取得した人もいます。公立の学校では、こうした子どもたちでも問題児として扱われます。学校から拒絶されるんです」

シスター・クララ・ムハンマド・スクールは、アフリカン・アメリカン・ムスリムたちのあいだでも大きな成功として語られている。[7] このスクールのプログラムは、ニューヨーク市の悪名高い公立学校ができなかったことを成し遂げたのだ、とフィールドワーク中にさまざまな人から何度も耳にした。アフロセントリックな教育内容と規律を重んじる教育方針で知られる、ネイションの「イスラーム大学《ユニヴァーシティ・オブ・イスラーム》」で用いられた理念に基づき、アフリカン・アメリカンの子どもたちにアラビア語や数学、そのほかの科目を教え一定の成果をあげていたという。イスラーム大学とはイライジャ・ムハンマドのもとで創設された学校システムで、「大学」と名づけられているが、幼稚園前から第十二学年（日本の高校三年）までの子どもたちが通う。[8] イシュマエルはつづける。

「そういう子どもたちをつくりだしている状況を考える代わりに、私たちは、自分たちを責める傾向があります。あるいは私たちは、子どもたちに責任を押しつけてしまいます。子どもを馬鹿呼ばわりします。自分たちのせいにしてしまっているのです」

イシュマエルは、子どもたちに教育を与え、しつけをする必要はあるが、子どもの落第や失敗について自分や自分の子どもを責めるべきでないという。彼のこの考え方は、イスラーム大学だけでなく、そのほかのいわゆるアフロセントリックな学校のプログラムとも共鳴するものだ。アフロセントリックな教育者は、多くの黒人たちが通う公立の学校でのカリキュラムや教科書もさることながら、学習環境や成績評価基準がすでに黒人たちの置かれた歴史・社会・文化的状況を無視して成立していると指摘する。そして、教科書や試験の内容、教師の生徒への態度、落第への社会の反応が、いずれも黒人の生徒の自信を挫く方向へと作用すると主張する。

たとえば、あなたの入学した高校の先生が、アッパー・ミドル・クラスの出身で、スラムでの経験を持たないとする。当然、ストリート文化がどのようなものなのか、そうした文化圏に顕著に見られる闘争でなにが争われ、懸（賭）けられているのかを知らない。ヒップホップもいくつかの有名な曲を除いては好きでないし、ラッパーたちがなぜあれほど暴力的で差別的な表現をとるのかも理解できない。むしろ彼らの良識を疑っている。その先生は、比較的恵まれた環境のなかで「文化資本」（ピエール・ブルデュー）を享受し、「ソーシャル・キャピタル」（ロバート・パットナム）の恩恵にあずかりながら、努力することを覚え、勉強することを学んできた。そして、自分の達成を誇りに思っている。けれども、学校での勉強の仕方——読書をしながらしかるべき要約と引用をやってのけること、話を聞きながらノートを取ること、図書館やインターネットを通じて必要な情報にたどり着くことなど——そのものがひとつの身体技法のもとに発揮される能力であり、それが特定の問いの立て方、理解の仕方、表現の方法を要求することは、あまり意識していない。彼もしくは彼女は、自分の努力で幾多もの困難を乗り越えて大学を卒業し教員になったと思っている。そして、現在も努力中で、低い給料で劣悪な環境にある公立学校ではなく、条件のよい私立学校に移りたいと思っている。

先生はあなたの家庭の事情を知らない。あなたの家には自分専用の部屋や机などなく、来月の生活費を心配しながら労働と育児に疲れ果てた母親が、料理なんてできずに座りこんでいるなかで、弟や妹がふざけ合っている喧騒に巻き込まれないようにしながら、あなたが明日の課題であるレポートを書かなくてはならないのを知らない。そんな先生のもとでアメリカの建国や奴隷制や先住民の虐殺について学び、歴代の大統領についての知識を問われ、白人の科学者や発明家や文学者の偉大なる業績や作品に触れるとしよう。あなたは、その勉強に興味が持てるだろうか。努力してなんとか『マクベス』や『二都物語』や『闇の奥』を読もうとするだろうか。すぐに読みとおし、理解できる可能性は低い。おそらく、あなたは学校の課題図書に書かれていることと、自分の生活や経験を結びつけるものを探っているはずだ。そこに共通項を見つけることができれば、読めるはずだと思っている。なぜなら、あなたは自分がいま置かれた環境のなかで生き抜くことに最大の努力を傾けてきたからだ。生き抜くなかで知識と智恵を培ってきたからだ。

路上の暴力に巻き込まれないようにすること、妹や弟の安全を心配すること、母親の様子を気遣うこと、ドラッグの誘惑に打ち勝つこと、ギャングに所属する仲間からの誘いをできるだけ角が立たないように断ることなど、あなたのいる環境では、ただ生きて、ただ存在するということがすでに多くの力を必要とする。あなたは生まれてからの十五年間、ほとんどそのことに力を注いできた。だから、そのことを抜きにして学びを考えることはできない。試験の内容が、地元ギャングの抗争や差別的な警官とのうまいやり取りの仕方に関するものだったらいいのに、とあなたはときおり冗談交じりに思う。そして、あなたは結局シェイクスピアやディケンズやコンラッドを読みとおせず、あきらめてしまう。授業にはついていけなくなる。すると、「ドロップアウト」とみなされ、問題児扱いを受ける。ただでさえ低かった自分の能力に対する自信は、ますます低くなる。自分がこの社会に受け入れてもらっているという感覚、生きていてよいのだと率直に思える感覚は、いっそう失われてゆく。こうした重層的で複合的な否定の感覚のなかで生きていかざるを得ないとしたら、あなたはどうするだろうか——。

右に書いたのは、かなりカリカチュア化されているたとえ話に過ぎない。しかし、イシュマエルが、自分や自分の子どもを責めるべきでないと言った背景にはこうした事情がある。そして、だからこそアフロセントリックな教育プログラムのもとでは、「自信《セルフ・コンフィデンス》」や「自尊心《セルフ・エスティーム》」を子どもたちのなかに育ててゆくことが重視されるのだ。

アブドゥッラーもラジオ番組のなかで若者について言及した。

「若者の成長は、あきらかに私たちが最も気に懸けていることがらです。その子どもたちは、必ずしもあなた自身の子どもではないかもしれない。しかし、私たちはコミュニティ全体のことを考えないといけないのです」

アブドゥッラー自身には子どもはいなかった。だが、近隣地区の社会問題と向き合い、それについて語ろうとするとき、若者にまつわる問題は避けてとおることのできないものだった。

「私が『私たち』と言うとき、それはムスリムだけを意味するわけではありません。私たちのコミュニティ全体ということです。私たちはこの問題に介入しなければなりません。拒絶された人たちに向き合わなくてはならないのです」

コミュニティにおける若者の存在は、イシュマエルやアブドゥッラー、アイシャにとって重要な関心事であり、焦眉の課題でもあった。ここで注目しておきたいのは、ドロップアウト組や非行少年に対するアブドゥッラーたちの態度である。一方では彼らは、学校教育から落ちこぼれ、ドラッグの使用や売買に手を出したり、ギャングに所属したりと、反イスラーム的おこないに従事する者たちと自分たちとを差異化しなくてはならない。他方で、そうしたドロップアウト組を無視もしくは排除することは、自分たちのコミュニティの一部を無視し排除することでもある。ハーレム・ムスリム・ソサエティのメンバーの家族や友人、知人、近所の人は、かつてドロップアウトした者であり、ときには前科者でもある。彼らのコミュニティの成員であるそうした人びとを拒絶することは、自分たちの組織の基盤であるコミュニティの拒絶にもつながるのだ。だから彼らは、そうした若者たちの行為を批判しつつも、彼らを迎え入れようとする。

未成年の犯罪者を社会がどのように扱うかは、その社会のあり方について多くを語ってくれるかもしれない。近現代社会は、犯罪者を圧倒的に懲罰的司法《ピューニティヴ・ジャスティス》によって扱おうとする。未成年の場合、これに条件が付くことはたしかだが、アメリカ社会は一般的傾向として犯罪の低年齢化に対して、厳罰化をもって臨んでいる。早い話が、「見つけ出し隔離し処罰せよ」の原理に見える。しかし、アブドゥッラーたちの試みをみるかぎり、少なくとも理念上は修復的司法《リストーラティヴ・ジャスティス》の傾向を備えているようにも思える。あるいはこう言ってよければ、少なくとも、問題をすべて司法の手に委ねてしまおうという態度からはかけ離れている。

サマー・ユース・プログラム

日曜日のミーティングにおける議論やラジオ・プログラムに耳を傾けたあと、僕はアブドゥッラーとアイシャ、イシュマエルに、夏のプログラムにボランティアとして参加させてもらえないかと申し出た。つくられてまもないこの小さな集まりに僕は愛着を感じはじめていたし、アブドゥッラーやアイシャの試みにある種の期待を持ち、また希望を見いだしていた。

ムスリム・ソサエティは、けっして高名ではない、ごく普通の生活者、ごく普通のムスリム、ごく普通のアフリカン・アメリカン、ごく普通のハーレム住民による、手づくりの運動だった。確立してすでにときが経ち、ある程度の規模を備えた組織や社会運動体は、もちろんハーレムに複数存在し、大きな力と存在感を持つ。しかし、それらはすでに制度化されていて、場合によってはスポークスパーソンや広報を擁し、公刊されたインタビュー記事さえある。当時の僕は、そういう公にひろく認知されているものではなく、いまだ確立せず、制度化もされず、それゆえにいままさに生まれつつあるもの、いま眼のまえでうごめき、うねり、明確なかたちをとらぬまま展開する運動を見たいと思っていた。そういう社会運動のなかに、人びとの呻きや嘆きや悲鳴を聴き取り、社会の醸成や発酵や腐敗を嗅ぎとり、文化の気迫や歓喜や退廃を感じとりたいと思っていた。

おそらくはこのとき、純朴すぎるくらいにそう思っていた。マルコム・Xの歴史を学びにハーレムにやってくる者は大勢いる。そして、マルコムはこれまでと同様、これからもずっと語り継がれるだろう。だが、マルコムの仕事は誰に引き継がれるのだろうか。いま、この時代に、コミュニティを支え、人と人とのあいだをつなぎ、助けを必要とする人のあいだで奔走する人間はどこにいるのだろうか。いや、マルコムの時代にも、コミュニティの下支えをしたのは、誰もが認める革命家ではなく、ごく普通の生活者たちだったのではないだろうか。少なくともマルコムやそのほかの著名なリーダーたちによってのみ運動が展開され、支えられたのではない。そしてそういう下支えをするのは、けっして公の場でのスピーチに長けた者ではなく、言い淀みや飛躍や脱線をくり返して言葉を紡ぐ者であり、器用に洗練されたやり方ではないが、その場の厳しい条件のもとで身をよじりつつ、なんとか情報と知識と智恵とをつなぎあわせ、言葉をこしらえ、行動を起こす者ではないだろうか。かぎられた財力、体力、知力のなかで、それでも自分以外の人間のために力を発揮しようとする者ではないだろうか。

言い換えれば、僕は、この地に暮らす幾人もの目立たぬ「マルコム・X」を見ようとしていた。彼らのなかに社会学者イライジャ・アンダーソンが「ストリートワイズ」という用語で呼んだ「路上に培われた智恵」、「生活者たちの智恵」を見いだそうとしていた。そのような智恵を見つめ、それを支える感性を読み解こうとするなら、事象を外から眺めるだけでは足りず、距離を置いた観察者であることをあきらめ、その場に深くかかわり、コミットするしかないと意気込んでいた。

幸いなことに、全員が僕のボランティア参加を快諾し、受け入れてくれた。それでも、このときはまだ、一方でなんとかよき参与観察者たらんとしていたようにも思う。サマー・ユース・プログラムに参加することで、ムスリムたちが若者の現実をどのように受けとめ、解釈し、意味づけているのかを観察できるのではないか。週一回程度のかかわりならば、まだ観察者としての立場を脅かされずに済むのではないか。研究者として対象とのあいだにしかるべき距離を置くことができるのではないか。そういうことを姑息にもどこかで計算していたように思う。にはなれないことはわかっていた。そして、対象に近づけば近づくほど見えなくなる、書けなくなる、帰ってこられなくなる、研究ではなくなるという忠告も、幾度となく受けていた。

しかし、単なる研究者としてその場に臨みつづけることも、当時の僕にはできないことだった。見ている以上に見られているという感覚が強かったというのも、理由のひとつかもしれない。いずれにせよ僕は、当事者にはなりきれず、研究者にも徹しきれない、どっちつかずの状態にあった。

やがて、サマー・プログラムがはじまった。

サマー・プログラムの主な教師役は、ドクター・イシュマエルとシスター・ルース、それに僕の三人だった。六週間にわたって毎週土曜日、この三人が指導役を務め、子どもたちと集中的な勉強の時間を持った。大柄でおおらかなルースは、ときおりムスリム・ソサエティのミーティングにも顔を出していた女性で、教育経験があった。イシュマエルは算数を担当し、ルースは英語を教えた。僕は主に、学習に際して特別な援助を必要とする幾人かの子どもの隣に座って、彼らの手伝いをした。週一度のこととは言え、僕にとってこのプログラムは緊張と奮闘の連続だった。明確なカリキュラムがあるわけではなかった。毎回が手探りだった。各回の授業の前後にイシュマエルやルースとミーティングを重ね、お互いの意見を出し合った。

土曜日、たいてい朝九時半頃になると、アブドゥッラー、イシュマエル、僕の三人がステイト・オフィス・ビルディングに到着し、机や椅子を並べて授業の準備をした。アーロンも頻繁に手伝いにきていた。十時頃、子どもたちが親や祖父母に連れられて到着しはじめる。小学校低学年から中学年にかけての子どもが多い。プログラムは十時開始の予定なのだが、時間どおりにはスタートしない。毎回、少し遅れてはじまった。教室に子どもたちが集まると、イシュマエルが全体にむけてイントロダクションをおこない、その日の大まかな予定を話す。その際、彼はほぼ毎回、一番力を入れたいと語っていた勉強の方法について、全員に説いた。静かな場所で勉強すること、わからないことは質問すること、なるべく五感の多くをつかって勉強することなどを、時間をかけて子どもたちに教えこもうとしていた。

勉強の仕方に関するレクチャーのあとは算数の授業だ。子どもたちの学年によってレベルが異なるので、ここからはいくつかのグループに分かれて授業することが多かった。教室の前方ではイシュマエルが掛け算について説明し、後方ではルースが手づくりのプリントを使って幾人かに読み書きを教えている。ときおり、ルースが全体にむけてレクチャーすることもあった。僕は、秋から三年生になるという男の子マフディの勉強をみた。おもちゃ遊びやアート、ゲームが好きだという彼は集中力をよく切らし、毎回の宿題に関してもほぼ全問不正解。母語であるはずの英語の文章に関しても、こちらで用意した文を書き写すのは喜んでやるのだが、自分で文を組み立てて書くことができなかった。その様子を見たイシュマエルが僕に、「マフディの横について面倒を見てください」と言ったのだった。

あとになって、マフディの家庭事情を知った。彼の家族と付き合いのあるシェイク・カリッドが語ってくれたのだ。

「あの子の両親はな、離婚していてもう一緒に暮らしてないんだ。あの子はたいてい母親のところにいる。父親は仕事をしてるからな、会うのは週末だけだ。けどね、母親にはほかに子どもが六人ほどいてな、あんまりあの子の世話をしてないんだな」

カリッドにとって、離婚家庭自体は珍しいことではない。しかし、両親の眼が行き届いていないとなると、コミュニティのサポートがより一層必要だった。毎週日曜日、ムスリム・ソサエティのミーティングの際に僕がマフディとのやり取りを話すと、いつもカリッドは嬉しそうな表情を浮かべて話を聞いた。マフディがこのプログラムにかかわり、なんとか勉強に取り組もうとしていることを喜んでいるようだった。

しかし、一対一で横について学習支援を必要としているのは、マフディだけではなかったかもしれない。子どもたちの多くが集中力を持続できず、じっとしていられない様子なのだ。わかりやすい説明でも、長くなると、それを聞いて理解することができないようだった。掛け算が得意だったり、字がとても上手だったりと、子どもによってそれぞれ得意分野もあるようだが、集中力がつづかない。座って鉛筆を持っていられないような状態の子どももいた。初日はまだよかったが、回が進み、子どもの数が増えるにつれ、段々と教室が騒がしくなることが多くなった。集中力を切らした子どもが別の子どもに話しかけ、ふざけて冗談を言い、笑いあった。

そういう子どもたちを見ると、イシュマエルは大声をあげ、容赦なく彼らを叱りつけた。

「私にふざけた態度をとるんじゃない！」

「何度言わせるんだ！　私の時間を無駄にするな！　いまは遊びの時間じゃない！」

「おしゃべりしたり、ふざけたりするんじゃない！」

「宿題をせずに授業に来るんじゃない！　そんなこと考えもするんじゃない！」

「君らの親のお金を私はけっして無駄にさせない！」

全体にむけての授業中でも、彼は何度でも話を止め、子どもたちにむかって大声で怒った。彼のけたたましいどなり声は、ステイト・オフィス・ビルディング八階のフロア中に響き渡った。

これほど大声をあげて子どもたちを叱りつける教員も、いまとなっては珍しいように思った。何度目かの授業のあとに、なぜ真剣に怒るのかをイシュマエル自身が語ってくれた。

「どうして私がこんなに怒るのか。公立の学校の先生たちが諦めてしまっているからですよ。とにかく悪い評判しか聞かないですからね。だから何度でも、愛情を持って、逃げ道がないくらいに怒る必要があるんです。子どもたちに必要なのはしつけ《ディシプリン》です。公立の学校の先生、とくに移民の先生は、子どもを怖がって、叱ることができないんです。叱ることで私が真剣なのだということを子どもたちに伝える必要もあります」

参加している子どもの親たちは、この一カ月半のプログラムのために五十ドル（当時約六千円）を支払っている。彼らはけっして裕福ではないから、その出費は彼らにとって負担と言えば負担だ。しかし、その金額に場所代やランチ代も含まれていることを考えると、この種のプログラムとしては格安だ。少なくとも主催者側や教える側が、お金を稼ぐためにこのプログラムを実施しているわけではないことはたしかである。

そういう意味で、教える側も本気で臨んでいた。毎回、十時過ぎから授業がはじまり、十二時過ぎまで休憩なしにつづいた。昼食の時間は二十分ほどしかなく、すぐにまた午後の授業が二時過ぎまでつづいた。子どもたちにとっては長過ぎたかもしれない。けれどもイシュマエルは、そのあいだ四時間以上ずっと立ったままで過ごしていた。昼食も、「ものを食べると私は考えることができなくなるので」と固辞し、「子どもたちに勉強を教えるときに椅子に座っていては話になりません」と椅子に座ることすらなかった。

ルースは、子どもたちの多くが英語を書くことができず、綴りがめちゃくちゃなのを見て、悲しみと苛立ちを覚えていた。そしてやはり公立の学校のあり方に疑問を投げかけ、なんとかしなくてはと、毎回大量のプリント類を大きなバッグに詰めて持ってきた。子どもたちにできるだけのことをしたいという想いが溢れていた。

アブドゥッラーも、子どもたちのために手づくりのピーナッツ・バター・アンド・ジェリー・サンドイッチやターキー・サンドイッチを準備し、ポテトチップスなどのスナックや飲み物と一緒に持参した。子どもたちの親や祖父母、そしてムスリム・ソサエティ・オブ・ハーレムのほかのメンバーも、ときおりやってきては様子を見守った。週を追うごとに子どもたちの数が増え、最終的には四十人以上の子どもで部屋が埋め尽くされるようになった。ハーレムの多くの親たちがこのプログラムについて聞き、参加の申し込みをしてきたのだ。また、何人かのムスリムたちが、このプログラムの手助けをしようと、ボランティア・スタッフとしてやってきた。たとえば、五十代の男性ユスフは、希望する子どもたちにアラビア語を教えにきた。

こうしたさまざまな人びとの協力もあり、サマー・プログラムは大きな問題に直面することもなく、うまくいっているように見えた。もちろん、課題がなかったわけではない。資金も時間もかぎられていた。きちんと制度化されたプログラムというのではなかったから毎回が手探りだった。事情を知らない部外者が見れば、混乱のなかで毎回の授業が運営されているという印象を受けたかもしれない。しかし、非制度的な手づくりの教育の場がそこには成立していた。子どもたちを気遣う大人たちが従来の役割を超えてその場にかかわっていた。毎週日曜日のムスリム・ソサエティの集まりでは、アブドゥッラーが前日のプログラムの様子について部屋にいるほかの参加者に伝えた。

「子どもたちの反応がとてもよいのです。彼らはプログラムを楽しんでいるようですね。夏が終わっても定期的に土曜日の補習授業のようなものを開催できないか、検討してみます」

参加者からは称賛や激励の声が聞こえてきた。

緊張関係と論争

サマー・プログラムの最終日が近づいてくると、アイシャとアブドゥッラーは、子どもたちのための修了式を計画した。アブドゥッラーは、日曜日のミーティングの際に修了式のための寄付を呼びかけた。しかし、この頃になるとリーダーであるアブドゥッラーやアイシャとほかの数名のメンバーとのあいだに、ある種の緊張関係が見られるようになっていった。

気がつくと、修了式は本当に必要かどうかという議論がミーティング以外の場で起きていた。幾人かのメンバーからは、お金の無駄遣いはやめてアイシャはそのお金を別のことのためにとっておくべきだという意見が聞こえてきた。そのほかにも、ムスリム・ソサエティで少額のメンバーシップ料金を求める動きがあったことや、アイシャの提案するビジネスやイスス（無尽講の一種）をはじめとする活動のあり方、ムスリム・ソサエティの社会活動や社会奉仕のあり方などについても、一部のあいだで陰口や非難の声があった。聞こえてきた声を要約すると次のようになる。

「なぜメンバーシップ料金を取るのか。これまでマスジッドがメンバー料金を取ったことがあったでしょうか。あなたはボランティアをしているし、私もボランティアをしている。けれど、なにもしてない人が来てご飯を食べて帰っていく。おかしくありませんか。前回のミーティングに来てビジネスの提案をした人を憶えてますか。あのときに集めたお金はどうなったのでしょうか」

「社会奉仕をしているとうたっているのに、アイシャは心臓が悪いからと月曜と火曜にしか働けないと言ってました。一体どういうことなのか。社会奉仕は二十四時間体制でないといけない。できもしないことを約束すれば、ムスリム・ソサエティの評判を落とすだけです。動いてもいないプログラムについていくつもりはない」

「アイシャは自分で見て確認したわけでもないアパートメントにホームレスになった人を送り込んだりしている。仕事を求めて来た人についても、電話番号を渡しているだけです。そんなことなら誰でもできる。失業中の人が仕事を求めてきたのに、彼女は『一緒に祈りましょう』と言った。そんなことは本人がすでにやってることでしょう。そんな風に言われた人を、私は少なくとも二人知ってる。修了式は別の場所でおこなうということで、三百ドル〔約三万六千円〕もかかるんですよ。そんなことに三百ドルもかけるなんて馬鹿げています。それだけのお金があったら先生やボランティアたちにお金を払うことだってできたはずなのに」

さらにその後、アブドゥッラーが預言者ムハンマドやイスラームの教義について「間違った」発言をしたという噂が流れた。それが具体的にどのような発言だったのか、じっさいのところはわからない。しかし、噂を総合するとその発言とは、預言者ムハンマドの仕事を引き継ぐ者が現在の社会にもいるはずだ、という内容のものだった。たしかに、イスラームの教義上、ムハンマドは最後の預言者とされている、だがムハンマドの仕事は過去において完了したものではなく、現在も継続しているはずだ、そうである以上、預言者の仕事はほかの者に託されている、したがって、ムハンマドが最後の預言者とはかぎらない。そのように発言したとのことだった。

その噂を意識してのことだと思うが、アブドゥッラーはある日のミーティングで突如としてイスラームに関する長いレクチャーをおこなった。ムスリム・ソサエティがどのようにできたのか、その由来からはじまり、イスラームの教義について延々と語った。そして最後に、今後もこのようにしてイスラームについての考えをミーティングの際に共有してゆくと宣言した。

彼が話しおえると、今度はアイシャが語りはじめた。

「わたしのことを嫌いになる人もここにはいるかもしれません。ですが、わたしのやろうとしていることは、誰にも止めることはできません。アッラーの意志を止めることはできないのです。なにか必要なことがあれば、アッラーが助けてくれるはずです」

彼女はかなり強い調子でそう言った。

シェイク・カリッドが立ち上がって発言した。

「明確にしておきたいのですが、ここにいる私たちの多くにとってはイマーム・W・D・ムハンマドが先生なのです。彼以外の人間からイスラームを教わる必要はありません」

アイシャがそれを受けた。

「わたしたちは、あらゆる流派の違いを乗り越えてあゆみ寄り、行動をともにしなければなりません。ひとつになる必要があるのです。イマーム〔指導者〕やシェイク〔長老〕など、権威を持つ者が異なる意見を持つこともあるでしょう。しかし、それでもやはりわたしたちは行動を起こさなければなりません。それを止めることはできませんね」

ミーティング終了直後、カリッドが一同にむけて言った。

「さっきは誰かを傷つけようと思って発言したのではありません。みんなにそのことを知っておいてほしいと思います」

部屋にいたカリームがカリッドにむかって言った。

「わかってますよ。大丈夫」

一時間にわたって交わされた議論のなかでは、頻繁にアッラーへの言及がなされていた。組織運営に関する実際的な議論の最中も、幾度もアッラーの存在とそれへの帰依の重要性が確認された。アッラーへの言及を通じて、ひとりの人間がリーダーシップを持ち過ぎたり、ひとつの方向へと無反省に猛進したりするのを避けようとする配慮にさえ見えた。

反対意見もあるなかでおこなわれた修了式当日のことを、僕は式自体に直接関係しない二つのことによってよく憶えている。一つ目はブラザー・アーロンのことだ。

会場に到着し、準備を手伝おうと部屋に行くと、すでに来ていたアーロンが暗い表情を浮かべていた。彼の祖母が亡くなったのだという。次の火曜日に葬儀をやるのだが来られるか、と彼は尋ねた。塞ぎ込んだ様子の彼にかけるべき言葉が見つからず、僕はしきりに「大丈夫か?」とくり返すしかなかった。彼は考え込むようにして目を伏せ、準備で騒がしい周囲を背景にいくつかの言葉を発した。

「いまさ、家族がめちゃくちゃになってんだ。兄弟とか姉妹、それに伯父とか伯母までが、自分たちの欲のために動きだしてね。彼らを葬式に招くお金を、結局母親が払うことになっちまった。そういう欲は俺自身にもある。そういうのはある瞬間に表に出てくるんだ。俺には家族が二つあるように思ってる。いまの家族は本物の家族じゃないように感じてるんだ。ここにいる人たち、この組織の人たちが俺にとっての本当の家族だって思う」

アーロンはリーダーシップを発揮するタイプではない。弁が立つわけではなく、中心に立って組織を引っ張るタイプでもない。クルアーンについての高度な知識を披露したり、説得的な議論を展開したりして注目を集めることもなかった。先頭に立ってひとりで闘えるタイプでもない。しかしミーティングやサマー・プログラムのたびに彼は、つねに目立たぬ働きをしていた。ミーティングに必要な道具一式、ランチのセッティング、後片付けなどは、ほぼ毎回彼が来て手伝っていた。このような目立たぬ力なくして一体どのような社会運動が可能か、と思わせてくれる存在だったのだ。

二つ目の印象的な出来事は修了式後の論争だ。

式が終わるとリーダーの二人とメンバーとのあいだの緊張関係は、より目に見えやすいかたちをとってあらわれた。片付けのあと、アブドゥッラーとカリッドが預言者ムハンマドとクルアーンの解釈について論争をはじめたのである。先述の「噂」を裏打ちするようにアブドゥッラーが預言者ムハンマドの仕事は、現在の誰かによって引き継がれ得ることだと言った。カリッドが反論して、ムハンマドは最後の預言者なのだから、アブドゥッラーはその事実を認めるようにと迫った。ほかのメンバーが彼らの周りを囲んだ。カリッドに対して、「クルアーンのごこにそれが書かれているのか見せてください」とアブドゥッラーが礼儀正しくも反論した。周囲にいた男性や女性が一斉にアブドゥッラーに再反論した。彼らは口々に、アブドゥッラーはその種の解釈についてイマームやイスラーム研究者に相談すべきだと言った。

誤解のないように書いておくと、アブドゥッラーは彼自身が預言者であるとか、ムハンマドの生まれ変わりだと言ったのではない。しかし多くの人が、アブドゥッラーがそう語ったと理解したようだった。

サマー・プログラムの修了式はお祝いの集まりのはずだった。しかし、式の終了後のただならぬ雰囲気のなかで、人びとは会場をあとにした。

アブドゥッラーのディレンマ

二週間後、ステイト・オフィス・ビルディングで開かれた日曜日のミーティングでは、先日のアブドゥッラーの発言が話題の中心だった。アブドゥッラーとアイシャは、ほかの参加者のまえで、自分たちの見解や立場について説明せざるを得ない状況になっていた。室内全体がぴりぴりとした緊張感に包まれ、重苦しい雰囲気が漂っていた。

二人が話しはじめると、ミーティングの常連メンバーで一緒に活動をともにしてきたシスター・ラシーダが立ち上がった。そして部屋の角まであるいて行くと、すぐに席に戻ってきた。はっきりとはわからなかったが、カウンターに置いてあった小型テープレコーダの録音ボタンを押したように見えた。

僕はそのとき、戸惑いと違和感とともに彼女の様子を見ていたように思う。彼女が自分のその行動を隠そうとしているようには見えなかった。しかし、部屋には彼女の行動に注意を払っている者はいないようだった。なにか嫌な感じはあったが、もしかすると彼女はミーティングのまえにすでに録音の許可を得ているのかもしれないとも思えた。彼女の行動にためらいのようなものが感じられなかったからだ。だが、それでも違和感は消えなかった。僕は隣に座っていたアーロンに、アブドゥッラーとアイシャはこれが録音されていることを知っているのかと尋ねた。

「彼らは別に気にしないよ」

アーロンはまったく興味がないといった様子で面倒くさそうに答えた。このときの僕は、録音（記録）するという行為全般について、過剰なほど敏感になっていた。九・一一の直後で、各国家組織が緊密な諜報活動を大規模展開していたこととも関係する。そしてすでに書いたように、記録を残すという行為がアフリカン・アメリカンの歴史的文脈では特別な位置を占めていたからでもある。

録音をはじめとする記録媒体は、アフリカン・アメリカン・ムスリムについての「正確な」情報を集めるために連邦捜査局（ＦＢＩ）などの警察当局が用いた常套手段でもあった。それは、「証拠」として使用することのできる情報を提供する手法だった。たとえば晩年のマルコム・Ｘは、つねに通話を盗聴され、周囲の情報提供者による監視を受けた状態にあった。彼に関する情報は、事細かに記録され、報告されていた。そこでは記録は、中立的、客観的なものではまったくなく、権力や暴力のコノテーションを持つ。こうした歴史があるからこそ、僕は録音機器の使用については相当に慎重だったし、使用する場合にはもちろん許可を得た。僕自身がスパイやＦＢＩ捜査員ではないかと噂されたことがあったのも意識のどこかにあったろう。また、自分自身の研究が監視や利用の対象になる可能性についても神経をとがらせていた。フィールドノーツのつけ方や保存にも気をつかったし、コンピュータの中身やネットの閲覧、図書館の利用履歴などもチェックを受けている可能性がいつも脳裏の片隅にあった。しかしいまは、FBIの捜査員によってではなく、同じアフリカン・アメリカンのムスリムであり仲間であるラシーダによって、アブドゥッラーへの盗み録りがおこなわれているのかもしれないのだ。

最終的に僕は、少しためらいながらも、ラシーダに話しかけた。彼女とは毎週のミーティングで顔を合わせたことはあったし、挨拶や短い会話を交わしたこともあった。しかし、長く言葉を交わしたことはない。そのことも、彼女に話しかけるのを躊躇した理由だった。

「これ、録音してるんですか?」

ラシーダに尋ねた。彼女は怪訝そうな表情で僕を睨みつけ、眉をひそめた。しかし、質問には答えず、そのまま別の方をむいて、無視されたようだった。僕は質問をくり返した。それでも彼女は答えなかった。三度目に質問をしたとき、彼女はふたたびこちらを見てようやく口を開いた。

「なぜです?」

刺《とげ》のある言い方だった。あんたのかかわるべき問題ではないわ、とでも言いたげだった。僕は彼女を面倒な目にあわせたいわけではなかったから、責めるような口調ではなく、なるべく静かに尋ねた。

「二人はあなたがこれを録音していることを知っているのですか?」

しばらくのあいだ、居心地の悪い沈黙があった。彼女が質問に答えたがらず、僕を無視しようとしているのはあきらかだった。

少し経って彼女が唐突に言った。

「あんたが撮ってた写真はどうなのよ?」

ラシーダは、突然、攻撃に転じたのだった。僕はしばらくのあいだ、彼女がなんの写真の話をしているのかわからなかった。しかし次第に、以前アブドゥッラーに頼まれてサマー・プログラムの様子を写真に撮ったときのことを思い出した。子どもたちが大人のサポートを得ながら勉強しているところを写真におさめたことがあったのだ。アブドゥッラーは、いつかその写真をムスリム・ソサエティのメンバーに見せ、プログラムの様子を報告しようと考えていた。

全員が話しおえた頃、ラシーダはふたたび前方にあるいてゆき、テープを止めた。このときもまた、誰も彼女の行動に注意を払う者はいなかった。彼女の動きはなめらかで自然に見え、あたかも彼女がこのミーティングの録音を依頼され、皆がそれに同意していたかのようだった。

一週間後、いつもよりはるかに少ない人数で会合がおこなわれた。ラシーダやイシュマエル、そのほか数名の常連メンバーはミーティングに姿を見せなかった。アブドゥッラーは先週に引きつづき、一時間ほどかけて話をした。彼は語りが説教のようになることを避け、皆に考える余裕を与えるように、穏やかな口調で話した。

「この組織は中にいる人間あってこそのものです。私は、みんながそれぞれ自分のなすべき仕事に取り組むよう、お願いしたいと思います。みんなが同じページの歌をうたっているのか確認したいのです。古い曲を歌いつづけることはできません。新たに非ムスリムの人びとを招き、彼らにイスラームを教えることも考えなければなりません。信仰より重要なことはないのです。すべての人がイスラームを必要としています。私たちは危機の時代を生きています。混乱の渦中にいて、私たちはアッラーの集まりに招かれているのです」

アブドゥッラーの声のトーンから、彼が数週間まえからずっと持ちあがっている問題について語りたがっていることは明白だった。しかし彼は直接言及を避け、比喩的表現を多用した。釈明や弁解を避け、これからのことを考えようとしていた。その場の者たちは静かに座っていた。預言者の解釈をめぐって意見の衝突のあったカリッドは疲れた様子で腰かけ、途中から居眠りをはじめていた。アブドゥッラーの話は、注意深く、念入りに練られたものだったが、ハーレムの人びとの多くが求めたがるような挑発的で興奮を誘うような類のものではなかった。

ミーティングの終わる頃、アイシャが礼儀正しくも、はっきりとした口調で話を切りだした。

「いまのこの状況に決着をつけたいと思っている人がいることはたしかです」

アイシャはアブドゥッラーとは対照的な話し方をする。彼女は正面から直接的に語ることを好み、またそれを得意とした。

「ブラザー・ムハンマド〔アブドゥッラーのこと〕が言ったことですべてがはじまりました。しかし、先週のミーティングではあるシスターが私たちの話をテープ録音していました。わたしはそれは侮辱的《ディスリスペクトフル》なことだと思います」

みぞおちのあたりに嫌な感じがあった。ミーティングのあと、僕はアイシャに話しかけた。

「彼女に話しかけて問いただそうとしたのですが、無視されてしまいました」

「テープ録音について知ったとき、わたしは彼女に電話して話をしたのよ。彼女は『それのなにがいけないって言うの？　あんた、なにか隠すことでもあんの？』って言うから、『隠すことなんてなにもないわよ』って言ってやったわ。そしたら彼女が言うの。『やりたいって思ったらなんでもやっていいはずよ。録音したければしたっていいはずじゃない』ってね」

僕はすぐに応じた。

「いや、そんなことやってはいけないでしょ」

「そうよ、やっちゃいけないのよ」

アイシャは僕の言ったことをくり返した。

「彼女はこうも言ってた。『ユタカが撮った写真はどうなの？　あの人だって写真撮ってたでしょ』ってね」

アイシャはラシーダの口調を真似て説明した。僕はただ首を横に振るだけだった。僕が写真を撮ったのはアイシャとアブドゥッラーに頼まれたときだけだ。アイシャもそのことは知っているはずだった。

「『そのテープ、なにかに使うことがあれば、あなたは法廷に立つことになるわよ』って、わたしは彼女にそう言ったわ」

「彼女がテープをアブドゥッラーに返して、謝る可能性はありますか？」

「テープは返すって彼女は約束したけど、それ以来彼女から連絡はないわね」

あのときにその場でラシーダを止めるべきだった。もし止めていたら、物事はもう少しましな方向に動いたかもしれない。躊躇したがゆえに、事態が取りかえしのつかないところまで進んでしまったように思えた。社会運動を組織する側、ファシリテイトする側に立たないかぎり見えないことがある、「参与観察」という言葉の醸し出す純粋無垢で傲慢な観念を超えた地平でものごとを見つめたい、事象の渦中にいて、そこにうごめく人びとの情動や想念や仕草やふるまいに自覚的に巻き込まれ加担しながらことがらを目撃し、それを書き留めたい、そんな勇ましく尖った想いとともに数カ月前に願い出たボランティアではないか。もし宣言どおり、状況に食い入ってものを見ることができていたら、躊躇など出る幕がなかった。観察も足りず、参与も介入も中途半端だった。活動家になりきれず、視姦者にすらなり得ない自分に激しく苛立った。

片付けた荷物をアブドゥッラーの車に積み込みながら、彼に話しかけてみた。

「いまにして思えば、先週、シスター・ラシーダが録音しているところを見たんです。はっきりとはわからず、なんだろうなとは思っていましたが、もしかしたらあなたが録音しているのを知ってるのかとも思っていました」

「いや、知らなかった。テープ録音してると知っていたら言わなかっただろうなということもあります。録音してたのをあとで知って、それで私は彼女と話しました。そしたら、彼女はあなたが写真を撮ったときのことを持ち出してきたんです。ユタカ、ここで写真を撮ったんでしたっけ？　サマー・ユース・プログラムのとき、何枚か写真を撮ったのは憶えてるんですが」

「僕が唯一写真を撮ったのは、あなたやブラザー・アーロンに頼まれたときだけです。それに、写真を撮ったことはみんな知っているはずです」

「一枚だけでしたっけ？」

浮かべたままつづけて言った。

「ええ、見たと思います。それにみんなその写真の存在を知っていると思います」

アブドゥッラーは、ものを考えているときによくそうするように、困惑した表情を浮かべたままつづけて言った。

「いいえ、数枚撮りました。けれど、その写真はあなたも見ましたよね？」


起きてしまったことは起きてしまったことです。まえに進まなければなりません」

「彼女のやったことが、悪意によってなされたことではないと思いたいです。でも、ついての言及が理由で釈明せざるを得なくなり、その釈明を録音されたのだ。ラシーダの行為は、その場にいなかったメンバーに音声記録を再現することで正確な情報を伝えるためのものだったかもしれない。仮にそうだとしても、アブドゥッラーとアイシャはそれを「侮辱的な行為」として受けとめたし、それは二人に不信感を植えつけた。しかし、アブドゥッラーの主な懸念は盗録の行為自体ではなく、組織のメンバーがあれこれと陰口をたたくことだった。

アブドゥッラーは、もちろん、盗録に腹をたててはいた。彼は預言者ムハンマドに
「なにか言いたいことがあったり反対意見があったりするなら、議論しているその場で表明すればすむ話です」

アブドゥッラーが不満そうにつづけた。

「あるいは、私に直接言いに来ることだってできます。『あのブラザーがこんなこと言ってた』と周囲に触れまわるのではなくてね。直接話せば、最終的に互いに意見が合わなくても、少なくとも互いに理解し合うことはできます。そうですよね？　そして、その人たちの道が私の進む道と違うのであれば、彼らはそのまま先に進むべきなんです。互いに違う道に進むべきなんです。でも彼らは、私やシスター・アイシャが

この運動を進めていくのを止める資格はないはずですよね」

彼はいつになく断固とした口調でそう述べると、悲しげながっかりした表情を浮かべていた。噂や陰口がひとりあるきすること、典型的な「言った、言わない《ヒー・セッド・シー・セッド》」の状況に陥ること――それをアブドゥッラーは最も嫌がった。ラシーダが用いたテープが、本来であればアブドゥッラーの発言に関する確固たる証拠を提供することを考えると、皮肉な結果だった。

アブドゥッラーの最大のディレンマは、しかし、組織の活動をつづけてゆくうえで、彼に手を差しのべてきたメンバーの幾人かを排除しなければならない点にあった。それはイシュマエルもふくめた、彼が信頼してきたメンバーだった。彼が仕え、一生を捧げることを夢見てきたコミュニティのメンバーだった。彼はそのメンバーによって批判され、そのメンバーと敵対し、そのメンバーに落胆させられていた。そして、これもまた皮肉なことに、この窮状の背後にあるのは、組織のメンバーの無関心ではなく、むしろその逆に過剰なまでのコミュニティへの関心や配慮だった。コミュニティをより善きものにするため、皆が躊躇することなくなんらかの意見をぶつけていたのである。にもかかわらず、組織の活動をまえに進めるためには、アブドゥッラーが言うように、なにかをあきらめ、切り捨てなければならなかった。

サマー・ユース・プログラム、ふたたび

盗録事件以来、ラシーダはさることながら、シェイク・カリッドやドクター・イシュマエルなどのメンバーも毎週日曜のミーティングには足を運ばなくなっていた。

それでも以前のように頻繁にではないが、少し回数を減らして集まり自体は継続した。残ったメンバーに加えて、新しい訪問者が参加することもあった。そしてその頃、アイシャとアブドゥッラーは結婚し、一緒に暮らしはじめていた。

季節がうつり変わるなか、アイシャと僕は翌年の夏にむけ、あらためてサマー・ユース・プログラムを計画した。前回リーダーシップをとったイシュマエル不在のなか、どこまでできるのか不安はあった。しかし、少しかたちを変えてでも実行する価値があるように僕は思った。アイシャと何回かのミーティングを重ね、前回のプログラムで手を貸してくれたボランティアに計画を話してみることにした。もちろん、アブドゥッラーにも運営を手伝ってくれるようにお願いした。

四月の風の強い日のことだった。アイシャ、アブドゥッラー、僕の三人は、前回の夏にアラビア語の先生を務めてくれたユスフに会って計画を話し合う予定だった。常連のメンバーが何人も抜けてしまったいまとなっては、プログラムに協力してくれる人がひとりでも多く必要だった。待ち合わせ場所に行くと、いつも時間に正確なアブドゥッラーがすでにステイト・オフィス・ビルディングのまえで待っていた。強風でゴミの舞うストリートは騒がしく、人も交通量も多かった。もう数分待つと、今度はユスフが到着した。挨拶をしても彼は笑顔を見せず、険しい表情を浮かべていた。

一〇分ほどアイシャを待つが、遅れているようなので、僕らは先に一二五丁目にあるヴェジタリアン・フード・アンド・ジュース・バーにむかった（アイシャが待ち合わせに遅れるのは、いつものことだった）。あるきながらユスフはアブドゥッラーに、サマー・プログラムがイスラームに基づいたものかどうかをしきりに尋ねていた。アブドゥッラーは、なぜかそれに正面から答えることをしなかった。

店内は、ビュッフェ・スタイルで提供される健康食やミキサーにかけた各種の野菜ジュースを求める人びとで溢れかえっていた。店の奥が小奇麗なダイニング・スペースになっていて、アフリカン・アメリカンのアーティストによる絵が飾られている。レジで会計をすませるのに少し時間がかかった。そのあいだにアイシャとソニーが到着した。

夕方六時五〇分頃、僕たちは食事を手に席につき、アブドゥッラーのお祈りの言葉とともに話し合いがはじまった。祈りが終わったあとも、ユスフは堅く重々しい表情を浮かべたままで、口数も少なかった。

アブドゥッラーがサマー・プログラムの概要について簡単に説明し、アイシャがプログラムの内容に触れた。

「昨年の夏のプログラムは勉強が中心にあったけれど、今年は外での活動もおこなおうかと思ってるんです。文化にかかわるプログラムに力点を置きたいと思ってます」

コミュニケーション・スキルや自らを信じる能力など、子どもたちの社会的力を伸ばすことに力点を置くプログラムにしたいというのは、アイシャのアイディアだった。

「時期は、七月十日から八月二十一日を考えています」

アイシャはつづけた。

「そして最後の日には、親たちとともにちょっとしたピクニックをしようかと思います。このプログラムにはボランティアが必要です。その人たちに少しでもお金を支払えるように、ファンド・レイジングもやりたいですね。たいしたお金は払えないけれど、額はわずかでも助けにはなるはずです。生徒の集め方ですが、昨年参加した生徒たちの連絡先リストがあるので、それを見てみようと思います。ひとりひとり電話をかけていきましょう。おそらく四十人くらいは集まると思います。すでに言ったとおり、今年はなにか楽しいことをやりたいですね。もちろん勉強もしますが、舞台を使ったプログラムもやってみたい。みんなで小さな演劇をやるんです。なので、今日はもうちょっと具体的にプログラムを通じてなにをするのかを話し合いたいと思ってます」

気がつくと僕も話しはじめていた。

「勉強については、英語にフォーカスしたらどうかと思ってます。去年のようにいろいろな科目をやるのではなく、一科目だけにするのはどうでしょう。算数を入れてもいいと思いますが、でもたとえ科目数を増やすとしても、そこまでにしたいです。英語の授業は、リーディングとライティングの授業に分けておこないます。子どもたちの興味をひきそうな物語を読んで、それについて議論することもできます。マルコム・Xやキング牧師、フランツ・ファノンについての物語なんてどうでしょう。戯曲を一緒に読んで、そのあとにその演劇を見にいくというのもいいですよね。あるいは、ソニーはラップができるから、ラップ・ミュージックについて書かれたものをなにか読んで、ラップをつくってもらうというのも考えられます。ソニーの手助けを借りながらね。こういう提案を思いついたのは、去年のプログラムの観察を通じてです。去年参加してみて、言葉としての英語にもっと焦点を当てたほうがいいと思ったのです」

僕の念頭には、前回のサマー・プログラムでの経験があった。勉強の仕方を学ぶにも、算数の問題を解くにも、質問をするにも、すべて言葉の問題が中心にあるように思えたのだ。うまく言葉を発することのできないマフディのそばにいたというのも理由のひとつかもしれない。それに加えて、社会学者のテリー・ウィリアムズとウィリアム・コーンブルムらが一九九〇年代におこなった「ハーレム・ライターズ・クルー」の試みも念頭にあった。それは、ハーレムの低所得者向け公営団地の若者に日誌を書いてきてもらい、それを毎週持ち寄って読み合い、議論する集まりだった。そのような集まりの場での怒りや不満や痛苦や恐怖や不安や歓喜や欲望の分かち合いを通じて、若者たち自身が言葉を紡ぎなおし、価値意識を見なおし、経験を獲得しなおしてゆく文化運動だったのである。その運動の記録である『アップタウン・キッズ』を読んで、テリー・ウィリアムズと言葉を交わすようになって以来、僕は読み書きを通じた社会運動や文化運動の可能性に惹かれていたのだった。

しかし、アイシャやアブドゥッラー、そして僕が話しているあいだ、ユスフはずっと真剣なまなざしで険しい表情を浮かべ、黙ったままだった。最後にアイシャが質問や意見はないかと彼に尋ねた。ユスフはしばらくのあいだためらっていたが、やがてアイシャが来るまえにアブドゥッラーに尋ねていた質問をふたたび投げかけた。

「あなたが来るまえにアブドゥッラーにも訊いたんですが、このプログラムはイスラームの形式にのっとるものになるのですか?」

彼の一番の懸念が、プログラムがイスラーム的であるかどうかだということだけはわかった。しかし、それが具体的になにを意味するのかは掴みかねていた。プログラムの内容に反イスラーム的なことが入っていないかを心配しているのだろうか。カリキュラムのなかにイスラームの教義に触れる時間があるべきだと言っているのだろうか。授業の内容がクルアーンに関連づけられるべきだと考えているのだろうか。あれこれと想像している僕を尻目にユスフはつづけた。

「イスラームを教えたいならイマームを呼ぶべきです。イマームがいなければイスラームは教えられません。私には比較宗教学は教えられますが、クルアーンの解釈については教えられません。あなたは英語に重点を置きたいと言っていましたよね。しかし英語は人間のつくった言葉です。人間のつくった言葉に重きを置いて、アッラーのつくられたアラビア語を無視するのですか？　ムスリムでない人間がこの組織にかかわるのを認めるのですか？」

ムスリムでない人間とは、あきらかに僕のことを指していた。僕がこのプログラムにかかわるのをユスフは快く思っていないようだった。この教育プログラムがイスラーム的であるのかどうかにこだわっていた彼は、結局のところ僕の存在を問題にしていたのか――そんなことを一瞬思ったが、ひとたび話しはじめた彼は、とどまることなく話をつづけ、僕に考えつづける余裕を与えなかった。誰も口をはさむことができないなか、彼の話題は自らの個人史からクルアーンのアラビア語での引用と解釈にいたるまで、転がり、ぶつかり、角度を変え、飛びあがった。そのあいだずっと、僕は、彼がそれぞれの語りを通じて伝えようとしていることがなんなのかを掴もうとした。しかし、できなかった。彼の個人史と、いまここで話題にすべき「サマー・ユース・プログラム」の実施や運営のあいだに、なんらつながりを見いだすことができなかった。ただただ、彼の顔と口許を眺めているしかなかった。

「私はかつてバーテンダーとして働き、それからバスの運転手もやりました。私に対してひどい呼び方をする者もいました。ホモ野郎とか、ニガーとかね。けれど、その気になれば私は奴らのケツをいつでも蹴飛ばせるんだ。マーシャル・アーツをやって訓練してきましたからね。数秒でかたをつけられますよ」

彼はあたかも自分の男らしさを証明するかのように話した。

僕はよきエスノグラファーになろうと心に決め、ユスフの、想像力が発揮されてはいるが表面上バラバラな語りに耳を傾けた。傾けようとした。ユスフは、イライジャ・ムハンマドが亡くなった一九七五年にネイションに入信したという。そしてウォレス・D・ムハンマドによる組織改革を経たあともウォレスについていった。

「信仰告白《シャハーダ》をしてムスリムになったあと、肌がつやつやしてきたんですよ。霊を見ることのできる女性には、オーラが見えると言われました。イライジャ・ムハンマド師が亡くなったとき、私は一二五丁目をあるいていました。よく晴れた日でした。雲もなく、真っ青な空だった。ところが突然、暗い雲がどこからともなくやってきて、太陽を遮りました。次の瞬間、光の玉があらわれ、いろいろな方向に飛んでいったんです」

語られるそれぞれのエピソードには、はじまりもポイントも展開も結論もないように思えた。話している本人にさえコントロールできないかのように、勢いよく言葉が次々に溢れだし、僕らを覆い尽くしていった。さまざまな話題が展開してゆくなか、突然ユスフは質問をはさんだ。

「これには名前があるんですか？　この団体の名前のことですけど」

「この組織の名前ですか？」

アイシャが尋ね返した。彼女は、驚きながらも少し苛立った表情をみせた。

「そうです、この組織の名前を書いてほしいんです」

アイシャはペンを取りだし、紙切れに書こうとした。しかし、すぐにその動作を止めた。彼女が答えないことを見てとると、アブドゥッラーがそれに応じ、組織の名前を告げた。

「昨年の夏のあいだずっとわたしたちと活動をともにしてきて、それでもわたしたちの組織の名前を知らないんですか？」

アイシャはなるべく冗談めかそうと努力しながら、そう言った。微笑みを浮かべてはいたが、声と表情は尖って、不満が滲んでいた。

ユスフはおよそ二時間にわたって止まることなく話しつづけた。しかし、夏のプログラムについての言及はほんの短いものにとどまった。僕らの計画のどの部分が彼にとって問題なのかを具体的に指摘することはなかったし、改善のための提案もなかった。彼がこのプログラムとのかかわりを、はっきりと口にすることなく避けているように見えた。

延々と語られたユスフの言葉に集中しつづけることができず、途中何度も、なぜ彼がこのような態度をとるのか、その理由について想いを巡らせた。考えられる理由のひとつは、昨年のサマー・プログラムのあとで起きた論争だった。もしかするとユスフは、預言者ムハンマドをめぐってムスリム・ソサエティ内で起きた論争を耳にしたのかもしれなかった。あるいは、今日ここに来るまえにいろいろな人に聞きまわって、アブドゥッラーの発言に関する噂を聞きつけ、それを好ましくないと判断したのかもしれない。

また、別の理由も考えられた。アブドゥッラーはかつて、イライジャの死後にルイス・ファラカーンの再建したネイション・オブ・イスラームに入信していた。ユスフはそのことを知っていて、ファラカーンのネイション出身者に対し、ある種の偏見を持っているのかもしれなかった。ユスフもかつてはネイションに所属していたが、改革後はウォレスのグループにとどまった。二人が異なるイスラーム団体に所属していたことが、対立の源にあるのかもしれない。

アブドゥッラーは、疲れた様子でユスフの話を聞きながら、ときおり相槌をうっていた。アイシャは最初の一時間はなんら興味を持てない様子だったが、驚いたことに最後には共感できるなにかを見つけたらしく、しきりに強く肯いていた。最終的には、ユスフの話を熱心に聞いているのはアイシャだけだった。

この二時間は、これまでに経験のないほど長く感じられた。次から次へと過剰なほどに紡がれる言葉群。蛇行、飛躍、旋回、落下、断絶をくり返す物語。店内は二時間経ってもまだ少し混雑していたが、店に入ってきたときに周囲にいた客たちは全員いなくなっていた。しばらくしてユスフは立ちあがり、「そろそろ行かなくては」と言った。

「みんな、それぞれに意見を持つべきでしょ？　六歳の子どもにだって意見はあるんだ。意見を持たなければならないんですよ。それぞれの意見が合わなくてもいいんだ。そうでしょ？　それでも一緒に笑うことだってできるんですし」

テーブルを片付けて立ち去る準備をしていると、このプログラムがたしかに誠実さに基づくものだとわかる、とユスフは言った。しかし、彼がもはやこのプログラムに参加する意思がないことはあきらかだった。アイシャと一緒に来たソニーも、とくになにも言わないまま二時間を過ごし、そのままその場をあとにした。

ユスフとソニーが帰ったあと、アブドゥッラーとアイシャと僕は、三人で一二五丁目のストリートを七番街にむけてあるいた。外は小雨が降りはじめていて、その分、僕は余計に憂鬱な気持ちになっていた。アブドゥッラーは疲れた様子でなにも言わなかった。しばらくあるくと、アイシャが口を開いた。

「彼〔ユスフ〕は教えるのが好きなのよ。わたしにはわかる。教えるのが好きなの。わたしはカウンセラーだから、わかる。教えることのできる機会を彼に提供しなくちゃ。それが彼の望みなのよ。同時にわたしたちだってそこから利益を得られるでしょ。組織の一員として彼をつかうことができるはずよ」

いましがた眼にしたユスフの言動について、なぜ彼があのようにふるまったのかについて、僕もなにかを言いたい気持ちにかられ尋ねてみた。ユスフがなにを問題だと考えていて、なぜ手を貸したくないと思っているのか、さっぱりわからかった。二人はユスフの言動についてどう思ったか、と。

「ユタカ、わたしたちムスリムはね、お互いよく一緒にくっついて動いてまわって、おしゃべりをするのよ」

アイシャが静かな落ち着いた声でそう言った。

「それでね、どこに行こうと、みんな集まってきて話をする。とにかくあらゆることについて話すの。去年の夏のことなんかについても話してるのよ。あのちょっとした対立のことね。だからユスフは、どうなってるのか探りを入れてたのよ。わかる？」

彼女もまた疲れてはいるようだった。声にはいつもどおりの張りがあったが、疲労をためた眼をしていた。

アブドゥッラーが突然、少し冗談めかした調子で言った。

「ユタカ、ほらね、これで自分の本にたくさん盛り込むべきことができただろ」

彼も相変わらず疲れた様子だったが、努めて微笑みを浮かべ、からかうようにしてつづけた。

「私たちの組織やプログラムがどうやって展開してきたのかを見てきたわけだし、これについては分厚い章になると思うよ」

僕らは少し笑って、そのあと無言のまま一二五丁目をあるいた。

しばらくするとアブドゥッラーが立ちどまって、ふたたび口を開いた。

「ひとつ言ってもいいかな。私たちがカリキュラムを用意しさえすれば、人がそこに来て手伝ってくれたらいいだけの話ですよね？」

アブドゥッラーはまだ話のつづきがあるようだった。しかし、アイシャがすぐに割って入った。

「でも、彼はそれができないのよ。わたしもそうしてほしいけれど、彼にはそれは無理。彼は教えたいのよ。教えたいという欲求を持ってる」

僕もなにか言いたかった。

「彼が教えたいという欲求を持ってるのはわかりますよ。けれど、僕らのカリキュラムについて彼はなにを懸念してたんですか？　僕にはわからなかった」

「わたしたちのカリキュラムがイスラーム的じゃなかったのよ」

アイシャが淡々と言った。

「僕にこのプログラムにかかわってほしくないって彼が思っているように感じたのですが」

意を決してそう言った。アブドゥッラーとアイシャは驚いて困ったような表情を浮かべた。僕に配慮してそうしているのか、あるいは本当に驚いたのかはわからなかった。

「本当に？　なにを聞いてそんなことを思ったの？」

アブドゥッラーが尋ねた。

「僕が英語の能力に重点を置いたらどうかと話したら、彼は英語は人工的な言葉でうんぬんと言ってましたよね」

ユスフがこのプログラムはムスリムのみによって運営されるべきだと考えているように、僕には思えた。彼がそのようにはっきりと言ったわけではないし、彼が僕に対して差別的な言動をとるようなこともなかった。しかし、五カ月ほどまえに彼の言った言葉が耳に残っていた。

そのとき僕は、ある別のムスリム男性から「おまえは金も払わずに俺たちのコミュニティから情報を盗んでいる。調査がしたけりゃ、調査許可証《リリース・フォーム》を担当教授に書いてもらってこい」と言われ、責められていた。

その男性は気が短く、ときおり発作的に感情を爆発させることで知られている。ユスフが僕らのあいだに割って入り、仲裁してくれた、そのときのことだ。

すでに僕はハミッドを通じて一一六丁目界隈のムスリムたちと顔見知りになっており、彼らの多くが僕を守ってくれようとしていた。ハミッドやカリッドは電話をしてきて、気にするな、かかわるなと言った。だから、僕がその男性によってすぐに追い出されるようなことはなかった。それでも、僕の存在をめぐって、そして僕に対するその男性の非難をめぐって、どう対応するべきかが床屋で話し合われた。その話し合いの最中にユスフが言った。

「私も最初にユタカを見かけたときは、彼はここにいるべきでないと思いました。でも、ステイト・オフィス・ビルディングで夏のユース・プログラムを彼が手伝ってるのを見て、彼のおこないは誠実だと思った。けれど、あの男〔僕を非難した男性〕もまた私の兄弟《ブラザー》なのです。彼のユタカへの対応の仕方には問題があります。だけど、彼の立場もわかります。彼の立場を正当化したくはない。でも同時に、彼に対抗するような立場も取りたくはありません。彼は私のブラザーなのです。彼はそれでも私の息子なのです。私たちアフリカン・アメリカンのコミュニティには、大勢の人たちが入ってきてめちゃくちゃにしていった過去がある。ユタカ、あなたも人類学者として、そのことは理解できるはずです。『大丈夫、大丈夫。その人を歓迎してやりない』と言って受け入れた結果、搾取が起こるのです」

ユスフがおこなったことは、コミュニティにおけるその男性の立場と僕の存在との両方を守ることだった。ハミッドが一方的に僕を守ろうとして、「あきらかにその男の態度は不当だ」と言うのに対し、ユスフは「彼の態度は問題だが、彼はまだ若く、またこれはコミュニティ特有の問題でもある」と一定の理解を見せた。他方、ユスフは僕に対して次のように言った。

「私たちはこういう種類の問題を抱えているのです。奴隷制の名残りがいまでも残っている。彼も自分の気持ちや感情を抑制したり、コントロールしたりすることができないのです」

また、ユスフは一度、僕とその男性との二人を車で連れ出し、話し合いの機会を持たせ、その男性に語りかけることまでした。いま、この文章を書いている時点から振り返れば、ユスフの言動は僕の存在を受け入れるための彼のやり方であり、彼なりのホスピタリティの示し方だったことがわかる。しかし、当時の僕は二度目のサマー・ユース・プログラムをなんとしても成功させたいと躍起になっていた。そして彼の言った「最初は、ユタカはここにいるべきでないと思った」という言葉が、僕の記憶のうちにいつまでもとどまった。ユスフが僕を嫌がっているわけではないことはわかった。しかし、この場にいないに越したことはない、いないほうがコミュニティにとってはよいと考えている、そんな印象が僕のなかに残った。

僕たち三人は、それぞれユスフの言動に異なるものを読み込んでいた。あるきながら話していると、雨が次第に強くなってきた。アイシャがアブドゥッラーにキャブに乗りたいと告げた。アブドゥッラーは、「ほら、またたよ。贅沢ばっかり」と言わんばかりに、少し呆れたような表情で微笑んだ。

「ユタカも家まで車に乗っていくかい？」

彼らとキャブに乗って家に戻るほうが楽だったかもしれない。しかし、いま起きたことについてひとりで考えたかった。

彼らはジプシー・キャブに乗り込むと、別れの挨拶を口にした。

「ア・サラーム・アレイクム、ユタカ」

「ワ・アレイクム・サラーム」

僕は雨の一二五丁目のストリートをあるきつづけた。夏のプログラムの実現まではまだ時間があるからと互いに確認しあった。しかし、僕は――そしておそらくはアイシャとアブドゥッラーも――実現は難しいように感じていた。認めたくないことだったが、現実的には準備の時間も、予算も、ボランティアのあてもなかった。

一二五丁目の高層公営団地のまえでは、子どもたちがふざけあったり、おしゃべりに興じたり、ストリートを行き交う人びとを眺めたりしていた。サマー・プログラムを実現すれば、彼らもまた参加できるだろうと思った。そのとき僕は、一年ほど前にムスリム・ソサエティのミーティングでサディークが口にしたことを思い出した。

「議論をするとき、クルアーンを手に持って互いの頭を殴りあうような結果にならないことがとても重要なんです。そのことについては本当に注意深くならなくては」

その彼の言葉を、僕はクルアーンの解釈をめぐって生じる対立についての警告として理解していた。しかしいま、なぜ彼がそんなことを言ったのだろうかと改めて思いを巡らせた。きっと彼は、僕らの経験したこのような事態に幾度となく遭遇してきたのではないだろうか。

雨足はさらに激しさを増した。ストリートの角にある、フリーペーパーを入れるプラスチック製の箱が眼に入った。その上に、発砲スチロール製のテイクアウト用ランチ・ボックスが食べ残しとともに放置され、散乱していた。雨が降り注ぎ、原形の崩れつつある食材に、二、三羽の鳩が群がりついばんだ。ファストフードを貪る鳩の眼がよごんで見えた。

ディスコミュニケーションのコミュニティ

この一連のエピソードの行く末はすでに予測できるかもしれない。

その年の夏、僕らはサマー・プログラムを組織することができなかった。レストランでの会合以降、ユスフに会うこともなかった。アブドゥッラーとアイシャも彼と顔を合わせることはなかったという。ムスリム・ソサエティ・オブ・ハーレムもまた、その夏以降、定期的におこなっていたミーティングをやめてしまった。事実上の活動停止だった。

「神は唯一です」

「違いを乗り越えて団結することが重要なのです」

「強いコミュニティをつくる必要があります」

「我々はひとつなのです」

唯一神を強調し、団結《ユニティ》の大切さを唱え、強いコミュニティの必要性を訴え、ブラザーフッドやシスターフッドに重きを置く。皆がアフリカン・アメリカンの、ムスリムの、ハーレムの状況改善に関心を示し、なんらかのかたちで寄与すべく行動をとろうとしている。そんな集団のなかで起きたディスコミュニケーションだった。よくある対立や齟齬として片付けることはできなかった。非ムスリムである僕や、ユスフらが異端だと考えたアブドゥッラーによってサマー・プログラムが運営されようとしている以上、そこにディスコミュニケーションが生じるのはあたりまえだという考えもあるかもしれない。しかし、それでは一連のやり取りのなかでなにが生じていたのかを説明することにはならない。

当時の僕は、この集団内で生じた対立をクルアーンの「正統な」解釈をめぐるものとして理解していた。テクストや史実をめぐってさまざまな相反する解釈が（ときとして）生じるのは避けようがないことで、それよりも目先のサマー・プログラムの決行が重要事項だった。複数の異なる声がせめぎ合うなかで脱中心的な運動が展開し、ゆるやかな「つながり」や「つらなり」のもとで助け合いや支え合いが見られた前年のようなプログラムを、ふたたび実現したいと、僕は躍起になっていた。絵に描いたように理想的なポストモダンの社会運動のようなものを、滑稽なほど生真面目に追求していたところもあったかもしれない。

僕が理解していなかったことのひとつに、対立のなかで信仰の果たした役割や、その意味と重要性があったように思う。ラシーダやユスフをはじめ、アブドゥッラーに異を唱えた者たちにとって、信仰は自らの存在理由だった。だからこそ彼らはアブドゥッラーに真剣に抗議した。他方で、ムスリム・ソサエティのパンフレットにもあるように、信仰はこの組織にとっても最も重要な基盤だった。とりわけ、この組織を立ちあげたアブドゥッラーにとって「信仰より重要なことはない」のであって、だからこそ彼はそれに、人びとをまとめ、団結させるものとしての期待を抱いていた。

しかし、アブドゥッラーが自らのコミュニティのためのプログラムを実現させようとしたとき、一緒に活動してきたメンバーによって彼の信仰の中身に異論が唱えられてしまう。唯一神のもと、団結してひとつになり、一丸となってコミュニティを築く、そういう方向に人びとを導くことを期待されていた最重要事項が、人びとを対立させ、分離し、本来持っていた力を無効化してしまったのだった。

なぜアブドゥッラーとアイシャがユスフの行動を無視することができなかったのかと不思議に思う人もいるかもしれない。じっさい、アブドゥッラーとアイシャはディスコミュニケーションの場面を避け、彼らの地位に挑戦した者たちを排除し、ユスフの長い話を無視することもできたはずだ。メンバーからの挑戦や異論を切り捨て、ディスコミュニケーションを可能なかぎり取り除き、組織をまえに進めることもできただろうし、その方が彼らにとっては簡単だったろう。しかし、彼らはそうしなかった。アブドゥッラーとアイシャは難しい道を選択したのだ。反対意見を述べる者をひとまずは受け入れ、挑戦を受けとめ、サマー・プログラムの実践とは無関係に思われる話に耳を傾けたのである。

ユスフやほかのメンバーを退けて組織のプロジェクトをまえに進めることは、表面的にはサマー・プログラムの成功につながったかもしれない。しかしそれは、コミュニティのために尽力しようとするアブドゥッラーの夢や彼の生き方そのものに、深刻な打撃をもたらしたかもしれないのだ。反対する者を受け入れ理解しようとする能力、必ずしも肯定的な影響ばかりでないコミュニティの中に自らを埋め込みつづける能力、コミュニティへの仕え方を振り返り、必要であれば変化させる能力、そうした能力の喪失、という意味での打撃を。

そうだとすると、コミュニティのために尽くそうとするアブドゥッラーの誠実で真剣な夢は、つねに挫かれ先送りされつづける願いのようにも思える。そしてそれは今回の場合、サディークがいみじくも述べたように、「外側」からではなくコミュニティの「内側」から、同じコミュニティのメンバーによって先送りされているのかもしれなかった。けっして悪意からではなく、強い関心と信仰から。しかしまた、団結し、統一されたコミュニティの実現や首尾一貫したコミュニケーションの確立の先送りのなかに、彼らの性向や所作や皮膚感覚を連接する「つながり」や「つらなり」があるのだとしたら、この先送りを失敗と断定することは誰にもできないように思う。

再検討すべきは、社会運動や社会組織や社会的取り組みを、成功と失敗の二分法で捉えがちな自らの認識枠組みかもしれなかった。

第六章

ムスリマの世間

――二十一世紀の問題とアイシャのムーヴメント

生きてゆくぎりぎりの線を侵されたら
言葉を発射させるのだ
ラッセル姐御の二挺拳銃のように
百発百中の子気味よさで

茨木のり子「おんなのことば」

アイシャのハーレム

「わたしは、このコミュニティでずいぶん多くの社会問題と向き合ってきたわ」

アイシャがあるときそう語った。

「HIV、家族の問題、ドメスティック・ヴァイオレンス、あらゆる種類の問題よ。長いことそういう問題に取り組んできた。わたしは行動する人間なの。しゃべって、しゃべって、ただしゃべるだけっていうタイプの人間じゃない。わたしのことを嫌って、おせっかいで詮索好《ノゥジー》きだって言う人もいる。けどね、コミュニティの問題に取り組もうとすると、あらゆることを知らないといけないの。だからおせっかいにならざるを得ないのよ」

アイシャが「ビラリアン・プロジェクト」という組織を立ちあげ、アブドゥッラーのつくった「ムスリム・ソサエティ・オブ・ハーレム」と合流するかたちで活動を展開したことはすでに書いた。前章に描いた数々のミーティングや「サマー・ユース・

プログラム」などはそうした活動の一環だった。

もともと彼女のビラリアン・プロジェクトを通じての活動は、主にハーレム住民やアフリカン・アメリカンたちの経済的自立を支援することにむけられていた。人に仕事を紹介したり、ビジネスを展開したい人びととのネットワーキングをおこなったり、起業家を呼んでプレゼンテーションをしてもらったり、「イスス Esusu」と呼ばれる一種の無尽講を呼びかけたりといった、さまざまなかたちでの経済支援がそこには含まれていた。

しかし、アイシャ個人の活動はそれだけにとどまらない。彼女の取り組みの範囲は、ホームレス・シェルターの設置から地元のビジネスの運営、刑務所の入所者との手紙のやり取り、ドメスティック・ヴァイオレンスの被害女性の援助まで、多岐におよんでいる。イスラームに入信し、ムスリマ（ムスリム女性）になってからは、同じムスリム同士で協力しての活動も展開したが、彼女の活動対象となる相手は必ずしもムスリムであるとは限らない。そんなことには構っていられない、というのが正直なところのようだった。アイシャが近隣地区をあるくだけで、さまざまな人が話しかけてくるし、彼女もまた、あるきながら店先やストリートにたむろする人に声をかけたり、挨拶を交わしたりする。

アイシャは、一九六二年にルイジアナ州ニューオリンズからやってきてハーレムに暮らしはじめた。ニューヨークのダウンタウンでソーシャル・ワーカーとしての訓練を受けて以来、日常的にさまざまな問題に遭遇するたびに、それに向き合ってきた。人びととの非制度的で個人的なかかわりのなかで活動を展開する彼女は、ひとつの問題だけに焦点を当てるわけにはいかなかったし、あらかじめ決められた処方箋に基づいて問題のある側面だけに対処する、というわけにもいかなかった。あらゆる問題に首を突っ込む必要があり、立ち現れる問題に全人的にかかわらざるを得なかったのだ。そういう態度で問題への取り組みをつづけるときには、なりふり構わずに行動を起こす必要があるのだという。

「こういう活動を効果的におこなうためには、場所や会う人によって、スカーフを取って活動するときもあるの。でもね、ある日、スカーフをかぶらずに活動していたら、イマームがやってきて『シスター、スカーフもつけずになにをやってるんですか』って言ってきた。けれど、わたしに言わせれば、そんなことは大きな問題じゃない。もし、ある場所で問題が起きていて、そこに行くためにはスカーフを取る必要があるっていうなら、わたしはいつでも取るわ。そういうことにこだわるのはやめた方がいい。ナンセンスよ」

ある日のムスリム・ソサエティの集まりの際に、アイシャは力強い表情でそう語ってみせた。具体的に誰かを名指しで批判することはなかったが、それでも彼女の言葉の背後には、男性中心主義に対する強い憤りと不満が見てとれた。

「わたしたちは男性の〔妨害や暴力ではなく〕支えを必要としてるのよ。極端なケースだと、夜中の三時に女の人が四二丁目から電話してきたことがある。助けを必要としてたのね。タクシーに乗ってわたしの家まで来るように言ったわ。到着してから彼女が落ち着くまで話をして、それから彼女の夫とも話した。彼女の夫には、個人的にことにまで首を突っ込むつもりはないけれど、今晩は彼女をひとりにさせておいた方がいいって伝えたわ。話すなら明日以降にしてってね」

それを聞いていたシスター・ルースが心配そうに口をはさんだ。

「アイシャ、その種のケースでは注意が必要よ。男性があなたを狙ってくることだってあるのよ。自分の家をシェルター代わりに使うのはやめた方がいいと思う」

「わたしは恐れないわ。アッラーが助けてくれる。これまでもなにも悪いことは起きなかった。必ずアッラーが守ってくれる。だからわたしは恐れない」

アイシャは断固とした口調で言った。

「それはわかるけれど。でも……」

「いいえ、わたしは恐れない」

ルースはまだなにか言いたげだったが、アイシャの敢然とした表情に口をつぐんだ。

アイシャが口にした「極端なケース」がどのようなものだったのか、具体的なことがあまり述べられなかっただけに、僕は気懸かりだった。集まりが終わったあと、思いきってアイシャに尋ねてみた。

「先ほど話していた、家にかくまった女性の件なのですが、ドメスティック・ヴァイオレンスだったのですか？」

「ええ、そうよ。ああいう場合、女性たちはなかなかその状況から抜け出ることができない。抜け出たいとは思ってるけれど、どこかで抜け出たくない、抜け出るのが怖いと思う気持ちがある。自分があれすれば、自分がこうすれば、状況が変わるんじゃないかと思ってしまいがちなの。でもね、状況は変わらない」

「そういったケースは、このコミュニティに多く存在しますか？」

「ええ、たくさんあるわね。逆のケースもある。女性が男性に対して暴力的になるっていうケースね」

「それでも、女性が暴力を受けるケースと比べれば多くはないですよね？」

「そうね、それほど多くはない。わたしたちは、男の支配する世界《メンズ・ワールド》に生きてるから」

「先ほどの件はその後どうなったのですか?」

「彼らは話し合って、それから結局一緒に家に戻って行ったわ。でも六カ月後には別れることになった」

アイシャと交わしたやり取りからだけでは、このケースが具体的にどのようなものだったのかは見えてこなかった。しかし、アイシャの問題への取り組み方や対処方法を少し垣間見たように思った。それは洗練されたものではないかもしれない。緊急を要するものを除けば、警察や相談所などの制度的介入に完全に頼るというものでもない。そのときどきで、必要と思えることをやり尽くすという対処方法だ。基本的には、コミュニティのなかでの話し合いに重きを置いていると言えるだろう。

ムスリマたちとドメスティック・ヴァイオレンス

やり取りのなかで僕がドメスティック・ヴァイオレンスに強い関心を示したからだと思うが、しばらくしてアイシャは、長年にわたってこの問題に取り組んできたシスター・ザハラを紹介してくれた。ザハラもまた、長年にわたってハーレムで活動してきたアフリカン・アメリカンのムスリマだ。ザハラとアイシャは、ときに協力して一緒に活動を展開している。一二五丁目のバーガー・キングで僕らは待ち合わせ、客が行き交い、携帯電話が鳴る騒々しい店内で、彼女たちの話に耳を傾けた。
アイシャ　ザハラはね、とくにドメスティック・ヴァイオレンスに取り組んできたのよ。

一緒にそういう問題に取り組んできた。わたしたちは長年一緒に仕事してきたし、彼女のことをよく知ってるから、わたしを頼って相談にくる女性たちをザハラのもとに送ることができるの。ザハラに紹介しさえすれば、そのあと、それ以上は深入りしない。ザハラが女性たちの面倒を見てくれてるのを確認するだけよ。

ザハラ　ウチらの組織は一九九二年頃に立ちあげたの。女性ムスリムのニーズに応えるためにね。そう、とくに女性ムスリムたちの問題に取り組む必要があったのよ。ほかの人たちを拒絶するわけじゃないけど、ムスリム・コミュニティの抱える問題に取り組んでる。

ウチら、自助団体のようにも機能してる。小さなグループで集まって問題を話し合ったり、ネットワークをつくって各自の抱える問題について助け合ったりできるようにしてるのね。月に一度はそうした問題を持ち寄ってみんなで話し合って、ウチらからもほかにどんなことができるかを提案する。その自助グループはオープンにしてあって、さまざまな女性が参加できるようにしてるわ。マンハッタンやブルックリン、クイーンズといった地区にそれぞれそうした自助グループがあるの。

その方が都合がいいのよ。女の人たちは、知っている人に会いたくないっていう理由から、自分のコミュニティの近くにいたくないこともあるの。だから移動して、離れた場所の集会に行くこともある。集まりには守秘に関する規定があって、そこで話されたことはほかの場所でしゃべっちゃいけない。グループ内での発言はグループ内にとどまる。

最近じゃ、ウチらはムスリムの女性活動家のためのワークショップもはじめようとしてる。自助グループだけじゃなくって、活動家を送りこもうってわけ。必要な情報を持ってる人をね。予定では、〔このインタビューの翌月にあたる〕一月二十四日にそうしたワークショップをやろうって思ってる。仮の日程だけど。ステイト・オフィス・ビルディングでやるから、返事がもらえるまで仮の日程なのよ。四十時間のプログラムで、最低でも二十人の活動家を育てたいって思ってる。それが最新のプロジェクトね。

ウチら、いまのところ自分たちの建物を持ってないの。以前にはあったけれど、継続するお金がなくて、いまはない。だから場所を探して、やれる場所でやってかないといけない。それにいまは、誰もこの活動についてお金をもらってない。お金を取れる機会を探してるとこよ。建物も必要だし、お金も必要。お金がないとまわってかない。一緒に活動してくれてる人たちはボランティアで、この活動に献身的に取り組んでくれてるから、いまのところ大丈夫だけどね。

ボランティアは全部で四人ね。多いときには二十人いたけど、いまは四人。ワークショップをすればもう少し増えるかもと期待してるけど。

集まりは、ステイト・オフィス・ビルディングでやったり、互いの家でやったり、図書館でやったり。コミュニティの意識を高めるための集まりを企画したりもするから、そういうものは図書館でやるのよ。モスクでやることもあるわね。コミュニティ・センターでも。若者向けのプログラムをやるために学校に入っていきたいとも思ってるけど、いまはまだできてない。トライはしてるんだけど。「PS129〔公立校の名称〕」で一度だけやったことあるけれど、そのときはひとりの先生がプログラムを用意していて、そこに呼ばれて行っただけだからね。

ハーレムのモスクでは、「DV101」っていうドメスティック・ヴァイオレンスについての意識を高めるための集まりをやったことがある。ＭＩＢ〔モスク・オブ・イスラミック・ブラザーフッド〕で十二月十五日にやったのが最後かな。ほかにもいろんなモスクでやることを希望してるんだけどね。でも、言わせてよ。これはほかの閉鎖的なコミュニティについても言えることだけど、彼らはドメスティック・ヴァイオレンスの存在を否定してくるのよ！　コミュニティのリーダーたちがよ。ある男とつい最近話したんだけどね。まあ、名前は言わないけど。たまたまその場にウチは居合わせて、彼もその場にいてね。それで、彼に、コミュニティのために「ＤＶ１０１」の集まりをやれるかどうかって訊いたのよ。そしたら彼は、そういった問題はこのコミュニティには存在しないって言ったのよ！　正気とは思えないでしょ。

アイシャ　典型的な否認の反応ね。

ザハラ　それを言ったのは、単にムスリムの男だったっていうだけじゃなくて、イマーム（指導者）だったのよ。そう、その男はイマームだった。そして、それは珍しいことじゃないの。一九九二年だからいまから十一年ほどまえかな？　ウチらがいまやってるこのプロジェクトをはじめて、イマームに接近しはじめた頃のこと。そのときは違う人だったけどね、おんなじ目にあったわ。そのときはその男はね、「あなたたちシスターがしっかりしてれば、殴られることなんてないのです。だから家に戻って女のすべき仕事をしなさい。このコミュニティでやっかいな問題を起こさないことです」とまで言ったのよ。

　でもね、それが典型的な反応なの。そのときは、ウチもいまのあなたと同じくらいショックを受けた。でもこの仕事をしていくうちに、それがこのコミュニティでの本当に典型的な反応だってわかった。それがイマームの反応だった。それが男《ブラザー》の反応よ。DVが現実の問題なんだって理解してもらうためには、本当に特別な人が必要なの。たいていは、男性に理解してもらう必要がある。どういうことかって言うと、男が問題があるっていうことに気がついて理解すると、それについて彼らはなにか行動を起こさなくちゃいけなくなる。それでどうするか。未知の問題に向き合わなくてはいけないでしょ。だからトレーニングが必要になる。やがてより多くの人がトレーニングを求めるようになる。

DVが本気で取り組まなくちゃいけない問題なんだって男性が理解するまでは、本当にしっかりしてなきゃだめ。彼らはそれについて真剣になる必要があるし、向き合わなくちゃいけない。自分の妻を殴るのをやめなくちゃいけない。

アイシャ　とてもデリケートな問題ね。イスラームだけでなく、すべての宗教コミュニティがこうした問題を抱えてる。あるときHIVについて話し合いたいとわたしは思ったの。

ザハラ　その問題を話し合おうとしたときにアイシャとウチは出会ったのよね。

アイシャ　そう。イスラームだけでなくすべての人のための集まりだったけれど、わたしの関心はムスリムの女性たちだった。彼女たちがウイルスに感染してもそれについて語ることができない状況だったのよ。閉じたコミュニティだから、みんなそういうことはなにも話さない。何人ものシスターたちと一緒に取り組んでデータを集めて、それをさまざまな国の大使館に送ったの。情報提供のために。そして、取り組みをさらに展開するために連絡をくれるようにって伝えた。いまはまだなんの返事もないわ。なんの反応もない。一緒に取り組むために残ってくれたイマームもひとりもいない。イマーム・タリブ〔MIBのイマーム〕だけが、この問題についてシスターたちと一緒に取り組んでくれてる。だからわたしは彼を尊敬してるわ。

ザハラ　アリ・ラシードが亡くなったあとはね……。

アイシャ　そうそう、イマーム・アリ・ラシード〔ハーレムのモスク、マスジッド・マルコム・シャバーズのかつてのイマーム〕もね、すばらしい人だった。彼とはよく協力して一緒に仕事をした。彼もまた先駆者だった。

アッラーの言うことを誰も聞いてないのよ。ザハラとわたしは、問題を抱えてわたしたちのもとにやってくるシスターたちとともにずっとマスジッドの外で活動してきた。もう何年もね。

アッラーがわたしたちの抱える問題の多くへの答えなのよ。クルアーンに書かれていることとか、アッラーの言うことにわたしたちが従えばね。預言者のスンナについて、預言者がなにを、どのようにおこなったかについて話をするだけだったら、それはそれでいいけど、アッラーに従った人たちの行動に注目すると、それが最良の行動なの。

ザハラとはとてもよい関係を築けてるわ。ザハラはわたしをリスペクトして、わたしはザハラをリスペクトしてる。

ザハラ　二人で取り組みを一緒にはじめたのは、一九九二年頃、いや一九九〇年頃からね。イマーム・アリ・ラシードがいた頃よ。

住宅問題

ドメスティック・ヴァイオレンスなど、女性たちの直面する問題に向き合ってきたザハラだが、アイシャと同様、彼女の取り組む問題も多岐にわたっている。ハーレムで直面する最大の問題はなにかと尋ねると、ザハラはよくとおる高い声で即座にこう応えた。

「いま一番の大きな問題は住宅問題ね。これは人間の基本的ニーズにかかわる問題なのよ。ハーレム・コミュニティは大きな変化を経験してる。あまりに変化が大きくて、あまりにも問題が大きいから、住む家さえなくなってる。八年前くらいにはじまったのね。住む家を奪われる人たちが出てきて、それ以降、状況は改善されてない。

それから、どういうわけだか、九・一一をきっかけに問題がさらに展開していったことも指摘できるわね。あれ以降、ハーレムの居住者を変えていこうとする動きがある。ワールド・トレード・センターの倒壊とジェントリフィケーションがたまたま同時に起きているのかもしれないし、あるいはワールド・トレード・センターの一件が事態を急速化させたのかもしれない。とにかくこのコミュニティはいま、ここに暮らす住民を見ると、以前とまったく違ってる。ハーレムの住民構成は劇的に変わったのよ。不動産の価値も変わったわ。ウチの弟が一三九丁目に物件を持ってるけど、弟はそれを二十二年ほどまえに七万五千ドルで買ったのよ。いまじゃ、その物件を買い取りたい人たちの提示する最高額は百万ドルよ。弟はそれでも手放さないって言ってる」

ザハラはハーレムに生まれ育った。しかし、けっしてずっとここに住みたいと思っていたわけではなかったという。

「ウチはね、生まれも育ちもハーレムよ。じつは何度もこの場所を離れようとした。だけどいつも引き戻される。ウチの心が訴えかけるのよ。以前は、つまりウチがいまのこういう生活にはいるまえは、生きてくのにもっとよい場所があるって思ってた。外国に住むことも考えた。ナイジェリアとかセネガルとかガーナとか。飛行機から降りると全員がアフリカ人で黒人で、というのがよかったし、そういうのが好きだった。でも、残念なことに、うまくいかなかった。どういうわけだか、ここにいつも戻ってくることになってしまう。アメリカの別の場所というんじゃなく、ここに戻ってきてしまうの。それがウチなのよ」

ザハラが住宅問題に言及したのを受けて、アイシャが横から口をはさんだ。

「わたしも住宅問題については事情を知ってるから、ザハラの話してることが深刻な問題だってことはわかる。わたしはダウンタウンの住宅裁判所に行く機会が多いの。あそこに行って時間を過ごすと、法廷のことがよくわかってくる。なにをすべきで、なにをすべきでないか、ものごとのやり方、ということがね。そして、多くの人がそういうことについてなにも知らないってことに気づくの。たとえばある契約があって、知らずにそういうものに署名してしまうと、そこから抜け出られない。その契約がその人を拘束することになる。そうなると唯一できることが、家を出ていくことだったりする。ものすごくたくさんのそういう仕組みがあって、隠れた策略がある。だからよっぽど洞察力がないと、そういう技術的なことにやられてしまうの。わたしたちの組織があるでしょ、ムスリム・ソサエティ・オブ・ハーレム・アンド・ビラリアン・プロジェクトのことだけど。わたしはそこに住宅問題に詳しい人を招いて、そういった技術的な問題を説いて、やられてしまわないための方法を教える集まりを持ちたいと思ってる。住宅裁判所でやるべきこととやってはいけないこと。どうやって問題に対処したり抜け出したりするのか。どうやって自分を救い出すのか、そういうことをね。ときには破産してしまう人もいるでしょ。心ある人でも仕事を失ってしまい、家賃を払えなくなる人もいる。でも、新しい法案ができつつあって、その法案が通ると、たとえばずっとその場所に暮らしてきた人が家賃を滞納すると、家主はその人の賃貸借契約を更新しなくてよくなるの」

「その法案はもう通過したの?」

ザハラが驚いた表情で尋ねる。

「いま通りつつある。ゆっくりと通りつつある」

「まだ通ってはないのね」

「まだ完全には通ってない。でも通りつつある」

そして、二人はこの場所でシステマティックに起きている住宅問題のからくりを説明してくれた。

ザハラ　もうひとつ、いま法廷で起こってることはね、家主が法廷に来て座ってるってことね。つまり、法廷の雰囲気が違う。二十年前は賃借人である住人に同情するような雰囲気があった。でも、いまではそれが変わってしまった。

アイシャ　もうひとつ言えることはね、一家族をホテルに住まわせて二万ドルから三万ドルを費やせるなら、同じ家族をもっと安くてよいアパートメントに住まわせることができるってこと。

ザハラ　一年間に六千ドルですむのよ。一カ月に五、六百ドルよ。あるいは一カ月に千二百ドルでもいい。たとえば、ひと月の家賃が千ドルだったとして、そしたら年間一万二千ドルよね。それはけっして悪くない、まともな額だと思う。でも彼らはそうしないのよ。馬鹿みたいに高いお金を費やすの。

アイシャ 全部ネットワークでつながってるのよ。ホテルをそういうネットワークに入会させて、お金を受け取るっていう具合にね。

ザハラ シェルターなりホーム・シェルターなりホームレス・シェルターなり、どこかしらの暮らす場所がないときには、その家族はそういうホテルの家族用の一部屋に入れられる。そうするとホテルは、一家族全体につきではなく、一人ごとにいくらかのお金を請求できる。ソーシャル・サーヴィスがそのお金を支払うのよ。

アイシャ そう、ソーシャル・サーヴィスが支払う。そして政府がそれを支払う。

ザハラ それは規則みたいなものなの。オールバニー〔ニューヨーク州の州都でここにある州議会で州法が決定される〕でルールづくりに携わっている人たちのね。政府はウチの税金をつかって、そのお金をその人たちに支払ってルールをつくらせてる。仕組み、これでわかったでしょ？　お金は特定の場所だけでまわってるの。それが住宅の仕組みよ。

アイシャ お金はつねにその仲間内にとどまる。

ザハラ いつも「持てる者」と「持たざる者」がでる。すごく明白なこと。誰が責任者かによって、そのときの特定の人の心情で、ほかの人がどうなるかが決定される。アメリカが、世界の意見を気にしていた時期もあった。でもね、あなたもわかっているし、ウチもわかっているように、いまじゃそんなことを気にしてる気配すらない。世界の意見なんて国連が考えているほどにも価値を持ってない。「ウチの言ったとおりにしなさい、さもなければあなたは消滅するだけ」、そう言ってのけてるのがウチらの国。

アイシャ　だから、住宅問題に取り組むいろいろなグループがある。ザハラがＭＩＢでの集まりをやってたとき、住宅に関する別の集まりも開かれてた。その集まりは、いまわたしたちが話してることに関連するものだった。彼らがいまやってるのは一緒に協力してこの問題に取り組むための連携をつくることね。

ザハラ　もちろん、家族がそういうホテルに入れられるような状況にいるときは、その家族は家主にお金を払わなくてもいい。そういう場合は、彼らはなにかしらの住宅プログラムに支援されることになる。ただ、シングル・ルームの住宅に入らなければならない。給付金を受け取るようなもの、政府の給付金をね。自分の面倒をみられないような状況のときには、そういうプログラムがまだ存在してる。かぎられてはいるけど。結局、行政側が特定の場所にその人を住まわせるでしょ。それから行政側は家主にお金を支払う。いい？　それは単なる部屋よ。なのに政府は、居住者ひとりにつき何百ドルものお金を家主に対して支払うの。単身者用の部屋なのにね。政府は人びとを利用して家主を金持ちにしてるのよ。それは住宅プログラムには違いない。でもそれを利用してるの。ウチらからお金を取って、それを使って家主たちを肥えさせてる。わかる？

もうひとつ例をあげようか。刑務所のシステムを見てよ。刑務所はいま景気急上昇でしょ。民営化して。人はそれに関連して仕事を得てる。囚人に服を着せないといけないから服飾産業が入る。

アイシャ　保釈金もね。保釈金はとても深刻。〔システムを運用する〕あちら側の人間にとっては、お金がつねに入ってくる。

ザハラ　ニューヨーク州だけでも巨大な刑務所の複合施設ができあがってるの。刑務所産業の複合施設がね。

アイシャ　刑務所がどのようにできあがってるか、その民営化されてる部分とあまり民営化されてない部分とについて教えてあげることもできるわ。刑務所内のトレーニングについてもね。本来それは、更生をめざすべきもの、言い換えれば、それは更生キャンプであるべきなの。ある種の行動を矯正し、更生させる。でもそれをきちんと調べると、懲罰的側面が見えてくる。現実にはそこに入った人たちはもっと悪い状態になって戻ってくる。

ザハラ　それにまた刑務所に戻っていってしまう。

アイシャ　そう、また戻っていってしまう。

ザハラ　刑務所はね、懲罰的機関としてしか機能してない。更生機関になってないの。訓練を通じて人をよりよくするようにはなってない。まったくそうなってない。完全に懲罰的なもので、それを通じて人はよりひどくなっていく。それは受刑者に、「あなたがたを釈放したくない」、「あなたがたにコミュニティに戻ってきてほしくない」って伝えてるようなものよ。社会に戻ってほしくないってね。

住宅裁判所にて

再開発やジェントリフィケーションが常時進行するニューヨークでは、住宅問題が焦眉の課題として必ず持ちあがる。この問題について触れていたアイシャ自身も、このあと自身の暮らすアパートメントで、家主とのあいだのトラブルに巻き込まれることになった。アイシャからの電話によると、家主が彼女の身に覚えのない家賃滞納を訴えてきたこと、それによって明日は朝からダウンタウンにある住宅裁判所に赴かなければならない、とのことだった。そして、都合がよければ、様子がわかるから一緒に来ないかと僕を誘った。もちろん行くと答えた僕に、アイシャは小さく笑って言った。

「スーツを着てきてね。わたしの横にいて、わたしの弁護士の振りをしてればいいから」

翌朝、着慣れぬスーツに身を包んで、一二三丁目と七番街の角の待ち合わせ場所にむかった。準備や着替えに予想以上に時間がかかり、十分遅れで着くと、アブドゥッラーとアイシャはすでに到着していた。

「電話したんだけど、聞こえなかった?」

アブドゥッラーが苦笑いしながら言った。

「わたしがなんて言ったかわかる、ユタカ? ユタカはついに黒人時間《カラード・フォークス・タイム》で行動するようになったねって言ってたのよ」

アイシャがそう言ってケタケタと笑うと、アブドゥッラーも笑った。僕も思わず笑ってしまった。

これから出社するアブドゥッラーは当然スーツ姿だが、この日はアイシャも正装に近い格好だった。ハンドバッグ以外に、書類をたくさんつめた紙袋を持ってきている。僕らはそのまま一二三丁目の二番、三番ラインの駅まであるき、電車に乗った。そして、チャンバーズ・ストリート駅でアイシャとともに電車を降り、アブドゥッラーと別れた。

駅を降りてからしばらくあるくと、「法廷」と書かれた大きな建造物があり、その正面を抜けてさらに進むと別のビルがあった。ビルの近くのベンチでは、スーツ姿の白人男性とユダヤ教超正統派の服装をした太ったユダヤ人男性が書類をひろげて話し込んでいる。アイシャはそれを見て、「あれがわたしの家の家主なのよ」と言う。じっさいには、この人物とあとから法廷で目にすることになるユダヤ人とは違う人物であった。しかし、アイシャは両者ともが自分の家の家主なのだという。発言の背後にあるのは、ハーレムの物件を所有するのがユダヤ人であるというアイシャ自身の認識である。僕が彼らの様子を見ると、あちらもこちらの様子をうかがっている。

ビルの中に入ると、空港並みの警備体制が敷かれている。荷物検査や金属探知機による検査があり、それを通過してはじめて法廷のある六階に上がることができる。書類に記された部屋のまえに行くと張り紙がしてあり、そこに受け付けを済ませた人びとの名前とともに番号が書かれている。アイシャの名前は、ムスリム名ではなく、ローリン・スミスという出生名で表記され、番号は六十二番とあった。

時刻はまだ九時二〇分で、手続きがはじまる九時半までにまだ十分ほどの時間があった。同じように部屋のまえで待っている人びとは、ラティーノやアフリカン・アメリカンが多い。圧倒的に有色人種ばかりだ。ときおりスーツを着た白人やユダヤ人がやってくる。アイシャは、そうやってむこうからやってくるスーツ姿の小太りの人を目にすると、「あ、あれが家主の弁護士かもしれない」と言ってじっと見つめ、しばらくして「いや、ちがった、あれではない」とつぶやいた。そういうことを何度かくり返した。そしてそこにいる人びとを観察しながら、アイシャは奴隷制について語った。

「わかる？　ほとんどなにも変わってないのよ。ここはわたしの国じゃない。わたしの国だって感じがしないの。この国はね、奴隷制のおかげで発展したのよ。ユタカに紹介したい本があるわ。それを読むとわたしは泣いてしまう。妊娠した女性を馬に括りつけて、体を引き裂いたり。彼らはね、そういう本当にひどい、胸くその悪いことをやったの。わたしはそれを忘れないわ。ここはわたしの国じゃない。わたしは世界中どこにでも行って、仕事を得て、そこで幸せに暮らしていくことができる」

アイシャは、この場所で圧倒的な居心地の悪さを感じ、疎外感を覚えていた。社会の根幹をかたちづくるシステムとそのシステムの運用をつかさどるテクノクラートへの強い不信感と拒絶感が彼女にはあった。

耳を傾けながら僕はアイシャの語りに引き込まれ、そのなかにいた。世代を超えてアイシャの身体の内に引き継がれてきた怒りが、僕にも転移したように思えた。スーツ姿の弁護士たちと、くたびれた服装をした住民たちがせわしなく行き交う裁判所の建物のなかにいて、その場を覆う緊張感に感応し、精神が高揚していたからかもしれない。

アイシャの語る奴隷制は、今日もつづくものとしてあった。奴隷制を支えた理性は、当時とは異なる意匠をまとって、異なるメカニズムと異なる権力のエコノミーのもとで、しかしなんら変わることなく、微動だにせずに残っていた。少なくともそれがアイシャの眼にうつる現実であり、実態であって、彼女の皮膚感覚を培っていた。奴隷制を過去の制度としてのみ捉える眼は、しかし、今日のこの理性を過去のそれと切り離すことで連続性を覆い隠し、勝利主義的な進歩の歴史を徹底させ、「現在の奴隷制」を見えなくしてしまう。

九時半をまわった頃、部屋のドアがひらき、法廷の警備員らしき男性が、各自整理番号を報告するようにと大声で言った。アイシャと僕は中に入り、整理番号を告げ、後方の待合席につく。うしろにはすぐに行列ができ、ひとりひとりが整理番号を報告していた。スーツ姿の弁護士らしき人たちは、一度に複数の整理番号を報告している。幾人ものクライアントを抱えているからであろう。

着席してしばらくすると、裁判官らしき女性が法廷内に入ってくる。その前方では、裁判官以外にも三、四人の人びとが流れ作業のように動きまわっている。ひとりひとりのフォルダがこの作業員によって裁判官の手元に届けられると、それに裁判官が目を通し、関係者を前方に呼び、双方の意見を聞き、判定をくだす、というのがこの法廷での流れであるようだ。意見が聞き入れられずに声を大きくする弁護士たちをまえに、裁判官はさらに耳を傾けては話をするということをくり返している。

アイシャによると、この裁判官はどちらかと言えば「住民寄り《プロ・テナント》」で、比較的公平な判定をしてくれるという。一時間ほどすると、僕らの後方でアイシャの名前を呼ぶ声があがった。家主の弁護士らしき男性だった。彼に促されるまま、僕らは法廷のある部屋の外に出て、廊下で話をすることになった。

外に出るとアイシャは、僕を友人としてその弁護士に紹介した。相手側の弁護士がスーツを着て横に立つ僕のことをアイシャの弁護士だと思うように仕向けたい、そうすることで多少なりとも相手にプレッシャーを与え、少なくともあからさまな不正義は避けることができるのではないか――それがアイシャの戦略だった。法律そのものについてもそうだが、法廷の仕組みやそこでの暗黙知、法曹のふるまいや所作についても無知な僕が、スーツを身につけただけで弁護士の振りをできるのかどうかはなはだ疑問だったが、アイシャに言われたとおり、ひと言もしゃべらないまま、しかし近くに身を寄せ、相手の話を聴きつづけた。できるだけ真剣な表情を浮かべながら。

　相手の弁護士が、家主の主張と要求をアイシャに告げた。家主によれば、アイシャは二カ月分の家賃（千ドル）を滞納していることになっていた。しかし、アイシャによれば、まだ支払っていない今月の家賃五百ドル以外は、すべて納めたという。アイシャは、手元にとってあった支払い済みの小切手のコピーを弁護士に見せる。弁護士は、これ以外にもこの手の書類を持っているかなどと、いくつかの質問を早口で投げかけた。アイシャは、少し焦りつつも、持っていたバッグの中から大量の書類を出し、そのうちのいくつかを相手に見せる。弁護士はそれらのコピーに目をとおすと、家主に電話をいれたが、相手は電話に出ないらしかった。彼は、家主の確認ができないと書類上はあなたが正しくても私の権限ではなにもできないのだと言い、家主に連絡がとれ次第、また呼びにくると言い残して足早に立ち去っていった。複数の案件を抱えて忙しいからなのか、彼の言動は終始、素早かった。事務的、ビジネスライクと言えばそれまでだが、このスピードで処理される側は、話を聞き取れなかったり、迅速さについてゆけなかったりするだろうな、と思わざるを得なかった。

　アイシャと僕はそのまま法廷のなかに戻り、そこで座って待つことにした。それ以外になす術がなかった。法廷内では、ひそひそ話から声をあげての議論まで、いくつものやり取りがさまざまな場所で展開し、ざわついていた。先ほど目にした警備員らしき人物が、法廷内での私語は慎むようにと呼びかけつづけている。法廷内で働く人の方がよほど私語が多くうるさいのに、とアイシャは小声で僕に言った。

　三十分、四十分と待ったが、弁護士が呼びに来る気配はなかった。なかなか呼ばれないことにしびれを切らしたアイシャは、一度法廷の外に出ると、先の弁護士を探しだして、家主に連絡が取れたかごうかを尋ねた。弁護士は、いまは別の案件を扱っているから、それが終わり次第もう一度彼に連絡を取ると短く言った。アイシャと僕はふたたび椅子に座って待った。この時点ですでに一時間以上が経過している。

しばらくすると、やっと弁護士の手があいたようなので、もう一度三人で廊下に出た。支払いを済ませた証拠がある以上、ごう考えても書類上はアイシャの言い分が正しかった。弁護士は、上の階に行って先月の家賃の受け取り署名の確認をとり、それから今回の件の解決を証明するための書類を持ってくると言う。

「心配するにはおよびません。もしあなたが正しければ、一文たりとも払わなくてよいはずです」

弁護士は最後にそんな風なことを言って立ち去った。それはアイシャを安心させようとして出た言葉だったのかもしれない。しかし、アイシャの耳には一種の嫌がらせとして響く。弁護士の気遣いは、上に立つ者、持てる者、システムを運用する者の余裕として受けとめられるのだ。

アイシャと僕はさらに待たされた。待っているあいだ、アイシャが前回の支払いを法廷でおこなったときの書類を見せてくれた。そのときも、なんらかの手違いで滞納扱いになったようだった。しかしアイシャによれば、その支払いの際に提出した書類上、家主の弁護士の署名が、まったく判読できないものになっているという。見ると、なにかの記号のように簡素な筆跡でサインしてある。署名が崩してあること自体は珍しいことではない。しかし、オフィシャルな書類の署名がここまで崩され簡素化されているのは珍しいかもしれない。その点をアイシャは何度か強調した。

つづけてアイシャは、新しい賃貸借契約書の書式を見せてくれた。この契約更新用の書類を家主に何度か送っているのに、署名してくれないのだと言う。

「家主は、わたしと駆け引きしてるのよ。だから、わたしも彼と駆け引きしてやろうと思う。次の家賃は七月末までに収めることになってるけど、支払いをわざと八月まで遅らせることにするわ」

腹立たしそうにそう言った。

しばらくして、弁護士が新たな書類とともに戻ってきた。結局アイシャの主張が正しかったということになり、あとはしかるべき書類にサインして、手続きを待てば、終了だという。アイシャはサインをしながら、家主がこのようにして嫌がらせをしてくることに文句を言った。弁護士はそれを黙って聞いている。家主が契約更新の書類に署名してくれないのだと言うと、弁護士が、今回の件は家賃に関してのみで契約書については関係ないといったことを口にした。アイシャが、今月分の家賃五百ドルを八月の期日までに支払うことをその書類上で同意すると、それをもって弁護士を入れた会合自体は終わりになった。だが、まだその書類の正式な受理を待たなければならない。

書類の手続きの最中、若いアフリカン・アメリカンの男性が廊下で大声をあげ、怒りをあらわにした。長い時間をかけて鬱積した不満を留めておくことができず、爆発させたかのような怒り方だった。僕らを含め、廊下にいた人びと全員が彼に注目し、やがて警備員が来ると、その男性は少し大人しくなったが、「わかったよ。ブッシュ〔当時の大統領〕。オメエの勝ちだ」と捨て台詞のような言葉を廊下にいる人にむかって発し、法廷の中の方へと消えていった。アイシャに促されて、僕らは少し離れた場所まで移動した。

弁護士とともに、法廷内にある受け付けまで署名した書類を提出し、アイシャと僕はそれが処理されるのを待った。弁護士は、「それではこれで」と言い残し、次の仕事へと去っていった。

僕たちはそのあとも待たされた。法廷内には、朝の開廷時間からずっと待ちつづけている人もいた。ユダヤ教超正統派の服装をした太ったユダヤ人と弁護士が入ってくると、アイシャはふたたび「あれがうちのビルの所有者だ」と言った。しかし、ここに来るときにアイシャの指摘したユダヤ人とは別人のように見えた。この二人はやがて、裁判官のもとに行き、住人らしき人物とその弁護士とを交え、四人で激しく言い争った。僕らのいる場所からはよく聞こえないが、どうやらビルにあるゴミを家主が移動させないので、住民が怒っているらしかった。

室内中にはさまざまな情感がうごめいていた。不満、憤り、怒り、不安、恐れ、やるせなさ、あきらめ、緊張、疲労、無力感、虚無感が充満していた。僕らはそのなかでひたすら待った。しかし、アイシャの名前はなかなか呼ばれない。なおも一時間以上が経過した。いくらなんでも待たされ過ぎだろうとアイシャが確認しにゆくと、先ほどアイシャと弁護士が渡したばかりの書類のオリジナルを、法廷の担当者がどこかへやってしまったらしいと告げられた。これからコピーをつくって渡すという。アイシャは、渡したばかりの書類をなくすなんてことはありえない、誰かが意図的に盗んだのだ、と声を荒げた。

僕らは重ねて待たされた挙句、ようやくコピーを受け取って外に出た。法廷のビルを出たときには、正午をとっくに過ぎていた。徒労に満ちた三時間だった。もし、アイシャと似たようなケースでここに呼び出された人が、日中仕事をしなくてはならない経済状況にあったら、どうなっていただろうか。もし、その人が支払い済みの小切手のコピーを取り忘れていたら、どうなっていただろうか。そういうことを考え合わせると、家賃を支払うという日常的なルーティンワークのなかにも不正行為の入り込む余地がいくらでもあることに気づく。

たとえば、あなたが忙しいなかでお金をやりくりし、その月の家賃を送ったとする。しかし、たしかに送ったはずの家賃が届いていないと家主から連絡が入る。あるいは、郵送したはずの小切手が紛失してしまったのかもしれないと告げられる。支払ったことを証明するために住人は裁判所に赴かなければならない。このときに小切手のコピーなど、支払いをすませたことを証明するものが手元にないと、さらに手続きはやっかいになる。仮に証明するものがあったとしても、ハーレムから裁判所のあるこの場所に来るのに一時間程度はかかる。つまり、自分の責任でないのに、ここに来て問題を解決するのに貴重な一日を潰すことになるのだ。もしかすると仕事を休まなければならないかもしれない。しかし、家主は姿を見せず、弁護士だけがその場にあらわれる。家主はそれで事をすませてしまうことができる――。

今回のケースやコロンビア大学のキャンパス拡大反対運動の集会だけにかぎらず、ハーレムで聞き取りをしていると、家主からの度重なる圧力や嫌がらせに関する話を頻繁に耳にする。住民側の多くに、家主に対する根深い不信感が存在する。そしてこの不信感は、自分自身の個人的経験だけでなく、歴史的に組織ぐるみで加えられてきた暴力の認識によって支えられている。

すでに知られているとおり、ニューヨークの多くの建物は法律によって家賃をコントロールされたり、安定化させられたりしている。いわゆるレント・コントロールやレント・スタビライズドと呼ばれる建物群だ。家賃の高騰するニューヨークで、低所得者の住環境を保護するという名目でつくられた法律だが、じっさいにはいくつもの抜け道がある、とアイシャを含めた住民の多くは言う。一連の法のもとでは、賃借人とのあいだに契約更新がなされるかぎり、家主は契約時の家賃を急激に上げることができない。だから、アイシャの借りている三ベッドルームのアパートメントは、おそらくその時点での相場に合わせるならば二千ドル前後だろうが、ひと月五百ドルだ。契約更新も、家賃滞納などの特別な事情がないかぎり、原則として家主は認めなければならない。だが、それでも家賃を上げたい家主が、家賃未納を訴える、アパートメントの管理や補修をわざと怠るなどの方法で、さまざまな圧力をかけてくるのだという。

裁判所の外に出たところで、アイシャはアブドゥッラーに電話をかけ、三人で昼飯を一緒に食べることになった。久しぶりの快晴で、外は暑く、初夏の匂いが漂いはじめていた。市役所《シティ・ホール》の近くを三人であるき、ハラール料理を提供している店を探し、ムスリムの営む小さな食堂に入った。ライスの上に何品かの惣菜をのせてもらって食べる。

食後はアブドゥッラーと別れ、アイシャと地下鉄でアップタウンに戻った。アイシャも疲れた様子で、地下鉄のなかで少しだけ眠ると言って目を閉じた。一二五丁目の駅で降り、ストリートを一緒にあるきながら、アイシャは語った――ハーレムにはかつて誰も住みたがらなかったこと、しかしいまでは白人がどんどん住みたがっていること、九・一一のあと、ダウンタウンはどうやら安全ではなくなったこと、それもあってアップタウンならば安全だろうと白人たちが思い込んでいること、ここにあるビルのほとんどがユダヤ人やロシア人、イタリア人などによって所有されていること。それは、アイシャの見解であると同時に、アイシャが近所の友人や一緒に活動する仲間から聞いた話でもあった。またそれは、彼女が長年このコミュニティで活動するなかで見聞きし、体験したことによって裏打ちされていた。

家主の圧力

「ユタカ、あなたの手があいてるかどうかわからないけれど、フローレンス・ライスから電話があってね、家主とのあいだでトラブルになってるから、誰かに家の写真を撮ってほしいって言うの。わたしは今日、別の人の世話をしなくちゃならないから、代わりに行ってくれる？　彼女、いまはもうアパートメントにいると思うんだけど」

ある朝、アイシャが電話をかけてきて、そんなことを言った。声には若干の焦りがあった。フローレンス・ライスはアイシャの友人で、地元では名の知れた住宅問題の活動家だった。

僕は昼から人に会う約束があったが、それまでは大丈夫だと伝え、電話を切ってすぐに服を着替えると、顔も洗わずにそのまま外へ飛び出し、Ｍ１０１バスに乗り込んだ。バスはアムステルダム・アヴェニューを北上してゆき、十時をまわった頃には一五八丁目に到着した。僕はそこでバスを降り、アムステルダム・アヴェニューとブロードウェイのあいだにあるフローレンスのアパートメントにむかう。

このあたりは、ちょうどハーレムとワシントン・ハイツの境目にあたる。スペイン語の看板も多い。アイシャから教わったアパートメントのまえに着くと、中年の女性が同じくフローレンスのことを探しているらしく、窓にむかって「ライスさん、ライスさん」と呼びかけている。僕はその女性に話しかけ、フローレンスの部屋が二階にあることを伝えると、一緒に上にあがった。ノックをして中に入ると、壁や床を引きはがされ、荷物や家具をほとんどすべて撤去された部屋に、フローレンスとミス・Gと名乗る女性がいた。アイシャに言われて来たのだと伝えると、ミス・Gは、弁護士に会う今日の午後までにこの状態を写した写真が必要なので、いますぐ撮ってほしいと言う。

部屋は完全に解体された状態にあった。壁や床をはがしたときに出た細かなカスや屑が床を覆い、塵や埃が空気中に充満していた。ゴミが散乱した部屋を足元に気をつけながら静かにあるくと、たちまちカビ臭が鼻腔内を侵してきた。しばらくすると口内が細かな砂利を含んだようになった。マスクを装着せずにこの部屋に滞在することがためらわれた。僕の持つカメラは高機能ではなく、室内照明がほとんど撤去され、日当たりも悪い暗室内ではピントがうまく合わない。それでも、ミス・Gの指示にしたがって何枚かの写真を懸命に撮り、いますぐに現像してくると告げて、一度その場をあとにした。

外に出る際に階段ですれ違った青年に、このあたりに「ライト・エイド」や「デュアン・リード」などの写真を現像できる場所がないかと尋ねると、アムステルダム街と一六一丁目の角にあるというのでそこにむかった。現像には一時間近くかかるというので、一度フローレンスの部屋に引き返すことにした。

部屋に戻ると玄関のドアの外の階段の踊り場に、マスクをした男がひとり立っていた。フローレンスにそのことを告げると、その男は家主に頼まれて、自分たちを監視しているのだと言った。ミス・Gは、電話でさまざまな人とやり取りをしていた。彼女の別のクライアントがなんらかのトラブルに巻き込まれているらしく、これからブロンクスに行かなくてはならないという。ミス・Gはそうやってコミュニティ内のさまざまな人の面倒をみている。それでも彼女によると、今回のフローレンスの件ほどあからさまにひどいケースは最近では珍しいそうだ。フローレンスがこの部屋に立ち入ることが許されるのも、今日が最後とのことだった。ミス・Gが状況を説明してくれる。

「フローレンスを守るために裁判官にさまざまな書類を届けたんだけど、見たくないって言われたのよ。それでも必要な書類は提出してきた。あいつらは、壁をはがせって命じたのがこの私だとか言いはじめた。だから言ってやったのよ、『壁をはがして捨てろって言ったのが私だって言うなら、じゃあその壁をどこに捨てさせたのか教えてちょうだい』ってね。少なくとも私のポケットにはなにも入ってないわよね。これからあいつらはフローレンスを転出させようとするから、それを阻止するわ。裁判官はね、彼女が一時的に五階に移り住めば、修復工事が進むって言う。いまちょっと五階まで上がっていってたしかめてみてよ。あなたは若いからなんでもないことかもしれないわ。でも、フローレンスが五階まで上がることを想像してみて。高齢者が毎回、毎回、重たい食料雑貨なんかを抱えながら五階まで上がれると思う？　それがどれだけ大変なことか」

ミス・Gによれば――フローレンスやザハラ、アイシャなど住宅問題に詳しい活動家たちも同意するだろうが――これは頻繁に見られる家主側の戦略だった。先に書いたとおり、家賃の安定化させられた建物では、居住者が賃貸借契約を更新しつづけるかぎり、大幅に家賃を値上げすることはできない。したがって、古くからそこに暮らす居住者は、新たな入居者に比べると破格に安い家賃で暮らすことができる。新たな入居者を迎え、高い家賃を取りたいと願う家主はどうするか。アイシャのケースのように、家賃の小切手を受け取っていないと主張し、家賃滞納を理由に立ち退きを要求したり裁判所に呼び出したりする。じっさいに立ち退かせることは難しくても、幾度にもわたる要求や呼び出しで圧力をかけることはできるので、居住者は、じわりじわりと住みにくさ、居心地の悪さを感じてゆくだろう。それが結果的に転出につながるかもしれない。言うまでもなく、居住者が「自発的」に転出するのが家主にとっては最も都合がよい。

今回のフローレンスのケースでは、部屋の修復を理由に一時的に部屋を移動してもらい、そのあいだに部屋を改装する。このときに契約書などを交わしていないと、家主は居住者が一度部屋から転出したと主張することができてしまう。そのうえ、もともといた部屋は改装されており、それを理由に家主は高い家賃を要求する。その新家賃を払えない居住者は出ていかざるを得ない。こうして家主は、物理的な力をいっさい用いず、また合法的な手段によって、居住者を結果的に転出や立ち退きに追い込むことができるのである。

歴史的にはもっと悪質なケースが存在したことも、いまではわかっている。たとえば、一九七〇年代のニューヨークでは、放火と思われる火事が連続した。のちに判明したのは、それらの火事は家主が自分の所有する建物に保険をかけ、管理人やメンテナンス担当者を雇って放火させる、というものだったことだ。

荒れ果てた部屋のなか、フローレンス、ミス・G、来るときに建物の外で会った女性の三人が雑談をしていて、僕もそこに加わる。三人とも、この種の家主と居住者間の問題がもはや人種問題ではないのだということを確認しあっている。そして、十一月の大統領選の白人候補が話題にのぼった。ジョージ・W・ブッシュとジョン・ケリーの大統領選だ。三人とも、大統領がどちらになろうと関係ないと口をそろえた。

ミス・Gが言う。

「底辺にはね、なんの違いももたらさないのよ。私は、十八の頃からずっと投票しつづけてる。でも、なんにも変わらない」

なかば絶望し、罵りながら、それでも投票しつづけている――そのことに深い感銘を受けつつ、僕は写真を受け取りに再度一六一丁目まであるき、戻ってきて写真をミス・Gに渡した。ミス・Gはブロンクスに行くため一時的にこの場所を離れるが、あとでまた戻るという。

今回の件では家主がフローレンスの持つバックグラウンドに気づいていない、彼女が住宅問題の活動家で、さまざまなネットワークを持っていることに気づいていない、だから私たちに勝算がある――ミス・Gはそのようなことを言ってアパートメントをあとにした。

ムスリマであること

コミュニティの活動に力を入れてきたアイシャとザハラだが、そうした社会問題への取り組みのなかで、イスラームはどのような役割を果たしているのだろうか。そもそも二人はどのようにしてイスラームに出会ったのだろうか。つづけて彼女たちの語りに耳を傾けてみよう。

アイシャ　ごうやってムスリムになったかについてだけど、長年ムスリムとして生きてイスラームに精通し、またイスラームを愛するある人物を通じて、わたしはムスリムになったの。彼がわたしに手を差しのべ、導いてくれたのよ。わたしもムスリムたちと勉強し、イスラームについて調べたり、学んだりした。そのときはそれがわたしの人生にとって、とてもよい結果をもたらしたの。ムスリムになって二十二年くらい経つから。二十年ほどまえ、一九八〇年代のことね。

以前、わたしはキリスト教に入信してた。クリスチャンだったの。だから、わたしがそれまでに言われてきたことを考えると、それはもう大きな変化だった。子ごもだった頃にカトリック教徒として言われてたことと、イスラームに入信してから言われたこととでは大きな違いがあった。キリスト教徒として訓練を受けたあとだと難しいこともあった。考えるプロセスを切りかえないといけなかったから。けれど、わたしにはさっき話したその人がいた。それが幸いした。そのイマームがいてくれたことがね。とても学識豊かな人だったの。

もっとも、学識がある人がそれだけで必ずしも規律に従ってるとは限らない（笑）。学識があるってことは、学識があるっていうただそれだけのことでしかない。でも学識豊かであることはとても重要ね。預言者〔ムハンマド〕がはっきりと言ってるとおり、学識のある人は必要不可欠よ。でもそれよりも、まず神の規律に従わなくてはいけない。学識があって、なおかつ神の規律に従っていたら、その人はほとんど完璧な人になるわ。でも、ごちらか一方だけの場合もあって、学識があっても規律に従わない人もいる。規律に従っていても学識がない人もいる。だから、両方を持てるように努力しなくちゃいけない。

ザハラ　ウチの場合は、夫の影響もあって、直接イスラームに入信したの。ウチらは若いとき、一緒にイスラームについて学ぶようになったの。それで一九七一年か七二年頃に信仰告白《シャハーダ》をした。

信仰告白したとき、ウチはたまたまカナダにいたの。しばらくそこに滞在してたね。そのときは、夫のほうがもっと深くイスラームにかかわってた。だからウチ、カナダにいたときは、とてもイスラーム的な環境にいたのよ。それで、信仰告白をした。それ以来ずっとイスラームを実践してる。ウチはね、人生では重要度のより高いことがあるんだって思ってる。

イスラームに関して意識が高まったのはマルコム・Xを通じてね。それからネイション・オブ・イスラームね。しばらくしてから、ネイション・オブ・イスラームとスンナ派のコミュニティのあいだに違いがあることがわかった。

難しかったのは、ウチの父と母が特定の宗教を持ってなかったことかしら。母はいつもなにかを探してた。バプティストとかメソジストとか、いろいろと試しながら、ずっと探してた。父は宗教的な人間ではなかった。

でも、いざ入信するとき、ウチにとってなにが一番問題だったかわかる？　男は一人以上の妻を娶《めと》ることができる、それなのに、ウチらが一人の男としか結婚できないってこと。もうひとつの問題は、髪の毛を覆い隠さなければならないってことね。ちょうどアフリカン・アメリカンの女性が自分たちの髪の毛に自信と誇りを持ちはじめてた時期でもあったから。ウチも大きなアフロヘアだったわ。だから、髪の毛を覆わなければならないってわかったときには、「自分たちの置かれた環境や社会状況をやっとのことで変化させたのに、ヒジャーブでカヴァーしろですって、冗談でしょ！」って思った。その二つが主な問題だったわね。

宗教とかそのほか諸々のことは、ときを経るとともにわかってきた。でも、男が複数の妻を娶るですって？　そりゃないでしょって思ってた。

夫が信仰告白したのは、一九六八年とか七〇年とか、その頃だったと思う。ウチはもう少しあとだった。そのまえにも礼拝したりアラビア語の勉強をしたり、そういうことはやってた。でも信仰告白だけはまだだったの。それである日思ったのね、こんなのおかしいって。

さっき言った一番問題だと思ってたことについては、時間とともに理解できるようになったわね。もちろんそれは、入信してイスラームを実践していくうちに理解が深まっていったとも言える。いくつかのことは、実践を経るなかで理解が進むものなの。複数の妻を娶ることに関しては、そういうことを実践している社会もあるけれど、ほとんどの社会が実践してない。クルアーンではそれは、許容すべきことというよりは制限すべきこととして扱われてる。そういう風に見てみると、別の次元で捉えることができる。預言者がいた時期は、ウチらの暮らす今日の世界とは違って、アラブやアフリカの地域では伝統的に重婚が実践されてたわけだから。そこへイスラームがもたらされると、そういったいろいろなことに関して、秩序が正されていった。

アイシャが言ってたとおり、イスラームをきちんと実践していれば、それは正しいことをしてることになる。きちんと実践してなければ、どんな立派な解釈や知識を披露したところで、それは混乱をつくりだしてるに過ぎない。イスラームを正しく実践している人もいれば、していない人もいる。それが人間というものの ね。

アイシャ　人間にはね、人間に特徴的なものごとのやり方があるの。わたしがいつも言うのは、それでも神は、人間がなにをどのようにやっていようと、わたしたちを愛してくれるってこと。もしそうでなかったら、朝目覚めて、呼吸することさえできない。神が、わたしたちがそうやって活動することを許してくれてるのよ。夜眠りについて翌朝目覚める。それを神が許し、認めてくれる。人間がそのことを認めたり、そのことに感謝したりしてなくても、神はわたしたちを祝福してくれる。人びとを愛してくれる。それなのにわたしが神を愛してないとしたら、いったいわたしは何様のつもりなんでしょう。だからね、わたしはそういう意味では、いろいろな人のおこないを高みに立って眺めたいって思ってる。意識があるレベルに達すると、赦し、無条件で愛するということを覚えていくんだと思う。そしてそれは、この世を去るまえにわたしたち全員が努力して到達する地点なんだと思うの。

神は唯一であるっていうのがずっとわたしのなかにある想いだった。わたしのする活動やほかの人がこの場所でする取り組みは、それがキリスト教徒によってなされようが、ムスリムによってなされようが、ユダヤ教徒によってなされようが、わたしにとってはたいして重要じゃない。わたしたちは力を合わせて仕事をするべきだっていうのがわたしの考えね。人は決断をくだし、いろいろなことを決定するけれど、最終的な判定は神がする。そのことは神がはっきりと告げてる。わたしたち人間はお互いを必要としてるし、お互いに必要なものを受け取ってもいる。わたしは、神には一種の構想《プロジェクト》のようなものがあるんだと思ってる。その構想のなかでは、互いがどのような人種だろうが、どのような教育を受けていようが、それだけではなにもできない。神の構想のなかでは人びとは交流するのよ。だからこそ、違う肌の色の人間がいるの。だからこそ、いろいろな人種が存在する。それは一種のサインよ。だからわたしは、ともに仕事を成し遂げるっていうことが、どう考えても重要だって思う。

わたしがイスラームのどんなところに惹かれたのか。ひと言で言えば、平和ね。一一六丁目のマスジッド・マルコム・シャバーズには、もともとひとりで行くつもりはなかったの。本当は誰かと一緒に行きたかった。けれど、わたしの人生のなかで、その日になにかが起こったのね。それでわたしは、そこにむけてあるくことになった。そして、気づいたら一一六丁目のモスクのまえにいたの。

その頃のわたしは神のことをよく考えてた。自分の生き方を変えようと努力してた。モスクのまえに立ったわたしは、中に入っていこうって思った。その日、モスクは開いていて、わたしは中に入って座ったの。それでじっと待った。そこには誰もいなかった。わたしは床に座ってた。そしてね、わたしは祈りを捧げて神に語りかけはじめたのよ。そうすると自分の魂が穏やかに安らぎ、平和を感じているのがわかった。それまで、そんなことを感じたことはなかった。その体験はわたしの人生を変えたの。まさにその日のことよ。

モスクをあとにしてから、イマームに連絡をとったの。自分だけでそういう行動をとったことを彼に言ったのね。アッラーに背中を押されてそこにたどり着いたとしか、わたしには思えない。もともとモスクに入っていく気はなかったんだから。はっきり人前でそう言ってもいた。誰かと一緒じゃないかぎり、モスクに行くことはないだろうってね。だって、どうしていいかわからないでしょ。そこにいる人たちがわたしを受け入れてくれるかどうかもわからない。だからそんなところには行けない。そう言ってた。

でも、そのとき自分でもわかってなかったのは、わたしを受け入れてくれるのは人間じゃないんだってことね。受け入れるのは神だっていうこと。そのときも、わたしを受け入れてくれたのは神だったのよ。わたしたちはよく、人のことばかりを気に懸けるでしょ。その人がムスリムかどうかとか、お酒を飲むのかとか、タバコを吸うのかとか。でも重要なのはそこじゃない。重要なのは、神との個人的なやり取りなの。全員がそれに向き合わないといけない。わたしもそうだった。わたしも自分自身の力で神に語りかけなくてはいけないって思ったし、じっさいにそうしたの。それは大きな一歩だった。アッラーはわたしがそうやって一歩踏み出したことを祝福してくれた。そのことでわたしの人生は変わったの。それからは二度とうしろを振りむかずに生きてきた。

ザハラ　話は変わるんだけど、ウチはね、ある時期からドメスティック・ヴァイオレンスを人権侵害の問題として見はじめたの。それで、インターネットで、こうした問題についてどんなやり取りがなされてるのか調べてみようって思ったの。そしたら本当にひどいことになってるのね。知ってるつもりだったのに、なにも知らなかったことを思い知らされたわ。ウチがこの問題ばかりに集中し過ぎてるのかもしれないけど、でも先週、先々週とインターネットで人権侵害としてのドメスティック・ヴァイオレンスの問題を扱うサイトを何時間にもわたって見てる。膨大にあるのよ。

アイシャ　そうでしょうね。それに、男たちも虐待されてる。

ザハラ　ええ、でもね、とても学識豊かだとされてる人がこんなことを教えてくれた。たしかに虐待される男もいるにはいる。けれど彼らは、必ずしもボコボコにされてるわけじゃないってね。もうひとつ、物理的な暴力っていうことで言えば、傷つけられるのは九十五パーセントの割合で女の方なの。それからね、ウチの見た研究ではこういう問いかけがなされてなかったんだけど、女が男を叩く場合、女がどんな状況にいたかってことが重要よ。そういういろんなことがあるの。いまのこの社会じゃ、女の立場が弱いもんだから。

だって、玄関のドアにたどり着くまえに、手に鍵を握り締めなくちゃならない男がいったいどれだけいるっていうの？　タクシーを降りるとき、降りてから入り口のドアまであるくあいだ、その襲われやすい時間ができるだけ短くなるようにって鍵を手にする男がどれだけいるの？　ウチらのどれくらい多くが、時間帯が昼間かどうかとか、その場所に誰がいるかってことによって、行動を決めてると思う？ほとんどの女たちがそういう基準でその場所に行くかどうかを決めてるじゃない。誰も付き添ってくれる人がいないからっていう理由で目的地を何度も変えることすらあるわ。ドメスティック・ヴァイオレンスの被害者である女性が、どこか別の場所に移動するときに加害者に付き添ってもらわなくちゃならないケースだってあるのよ。本当に悲しい状況なの。

違う国ではもっとひどい状況もある。訴えることすらできない女たちもいる。そのコミュニティや政府が彼女らに家に戻るようにって言うのよ。あなたが家族をばらばらにすることは許さないとか言ってね。だから家に戻ってずっと殴られつづけなくちゃいけない。状況を訴えて助けを求めることができないの。取るに足らない者として扱われて、その人の家族ですら助け出すことができない。

アイシャ　『ひとりぼっちの女性たち』だったかな、そういうタイトルの本を書いた女性がいるの。NGOに勤める黒人女性で、医者でもあるんだけど、その人がインドやアフリカの部族の女性たちのことを書いてるわ。彼女と人権侵害について話し合ったことがあるの。インドのような国で女性がどのように扱われてるかを彼女は語ってた。

ザハラ　シカゴにいるシスターのケースも聞いたわ。夫が彼女に毒を盛ったとかで、彼女がムスリムのコミュニティに訴えたの。でもね、名もなき人間がなにを言っても真剣には取り合ってもらえないのね。

いまはウチと一緒に活動してる女性たちのなかにだって、かつては叩かれるのは仕方のないことで、人生の一部だって思ってた人もいるの。声をあげる権利なんてないんだって教えられてきたからよ。だから殴られても当然だって思うのよ。

アイシャ　なにをしなくちゃいけないか、わかる？　問題を抱えてる女性や男性を集めて、ともに行動するのよ。そして、女性に関しても男性に関しても、とくに女性だけど、人権侵害はもう許さないって宣言するの。女性が隠れられる場所を確保するために予算を計上したり、そういうこともしなくちゃいけない。一度、外交官の妻だった人を助けたことがあった。外交官だからなんでも許されるのよ。それでもそのアフリカンの女性を助けなくちゃいけなかった。誰もなにもできないでいたのよ。

ザハラ　男が二人以上の妻を持つことが許されたコミュニティだと、男たちがそれを武器として使うのよ。

アイシャ　それはとても強力な武器なの。女同士をぶつけて闘わせるのよ。アッラーは、妻は一人だけであるのがベストだって言ってる。全員を平等になんて扱えっこないのよ。そんなにうまくいくわけがない。

ザハラ　本当にその部分はあきらかに誤解されてるわ。二人、三人、四人と妻を娶ることができるってクルアーンには書いてあるけど、ウチの夫はよく、「あなた、それ以外の箇所を全部読みましたか？　読んでないでしょ？」って言ってる。それ以外の箇所もあわせて議論されるべきなのよ。

それから、この問題をもっと深く追求したいなら、その箇所の啓示がいつなされたのか、そのときの社会状況がどんなものだったのかを知るべきよね。たとえば、クルアーンのなかで「あなたがたのなかの独身者と結婚しなさい」という記述に着目してみましょうよ。男たちにむけて独身の女と結婚しなさいって言ってるわけではないでしょ。男女ともにむかって独身者と結婚しなさいって言ってるの。信者も非信者も含めてね。そういう言及が、二人以上と結婚してもいいっていう記述以外にたくさんあるの。先行する条件が付けられてるってこと。一人だけと結婚しなさいっていう言及も複数箇所に出てくる。それにね、心の底からどれだけ平等に複数の妻を扱おうとしてもね、そんなことできっこないのよ。無理。絶対に無理ね。そういうことをみんな理解できてない。

アイシャ　女たちがどういう生き物だかわかるでしょ？　男たちもね。女が裸同然の格好であるきまわってる社会ってどんな社会だと思う？　女はどういうやり方をしてでも注目を集めようって競い合ってる。アッラーは男たちを特定のふるまいをする生き物として創造したの。男が興奮するとね、もう抑えってものがきかなくなるのよ。スイッチを切るように興奮をオフにすることはできないの。

こんな説話があるわ。サタンが、数いる男のなかからひとりを選んだの。その男は高潔で親切な男だった。よき男性としての特質をすべて兼ね備えているような男だったし、スピリチュアルでもあった。だけどサタンはその人を選んだ。わかる？ サタンはね、もともと彼に仕えるようなタイプの人間はほしくない。彼に仕えないであろう男をねらうのよ。サタンは、サタン自身が好みのタイプの女性を見つけてきて、その女に、彼を誘惑するようにって言うの。女は「そうしたら、なにをくれるの？」って言うので、サタンが「おまえはなにがほしいのだ？」って応答すると、「私はダンサーだからダンス・シューズがほしいわ」って言ったの。「おまえがダンサーなのは知っておる。では、おまえにダンス・シューズをやろう」ってサタンは言った。「そのかわり、あの男を誘惑してきなさい。そしたらシューズを与えよう。それを履けば、これまで以上にうまく踊れるようになるだろう」ってね。

女はシューズがほしいから男を誘惑しにいった。その男だって、所詮は男よ。高潔だろうと親切だろうと男は男。男でしかない。スピリチュアルではあるけれど男よ（笑）。わかる？ 女が誘惑すると、彼は落ちてしまった。それで彼は完全に混乱状態に陥ってしまうの。彼は低い次元の欲望を満たすために行動をとったの。女はサタンのもとに戻って「言われたとおりにしたよ」って告げると、サタンは「わかっておる」って言った。彼女が「それで、私のシューズはどこなの？」って訊くと、サタンは「ある」って言う。「じゃあ、ちょうだいよ」って女が言うと、サタンは「少し待っておれ。すぐに戻ってくる」と言って、ほうきを持って戻ってきたの。そして、シューズをそのほうきの柄の先につけて「ほれ、取りなさい」って言って渡した。そしてサタンは言ったの。「おまえの誘惑があまりにうまかったから、誘惑されてしまわんようにと思ってな」って（笑）。「それくらい、おまえの働きはすごかった」ってね。

わたしたちのうちの最良の人間でも罠に落ちることがあるのよ。すばらしい人でもね。だから、お互いに見守ってないといけない。サタンが来て、罠にかかってしまわないように。お互いが、お互いにとっての闇のなかでの光になることができるはずよ。サタンは、男が自分の愛する者が誰かをわかってる場合は、なにもしてこないの。

こないだね、わたし、夢を見たの。その夢のなかでわたしはホテルの一室にいた。そこでは別の女性が一緒だった。その女性には、わたしは何度かしか会ったことがない。でも、わたしのいるその部屋に彼女がいた。なぜ彼女がいるのか知りたかった。それほど知ってる女性でもないのに。彼女に話しかけたかったけど、彼女はなかなかこちらに注意をむけてくれない。最終的には人を呼んで、彼女に部屋から出ていくように告げてもらったの。そしたら、彼女はわたしのいるところを通って部屋から立ち去ろうとしたの。その意味が最初よくわからなかったのだけど、ふとわたしが彼女の顔全体を見ると、小さなダイアモンドみたいだった。まだ磨かれてないダイアモンドの原石。そのときは意味がわからなかったけれど、たぶんこういうことだと思う。

ダイアモンド自体は正しいことの象徴。でも、磨かれてないダイアモンドというのは、わたしの魂を象徴してる。わたしの存在を映し出してるのよ。ダイアモンドは磨かれなくちゃいけないの。それは、わたしたちが成長するときに、多くのことをあきらめたり、手放さなくてはならないのと一緒ね。抱えている重い荷物を降ろしたり、愛する人や物に別れを告げたり、腹をたてることを受け入れて許したり。そういう風になにかをあきらめなくちゃいけない。

ザハラ また話は変わるんだけど、最近、一緒に活動をしようって持ちかけてきた男がいて、彼の経歴を尋ねたのよ。そしたら修士レベルの心理学者だって言うじゃない。じゃあなにかライセンスは持ってますかって訊いたの。そしたら、ライセンスなんて必要ないって。そんなわけないでしょ。必要でしょ。だから心配なのよ。なにかがおかしいって思ってね。修士レベルの心理学者だって言うけれど、それってどういう意味なのってね。どこかで仕事をしてるっていう意味なの？　ほかの人にも訊いてみたら、彼は心理学者で、カウンセラーをしてるって。子どもたちの心理学にかかわる活動をしてるって。

だけど、彼のとった行動は、子どもたちと一緒に活動する人のものじゃないのよ。ウチも子どもたちのいる現場で活動することがある。そういうときはこっちも行動に気をつける。そうしないと調子が狂っちゃうから。その彼は、ウチが男性について語っていることに基づいてプログラムをやるって言うのよ。でも、それってあさはかじゃない。だって、ほかの人が質問しても、自分の経験に基づいて応えることができないんだもの。そういうことが彼にはわかってないと思う。

アイシャ 彼はわかってないんだろうね。

ザハラ それって問題よ。

アイシャ たしかに問題。男性の多くが変化を求めてないのよ。だって、いまの世界は男社会でしょ。世界のどこに行っても男社会でしょ。

ザハラ　そう、それで人間としてウチらが認めてもらうためには、男たちはなにかを手放さなきゃいけないの。わかる？　加害者は加害をやめなきゃいけない。でも、ウチらがそれを強制することはできないわ。奴隷主は奴隷化をやめなきゃいけない。でも、そうやって行動を変えていくことを、こちらから強制することはできないし、する必要もない。それがウチの主張のポイントよ。

アイシャ　それは白人たちのとった方法と同じよ。彼らの世界の支配の仕方みたいなもんなの。自分たちの正当性を証明するために自分たち以外の人間を貶める。男たちはそういうことをする。自分らに正当性があるってことを示すために、女たちを貶めるの。

ザハラ　そういうことを理解してもらうのですら、ものすごい時間がかかるのよね。

ハーレムやムスリム・コミュニティでの多種多様な社会問題に取り組んできたザハラやアイシャにとって、根幹にある大きな問題のひとつは、現在の世界が男性中心であることだ。

「ここは男の世界なのよ。わたしたちは本当は互いに助け合うべきなの。チャイナタウンとかユダヤ人コミュニティとか、どこでもみんな支え合ってるわ。みんな安全にあるきまわることができるし、わたしですらその場所に行って何事もなくあるきまわることができる。だけど、わたしたちのコミュニティでは嫌な目に遭う。問題は、じゃあどうするのかってことよ。女たちは取り残されてるの。わたしたちの家には男がいない。そうするとわたしたち女が、男の果たすべき責任を果たすことになるの。それはとても不自然なことよ。黒人として、わたしたちはそういうことをちゃんと学んでいかないとだめね」

アイシャとザハラは、社会やコミュニティ内に蔓延する男性中心主義と闘いつづける。しかし、彼女たちが男性全般をまとめて敵視することはないし、男性を避けたり排除したりということもない。彼女たちは、自立したひとりの人間として思考し行動することを基本としながらも、そうした自立のために相互依存が必要であることを熟知している。男性の言動への彼女たちの批判は、貶めや非難のための批判ではなく、アフリカン・アメリカンやムスリムやハーレム地区の人びとの置かれた状況の改善のためになされている。

ある日、一二五丁目をあるきながら、アイシャが僕の研究テーマについて話題にしたことがあった。

「ユタカ、あなたがそういうテーマでハーレムのことを書くことには、とても意味があると思う。とても重要よ。この場所にはたくさんのすばらしいことがあるのに、多くの人がそのことに気づかないでいる。もちろん、問題もたくさんあるわ。とくに若者たちの抱える問題ね。彼らのなかには、仕事があってもそれを好きでない人もいる。収入はあっても幸せでない人もいる。マクドナルドで働く人が仕事を楽しんでると思う？　彼らは選択肢がなくて、仕方なくそこで働いてるのよ」

ひとつの地域やひとつの集団について語ったり書いたりするのであれば、問題と同時に潜在力を捉えないとだめだ、影と同時に光も捉えないとだめだ——アイシャは端的にそう告げていた。問題の指摘はそれほど難しくない、しかし問題に取り囲まれる人びとは、ただなす術もなく立ち尽くす顔のない群衆なのではない、そのことが時として渦中にいる人びとにも見えなくなることがある、だからあなたがそれを書いてそれをわたしたちが読むことには意味がある、と。「ムスリム・ソサエティ」についても、アイシャは、たびたび僕の分析や解釈を聞きたがった。

それと同時にアイシャは、ハーレムのアフリカン・アメリカンの若者が雇用の機会に恵まれず、下層階級を抜け出すことができないことを、たびたび問題にした。再開発の流れのなかで大型資本のチェーン店が立ち並んだ一二五丁目をあるくとき、わずかな時給でくる日もくる日もフライパンの上のバーガーをひっくり返さなければならない若者たちの状況をアイシャは嘆いた。

そうやって話しながらあるいていると、アイシャの長年の知り合いの男性が、床屋のまえの道端に椅子を出し、そこに腰かけてくつろいだ様子でストリートを眺めながら、食事をとっている。アイシャは寄っていって彼の頬にキスをし、挨拶を交わす。男性もアイシャも嬉しそうに微笑みながら、短いやり取りを交わした。別れたあと、ふたたびあるきはじめながら、彼とは長い付き合いなのよ、とアイシャは語った。

「彼はもう何十年もあの床屋をやってるのよ。それでね、そうすることで彼は、自分以外の人間のために働くことを拒否してるの。わかる？　彼は奥さんが亡くなったあとも、子どもたちの面倒をずっと見つづけた。子どもたちひとりひとりに、床屋の椅子を与え、そこで仕事をさせたの。これがわたしの言う、人格を育て《キャラクター・ビルディング》るってことなの。子どもたちは、そうやって自分でお金を稼いで生きていくことを学ぶ。彼は、そうやって子どもたちに教えたのよ」

アイシャは、誇らしげにその男性を代弁するように言った。このとき、子どもたちの「人格を育てること」が話題にあがったのは、先に述べたように、アイシャと僕がこの時期頻繁に顔を合わせ、サマー・ユース・プログラムのカリキュラムについて検討をつづけていたからだ。一年目のプログラムは勉強が中心だったが、二年目のプログラムは文化的な体験に重きを置きたい、子どもたちがこれまでに経験してこなかったようなことを経験し、それについて語ることができるような機会をつくりたい――アイシャはくり返してそう語った。具体例としてアイシャは野外でのキャンプや舞台演劇を通じたプログラムを提案し、僕はさまざまな料理を一緒につくるプログラムや日誌を書いて持ち寄ってはそれを読み合うプログラムを提案した。アイシャには、知識だけでなくそうした体験を通じて、子どもたちの人間性や性格、人格と呼ばれる側面に介入したいという気持ちが強かったのだと思う。

　そうした側面を育てないかぎり、勉強して学力を高めても、市場にすでに確立した数限りある雇用を求めて競争し、働きつづけるだけになる。既存の制度の求めに応じて問いを立て、正解を導く能力だけが高まるにとどまってしまう。制度を壊してつくりなおしたり、制度の要求に肩すかしをくらわせながらわたりあったり、制度が取りこぼした人や想いや痛苦をすくいあげたり、それを代弁したりする力は養われないだろう――アイシャはそんなことを経験的に認《し》っていたのだと思う。

「比較研究をしてみたら面白いかもしれない。アフリカン・アメリカンの男性の雇用されてる人数と失業してる人数とを調べて、ほかの人種、民族と比べてみるの。そして、彼らが自分の仕事が好きかどうかを尋ねるの。数カ月経ったあと、仕事を辞めたかどうかもね。それでね、考えてみるのよ、なぜそうなってるのかをね」

　そしてアイシャは、最後にこうつけ加えた。

「ブラザーたちがシスターの話をもう少しちゃんと聞くようになれば、状況は変わっていくんだけどね」

エピローグ

一人の友としんみり話すまもないうちに生涯は終りさうだ。
そののこり惜しさだけが霧や、こだまや、もやもやとさまよふものとなってのこり、それを名づけて、人は
〝詩〟とよぶ。

金子光晴「短章 W」

二年目の夏が終わり、帰国の日が近づいていた。日本に戻ったあとも気持ちが落ち着かず、僕は毎年ハーレムを訪れた。本書に書き連ねてきた物語はいったん終わらせないといけないが、最後にその後の変化について触れておきたい。

二〇〇四年になると、カリル・イスラームの体調が悪化した。とくに糖尿病の症状がひどくなっていた。八月八日、ノース・ジェネラル病院に入院したカリルを、ハミッドとともに訪れた。薬剤や消毒液や屎尿などの入り混じった、病院特有の匂いのたちこめる部屋で、翌日に足の指を切断するのだと聞かされた。そうすれば足全体を切断せずにすむのだ、と。

病室のカリルは、病院食には手をつけず、妻のつくったフィッシュ・パイを食べながら、長年思い描いてきたという自分のライフ・ヒストリーを作品化する計画を語ってくれた。

「ある男性とともに何冊にもわたる本をつくっていたのですが、出資者が亡くなって、そのプロジェクトが頓挫してしまったのです。部分的には雑誌に載せてあるのですが、それは一部でしかない。全部を書いて本にする必要がある。本と同時に映画も作りたいと思ってます。これまでもそのプロジェクトに乗り気の人はいたのだけど、それも途中で終わってしまってました。私に必要なのは、信頼できる人間です」

カリルのまえではなるべく顔に出さないようにしていたが、ハミッドはとても心配そうだった。同時に、将来の自分の姿と重ねてしまい、カリルの病状を直視できない自分がいるのだとも語った。

そんなハミッドに、病床のカリルは

「おいおい、事実をちゃんと見ろよ」

と、冗談めかしてアドヴァイスしていた。

病室を出たハミッドが病院のエレベータの中で小さく言った。カリルとはもう四十年以上の付き合いだから、元気だった頃の昔の姿を知っている、衰えてゆく姿を見るのはやはりつらい。

手術の翌日、ふたたびカリルを見舞ったとき、ハミッドは、

「さあ、バスケットボールでもしようぜ」

冗談めかしてそう言いながら病室に入った。

病床には、右足小指の部分に分厚い包帯を巻いたカリルが横たわっていた。

その後もハミッドは、自身の体調も悪かったはずなのに、カリルのことを心配し、入院している彼が寂しがらないよう気遣っていた。カリルの退院後も、ハミッドとともに幾度もカリルの自宅を訪ねた。

僕が日本に戻る直前、カリルが外出できず、ハミッドも体調のせいで思うように動

けない日があった。しかしカリルは、病院から出た処方箋をもって薬を取りに行かなければならないという。僕は彼の処方箋を持って、近くにあった薬局へ急いだ。提出すると、処方箋に医師のスタンプがないから薬は出せないと言われ、突き返された。僕はそのままカリルの入院していた病院まで行き、担当医に事情を告げると、スタンプの場所がわからないから看護師が来るまで待てと、事もなげに言われた。無性に苛々しながらも、仕方なくそこで待つことにした。看護師が現れてスタンプを押すまでのあいだ、担当医師はほかの同僚たちとにこやかに談笑していた。僕はその日のフィールドノートに次のようなことを書いている。

「医者に悪気はなく、スタンプを押すのを忘れただけなのかもしれない。しかし、足を手術したカリルにとって、近所の薬局に行くことさえ大変であることが、まったく考慮されていない。問題なくあるくことのできる僕が早足で動きまわって、二時間近くもかかった。たとえ誰かに頼んだとしても、スタンプが押されていないことで薬をもらえず、その後もすぐに担当医師に会えなかったら、カリルは薬なしで週末を迎えなければならなかった。週が明けてから、ふたたび医者のもとに出向き、スタンプをもらいなおさなければならないのだ。この社会では、裕福でない者、持てざる者の時間とエネルギーへの配慮が、まったく欠けている」

この記述は、もちろん僕のそのときの感情の状態に強く影響されている。また、ひとつの事例から社会全体を一般化する間違いを犯している。しかし、このような配慮の欠如を日常的に経験せざるを得ず、それが降り積もってゆくとき、人の思考や感情や感覚になにがもたらされるのだろうか。

日本に戻ったあとも、僕はハーレム再訪のたびにカリルに会いに行った。カリルと出会ったばかりの二〇〇三年の時点では、彼が応じたインタビューの数はとても少なく、公の場に顔を見せることもめったになかった(1)。

カリルの被った冤罪や彼自身の人生について、まともな記録や作品が少ないことに驚いた僕は、フィールドワーク中に知り合ったアンリカン・アメリカン・ムスリムの若手映像作家サリームとともに、ドキュメンタリーを企画し、制作を開始した。このドキュメンタリーは、カリルの人生に焦点を当て、一九六〇年代のネイション・オブ・イスラームの歴史を振り返ると同時に、マルコム・X暗殺の議論にも一石を投じる予定だった。カリルの語ってくれたライフ・ヒストリーのプロジェクトを手伝いたい気持ちも強かった。

しかし、何回かのインタビューを撮りおえたところでカリルが、別の映画制作者と契約を交わしたために僕らとの撮影を続行できない、と告げてきた。その映画制作者は、すでに名の知れた「大物」だと彼は言った。それが本当なら、おそらくはギャラも提示されたことだろう。カリルが経済的なゆとりを必要としていることはわかっていた。資金を欠いたままインタビューを進めていた僕らには、反論の余地もなく、身を引くことにした。

なお、このときにカリルの語っていた映画は、その後も実現した様子がない。だが、二〇〇七年になって彼は、『FEDS・マガジン』および『ニューヨーク・マガジン』の二誌でインタビューに応じている(2)。

二〇〇八年の夏、僕は完成した博士論文を持って、ふたたびカリルに会いに行った。彼とドキュメンタリーをつくる計画が頓挫してからは会っていなかったが、博士論文だけは渡したかった。車椅子に乗るカリルに製本した論文を手渡し、マーカス・ガーヴェイ・パークで一緒に言葉を交わしたのを憶えている。カリルは拙論を何度も眺めながら完成を喜んでくれた。そして、本にして出版するように、とも勧めてくれた。翌二〇〇九年八月四日、カリルは七十四年の生涯を終えた。その報せを受けたのは、ニューヨークにむけて旅立つ直前だった。

アリとも何度か再会したが、一番印象深かった日のことを記しておきたい。冬の寒い日のことだった。一二五丁目の小さなカフェで僕らは座って話をしていた。僕らのほかに客はおらず、店内はがらんとしていた。珍しく疲れた表情を浮かべたアリは、小さな声で、これまでの自分の生き方を振り返り、なぜこのような生き方しかできなかったのかを口にした。

「すべて俺の血のなかにあることなんだ」

そして、そこから自分が逃れることはできないのだと言った。

アリは他人から自分自身を引き離すことができない。彼の闘う敵は、彼にとっての他者であると同時に自分自身でもある。白人であると同時に彼の仲間であり、ブラザーであり、シスターでもあるのだ。

話に耳を傾けていて、ふと気づくと、アリの眼に涙が浮かんでいた。不動で屈強なストリートの闘士が突然涙を見せたことが、僕には少なからずショックだった。おそらくそのせいなのだろう、そのあとの彼との会話の内容を思い出すことができない。そして今日にいたるまで、僕はこのときのアリの涙の意味を理解できていないように思う。

そんなものに意味はないのだという見方もあるだろう。意味なんてものは人が勝手につくりあげるもので、架空の構築物でしかなく、幻想に過ぎないのだ、と。しかし、僕にはそういう見解自体が、「意味なんてないのだ」という意味づけを通じて、皮肉にも単純でのっぺりとした退屈な意味の構築に加担しているように見える。

しばらくしてアリと僕は店の外に出た。そして、日本語とアラビア語の両方で別れの挨拶を交わした。

「サヨナラ」

「ア・サラーム・アレイクム」

アリが最後に言った。

「これで俺らは違う道に進むんだ。それが俺らには必要なことなんだ。集まってなにかをしなくちゃいけねえって言う奴もたくさんいる。けど、違うね。俺らは違う方向に進んで、自分の仕事をすべきなんだよ」

僕がハーレムをあとにして東京に戻った約一年後、アイシャとアブドゥッラーは離婚にいたった。しかし、物語はそこで終わらない。アイシャはその後、自宅に託児所を開設し、チュートリアル・プログラムをはじめた。改修した自宅内には小さなモスクも設置し、子どもたちのための勉強や遊びのスペースをつくっていた。そのすべてにアイシャの行動力がみごとに発揮されていた。

僕がアイシャのそうした活動を知ったのは、二度目のハーレムの再訪を果たした二〇〇五年十月のことだった。ニューヨークに到着してアイシャに電話をかけると、彼女は、小さなサプライズがあるからすぐにでも自宅まで来るようにと僕を誘った。時差ボケとたたかいながらも僕は彼女の家へと急いだ。

到着するとアイシャは、微笑みと抱擁で迎えてくれた。中に入ってすぐ、部屋が様変わりしたことに気づいた。壁や廊下も綺麗に新調されているようだった。床の一部には新しいタイルが敷き詰められていた。彼女は僕を部屋から部屋へと案内しながら、どのように改修したのかを説明した。明るい緑色の床タイルを敷いた部屋が、礼拝のためのスペースだった。その部屋のテーブルには何冊かのクルアーンとイスラームに関する小冊子が置かれていた。

「自分独自のマスジッドがあるのよ」

静かに微笑みながら言った。

「だからね、もうよそのマスジッドに行かなくてもいいの。ここにいればいいんだから。イマームをここに招いて、お説教をしてもらうことだってできる」

そして彼女は、やはり改装されたリビング・ルームに案内してくれた。そこには新しいテーブルと椅子が設置されていた。テーブルの上には小さなホワイト・ボードが置いてあり、大きく「午後三時」と書かれている。どうやら子どもを迎えにゆく時間らしかった。リビングの奥にはもうひとつ部屋があり、そこには子どもむけの本やボード・ゲームが置かれていた。

アイシャの勧めにしたがって椅子に座ると、彼女は新しくはじめたチュートリアル・プログラムについて語ってくれた。そのプログラムは、以前の夏におこなった「サマー・ユース・プログラム」がもとになっていて、それを継続してゆく必要性からはじめたのだ、という。

「わたしね、どうしても継続させたかったのよ、ユタカ」

と、彼女は言った。

「それで、子どもたちの送迎サービスをはじめたの。わたしが毎日子どもを迎えにいくのよ。子どもたちの親は昼間働かなきゃいけない。ときには夜まで仕事がつづくこともある。そうすると子どもを迎えにいけないでしょ。だから彼らから電話があると、わたしが代わりに迎えにいくの。たとえば、今日は三時にひとり女の子を迎えにいかなければならない。もうひとりの子も四時半に迎えにいく。それに、ちゃんとその分のお金ももらってるわ」

彼女はこのプログラムを「チュートリアル・インターナショナル」と呼んでいる。なぜならこのプログラムに参加する子どもたちは、出身地も異なり、使用言語も多様だからだ。親の多くはアフリカからの移民一世だとアイシャは言った。だがほかにも、ドミニカ共和国出身の親もいれば、アフリカン・アメリカンの親もいる。子どもたちは主に英語を話してコミュニケーションをとるが、必ずしも英語だけに頼るわけではない。

三時になると僕らは一階におり、通りを挟んでアパートメントのむかいにある学校まで少女を迎えにいった。ストリートをあるくアイシャの動きが、以前より機敏で快活に見えた。

部屋に戻ってしばらくすると、さらにほかの子どもたちが親に連れられてやってきた。大人のヘルパーもひとり、手伝いにやってきて、子どもたちが宿題をしたり、ゲームをしたりするのを見守っていた。アイシャによると、ほかにも数人の大人がこのプログラムを支えており、今日はその女性ヘルパーの当番の日なのだという。

「彼女は、マンディンカ語〔西アフリカで話されるマンデ語派のひとつ〕を話すのよ。ほら、移民の子どもたちもいるでしょ。わたしが言ってることを子どもたちが理解できないこともあって、そんなときは彼女が子どもたちにマンディンカ語で話してくれるの。通訳になってくれるのよ」

アイシャはつづける。

「子どもたちのやってることを見てみて。彼らはたくさんの違う言葉で話したり、遊んだりしてる。そうやって学ぶのよ。アフリカン・アメリカンの子どもはほかの言葉を学ぶ。移民の子どもは英語を学ぶ。いつも言ってるみたいにね、わたしは言葉が好きなの。いつか日本語も学んでみたいって思ってるのよ、ユタカ。わたしはね、壁をつくるのが好きじゃない。壁をつくりたがる人っていうのもいる。でもわたしは、人とのあいだに壁があるのは好きじゃない。

いまはみんな宿題をやってるでしょ。あとでゲームをしようと思ってる。それからちょっとスナックを食べる。いつもなんかしらのスナックを用意しとくのよ。それで、最後にみんなでお祈りをするの。クリスチャンの親を持つ子もいる。全員がムスリムなわけじゃない。けど、そこに壁を設けるのはやめてる。親にもそういうことは言ってあるの。自分の子どもに聞かせたくないなら、礼拝に参加させなくてもいいってね。だけど、親たちはみんな、子どもに学んでほしいって言ってる。だからわたしたち、あそこの部屋にあるマスジッドに行ってみんなでお祈りするのよ」

夕方五時頃、子どもの数は八人になっていた。幾人かは宿題に取り組もうとしつつ、近くにいるほかの子と遊ぶ衝動に抗えずにいた。なかには宿題をするという発想を完全に放棄してしまったような子もいた。遊ぶことにかけては、全員が大きなエネルギーと熱意をみなぎらせ、こらえ切れない様子だった。ときおり、アイシャがキッチンから出てきて、子どもたちに静かにするようにと告げた。すると、しばらくのあいだ子どもたちは静かになるのだが、それも長くはつづかない。すぐにまたふざけ合い、ケタケタと笑い合い、じゃれ合った。

アイシャがキッチンでスナックを用意しはじめると、子どもたちはすぐにそれぞれに気づき、幾人かはアイシャのもとに近寄ってきた。

「おばあちゃん、ボクのクッキーはどこ？　クッキーほしいよ」

ある男の子がアイシャに言った。

「いまあげるから大丈夫よ。心配しないの」

アイシャは微笑みを浮かべてそう返した。そして、僕にむかってうれしそうに言った。

「みんな、わたしのことをおばあちゃんって呼ぶのよ」

アイシャはこのプログラムを数年間にわたって継続した。僕もハーレムを訪れるたびにこのプログラムの様子を見に行った。しかし、その後アイシャはハーレムのアパートメントを引き払い、ノースカロライナ州に移住した。引っ越すまえ、ハーレムはもうわたしの居場所じゃないと語っていた。


アブドゥッラーはウォール街の大手保険会社を辞め、いくつかの職を転々としたあと、ハーレムのレストランの経営にかかわるようになった。二〇一五年現在でも彼はハーレムに暮らし、若者たちの活動などを支援しながら、レストラン経営に携わっている。

フィールドワークを通じて僕の導き手となってくれたハミッドについても書いてお

きたい。彼とはその後、ハーレムを訪れるたびに何度も会った。いつもハーレムに到着すると真っ先に電話をするのはハミッドだった。冗談好きで、ストリートを熟知し、タフでもあったが、同時に繊細さを持ち合わせ、またそれを隠そうとしなかった。そのせいもあってなのか、彼と過ごす時間はとても心地がよかった。黙ったまま公園のベンチでコーヒーをすすっているだけで、リラックスすることができた。兄弟のない僕にとっては、兄のような存在ですらあった。ハーレムだけでなく、ヴィレッジやチャイナタウンなど、ニューヨーク中を一緒にあるき、談笑した。

ハミッドは高血圧や糖尿病に悩まされていたが、病院が嫌いだった。注射を怖がっていたし、投与される薬に不信感をあらわにしていた。体調を悪化させ、入院を余儀なくされたとき、彼を病室まで見舞いに行った。そのときの様子をいまでも鮮明に憶えている。彼のぱんぱんにむくんで腫れあがった足と、唇をかみしめて不安や痛みに耐える表情と、恐れや困惑や寂しさの入り混じった眼の色を。

二〇一一年三月八日、東日本大震災の三日前、ハミッドはクイーンズの自宅を出たあと路上で倒れ、ハーレム病院に運び込まれた。そして、そのまま息を引き取った。まだ五十八歳だった。

その年の八月にニューヨークを訪れ、電話をかけたときに知らされたのだ。倒れる数日前から胸の痛みを訴えていたことを知ったのも、あとからだった。体調が悪いときがあるとはいえ、まだまだ生きていてくれるだろうという呑気な期待があったと思う。いや、もしかすると、怖くて彼の病状を直視できなかったのかもしれない。日本での「忙しさ」にかまけてしばらく連絡もとっていなかった。だから、知らされたときの衝撃が去ったあと、自分の怠慢さや愚かさや臆病さを激しく呪いたくなった。

彼が「亡くなった」という事実をうまく呑み込めないまま、僕は彼の墓を訪れた。彼の大好物だった、彩り鮮やかなスプリンクル・チョコレートをまぶした、胸焼けするほど甘いドーナッツとコーヒーを持って。墓参りをすませたあとも、僕は彼の死を受けとめられていない。電話をかければ彼が「ヘイ、ユタカ」と出てくれるように思っている。死を認めたくないのかもしれない。

ハミッドは、ハーレムに友人と共同で床屋を持ち、そこをビジネスの拠点としていたが、すでに何年もまえからハーレムに住むことができなくなっていた。家賃が払いきれなかったことや健康上の問題を抱え、入退院をくり返していたことが直接の理由に見えるが、「家賃が払えない」ことや「健康上の問題」は、けっして個人的な性格や気質、体質、能力の問題ではなく、もろもろの社会的な力が大きく深く関係している。出身地に暮らすという単純な願いをかなわなくさせる力、肉体と精神を含む身体の健康上の問題を若い頃から抱えざるを得なくさせる力、そうした（暴）力を明るみに出し、法廷でその罪と責任とを問うことは、多くの場合、難しい。だが、法的には裁ききれない問題に踏み込むことを人類学がやめたら、いったい誰がやるのだろうか。すでに認められた文法以外で問題を描くことを人文・社会科学者がやめ、政治家や法曹やビジネスマンと同様にふるまいはじめたら、いったいなんのための学問なのだろうか。

ハミッドの死を認めたくない――そんな気持ちで過ごしてきたのは、悔しさや腹立たしさや憤りややるせなさや見殺しにしたという罪責の感触に加えて、認めてしまったら本当に彼がいなくなってしまう気がしたからでもある。

いつかまた彼に会える日がくること、そしてハーフ・アンド・ハーフをいれたコーヒーを片手にとびきり甘いドーナッツにかぶりつきながら、公園のベンチでくつろぎ、ハーレムやニューヨークやアメリカや世界について、真剣に語り、冗談を飛ばし合えることを強く望んでいる。

コロンビア大学のキャンパス拡大計画は、その後も着々と進行しているようだ。同時に、大学の拡大によって直接影響を被らないエリアの街並みも大きく変化してきた。ダウンタウンにあるような、小綺麗な店構えのフランス料理店やイタリア料理店、カフェがたち並ぶようになり、すでに増加傾向にあった大型チェーン店がさらに増えた。すでにハーレムをあとにした人びとが、この場所の急速な変化をどのように受けとめるのか、聞いてみたい気がする。

補章

本書の「問い」と「認識」についての覚え書き

心情は、理性の知らない、それ自身の理性を持っている。

ブレーズ・パスカル、前田陽一他訳『パンセ』

1

ここでは本書の背後にある「問い《プロブレマティックス》」とその問いを支える「認識《エピステモロジー》」について記しておきたい。

僕がアメリカに暮らす黒人たちのイスラーム運動について調べはじめたきっかけは、人種差別や民族問題への関心にあった。アフリカン・アメリカンたちの現状や歴史を読みすすめるなかで、彼らのあいだでのイスラームへの傾倒を知ったからだ。

アメリカの「黒人ムスリム」(1)というと、イライジャ・ムハンマドやマルコム・Xたちの率いた組織「ネイション・オブ・イスラーム」が有名だ。しかし、一九五〇年代から六〇年代初頭まで高まりを見せた彼らの運動は、マルコムの組織脱退と暗殺を経て、その死への同組織の関与が取り沙汰されるようになると、少なくとも表面上は下火になってゆく。七〇年代に入り、イライジャが亡くなると、同組織は改革され、分裂し、ますますその存在が取りあげられる機会が減ってゆくように見えた。

ところが九〇年代になると、ルイス・ファラカーンによって再建されたネイションがふたたび注目を集めるようになる。一九九二年にはスパイク・リー監督映画『マルコムX』が公開され、マルコムへの再評価がはじまっていたし、九五年にはファラカーンが呼びかけ人になっていた「ミリオン・マン・マーチ（百万人男性行進）」が大規模の黒人男性を集め、アメリカ史上最大のワシントン行進となった。他方でネイションは、成立以来の教義や一部のリーダーによる発言が取り沙汰され、「反白人」「逆差別」「反ユダヤ主義」などの批判を集めてもきた。にもかかわらず、数多くのアフリカン・アメリカンの知識人たちがネイションの活動に注目し、対話を求め、また部分的には支持も表明していた。ラッパーやスポーツ選手らがイスラーム名を名乗ることもあった。刑務所でイスラームに改宗する者もあった。

こうしたアフリカン・アメリカンたちのあいだに見られたイスラームへの関心の高まりは、一九六四年の公民権法成立やその後のアファーマティヴ・アクションの施行を経て、それでも解消できぬ差別や抑圧、一連の差別是正への取り組みに対する七〇年代後半から八〇年代の「揺り戻し」を受け、黒人たちが異なる道を模索しようとしたことと関係があるように見えた。八〇年代は共和党政権のもとで教育・福祉関連の予算を削減され、白人主流層の「同情疲れ」、貧困層やマイノリティのコミュニティの荒廃と治安の悪化、ドラッグや銃犯罪の蔓延、ギャング抗争の激化、家族体系や価値の崩壊が指摘されていた時期だった。そのような時代のうねりのなかで、一九九二年、ロサンジェルスで暴動が起こる。

「人種暴動」と報じられたこの暴動は、アフリカン・アメリカンの男性ロドニー・キングを捕まえ、再三にわたって暴行を加えた四人の白人警官、ステイシー・C・クーン、セオドア・J・ブリセノ、ローレンス・M・パウエル、ティモシー・E・ウインドが、陪審員によって無罪放免になったことをきっかけに起こった。警官らによる凄惨な暴行現場を離れた場所からビデオ・カメラに録画していた目撃者がおり、その映像はテレビでもくり返し報道された。その後、暴動がはじまると、今度は数人の黒人男性が一人の白人男性に暴行を加える様子が、ヘリコプターに乗ったテレビの取材スタッフによって記録され、何度も放映された。また、このときは黒人男性たちがロサンジェルスの韓国人街の店を襲撃し、略奪行為をはたらく様子も伝えられた。対立の図式でばかり問題を描きたがるメディア報道のあり方も問題になったが、人種・民族間のコンフリクトの存在はあきらかだった。

九〇年代にはいったのに、まだ人種を争点に人びとが対立するのかと衝撃を受けた者も多くいたようだった。黒人と白人とのあいだに根強く残る不信感が問題となっていた。しかし、右に書いたような時代の流れのなかにある貧困層のアフリカン・アメリカンたちにとって、いわば人種間の対立や不信感は当然の帰結だったかもしれない。白人警官による黒人やラティーノへの嫌がらせ、暴行、不当逮捕はこれまでもたびたび指摘されてきたし、黒人学校の設立などアフリカン・アメリカンたちの自立やコミュニティの存続にむけた動きは、草の根のレベルで着実に維持されていた。ある場合には、ヒップホップ・アーティストがギャング間に休戦調停をもたらした。ある場合には、公営団地の居住者組合が若者への取り組みを実施した。またある場合には、地域の各種団体がネットワークを用いて地域住民への働きかけをおこなった。(2) ネイションの取り組みは、こうした一連の取り組みのひとつだと言ってよい。

ロス暴動に先立つ約一年前、アーサー・シュレジンガー・ジュニアの著した『アメリカの分裂』が出版された。ジョン・F・ケネディ元大統領（民主党）の補佐官まで務め、リベラル派と目されてきたこの歴史学者は、ベストセラーになったその本のなかで、国に分裂をもたらす多文化主義multiculturalismやその種の考えに共鳴する組織や集団を批判し、警鐘を鳴らしていた。共通の理念のもとで多様性を認め合う文化多元主義cultural pluralismや、子どもたちにさまざまな種類の食べ物や言葉などを紹介する多文化教育multicultural educationは重要だが、近年主張されている多文化主義は、建国の理念である「多数から一へE Pluribus Unum」を揺るがしてしまう、というのが彼の主張だった。

シュレジンガーは特定の団体を批判しているわけではなかった。だがその矛先に、黒人による黒人のための教育、黒人による黒人のための国家を求めてきたネイションが含まれていることは明白だった。注意したいのは、この批判がわかりやすい排斥主義や人種主義、文化的不寛容などに基づいてなされているのではなく、アメリカの寛容さの理念に基づいてなされている点である。

シュレジンガーだけではない。九〇年代はいわゆる多文化主義論争がアメリカ国内で高まりを見せた時期でもあった。このとき、メキシコからの移民を中心にラティーノの数が急増し、国内人口の十二パーセントを占めるアフリカン・アメリカンの数を追い抜こうとしていた。また、アフリカや中東からの移民が国内に新たに急増し、それとともに国内のムスリム人口が六百万人に達するようになった（そのうちの約三分の一がアフリカン・アメリカン）。新たな移民の到来とともにその社会の価値の問いなおしがなされることは、目新しいことではない。二十世紀初頭にも東欧や南欧からの新移民が急増し、人びとの価値意識が問いなおされた。九〇年代もそのときと同様、価値や理

念や制度のあり方が問いなおされ、多様性、共存、寛容さの中身が議論された。(3)
ネイションがふたたび注目を集めるようになるのはこうした時期だ。アフリカン・アメリカンたちは、当然ニューカマーではない。しかし、新たな移民が同じ社会内に暮らしはじめるようになり、また自分たちの置かれた境遇が総合的に見て改善されず、また直面する問題も解消しきれないなかで、価値の問いなおしをさかんにおこなってゆく。リベラル派からは狂信的、差別的、時代錯誤とレッテルを張られてきたネイションの取り組みが、とりわけ貧困層や若者のあいだで評価され、この時期に注目を集めたことは象徴的でもあった。

その後のロス暴動の勃発を見てみると、シュレジンガーの議論が予見的であったかのように見えるかもしれない。報道は、アメリカの分裂を伝えていた。しかし、多くのアフリカン・アメリカンにとって、アメリカはこれまでも、つねにすでに分断していたのだ。奴隷制やジム・クロウ法、リンチや人種差別によって引き裂かれていた。ほかならぬ白人たちの手によって。すでにそれは幾人ものアフリカン・アメリカンのリーダーたちが指摘してきたことだった。アメリカの分裂は、彼らにとって、なんら新しい事態ではなかったのだ。

2

本書のなかですでに触れたことだが、ネイション・オブ・イスラームは自分たち固有の領土を主張し、独立国家の樹立を理念として掲げている。しかし、最も熱狂的に思えるネイションのリーダーたちですら、現実にはアメリカの法のもとで暮らさなければならない。どれほど彼らの言葉が強いものであっても、彼らの存在はアメリカの法や制度によって守られると同時に縛られ、拘束されてもいる。そのことを確認するかのように、ネイションの理念「ムスリム・プログラム」には独立領土の要求につづいて、次のように妥協案を探るかのような記述がある。

自分たちの国家や領土の確立を許されないうちは、我々は合州国の法のもとでの平等の正義のみならず、平等の雇用機会を要求する。いますぐに！
四百年にわたって報酬がまったくないか、ほとんどないままに働き、汗や血を流したことでアメリカは豊かで強くなった。それにもかかわらず、そのあとであまりに多くの黒人たちが福祉金や施し物に頼り、貧しい家に暮らさざるを得ないとは信じがたい。(4)

ネイションの要求にみられるアンビヴァレンスは、注目に値する。ネイションは異なるレベルにある二つのことを要求している。ひとつは、合州国から分離し、自分たちの国家を築くこと。いまひとつは、合州国の法体制下で平等の権利を有する構成員として暮らすこと。単なる政治的矛盾として捉えることも可能だが、ここにネイションの戦略や政治的駆け引きを見ることもできる。しかし、お手軽な観察に基づく短絡的な結論よりも重要なことは、どのような状況下でそうした理念がつくられ、声明が読まれたのか、そしてそれはどのような文脈で、どのように受けとめられたのか、それに迫ることだ。

この問いに挑んだのがアフリカン・アメリカンの社会学者エリック・C・リンカーンだった。彼は、一九六一年初版の先駆的研究『アメリカの黒人ムスリム』の冒頭を、ルイス・ファラカーンによる戯曲「裁判」の一場面を引用することからはじめている。この戯曲で、当時ルイス・Xという名前だったファラカーンは、強い言語表現で白人を告発する。

私は白人たちを地球上で最悪の嘘つきとして告発します！　私は白人たちを地球上で最悪の飲んだくれとして告発します。〔……〕私は白人たちを地球上で最悪のギャンブラーとして告発します。陪審員のみなさん、私は白人たちを最悪の平和破壊者として告発します。私は白人たちを地球上で最悪の姦通者として告発します。私は白人たちを地球上で最悪の略奪者として告発します。私は白人たちを地球上で最悪の詐欺師として告発します。陪審員のみなさん、求刑どおり、有罪の判決をお願いします！(5)

リンカーンの意図は、こうした断固たる態度の表明がどのような社会状況下で生み出され、育まれたのか、それを検討することにあった。彼は、しばしば「狂信的」「カルト的」といったレッテルを貼られてきたこの集団を、真剣に丹念に調査し、初版を出したあともその変化を追いつづけた（その成果は、一九七三年、一九九四年の改訂版に収められている）。「ブラック・ムスリム」の可能性に注目したリンカーンは、アフリカン・アメリカンの特徴は、人種性や、現時点で固有に見える文化や、政治的主張にあるのではなく、自らの歴史、言語、文化を徹底して破壊され、剥奪されたという、喪失の体験を歴史として持つ点にあると考えた。だからこそアフリカン・アメリカンは、言語や歴史、文化、制度、価値システムをつくり出さなければならなかったという。

それゆえ、リンカーンの記述では、ネイションのメンバーはアメリカ社会の歪んだ構造がもたらしたひとつの帰結であり、彼らの言葉はそうした状況下でつくられた信仰の表明として捉えられている。

一九九〇年代には、スウェーデンの社会学者マティアス・ガーデルがネイションに関する包括的研究をおこない、次のように述べている。

「ファラカーン師やネイション・オブ・イスラームを無条件に非難する者たちは、自分たちがなにを攻撃しているのかを立ちどまって考えてみるべきだろう。ファラカーンは、問題であるというよりは現在アメリカ社会を引き裂いている問題の症状なのだ。ファラカーンが仮に消えたとしても、ファラカーンを生み出した同じ状況が別の代弁者を生み出し、それがファラカーンにとって代わるだろう。ネイション［・オブ・イスラーム］は黒人の経験のひとつの帰結である。それは、『メイド・イン・USA』と刻印された社会的産物なのだ[6]」

ガーデルもまたリンカーン同様、ネイションのメンバーをアメリカの社会状況が生み出したものとして捉えている。そしてやはり、ファラカーンの発言は、ここでも彼やネイションのほかのメンバーがじっさいに信じていることを反映すると見られている。

リンカーンやガーデルによる研究は、ネイション全体の歴史や変遷を、代表的リーダーや中心メンバーの言動、顕著な出来事などを通じて捉えようとする点ですぐれているし、社会的文脈のなかでそうした言動や出来事を理解しようとする試みには共感する点も多い。しかし、なにかが腑に落ちなかった。違和感のひとつは、おそらく、著名なリーダーではないごく普通のメンバー、さらに言えばメンバーであるのかないのかわからないところでイスラームへの関心を示し、各種の活動に参加し、メッセージに共鳴する人びとの姿が見えない点からくる。また、ネイションに所属しないアフリカン・アメリカン・ムスリムたちの姿が見えないことからもくる。要するに、ネイションという組織で中心的な役割を担う人の姿しか見えないのだ。

いまひとつの違和感は、リンカーンやガーデルの研究では、リーダーやメンバーの発言が、じっさいの彼らの行為と一致するものとして捉えられている点に起因する。これは彼らの研究にかぎったことではないかもしれない。しばしば僕らは、発せられた言葉をその発話者の全人格と結び合わせて理解する。熱狂的、狂信的、告発的に響く言葉であればなおのこと、その傾向は強まるように思える。あるいは、ある行為や行動が問題化されると、しばしばその人の過去の発言の一部が行為を予見させる「証拠」として集められる。この捉え方の問題点は、たとえば反白人的に響く発言をくり返した者が、つねに白人に対して敵意をむき出しにし、危害を加えようとしているわけではないという点、平等で公正で差別などしないと発言しつづける者が、つねに異なる人種・民族・宗教に属する者に非暴力的に接するわけではないという点が見過ごされることにある。

理論書を紐解くまでもなく、人の発する言葉ととる行為のあいだには、つねにある種のズレがあり、口ではあることを言いながらそれとは異なる行動をとるということは日常的に頻繁に起こる。

3

先行研究へのこのような違和感は、一九九九年の夏、シカゴにあるネイション・オブ・イスラームの本拠地、モスク・マリヤムを訪問した際の観察によって形成されたものでもある。その当時、僕の抱いていた問いはきわめてシンプルなもので、なぜアフリカン・アメリカンたちがとりわけ九〇年代に入ってイスラームへ関心を示し、またほかの宗教から改宗する者までが相次ぐのか、というものだった。ネイションのなにがアフリカン・アメリカンたちにとって魅力になっているのだろうか。ファラカーンのカリスマが、出口が見えずに絶望感を深めるアンダークラスの若者たちを惹きつけるのだろうか。あるいは黒人と白人の分離というネイションのメッセージに多くの者が心を動かされているのだろうか——そのような問いを立てていた。

シカゴ訪問以前の僕の問いは、リンカーンやガーデルと同じものだったと思う。ごうしても人びとのじっさいの声や仕草に触れてみたくなった。メンバーたちが日々の集会などでなにを語るのかを、メディア報道や先行研究を通じてではなく、自分の眼で直接にたしかめてみたくなったのだ。それをしないかぎり、文献や資料さえ読めない気がした。

僕は幾度かの電話ののち（いずれも通じなかった）、直接モスクに出かけていった。そして、毎週おこなわれるミーティングに加えて、「プロセシング・クラス」と呼ばれる新参者のための授業、週末の勉強会およびディスカッションに参加させてもらった。ネイションの所有する敷地内でおこなわれたそれらの集まりへの参加を通じて得た観察のうち、とりわけ以下の二点が印象的だった。

第一に、ネイションの本拠地のあるシカゴのサウス・サイド地区に暮らすメンバーでない者が、活動に参加したり、取り組みを支持したりしていること。それに加えて、教会とモスクとの交流があること。あるネイションのミニスター（聖職者）は、日曜日の朝に地元の教会に招かれて話をしにいったと語った。こういった現象を眼にすると、これまで自明視していた「メンバー」と「非メンバー」、そして「ムスリム」と「非ムスリム」とのあいだの区別に疑問を抱くようになる。閉鎖的で固く閉じていると思い込んでいた「ブラック・ムスリム」という集団が、じっさいには想像よりもはるかにゆるやかな結びつきによって成り立っていたのだ。したがって、「ブラック・ムスリム」として一括される集団内の多様性を見る必要があるし、ネイションを組織や団体として見るより、ひとつの社会運動として見たほうがそのダイナミズムをうまく捉えることができる。そうしたことを肌で感じとることができた。

第二に、長年メンバーである人たちも、単一の目的と動機から一様に運動に参加しているわけではないこと。強く、妥協がなく、しばしば敵対的な政治的要求を持つとされるネイションのメンバーは、明確な動機や理由があってメンバーでありつづけているようなイメージがあった。しかし、必ずしもそうではなく、むしろ各々のメンバーは明確に表明され得ない動機や理由を抱えているのではないか。さらに、つねに自らのアイデンティティや存在理由を明瞭に語ることを強く求められるアメリカ社会にあって、またそうしたアイデンティティをめぐるゲームが極度に政治化した状況にあって、メンバーが明確な参加動機を持つという考え方自体をカッコに入れてみる必要を強く感じた。諸個人のあいだに存在する差異だけでなく、ひとりの個人の内にある矛盾や葛藤、齟齬、ズレ、歪み、亀裂、温度差、アンビヴァレンスをも見る必要がある、そう僕は思ったのだ。しかしこれは、たとえばインタビューやアンケート調査によってはほとんど見えてこない。なぜならば、インタビューやアンケートという形式そのものが、あるいはそこで発せられる問いそのものが、すでに一貫した自我による一貫した「解答」を前提に成立することが多いからだ。

こうした観察から、アフリカン・アメリカンたちのあいだに見られるイスラーム運動とそれが展開される地元コミュニティとの関係を直に見たいと願うようになった。ネイションをはじめとする際立った組織の理念やリーダーたちの声明という比較的眼につきやすい部分だけでなく、「ごく普通のムスリムたち」の語りに耳を傾けたいと思ったのだ。彼らの表情や仕草、所作に触れることを通じて、「感情」や「情緒」や「想い」と人が呼ぶものに少しでも近づきたかったのである。

4

ところで一九九〇年代は、アフリカン・アメリカンのあいだにかぎらず、国際的なレベルでイスラームへの関心が一気に高まった時期でもある。しかしそれは、アフリカン・アメリカンのあいだでの場合とは異なり、否定的なイメージをともなうことが多かった。

一九九三年二月二十六日のニューヨーク世界貿易センタービル爆破事件は、六人の死者と千四百人の負傷者を出し、その報道はイスラームのプレゼンスが国外だけではなくアメリカ国内にもおよんでいることを示した。この事件は、話題を呼んだサミュエル・ハンチントンの論文「文明の衝突」(一九九三年)やバーナード・ルイスの論文「ムスリムの怒りの根源」(一九九〇年)などが公刊される時期と重なっていた。両論文の特徴は、ムスリムを西洋とは本質的に異なる価値意識を持った、一枚岩の存在として扱っている点にあった。(7)

一九九五年四月十九日の朝、オクラホマ・シティのアルフレッド・ミュラー連邦ビルが爆破され、百六十八人の死者と八百人以上の負傷者を出した。事件直後からアラブ・ムスリムの関与が疑われ、当時二十七歳の白人男性ティモシー・マクヴェイが主犯格として逮捕されるまでの数時間、二百二十人以上ものムスリムのアメリカ市民に対して嫌がらせがあったという。(8)「赤の脅威」の次は「緑の脅威」だというかけ声とともにイスラーム脅威論がひろまり、ハリウッドやテレビ産業はますますアラブ・ムスリムを敵役にすえた映画やドラマを量産してゆくことになる。

そうして、反イスラーム感情が醸成されてゆくなか、二〇〇一年九月十一日の「同時多発テロ」が起こった。一瞬にして約三千人の命が奪われたこの事件は、悲劇には違いない。だが、被害の規模や死傷者の数に注目すべき点があるわけではない。ノーム・チョムスキーが正しく指摘したように、あのような規模の殺傷は、これまでもいまも、世界中で、とりわけアメリカの国外で、ときとしてアメリカの後押しによって起きている。だから注目すべき点はそこではなく、新聞やテレビ、インターネットを通じて流れた文字情報やイメージの量であり、そうした情報やイメージがもたらした効果の激しさにある。

世界貿易センターに飛行機が突っ込む場面の映像は、編集され、ときには加工され、くり返し世界中で再生された。ニューヨークという土地を訪れたことのない人、ツインタワーを眼にしたことのない人、そういう人にも「九・一一」という数字は倒壊する高層ビルのイメージとともに、同時代の大きな暴力的事件として経験され、記憶された。突如として世界は「新しい」局面に入ったとされ、アメリカはそのほかの関係諸国とともに「国家保安《ナショナル・セキュリティ》」を理由に「反テロリスト」キャンペーンを開始した。「彼らが先に私たちを攻撃したのです」「なぜ彼らは私たちを嫌うのですか」などの言葉とともに、「テロリスト」という用語が、その使用法や含意を問われないままメディア上にあふれた。そしてこの語は、「理性的で分別ある私たち」と「暴力的で野蛮な彼ら」というイメージをつくりあげ、補強するのを手助けした。アメリカ政府は、この戦争が対イスラーム戦争ではないとしながらも、数百名を超えるムスリムたちを拘留するにいたった。

しかし、近年のこうしたイスラームへの注目以前に、アメリカ国内にいたムスリムのことはあまり知られていない。イランでのアヤトッラー・ホメイニのイスラーム革命とそれにつづくアメリカ大使館の乗っ取りのはるかまえから、アメリカ国内には一定のムスリムのプレゼンスがあった。それが黒人奴隷として強制連行されたムスリムたちだ。近年の研究では、十九世紀のムスリム移民の最初の波以前に、多くのムスリムが奴隷としてアメリカ大陸に連れてこられていたことがあきらかになっている[10]。こうした奴隷制の時代下でのムスリムの存在を示す近年の資料の発掘は、アメリカ人、とりわけアフリカン・アメリカンたちのイスラームへの関心の高まりやムスリム移民の急増と同時期に起こったことになる。

5

二〇〇四年の秋、約二年間のフィールドワークに区切りをつけて東京に戻った僕は、ハーレムでの経験をどのように理解し、解釈すべきか試行錯誤をくり返していた。膨大なフィールドノートやメモ、収集してきたテープや資料をまえに、途方に暮れる日がつづいた。最終的に僕は、次のような一連の問いを形成するにいたる。

一、強い危機感や不満をともなったアフリカン・アメリカンたちの言葉を、暴力を認識し、それに向き合おうとする際に紡がれる表現だと考えた場合、彼らの言葉は「暴力の位置 location of violence」を暗示するものとして捉えることができる。たとえば、ハーレムで出会ったアフリカン・アメリカン・ムスリムの多くが、奴隷制を単に過去のものとはせず、現在でも引き継がれた制度と考えて異を唱え、不満を口にする。彼らが主張するこの「現在の奴隷制」とは、いったいなんであろうか。その暴力は、ごのように理解することができるのであろうか。そしてこうした暴力を支え、存続させている理性や存在様式とはいかなるものであろうか。そのもとで、暴力はどこに位置しているのであろうか。

現在では「過去の残虐行為」に見える一連の制度とそのもとでのふるまいは、当時の多数派にとっては残虐とは認められないことで支えられていた。そうだとすると僕らは、理性の勝利によって奴隷制が廃止され、暴力が縮減されてきたかのように見せる歴史観を相対化し、現在はっきりと暴力だと認識できていない現象をも視野に入れることから暴力の探究をはじめる必要がある。

二、アフリカン・アメリカン・ムスリムたちが怒りやフラストレーションといった感情を表現するために用いる言葉は、コミュニティの外にいる観察者にとって「暴力的」に見えることがある。それは彼らにかぎったことではないかもしれない。身体と声以外になにも手段を持たない者が徒手空拳で権力や体制や「持てる者」に臨み、罵倒し、告発し、侮辱するときの表現のなかに、そうした「暴力的」表現を見いだすことができる。しかし、「暴力的」に響く言葉を、暴力そのものと取り違えてはならない。また、そうした言葉は、彼らの行動に直接的あるいは必然的に結びつくような、強く持続する信念や信仰の直接的なあらわれとしてのみ捉えてはならない。文化人類学の文献を紐解くまでもなく、人があることを口にしながら、異なる行動をとることは頻繁にあるし、また言語と行為、思想と行動、理念と実践のあいだには、ほとんどつねにズレや断絶がある。それでは、こうしたズレの認識は暴力の捉え方になにをもたらしてくれるだろうか。

怒りやフラストレーションに直面した観察者は、そうした強い感情的な要素を個人の心や性格の問題へと結びつけようとする衝動にしばしば駆られる。しかし、こうした還元のプロセスは高い代償をともなう。諸個人によって表現される怒りやフラストレーションを、個人化された精神や心理、精神病理のレベルに還元してしまうことは、ある顕在化した現象を、たとえば「文化資本」や「言説空間」などといった社会的要素を無視することで、個人の努力の問題や性格の問題へと帰属させる論理に屈することに等しい(11)。集合的なレベルで課せられた痛みや苦しみでも、一見すると個人のレベルで発現（発症）しているように見えることがあるかもしれない。しかしそれは、彼らの暴力の経験やそれへの反応が個人の問題に還元できることを意味しない。

三、右の暴力と言葉の問題に関係して、コミュニティや（ディス）コミュニケーションの問題がある。たとえば、アフリカン・アメリカン・ムスリムたちがくり返し主張する「強いコミュニティ」や「団結」の必要性は、マスメディアによってひろく流布され、分離主義や排他主義と結びつけられて理解され、批判されてきた。「分離主義」や「排他主義」という語は、アメリカ国内で軽蔑的かつ後進的な含意を持っており、彼らの主張は合州国の制度や理念に対する脅威や侵犯行為として受けとめられた。アメリカの理念の擁護者たちは、なにを問題とし、どのような言葉でそれを批判するのだろうか。

他方で、フィールドワークをはじめてまもなく、僕は「コミュニティ」という言葉の意味が、会話の文脈によって大きく変化することに気がついた。それは、アフリカン・アメリカン全体をさすこともあれば、アフリカン・アメリカンのムスリム全体をさす場合もある。ムスリム全体をさすことも、ハーレムの地域住民をさすこともある。「我々のコミュニティ」や「このコミュニティ」という表現は、他集団からは差別化されたある特定のメンバーだけを限定的にさし示す言葉に聞こえるが、じつはそうではなく、多様な意味が込められ、一種のメタファーとして機能している。このことは、なにもコミュニティという言葉だけではない。彼らの使用する言葉の多くは、その表面上の単純明快さとは裏腹に、単なる「記述的な陳述」にとどまることなく、複数の機能を担い、複合的な意味を持っている。それはいわば自らが生きている複雑な現実を、なんとか理解し、生き延びようとする際に生まれる言語表現であり、その言葉の意味を固定し、そのもとにすべての現実を還元できないという意味で「妥協の産物」である。

それでは、彼らの使用する言葉をこのように捉えた場合、アイデンティティや差異の問題について、なにを教えてくれるだろうか。アラブ・ムスリムやアフリカ人移民、白人とのあいだに、どのようなコミュニケーション／ディスコミュニケーションがあるのか。「私たち」と「彼ら」とのあいだに引かれる境界線は、どのようにして交渉され、変化し、引きなおされるのだろうか。さらに、「団結」の重要性を説くアフリカン・アメリカン・ムスリムたちのあいだに顕在化する対立や差異化は、どのようにして捉えることが可能だろうか。

四、最後に、物を書く観察者としての僕自身の認識にかかわる問題がある。ポストコロニアルな状況が進むなか、文化人類学の領域では、とりわけ一九八〇年代以降、学問のあり方に根本的な反省が迫られた。植民地主義への加担が非難され、「表象の危機」が叫ばれ、「あちら側にいた」ことで書く資格を確保しようとする「著者の権威」が問題とされ、「文化を書くこと」にまつわる認識論的・倫理的・政治的問題が頻繁にとりあげられるようになった。そして、書くという行為、そして書かれ、公刊された物に備わる暴力の問題が、真剣に、そしてときに重苦しいまでに深刻に議論されてきた(12)。

たしかに観察者は観察されている。しかし、このことを自ら認め、声に出すことは、簡単なばかりか偽善的にも思える。そう語ることで当人は、自省的であることを誇ることができるのだ。けれども、この「観察者は観察されている」という言辞に含まれるもっと深い智恵とともにつねに生きることは、それほど簡単なことには思えない。

また、この問題に関連して、ポジショナリティをめぐる問題がある。客観的、中立的、科学的だと一部のあいだでいまだに信じられている「調査」や「研究」は、通常、不均衡な人間関係のなかでおこなわれる。これまでは、ヨーロッパ人が非ヨーロッパ人を、白人が黒人を、男性が女性を、知識人が民衆を、書いてきた。僕の場合はどうか。僕は、文化人類学者で、非ムスリムで、視覚的にはアジア人として認識され、日本のパスポート所持者である――そこまでことがすむのであれば問題は比較的簡単だった。非西洋出身者が近代西洋の価値をひきずった学問を身につけたうえで西洋社会を研究しながら人類学諸概念を「学びほぐす」。そんな正当化さえできそうだった。「わたしはコロニアリズムの原罪を背負った特権的調査者ではないのだ、文化相対主義をたたきこまれ、繊細な倫理意識、鋭い政治意識を身につけたポストコロニアリズムの申し子だ」とでも言わんばかりに。

しかし、僕がはいり込み、研究しようと選択したコミュニティは、長いあいだ表象／表現の暴力にさらされてきた場所だ。「見る／見られる」「書く／書かれる」のあいだの不均衡は、ここでこそ存在し、鋭く意識されている。そのときに問題になるのは、彼らと僕個人との関係ではなく、彼らと僕の背後にある学問体系や記述体系との関係なのだ。この不均衡の問題を、エスノグラフィの記述のなかでどのように引き受けることができるだろうか。どのようにしたら、型通りの言いわけ的内省や見事なほど美しいが自己満足でしかない反省、無垢で省察を欠いた野放しの記述に陥ることを回避し、民族誌を書くことが可能だろうか。

6

こうした一連の問いを念頭に、本書ではニューヨーク・ハーレムのアフリカン・アメリカン・ムスリムの経験を記述し、とりわけ次の三項の関係を見ようとしてきた。そうすることで彼らの経験のうちにあって、入り組み、重なり合い、溶け合っているいくつかのことがらをよりよく捉えられるように思った。

一、かならずしも明確に言語化できない暴力。
二、暴力やそれにともなう痛苦を認識し、伝達するときに用いる言語。
三、言語を共有し、(再)制度化しようとする文化。

経験は、それを語る際の言語によって規定される。言い換えれば、それを語る言語が経験である。だが、経験を語る言語が経験のすべてだと本当に言いきれるだろうか。もし言いきれるのだとしたら、当人が語り得なかったもの――過剰の経験や意味の剥落など――をどう扱うのか。語り得なかったことは、最初から最後までなかったことになるのだろうか。経験された暴力や痛苦とそれにかかる語りや沈黙とのあいだの埋めがたい断絶をどう扱うのか。話された言葉、アーカイヴ化された文字、じっさいの行為とのあいだにあるズレや亀裂や齟齬は、どのように捉えればよいのだろうか。こうしたすべての問いは、言語を――したがって認識と伝達の問題を――どのように捉え、概念化するかにかかっているように思える。

言語をどのように概念化するか。言語と暴力、言語と痛苦、言語とコミュニティ、言語と文化とをどのように捉えるか。まわり道に思えるかもしれないが、この問題に向き合うにあたって、創世記の冒頭を見てみたい。そこでは、創造‐認識‐分類‐名づけのプロセスが言語との関係で展開される。

「はじめに神は天と地とを創造された。地は形なく、むなしく、やみが淵のおもてにあり、神の霊が水のおもてをおおっていた。／神は『光あれ』と言われた。すると光があった。神はその光を見て、良しとされた。神はその光とやみとを分けられた。神は光を昼と名づけ、やみを夜と名づけられた。夕となり、また朝となった。第一日である[13]」

創世記の冒頭を引用したのは、この古いテクストがアブラハムの宗教的伝統における神‐人‐事物の関係を明かしているからではなく、ここにことがらや言語の発生、秩序の形成、名づけなどにかかわる認識論の問題が多く含まれているように思えるからである。これまでにも詩人の感性をもって探究を深めた思索者たちの多くが、この箇所にたちかえる。たとえば、小林秀雄は聖書のこの箇所に言及しながら、言語の魔術――とりわけその名づけの魔術――について以下のように述べる。

> 神が人間に自然を与えるに際し、これを命名しつつ人間に明かしたという事は、恐らく神の叡智であったろう。又、人間が火を発明した様に人類という言葉を発明した事も尊敬すべき事であろう。然《しか》し人々は、その各自の内面論理を捨てて、言葉本来のすばらしい社会的実践性の海に投身して了《しま》った。人々はこの報酬として生き生きした社会関係を獲得したが、又、罰として、言葉は様々なる意匠として、彼等の法則をもって、彼等の魔術をもって人々を支配するに至ったのである。そこで言葉の魔術を行わんとする詩人は、先《ま》ず言葉の魔術の構造を自覚する事から始めるのである。[14]

「光」とその不在を、「昼」と「夜」という名づけの言葉で引き受け、そのそばから使用すること、それを通じて社会関係が可能になった。否、名づけを受け入れることが即能動的使用だった。しかし、それゆえに言葉は、社会関係の力学のなかで「様々なる意匠」をまとって人びとを呪う。この認識から社会学者ピエール・ブルデューが「ディスタンクシオン」と呼んだ「界 champ」での差異化に関する分析まではあと数歩の距離のように思えるが、小林は社会学的分析に進むわけではない。彼はつづける。

> 子供は母親から海は青いものだと教えられる。この子供が品川の海を写生しようとして、眼前の海の色を見た時、それが青くもない赤くもない事を感じて、愕

然として、色鉛筆を投げだしたとしたら彼は天才だ、然し嘗《かつ》て世間にそんな怪物は生まれなかっただけだ。それなら子供は「海は青い」という概念を持っているのであるか？　だが、品川湾の傍に住む子供は、品川湾なくして海を考え得まい。子供にとって言葉は概念を指すのでもなく対象を指すのでもない。言葉がこの中間を彷徨する事は、子供がこの世に成長する為の必須な条件である。そして人間は生涯を通じて半分は子供である。では子供を大人とするあとの半分は何か？　人はこれを論理と称するのである。つまり言葉の実践的公共性に、論理の公共性を附加する事によって子供は大人となる。この言葉の二重の公共性を拒絶する事が詩人の実践の前提となるのである。[15]

小林が述べるように、言葉は、錯乱したものでないかぎり、公共性を担う。そして、この公共性自体が、魔術的に言葉を、思考を、経験を規定する。だからこそ、詩人はこれに抗い、拒絶し、錯乱した表現を選ぶ。そうすることで言葉を脱魔術化し、代わって新たな魔術を打ち立てようとする。文化と呼ばれる現象のシステマティックな探究を志し、学問をつくりあげようとしたクリフォード・ギアツが、文化を公的なものとして設定するために、まず言語を公的なものとして措定する必要があったのは象徴的でもある。しかし、公共性自体がすでに一様ではないことが気づかれてしまえば、複数の異なる声がせめぎ合うなかで、これをよしとせず、抵抗を試みる者はなにも狭い意味での詩人だけではない。

路上の人の叫び声、異なる歴史の模索、告発、否定、ため息、吃音、あるいは本書では直接扱わなかったがラッパーたちのライム、グラフィティ・ライターのペイント、ストリート・ダンサーの身体の動き——これらはすべてそれぞれの「錯乱」であり、美しくも狂おしいそれぞれの「詩」だと考えることができる。

7

ヴァルター・ベンヤミンは、公開を前提にしなかったがゆえに、短く難解ではあるが示唆に富む論文のなかで、人間の言語と認識の問題を扱い、言語の魔術に言及する。そしてやはり創世記に触れながら、人間の言語の特徴が名づけの言葉にあり、それが究極的には神からの委託であると主張する。人間は事物を名づけのなかで伝達する。言葉によって事物を創造する。しかし、とベンヤミンは言う。神は事物を名づけない。人間を名づけるのは、同胞である人間だけなのだ。人間だけは名づけない。

神は人間を言葉によってお創りになったのではないし、また人間を命名もなさらなかった。神は人間を言語の下位に従属させようとなさったのではなく、創造の媒質として彼に役立ってきた言語を、ご自身のうちから人間のなかへと、解き放ったのだ。神は、人間のなかにおのれの創造者的なものをゆだねたとき、はじめて休まれたのだった。(16)

ベンヤミンにとって、精神内容は伝達可能なかぎりにおいて言語そのものであり、言語はその表現のかたちで精神を伝達するものとして措定されている。したがって明瞭に語られなかったもののなかに最も深遠なものを見るという態度をベンヤミンは拒絶する。言葉にならないもののなかに、暴力や痛苦の痕跡を見いだそうとする試みを、ベンヤミンは拒むだろう。しかし、それでもなお疑問は残る。言語の交換が、つねにすでにディスコミュニケーションを孕むのであれば、そのとき伝達可能なもののうちに伝達を挫かれるものが潜在するのではないか、と。暴力や痛苦の経験が、ときとして沈黙を強い、ときとして過剰な語りを要求するとき、言語を介してなにかが伝達されるという道具論的立場を拒むなら、言語はその表現のなかでなにを伝え、なにを伝えないのか。そして、伝わらなかったもの、語らなかったもの、語り得なかったものを想起し、想像する言葉とは、どのようなものなのか。

ベンヤミンのあとの時代、サイバネティックスの理論に精通したグレゴリー・ベイトソンは、この創世記の冒頭部分に触れ、そこに近代科学に通ずる問題を見いだす。彼の分析はこうだ。

(1) 物質の起源や性質の問題は即座に片づけられている。

(2) 引用部は、秩序の起源の問題を詳細に扱っている。

(3) ゆえに、この二つの種類の問題のあいだに区分けが生み出されている。この区分けが誤りだった可能性はある。だが、誤りであるかないかにかかわらず、この区分けは近代科学の基礎においても維持されている。質量およびエネルギー保存の法則は、秩序、負のエントロピー、情報にかんする法則と分けて扱われる。

(4) 秩序は、振り分けや分割の問題として見られている。しかし、すべての振り分けにおいて本質的なのは、違いがのちに別の違いを引き起こすという点である。白いボールから黒いボールを、小さなボールから大きなボールを振り分けると、ボール間の差異はやがて位置の差異へとつながる――一方の種類のボールは袋に、他方の種類のボールは別のところへと。そういうことのために は、私たちはふるいや閾、あるいはよりすぐれた感覚器官が必要になる。それゆえに、そうでもしなければ起こり得なかった秩序をつくりだすのに、知覚する存在が引き合いに出されているのは、理解できる。

(5)区分けや分割には、分類の謎が密接にかかわっている。そしてそれに、分類という人間の非凡な達成がつづく。[17]

物質と秩序の区分の問題は、ベイトソンが探究のなかで一貫して持ちつづけたテーマだった。カール・ユングが若き日に書き残した「死者への七つの語らい」に言及しながら、ベイトソンは自らの扱う学問領域を、生命活動にかかわるクレアトゥーラの学とし、物質の法則性を追求するプレローマの学と区別した。そして、秩序や情報、精神の働き、コミュニケーションなどの問題は、いずれも前者の領域にかかわるものであり、それは固有の認識論を必要とすると主張した。それゆえに幾度も認識論に立ちかえり、こだわりつづけたベイトソンは、先の創世記の分析につづいて、聖書の創世神話と他民族のそれとを比較し、そのうえで科学的思考が演繹法と帰納法のどちらからはじまるのかと論点をすすめてゆく。

だが、それよりもここではベイトソンが思考の出発点での言葉の飛躍に着目している点に留意してみたい。形もなく、秩序だっていない物事を人間は経験したことがないし、「ランダムな」出来事というのも経験したことがない。にもかかわらず、「地は形なく、むなしく、やみが淵のおもてにあ」った。それはなぜか。どのようにしてその記述が可能になるのか、とベイトソンは問う。経験しなかったことを語るためには、なにが必要なのか。少なくとも観察から帰納されたものではない以上、なんらかの飛躍があったとしか考えられない、と。

この世の始原を語る試みにかぎらず、僕らの日常生活でも、ある種の飛躍によって、帰納からも演繹からも得られずにそれまで想像力の境界線上にあったことがらが、より明確に意識されることがある。新たに導入された言葉群や文法によって、語り得ないとされてきたこと、いまだかたちをとらなかったもの、潜在したり、漂ったり、沈殿したりして見えにくかった事象が、眼に飛び込んでくる。この種の飛躍を通じて思考を未発の領域に導こうとした探究者のひとりにチャールズ・サンダーズ・パースがいた。プラグマティズム（あるいはプラグマティシズム）と呼んだ彼の一連の思考実験の運動のなかには、次のような有名な格言がある。

「私たちの抱く考えの対象が、実際的な影響を持ち得る類のいかなる効果を持つと私たちが想像するのか、それをよく考察しなさい。そうすれば、それらの効果についての私たちの考えこそが、その対象にかかわる私たちの考えすべてである」(18)

鶴見俊輔は、パースに関するすぐれた論稿のなかで、右の一節を、プラグマティズムの格言を方式化したもののうちで最も重要なひとつとして取りあげ、詳細な分析を施している。ここで注目したいのは、そのうちの「構想 abduction」にかかわるものである。鶴見はこの短い一説の中に、「想像する」という行為に関連する言葉（consider, conceivably, conceive, conception）が何度もくり返し使用されていることに注目し、その理由として「これは、パースの構想（abduction）の論理と結びつけて考えるのが正しいであろう」と述べる。

パースによれば、科学的思索は、三種の方法がいっしょに働くことによって成り立つ。三種の方法とは、①構想、②演繹、③帰納である。〔……〕演繹からも帰納からも、この方法を実施する以前になかった新しい命題を獲得することを期待できない。思索の中に、今までなかった新しいものが入ってくるのは、まったく構想によってである。構想によって、新しい仮説が提出され、それがさらに演繹によってもっと実験しやすい形に直され、帰納によってそれの成立する場合の頻度が明らかになる。これは、科学的思索における発想段階を他の段階から切りはなしてとくに重大視する見方である。

〔……〕おそらく、この座右の銘を使う人は、創造的な思索に従事している人々だから、ある概念の固定した意味を求めているのではなく、その概念の発展的な意味を求めているものと予想されている。この銘の使用者は、自分にとってアイマイなある考えを把握しなおすに当たって、この考えが今までにどんな形でためされたかを考えるべきではない。その考えに関連して過去にどんな実験が行われたか、ということを自ら問うているのではない。過去の実験例について問うているだけならば、その人はただ凡庸な追随者になってしまう。善き思索者は、その考えをためすべきいかなる実験が行われ得るか、について、自問自答するのである。すなわち、固定的な意味をうけつぐのでなく、発展的、可能的な意味を探求するのである。(19)

パースのこの格言のなかに、すでに可能態への探究の姿勢を見ることができる。起きたこと、経験したこと、語ったことだけでなく、起き得たけれど起きなかったこと、経験し得たけれど経験しなかったこと、語り得たけれど語らなかったことへの配慮が見えるように思う。

8

暴力、それを認識し語る際の言語、その言語を構築し共有する文化——本書ではその三項の関係に注目したと述べた。ここでの三項の考え方は、チャールズ・パースの現象学、そしてパースを参照しつつ優れた民族誌を残しているヴァレンタイン・ダニエルに示唆を受けている。(20)

パースが定式化するところによれば、第一性 Firstness とは「それら自体においては単なる可能性に過ぎず、必ずしも現実化されていないような」「情態の性質 quality of feeling」である。(21) パースは自らのカテゴリーを説明する際に多くの言葉を用いて何度も言い換えているが、彼の言う「第一性」の特徴は、まだ現実化していないもの、いまだ実現していないものであり、可能であるもの、そうで（も）あり得ると思われたもの、といった点にある。彼は言う。「その単なる性質または欺様性 suchness は、それ自体では、たとえば実際に赤い物体を見る場合のような現実に起る事象ではない」。(22)

赤い物体を見るということは、実際的な経験であり、それは人が自分の思考の外で物理的に対象と出会うという出来事である。しかし、人は赤い物体を物理的に見ることなく、思考の中で赤い物体を発想する conceive ことが可能であり、また発想するかもしれない。そのような発想あるいは見ることの可能性、まだ実現していない情態、可能態がパースの第一性である。パースの言葉で言えば、「そういうもの〔第一性〕の存在については、ただ、現象にはそういう特殊の、積極的な欺様性があるだろう、と言えるだけである[23]」。それは、「堅実に継続する可能性 steadily continuing possibility」であり、まだじっさいに眼に見えて存在しているわけではないが、しかし同時に「何もないということではない not nothing[24]」ところのものである。

ここでは暴力それ自体を、パースのいう第一性の範疇に位置づけたい。なぜならここで暴力と呼ぶものは、必ずしもすでに結実し、その効果が可視化されているとはかぎらず、いまは可能態であるような要素をも含むからである。それは、見るからにそれとわかる暴力というよりは、まだその効果が可視化されておらず（あるいは巧妙に隠されており）、したがって「見えにくい暴力」だからである。それはまた、アーカイヴや制度や構造や法の持つ暴力の特徴でもある。たとえば、原子爆弾の設計図を想い描いてみてほしい。設計図それ自体は暴力には見えないかもしれない。しかし暴力の効果は、すでにその設計図の概念 concept に内在されていると言えないだろうか[25]。

同様に、コロンビア大学による都市再開発計画のデザイン図は一見すると暴力ではないが、その効果を考えるとき、概念の内に暴力がひそやかに書き込まれている。気づかれぬうちに特定の身体の所作を優遇し、ほかのそれを抑制ないし排除し、ある特定の（のっぺりとした）「多様性」を表現し、それを受け入れさせること――それが、デザイン図が効果を発揮する際に要求することだからだ。また、アーカイヴそのものも、暴力として認識しにくいかもしれない。しかし、アーカイヴが物語の「はじまり」をつくり、規定し、そのそばからその捏造の事実を覆い隠してしまうのだとしたら、あるいはアーカイヴのゲームに参入させられ、気づかぬうちにある特定の記憶のあり方を優先させるよう要求されるのだとしたら、そのときアーカイヴは暴力を内包していると言えないだろうか。

こうした気づかれにくい暴力は、それがどこに存在しているのかがわかりにくい。場合によっては、暴力の認識に先立って痛みや苦しみの知覚があるかもしれない。それでも、痛苦がどこからやってくるのかが見えにくい。ときとして、自分を責めるかもしれない。理由が特定できぬまま、身体が悲鳴をあげ、倦怠や疲労や味わい、発作を経験し、症状があらわれるかもしれない。

つねにすでに潜在してきた力の要素が、ある種の「法」law──習慣、コード、法則、規則など──に触れ、侵犯 violation として認識されることで、はじめてそれは暴力 violence として認定される。(26) だが、このときの暴力とは、「法の力」との関係でのみ認定され、規定され、裁かれる。そのため、法の力は、侵犯の暴力 violation を明るみに出す一方で、自らの暴力 Gewalt を覆い隠してしまう。そして、法の側に立つ力の要素──合法化されたものから習慣の一部になっているものまで──は、暴力認定を受けにくい。いずれにしても、こうした力の要素は、すでに存在していた法や法則、規則、習慣の侵犯として認識される以前には、まだ現実化されていると言いきれないものだったが、可能態として、潜在する要素として、その存在を捉え、持ち得る効果を考えることができたはずのものである。その意味で、ここでの力の要素をパースの第一性として捉えることができる。そして、第一性としての暴力を、さらに暴力‐痛み‐苦しみと三項に分けてみたい。

パースの第二性 Secondness は、固有性や一回性といった特徴を持ったことがらが含まれるであろう「現実性 an actuality」として特徴づけることができる。その意味では、「出来事」や「事実」というのは第二性のカテゴリーに入る。それは人がなにかと出会い、対面し、闘争するというような現実的な経験である。ゆえにパースは次のように書いている。

現実性の観念においては第二性が顕著である。というのは、現実性とは、自らの存在を、人間の精神による創造物以外の何ものかとして認めさせるように、外から強要するもののことだからである（フランス語の「second」がわれわれの英語に採り入れられる前は、英語の「other」は「two」に相当する序数詞に過ぎなかったことを思い起こしていただきたい）。現実性は能動性である。われわれはそれを現実的なもの the actual と呼ぶが、そのように呼ぶところからしても、その能動性を認めている（この言葉は、アリストテレスが ενεργεια、つまり行動を、単なる可能態に対する現実的存在を意味する言葉として使ったことに由来している[27]）。

パースは、第二性を説明する際にも多くの言葉を駆使している——たとえば、一 one と他 the other、作用 action と反作用 reaction、自我 ego と非我 non-ego——が、重要なのはこうした二項 dyad が「闘争 struggle」を可能にしているという点である。僕は、暴力やそれにともなう痛苦を認め、伝達する言語を、パースのいう第二性のカテゴリーに含めようと思う。ここで言語というタームで意味したいことは、ハンス・ゲオルク・ガダマーが「理解 understanding, Verstehen」にかかわって述べる「経験 an experience, Erfahrung」の概念に言及することで説明することができる。両者とも日本語では「経験」という訳が可能な「Erlebnis」と「Erfahrung」という概念を慎重に区別しながら、ガダマーは後者の「Erfahrung」とはそれ自身で固定的かつ絶対的な知識になることはないものだ、と述べる。そうではなくてそれは、理解する挑戦を人に与えるのだという。あるいはそれは、パースの用語法を用いるならば、「闘争」するためのなにかを与えるということになる。

ここで言語という語で意味したいことは、この構造と類似している。直視や理解を拒む暴力、和解不可能な痛み、世代から世代へと継承され沈殿した怒り、魂を深くえぐりながらもおぼろな苦しみ、これらと向き合おうとするとき、言語が、表現が、紡がれる。ときとして頑なで熾烈で熱を放つ語りとして、ときとしてふさぎ込み虚ろな沈黙の表情として。いずれも概念が壊され、文法がかき乱され、言語の公共性をにわかには信じられなくなったあとの言語表現だ。それは固定的で安住可能な知識を約束するものではない。第二性としての言語は、言語体系や言語構造のことではなく、不信や虚無や疑念が生じるなかでのぎりぎりの発話であり、嘔吐にいたる一歩手前の発声である。そしてこの項はさらに、言語－証言－文字という三項によって成立する。

パースの第三性 Thirdness は、一般性の様態として特徴づけられ、法（則）、規則、習慣を含む。パースは書く。

> わたくしの言う第三のものとは、絶対的初めと絶対的終りの間の媒介または結合帯を意味している。初めは第一、終りは第二、中間は第三である。目的は第二、手段は第三である。[29]

パースはここでも多くのタームを駆使して第三性を特徴づけようとする——たとえば必要性 necessity、未来性 futurity、確実さ certainty、知識 knowledge、法則 law、目的purpose、考えthoughtなど。重要な点は、第三性は第二性の表意であるということである。パースは次のように述べている。「第三性は第二性をもたらすことをその特徴とする」(30)

コミュニティや文化という用語で表現してきたある種の集合性の持つ特徴は、ある固有で特殊な経験から一般性を引き出そうとする傾向を持ち、同時にそうした集合性が言語を可能にするという点にある。第二性に属する個別の事実に関する語りが、必ずしも第三性の一般性につながり要約されるわけではない。しかし、第三性は個別の発言、特殊な事実を共有しようとする。そしてさらに重要な点は、言語が文化によって構築され、規定され、可能になるのと同時に、コミュニティにむかって語られているという点である。文化―コミュニケーション―コミュニティの三項がこの項を構成する。

もちろん、パースの理論的枠組みによって民族誌的な「素材」を分析することが目的ではないし、パースの再検討をおこなうことが本書の目的ではない。しかし、事象を記述する際に、こうした認識論的枠組みを経由し、参照軸としながらおこなったことは、ここに記しておきたい。

注

第一章

（1）「歴史哲学テーゼ」ヴァルター・ベンヤミン（『ベンヤミン著作集1　暴力批判論』野村修訳、晶文社、一九六九年）。ベンヤミンの思想については、今村仁司の解説も参考にした。今村仁司『ベンヤミン「歴史哲学テーゼ」精読』（岩波現代文庫、二〇〇〇年）。

（2）Claude Brown, *Manchild in the Promised Land*（New York: Macmillan, 1965〔『ハーレムに生まれて』クロード・ブラウン、小松達也訳、サイマル出版会、一九七一年、一八一頁〕）。

（3）ファードはアメリカではじめてのムスリムだったわけではない。また、イスラームの教えを社会・文化運動に取り入れたのも彼の運動がはじめてではない。多くの宗教・政治リーダーや運動がそうであるように、彼もまた先行者たちに多くを負っている。先行者の二つの例として、マーカス・モサイア・ガーベイによる「ユナイテッド・ニグロ・インプルーヴメント・アソシエーション（ＵＮＩＡ）」とノーブル・ドリュー・アリによる「ムーリッシュ・サイエンス・テンプル（ＭＳＴ）」をあげることができる。C. Eric Lincoln, *The Black Muslims in America*（3rd edition, Grand Rapids, Michigan: W.B. Eerdsmans, 1994［1961］）. の第三章、および Mattias Gardell, *In the Name of Elijah Muhammad: Louis Farrakhan and the Nation of Islam*（Durham, N.C.: Duke University Press, 1996）. の第一章および第二章を参照。また、そのほかの社会・文化運動の先行例として、アフマディーア運動を探求したものがある。以下の文献を参照。Aminah Beverly McCloud, *African American Islam*（New York: Routledge, 1995）.

（4）Gardell, *In the Name of Elijah Muhammad*, pp. 50-54.
（5）Gardell, *Ibid*, pp. 50-54.
（6）Erdmann D. Beynon, "The Voodoo Cult among Negro Migrants in Detroit," *The American Journal of Sociology*（43:6 May 1938）, pp. 894-907.
（7）Beynon, *Ibid*, p. 895.
（8）Beynon, *Ibid*, p. 897.
（9）Gardell, *In the Name of Elijah Muhammad*, p. 54.
（10）Beynon, "The Voodoo Cult among Negro Migrants in Detroit," p. 896.
（11）たとえば、Lincoln, *The Black Muslims in America* の第七章を参照。
（12）イライジャのライフ・ヒストリーについては、次の文献に詳しい。Claude Andrew Clegg III, *An Original Man: The Life and Times of Elijah Muhammad*（New York: St. Martin's Press, 1997）; Karl Evanzz, The Messenger: *The Rise and Fall of Elijah Muhammad*（New York: Vintage Books, 2001［1999］）. またこの時期のイライジャの置かれた状況については、Gardell, *In the Name of Elijah Muhammad* も参照した。アフリカン・アメリカンの作家ジェームズ・ボールドウィンもまた、イライジャとの出会いやネイションの教義について書いている。James Baldwin, *The Fire Next Time*（New York: Vintage International, 1993〔『次は火だ――ボールドウィン評論集』ジェイムズ・ボールドウィン、黒川欣映訳、弘文堂新社、一九六八年〕）。
（13）Elijah Muhammad, *History of the Nation of Islam*（Atlanta: Secretarius Memps Publications, 1994）, p. 1.
（14）Muhammad, *Ibid*, p. 1.
（15）Toure Muhammad, *Chronology of Nation of Islam History: Highlights of the Honorable Minister Louis Farrakhan and the Nation of Islam from 1977-1996*（Chicago: Toure Muhammad and Steal Away Creations, 1996）, pp. 5-6.
（16）Elijah Muhammad, *History of the Nation of Islam*, p. 1.
（17）ウォレス・ムハンマドによるネイション・オブ・イスラームの改革とその後のルイス・ファラカーンによるネイション再建のプロセスに関しては、とりわけ Gardell, *In the Name of Elijah Muhammad* の第五章、第六章に依拠した。
（18）Gardell, *Ibid*, pp. 99-101.
（19）一九七五年のウォレスの発言。Gardell, *Ibid*, p. 103. より引用。
（20）一九七五年のウォレスの発言。Gardell, *Ibid*, P. 104. より引用。
（21）一九七五年のウォレスの発言。Gardell, *Ibid*, P. 104. より引用。強調は引用者による。

（22）一九七五年のウォレスの発言。Gardell, *Ibid*, P. 104. より引用。

（23）真偽にかかわる「記述的」側面とは区別された、言語の「行為遂行的」側面については、次の文献を参照。J. L. Austin, *How to Do Things with Words* (Cambridge: Harvard University Press, 1962『言語と行為』J・L・オースティン、坂本百大訳、大修館書店、一九七八年)。

（24）おそらくはネイションのリーダーたちによる「強い言語表現」が部分的な理由となり、メンバーに対する反応の多くが、言語と行為の同一性を前提としている。「教師的である」という判断のもとでは、人びとの意識的信仰の言語表現と、じっさいの行動とのあいだに区分が設けられず、同一視される傾向が強い。

（25）一九七五年のウォレスの発言。Gardell, *In the Name of Elijah Muhammad*, p. 107. より引用。

（26）クリフトン・マーシュによるインタビューでのウォレスの発言。Clifton E. Marsh, *From Black Muslims to Muslims: The Resurrection, Transformation, and Change of the Lost-found Nation of Islam in America, 1930-1995*, 2nd edition (Lanham, Md.: Scarecrow Press, 1996) pp. 159-60. より引用。

（27）Marsh, *Ibid*, p. 165.

（28）Marsh, *Ibid*, p. 163.

（29）Gardell, *Ibid*, p. 99.

（30）自らの組織をネイション・オブ・イスラームと名乗る組織は複数存在していた。シリス・ムハンマドによるロスト・ファウンド・ネイション・オブ・イスラーム、ジョン・ムハンマドによるネイション・オブ・イスラームなどが含まれる。
http://lfnoihouston.org（最終アクセス二〇一五年三月十九日）
http://home.earthlink.net/~allahasiatic/index.html（最終アクセス二〇一五年三月十九日）を参照。シリス・ムハンマドについては、Gardell, Ibid, pp. 215-223. も参照。

（31）Gardell, *Ibid.* 第六章参照。

（32）Adib Rashad, *Islam, Black Nationalism and Slavery: A Detailed History* (Beltsville, Md.: Writers' Inc., 1995), p. 238.

（33）Rashad, *Ibid*, P. 239.

（34）「ムスリム・プログラム」のなかの「ムスリムの望むもの」より。なお、「ムスリム・プログラム」は現在、ネイション・オブ・イスラームのウェブサイトでも確認することができる。
http://www.noi.org/muslim-program（最終アクセス二〇一五年三月十九日）参照。

（35）http://www.noi.org/muslim-program（最終アクセス二〇一五年三月十九日）参照。

（36） ファードが健康や食の問題を説いてまわっていたことはすでに述べたが、健康問題に関するネイションの最も初期の教えは、次の文献に見られる。Elijah Muhammad and Fard Muhammad, *How to Eat to Live* (Chicago: Muhammad Mosque of Islam No. 2, 1967).

（37） マルコム・X暗殺についての記述は、以下の文献を含む複数の情報源に頼った。George Breitman, Herman Porter, *Baxter Smith, and Malik Miah, The Assassination of Malcolm X* 3rd edition (New York: Pathfinder, 1991 [1976]); Karl Evanzz, *The Judas Factor: The Plot to Kill Malcolm X* (New York, NY: Thunder's Mouth Press, 1992); Michael Friedly, Malcolm X: The Assassination (New York: Ballantine Books, 1992). また、Gardell, *In the Name of Elijah Muhammad* の第四章も参照した。裁判中の証言や検察および弁護側の主張については、以下の裁判記録を参照。New York State Supreme Court, Thomas Hagan, Thomas Johnson, and Norman Butler, *Transcripts of the Malcolm X Assassination Trial* (Wilmington, Del.: Published on microfilm by Scholarly Resources Inc. 1993).

（38） 現場に居合わせたユリ・コウチヤマの証言は、以下の文献で読むことができる。中澤まゆみ『ユリ——日系二世NYハーレムに生きる』（文藝春秋、一九九八年）。Yuri Kochiyama, Passing It On (UCLA Asian American Studies Center Press, 2004).

（39） Ben Musheer Bilal and Abdulla Hatim Bilal, *Institutionalizing "Islam"* (4 Birds Publications, 2000). ベン・ムシール・ビラルとアブドゥッラー・ハティム・ビラルによるこのインタビューの記録は、カリルと何度か顔を合わせるようになってから彼を通じて入手した。カリルによれば、このインタビューはもともと映画制作のためにおこなわれた。しかし、映画は実現せず、冊子はコピーライトのマークが付けられているものの、公刊されていない。

（40） Bilal et.al., *Ibid*, p. 11.

（41） 一九五七年四月十四日、ヒントン・ジョンソンはニューヨーク市警の警察官によって激しい暴行を受けた。文献によっては、彼の名前はジョンソン・ヒントンになっている。事件については、Evanzz, The Judas Factor: *The Plot to Kill Malcolm X*, pp. 70ff. 参照。

（42） James Hicks, "Riot Threat as Cops Beat Muslim: 'God's Angry Men' Tangle with Police," *Amsterdam News*, May 4 1957.

（43） Bilal et.al., Institutionalizing "Islam," p. 12.

（44） New York State Supreme Court et. al., *Transcripts of the Malcolm X Assassination Trial*.

（45） たとえば、以下の文献を参照。Friedly, *Malcolm X: The Assassination; Manning Marable, Malcolm X: A Life of Reinvention*, (New York: Viking Penguin, 2011). なお、宣誓供述書は、一度カリルを通じて直接見せてもらっ

たことがあるが、現在その内容はインターネット上でも確認することができるし、フリードリーの右記の文献の巻末にも収められている。

（46） http://www.democracynow.org/2005/2/21/the_undiscovered_malcolm_x_stunning_new （最終アクセス二〇一五年三月十九日）。

（47） もちろん、FBIの捜査官やインフォーマントはただ単に情報を収集していただけではない。たとえば悪名高いCOINTELPROは、ネイション・オブ・イスラームの活動を妨害することを目的としていた。とはいえ、一九五六年に共産系の団体を攻撃の対象としていたこのプログラムがネイションをターゲットにするのは、マルコム暗殺から二年後のことだった。一九六七年八月二十五日付けで現地の活動員に対して宛てられたFBI長官のメモには次のようにある。「この新しいカウンター・インテリジェンス活動〔対諜報活動〕の目的は、ブラック・ナショナリストや、嫌悪感に凝り固まった集団、彼らのリーダー、スポークスマン、メンバー、支持者の活動を暴露し、混乱させ、操作し、信用を傷つけ、場合によっては制圧することにある」（FBI file 100-448006-[?], 8/25/67,〔Gardell, *In the Name of Elijah Muhammad*, p. 86. より引用〕）。それでもそのプロセスには、関連情報の収集とアーカイヴ化、つまりはデータの生産がともなっている。アフリカン・アメリカンの社会運動一般に関するCOINTELPROについては、次の文献を参照。Ward Churchill and Jim Vander Wall, *The COINTELPRO Papers: Documents from the FBI's Secret Wars against Dissent in the United States*, 2nd edition（Cambridge, MA: South End Press, 2002〔1990〕）.

（48） マルコム・Xに関連するFBIファイルについては、以下の文献も参照。Clayborne Carson, David Gallen, and United States Federal Bureau of Investigation, *Malcolm X: The FBI File*（1st Carroll & Graf edition. New York: Ballantine Books, 1995〔1991〕）.

（49） アーカイヴに関するこうした考え方は、フィールドワークを通じて醸成されたものだが、のちにジャック・デリダの次の論考からも示唆を得た。Jacques Derrida（translated by Eric Prenowitz）, *Archive Fever: A Freudian Impression*（Chicago: University of Chicago Press, 1996〔『アーカイヴの病――フロイトの印象』ジャック・デリダ、福本修訳、法政大学出版局、二〇一〇年〕）。

第二章

（1） W. E. B. Du Bois, *The Souls of Black Folk*（Boulder; London: Paradigm Publishers, 2004〔1903〕〔『黒人のたま

しい』W・E・B・デュボイス、木島始+鮫島重俊+黄寅秀訳、岩波文庫、一九九二年、一五－一六頁〕）

（2）Elijah Muhammad, *Message to the Blackman in America* (Chicago: Muhammad Mosque of Islam No. 2, 1997 [1965]), pp. 222-223. 改行は省略した。

（3）Elijah Muhammad, *The Supreme Wisdom: Solution to the so-called Negroes' Problem* (Virginia: The National Newsport News and Commentator, 1957) pp. 13-14.

（4）Elijah Muhammad, *Ibid* p. 12. 強調は原著による。

（5）Elijah Muhammad, *Ibid* p. 31. 強調は原著による。

（6）原題は、"Black Shogun: Assessment of the African Presence in Early Japan"。http://www.cwo.com/~lucumi/shogun.html（最終アクセス二〇〇八年）参照。二〇一三年現在、このサイトを見ることはできないが、次のサイトに同じ記事が転載されている。http://www.assatashakur.org/forum/they-all-look-like-all-them/12128-black-shogun-assessment-african-presence-early-japan.html（最終アクセス二〇一三年七月六日）。

（7）Elijah Muhammad, *Message to the Blackman in America* から要約。

（8）Walter J. Ong, *Orality and Literacy: The Technologizing of the Word* (London; New York: Routledge, 2002〔『声の文化と文字の文化』ウォルター・オング、桜井直文+林正寛+糟谷啓介訳、藤原書店、一九九一年、二〇四頁〕）

（9）こうしたアーカイヴの持つ側面についてはたとえば、文化人類学者でありアイヌ文化の献身的なアーキヴィストでもある小谷凱宣が言及している。以下の文献を参照。小谷凱宣「明治時代のアイヌ・コレクション収集史再考——国外アイヌ・コレクションの調査結果から」『国立歴史民俗博物館研究報告』（一〇七、二〇〇三年）、二五一－二六五頁。

（10）アーカイヴが記憶の装置であるだけでなく、忘却の装置であり、同時にある特定の記憶の仕方を優先させるような装置であるという考えに関しては、ジャック・デリダの論考に影響を受けている。以下の文献を参照。Jacques Derrida (translated by Eric Prenowitz), *Archive Fever: A Freudian Impression* (Chicago: University of Chicago Press, 1996〔『アーカイヴの病——フロイトの印象』ジャック・デリダ、福本修訳、法政大学出版局、二〇一〇年〕）。

（11）ジャック・デリダ、同右。

（12）鵜飼哲「ルナンの忘却あるいは〈ナショナル〉と〈ヒストリー〉の間」『ナショナル・ヒストリーを超えて』（小森陽一+高橋哲哉編、東京大学出版会、一九九八年）。

（13）鵜飼哲、同右、二四九－二五〇頁。

（14）デュボイス、前掲書、一六頁。

第三章

（1）邦訳は『ストリート・ワイズ——人種／階層／変動にゆらぐ都市コミュニティに生きる人びとのコード』イライジャ・アンダーソン、奥田道大＋奥田啓子訳（ハーベスト社、二〇〇三年）。ただし、この一節は英語版からの拙訳である。

（2）二〇一五年現在、マスジッド・サラームはこの場所から立ち退き、さらにマスジッド・アクサも立ち退きを迫られている。前者に関しては立ち退きの理由はわからないが、後者については家賃の高騰にともなう家賃滞納が理由とされている。Kia Gregory, "In Changing Harlem, a Mosque Struggles to Pay Rent," *New York Times,* (December 5, 2012).『ニューヨーク・タイムズ』紙のウェブサイトより。

（3）John L. Jackson, *Harlemworld: Doing Race and Class in Contemporary Black America*（Chicago: University of Chicago Press, 2001), p. 18.

（4）辻信一『ハーレム・スピークス——黒人ゲットーの今を生きる』（新宿書房、一九九五年）、二四四－二四五頁。

（5）辻、前掲書、二四五頁。辻の引用するベル・フックスの文献は、Bell Hooks, *Black Looks: Race and Representation*（Boston: South End Press, 1992).

第四章

（1）Marc Rauch, Bob Feldman, and Art Leaderman, *Columbia and the Community: Past Policy and New Directions*（A Report of the Columbia College Citizenship Council Committee for Research, New York: Printed by Student Printers Co-op, 1968).

（2）文化現象としての笑いの捉え方については、山口昌男から多くの示唆を得た。笑いが、慣れ親しんだ文化規範のもとでの恐怖や違和感と結びついていることを指摘しながら山口は書く。
「ですから、ユーモアの起こりということをたずねられたら、全然ちがったものを瞬間的に、予想もしないでつき合わせるときに出てくるといえます。人間はそういうときに、どうしていいかわからなくなる。一瞬ためらいができる。そのためらいを次の瞬間に克服する最初の行為というのは笑いとして現われてくる。／そうすると、自分がふだん持っていた何かモヤモヤとしたものをふっ切った瞬間を持てるというふうなことが、笑いの行為の中にはあるということが言えると思うのです。ですから、違ったものをつき合わせるということと同時に、こんごは違ってもいないのに、違ったものをつくりだすと、その瞬間に笑いというものを人間は呼び起こすことがあると思うのです。／これは、ちょっと深刻な問題になりますけれど、笑いは、ある意味で違いというものから起こるから、違和感を解消するとともに、こんごはまた、解消するためにわざわざ違和感を作り出すということがあると思うんです」（一六一一七頁）。『笑いと逸脱』山口昌男（ちくま文庫、一九九〇年）。

（3）http://neighbors.columbia.edu/pages/manplanning/faqs/index.html#N1000F（最終アクセス二〇〇八年）。二〇一五年現在、同じ文面は以下のサイトに移行している。http://www.dkv.columbia.edu/demo/manhattanville/site-pre-qa/faq/index.html（最終アクセス二〇一五年七月）。

（4）Anna Phillips, "Columbia to Buy Despatch Moving," *Columbia Daily Spectator* (August 7, 2007); Anna Phillips, "Property Owner Offers Deal to CU," *Columbia Daily Spectator* (September 9 20C7).

（5）http://www.stopcolumbia.org/（最終アクセス二〇〇八年）。なお、二〇一五年現在は、以下のサイトに移行している。http://stopcolumbia.wordpress.com/（最終アクセス二〇一五年九月）。

（6）たとえば以下の記事を参照。Maggie Astor and Kim Kirschenbaum, "Court OKs Manhattanville expansion," *Columbia Daily Spectator* (June 24, 2010); Sam Levin and Finn Vigeland, "U.S. Supreme Court will not hear Manhattanville eminent domain case," *Columbia Daily Spectator* (December 13, 2010).

（7）http://www.cdc.gov/od/ohs/biosfty/bmbl4/bmbl4toc.htm（最終アクセス二〇一三年八月二十六日）を参照。

（8）ホスピタリティ（歓待）が持つ二重性について考えるようになったのは、フィールドワークにおける経験が大きい。一方には大学キャンパスや公園などの「誰しもにとって」自由で開かれたかに見える寛容な空間があり、他方に「よそ者」に対して比較的閉じられ、飛び地（enclave）的で、社会・文化的島とでも言えそうなハーレムで出会った人びとによるホスピタリティがあった。だがこの点についての、理論的考察としては、たとえばジャック・デリダによるセミナーの記録『歓待について』がある。この中でデリダは、エミール・バンヴェニストの研究を引きながら、「異邦人 xenos」と「絶対的な他者」を明確に区別して、異邦人の歓待はすでに法の中に書きこまれており、「われわれを異邦人にたいして束縛し、相互的に異邦人をも束縛する」、そのような「盟約」を含んでいるという（六一頁、強調は原文による）。つづけて彼は述べる。

「歓待の権利というものは、事の初めから d'entrée de jeu、家屋、一族、家族を拘束し、家族的ないし民族的集団を迎え入れる家族的ないしは民族的集団を拘束する、ということなのです。まさに法、習俗、エートス［習俗・住居］、人倫共同体 Sittlichkeit などの中に書き入れられているからこそ、前回お話した客観的道徳性は、契約者たちの社会的・家族的地位を前提とするのです。これは、彼らが名前で呼ばれる可能性、名前を持ち、法の主体となる可能性、つまり尋問され、刑を受ける義務を持ち、責めを受け、責任があり、名付けうるアイデンティティを持ち、固有名を与えられた主体となる可能性にほかなりません。固有名はけっして純粋に個人的なものではないのです」（六二－六三頁）。『歓待について――パリのゼミナールの記録』ジャック・デリダ＋アンヌ・デュフールマンテル、廣瀬浩司訳（産業図書、一九九九年、原著一九九七年）。

（9）もちろん、現在も継続するペースで技術の発展が進めば、この完成予想絵図の示す二〇三〇年には、おそらくこの地区にいるほとんどすべての人間が常時なんらかのかたちで端末を持つか身につけるか身体の一部として取り込み、すべての場所でネットワークに接続できる環境にあるだろうから、その頃にはサイバー・カフェは必要なくなっているかもしれない。技術の更新が身体とその内に生じる着想にもたらす影響については、ミシェル・フーコーやフリードリッヒ・キットラーの議論に多くの示唆を得た。『監獄の誕生――監視と処罰』ミシェル・フーコー、田村俶訳（新潮社、一九七七年、原著一九七五年）。Friedlich A. Kittler (translated by Michael Metteer with Chris Cullens), *Discourse Networks, 1800/1900* (Stanford, California: Stanford University Press, 1992=1985).

（10）ミシェル・ド・セルトーらによる研究成果が手掛かりになる。セルトーは、権力の浸透によって編成される時空間における「ごく普通の人びと」の実践に着目しながら、「戦略」と「戦術」という概念を区別する。彼にとって「戦術」とは、なんら「自分のもの［固有のもの］」をもたないことを特徴と」し、それがゆえに、思い通りにならないことが自覚された場所で「なんとかやっていく」そのやり方である（一〇一－一〇二頁）。それは「被支配者」である人間のけっして受け身ではないものごとのやり方である。それに対して、「戦略」は、自らに固有のものを境界の確定によって、それ以外のものと切り離す実践を特徴とする。「自律性」を前提とした特定の場所が確定することで、特定の場所（「自分のもの」）から特定の場所（「周囲」）への操作が可能になる。つまり「戦略」は、セルトーにとって、操作するための対象をつくりあげる行為である。

こうした彼の見地に立つならば、ここでのコロンビア大学による将来構想のプレゼンテーションを、境界の（再）設定を前提としてそれを推し進める際の「戦略」として読むことも可能になる。たとえばセルトーは、権力主体の実践に見られるこの種の「戦略」がもたらす帰結について言及するが、固有の場所をつくりだすことによって時間を制御すること、そしてまた境界設定された場所を一望監視のもとに収め場所を制御することをあげている点はとりわけ注目に値する。

「（1）『固有のもの』とは、時間にたいする場所の勝利である。それによって獲得した利益を蓄積し、将来にむけての拡張を準備し、こうして情況の変化にたいして独立性を保つことができる。それは、ある自律的な場を創立することによって時間を制御することである。／（2）それはまた、視《ヴュ》ることによって場所を制御することでもある。空間の分割は、ある一定の場所からの一望監視という実践を可能にし、そこから投げかける視線は、自分と異質《エトランジェ》な諸力を観察し、測定し、コントロールし、したがって自分の視界のなかに「おさめ」うる対象に変えることができる。（遠くを）見るとは、同時に予測することであり、空間を読みとることによって先を見越すことであろう」（二〇〇―一〇一頁、強調は原文。原注は省略）。『日常的実践のポイエティーク』ミシェル・ド・セルトー、山田登世子訳（国文社、一九八七年、原書一九八〇年）。

（11） http://neighbors.columbia.edu/pages/manplanning/proposed_plan/DesignElements.html（最終アクセス二〇〇八年）。

（12） デュークの声明は大学の同ウェブサイト上で読むことができる。http://neighbors.columbia.edu/pages/manplanning/learn_more/HazelDukesNAACPLetter.html（最終アクセス二〇〇八年）。http://manhattanville.columbia.edu/news-32（最終アクセス二〇一五年）。ディンキンズはニューヨーク・タイムズ紙に短い記事を寄稿している。David N. Dinkins "Don't Fear Columbia" *New York Times* (May 27, 2007).

（13） Gilbert Osofsky, *Harlem: The Making of a Ghetto* (Negro New York, 1890-1930) (2nd edition, Chicago: Ivan R. Dee, 1996 [1966]), p. 105.

（14） Monique M. Taylor, *Harlem between Heaven and Hell* (Minneapolis: University of Minnesota Press, 2002), p. 70.

（15） たとえば、イライジャ・アンダーソンがアメリカにおける黒人の重役たちの「コードの切り替え code switching」について記述と分析を試みている。Elijah Anderson, "The Social Situation of the Black Executive: Black and White Identities in the Corporate World," *in The Cultural Territories of Race: Black and White Boundaries*, Edited by Michèle Lamont, (Chicago and New York: The University of Chicago Press and the Russell Sage Foundation, 1999), pp. 3-29. Elijah Anderson, *Code of the Street: Decency, Violence, and the Moral Life of the Inner City* (1st edition, New York, N.Y.: W.W Norton, 1999 [『ストリートのコード――インナーシティの作法／暴力／まっとうな生き方』イライジャ・アンダーソン、田中研之輔＋木村裕子訳、ハーベスト社、二〇一二年]).

（16）引用された表現はメディアによって微妙に異なっている。ここではCNNによって配信されたAP通信の記事とロン・ハウエルによる記事に依拠した。Associated Press, "Columbia Professor's anti-U.S. Military Call," in CNN.com, 2003; Ron Howell, "Radicals Speak Out at Columbia 'Teach in'," in *News Day*（March 27th, 2003）.

（17）Associated Press, "Columbia Professor's anti-U.S. Military Call."

（18）CNN, "Professor Calls for 'Million More Mogadishus: Controversial Comments at Antiwar Teach-in," in CNN（March 28, 2003）.

（19）当時の発言が「アメリカ兵の死を歓迎ないし望むものかどうか」と尋ねられたデ・ジェノヴァは、次のように答えている。「いいえ、まったく違います。まさにそのことが、私が戦争に反対する理由のひとつでもあるのです。私が戦争に反対するのは、ジョージ・ブッシュや彼の戦争閣僚たちが、この戦争に参加することにまったくなんの関心もなく、またそうする必要もない人びとの命を無駄にしているからです。彼らの命が失われることの責任は、アメリカ側にいて戦争をはじめた人たちにあるのです」。Thomas Bartlett, "The Most Hated Professor in America," *The Chronicle of Higher Education*（vol. 49（32）, A56, April 18, 2003）.

（20）http://www.nicholasdegenova.net/（最終アクセス二〇一五年七月）。

（21）Margaret Hunt Gram, "Students Wage Silent Protest for De Genova," *Columbia Daily Spectator*（April 2, 2003）.

（22）Thomas Bartlett, "The Most Hated Professor in America."

（23）http://www.columbia.edu/cu/president/communications%20files/professordegenova.htm（Published: Mar 29, 2003; Last modified: Mar 31, 2003, 最終アクセス二〇〇三年三月）。

（24）http://www.columbia.edu/cu/president/communications%20files/professordegenova.htm（Published: Mar 29, 2003; Last modified: Mar 31, 2003, 最終アクセス二〇〇三年三月）。

第五章

（1）「二人の哲学者――デューイの場合と菅季治の場合」、鶴見俊輔『先行者たち』（筑摩書房、一九九一年）。

（2）鶴見、同右、二八〇－二八一頁。

（3）鶴見、同右、二七九－二八〇頁、強調は原文。

（4）鶴見、同右、二八二頁、強調は原文。

（5）James Baldwin, *Another Country*（London, New York: Penguin Books, 2001〔『もう一つの国』ジェイムズ・ボールドウィン、野崎孝訳、集英社、一九六九年〕）、一一八頁。訳文には変更を加えた。

（6）ルイス・ミショーについては資料や文献がほとんどなかったが、二〇一二年になってヴァンダ・ミショー・ネルソンによる『ノー・クリスタル・ステア』が出版された。Vaunda Micheaux Nelson（Artwork by R. Gregory Christie), *No Crystal Stair: A Documentary Novel of the Life and Work of Lewis Michaux*（Harlem Bookseller, Minneapolis: Carolrhoda Books, 2012）.

（7）シスター・クララ・ムハンマド・スクールの歴史については、たとえば以下の論考を参照。Hakim M Rashid and Zakiyyah Muhammad, "The Sister Clara Muhammad Schools: Pioneers in the Development of Islamic Education in America," *The Journal of Negro Education*（61（2), 1992, pp. 178-185）.

（8）イスラーム大学については、たとえば、エリック・リンカーンの著作の次の箇所を参照。C. Eric Lincoln, *The Black Muslims in America*（3rd edition, Grand Rapids, Michigan: W.B. Eerdsmans, 1994［1961］), pp. 119-124.

エピローグ

（1）数少ない彼のインタビューは、たとえば以下のドキュメンタリーのなかに見ることができる。Jack Baxter and Jefri Aalmuhammed, *Brother Minister: The Assassination of Malcolm X*（United States: x-ceptional Productions 1995［1994］); CBS NEWS, Allan Maraynes (With CBS News Correspondents Mike Wallace, Morley Safer, Harry Reasoner and Ed Bradley), "Who Killed Malcolm X? ," *60 Minutes*（Edited by CBS News. USA: CBS Television Network, Broadcasted on Sunday, January 17, 1982, 7:02-8:02PM, EST.）.

（2）FEDS, "Guilty Until Proven Innocent," *F. E. D. S. Magazine*（4（22): pp. 42-53, 2007）、および Mark Jacobson, "The Man Who Didn't Shoot Malcolm X," *New York Magazine*（40（35): pp. 36-42, 2007）を参照。

補章

（1）「黒人ムスリム the Black Muslims」という名称はエリック・リンカーンの研究書によって流通するようになったもので、ネイション・オブ・イスラームのメンバー間では使用されないし、非ネイションのムスリムたちのあいだでもあまり好まれては用いられない。したがって本書でも、便宜上やむを得ない箇所を除き、できるかぎりこの表記を避けた。

（2）こうした取り組みは、次の民族誌に詳しい。Terry Williams and William Kornblum, *The Uptown Kids: Struggle and Hope in the Projects*（A Grosset/Putnam Book: New York, 1994［『アップタウン・キッズ――ニューヨーク・ハーレムの公営団地とストリート文化』テリー・ウィリアムズ、ウィリアム・コーンブルム、中村寛訳、大月書店、二〇一〇年］）。

（3）アメリカ社会の多文化主義論争については、以下の文献を参照。Diane Ravich, "Multiculturalism: E Pluribus Plures," *The American Scholar*（59 Summer（3）, 1990, pp. 337-354「多文化主義――多から成る多」『多文化主義』木鐸社、多文化社会研究会訳、一九九七年）、Molefi K. Asante, "Multiculturalism: An Exchange," *The American Scholar*（60 Spring（2）, 1991, pp. 267-276「多文化主義――応酬」『多文化主義』多文化社会研究会訳、木鐸社、一九九七年）、Charles Taylor, Amy Gutmann et al., *Multiculturalism: Examining the Politics of Recognition*（Princeton, N.J.: Princeton University Press, 1994）; Michael Walzer, On Toleration（New Haven Conn.: Yale University Press, 1997）. アメリカ国内の同論争の位置づけについては、以下の文献に詳しい。辻内鏡人「多文化主義の思想史的文脈――現代アメリカの政治文化」『思想』（第八四三号、一九九四年、四三－六六頁）、辻内鏡人「多文化主義をめぐる問題領域の構図」『アメリカ史研究』（第一九号、一九九六年、三－一五頁）、油井大三郎・遠藤泰生編『多文化主義のアメリカ』（東京大学出版会、一九九九年）。

（4）ネイション・オブ・イスラームのプログラム「ムスリムの望むもの」より。http://www.noi.org/muslim-program（最終アクセス二〇一五年三月十九日）。

（5）マイク・ウォレスとルイス・ロマックスによるテレビ・ドキュメンタリー『憎悪が生みだす憎悪 The Hate that Hate Produced』からの一場面。引用は、C. Eric Lincoln, *The Black Muslims in America*（3rd edition, Grand Rapids, Michigan: W.B. Eerdsmans, 1994［1961］）, p. 1. より。

（6）Mattias Gardell, *In the Name of Elijah Muhammad: Louis Farrakhan and the Nation of Islam*（Durham, N.C.: Duke University Press, 1996）, p. 349. 強調は原文。

（7）Samuel Huntington, "The Clash of Civilizations?" *Foreign Affairs*（Summer 72（3）, 1993, pp.22-49）; Bernard Lewis,

"The Roots of Muslim Rage," *Atlantic Monthly*（September 266（3）, 1990, pp. 47-60）.

（8） たとえば、山内昌之『イスラムとアメリカ』（岩波書店、一九九五年）を参照。

（9） Noam Chomsky, Power and Terror: Post-9/11 *Talks and Interviews*（Seven Stories Press, 2003）.

（10） アフリカ人奴隷のあいだのイスラームについては、たとえば以下の文献を参照。Sylviane A. Diouf, *Servants of Allah: African Muslims Enslaved in the Americas*（New York: New York University Press, 1998）; Adib Rashad, Islam, *Black Nationalism and Slavery: A Detailed History*（Beltsville, Md.: Writers' Inc., 1995）.

（11） 個人を心理学化 psychologize すること、精神病理学化 psychopathologize することを避けた研究としては、たとえば以下のエスノグラフィがある。Philippe Bourgois, *In Search of Respect: Selling Crack in El Barrio*（Cambridge; New York: Cambridge University Press, 1995）; Pierre Bourdieu, *The Weight of the World: Social Suffering in Contemporary Society*（Stanford, California: Stanford University Press, 1999）.

（12） 観察者のまなざしや態度、かまえを対象化、客観化し、分析する試みとしては、たとえば以下の文献がある。James Clifford, *The Predicament of Culture: Twentieth-century Ethnography, Literature, and Art*（Cambridge, Massachusetts: Harvard University Press, 1988〔『文化の窮状――二十世紀の民族誌、文学、芸術』ジェイムズ・クリフォード、太田好信他訳、人文書院、二〇〇三年〕）、James Clifford, George E. Marcus, and School of American Research（Santa Fe N.M.）, *Writing Culture: The Poetics and Politics of Ethnography*（Berkeley: University of California Press, 1986〔『文化を書く』ジェイムズ・クリフォード、ジョージ・マーカス他、春日直樹他訳、紀伊国屋書店、一九九六年〕）、Clifford Geertz, *Works and Lives: The Anthropologist as Author*（Stanford, California: Stanford University Press, 1988〔『文化の読み方／書き方』クリフォード・ギアツ、森弘次訳、岩波書店、一九九六年〕）、George W. Stocking, *Observers Observed: Essays on Ethnographic Fieldwork*（Madison, Wisconsin: University of Wisconsin Press, 1983）。

とりわけ『文化を書く』以降、「民族誌的権威」「反省性」「著者のまなざし」といった言葉が文化人類学の言説にひろく流布することになった。民族誌的な感受性・敏感さは重要であり必要であると考えるが、単に自らの「ポジショナリティ」をあきらかにすること、あるいは過去の民族誌を批判することが、よりすぐれた民族誌を書くことの助けになるとは思えない。この点に関しては、以下の文献を参照。『社会学者のメチエ――認識論上の前提条件』ピエール・ブルデュー、田原音和＋水島和則訳（藤原書店、一九九四年）、ピエール・ブルデュー、田原音和監訳『社会学の社会学』（藤原書店、一九九一年）、「コレージュ・ド・フランス最終講義　社会科学はなぜ自己を対象化しなければならないのか」ピエール・ブルデュー、加藤晴久訳、『環』（第九号、二〇〇二年）。

(13) 日本聖書協会『旧約聖書　一九五五年版』(サキ出版、二〇一三年)。
(14) 小林秀雄「様々なる意匠」『小林秀雄　全作品1　様々なる意匠』(新潮社、二〇〇二年)、一四六頁。
(15) 小林、同右、一四七頁。
(16) 「言語一般および人間の言語」ヴァルター・ベンヤミン、野村修訳『ヴァルター・ベンヤミン著作集3　言語と社会』(晶文社、一九八一年、三〇頁)。
(17) 『精神の生態学』グレゴリー・ベイトソン、佐藤良明訳(新思索社、二〇〇〇年)。
(18) Peirce, CP, 5.2. 訳は引用者による。
(19) 鶴見俊輔『アメリカ哲学　鶴見俊輔集』筑摩書房、一九九一年、四九‐五〇頁。
(20) 以下の文献を参照。Charles S. Peirce, *The Essential Peirce: Selected Philosophical Writings* (Vol. 1. Bloomington: Indiana University Press, 1992); Charles S. Peirce, *The Essential Peirce: Selected Philosophical Writings* (Vol. 2, Bloomington: University of Indiana Press, 1998); Charles S. Peirce, *Collected papers of Charles Sanders Peirce* (Cambridge: Harvard University Press, 1931); Charles S. Peirce, M. H. Fisch, C. J. W. Kloesel, and Peirce Edition Project, *Writings of Charles S. Peirce: A Chronological Edition* (Bloomington: Indiana University Press, 1982); E. Valentine Daniel, *Charred Lullabies: Chapters in an Anthropography of Violence* (Princeton, N. J.: Princeton University Press, 1996). パースの思考の傾向性に関するすぐれた論考としては、すでにあげた鶴見俊輔『アメリカ哲学』も参照のこと。以下は便宜的に、*Collected Papers of Charles Sanders Peirce* を CP と略記し、その後に巻号と段落番号を続ける。同様に、*Essential Peirce* は EP と表記し、巻号とページ番号を記す。*Writings of Charles S. Peirce* は WP とする。
(21) Peirce, *CP*, 1. 304. 〔『パース著作集1　現象学』チャールズ・S・パース、米盛裕二訳、勁草書房、一九八五年〕一〇頁。以下、CP の日本語訳で該当箇所がある場合、本書を参照した。
(22) Peirce, *CP*, 1. 304. 〔パース、同右〕一一頁。
(23) Peirce, *CP*, 1. 304. 〔パース、同右〕一一頁。強調は原文。
(24) Peirce, *EP*, Vol.2: p. 269.
(25) この点に関しては、文化人類学者ヴァレンタイン・ダニエルとの直接のやり取りから大きな示唆を得た。チャールズ・パースとウィリアム・ジェイムズとの違いについてダニエルは、パースが「いかなる効果を持ち得るか」を考察の対象にするのに対し、ジェイムズは「いかなる効果を持つか」の考察にとどまったことを指摘した。
(26) それゆえに、ヴァルター・ベンヤミンは暴力に関する有名な分析を次のようにはじめる。「暴力批判論の課題は、法および正義との関係をえがくことだ、といってよいだろう」。「暴力批判論」ヴァルター・

ベンヤミン、高原宏平＋野村修訳『ヴァルター・ベンヤミン著作集Ⅰ　暴力批判論』（晶文社、一九六九年）を参照。また、ベンヤミンの暴力論の理解のためには、酒井隆史『暴力の哲学』（河出書房新社、二〇〇四年）も参照のこと。

（27）Peirce, *CP*, 1.325.〔パース、前掲書〕二二頁。強調は原文。

（28）Hans-Georg Gadamer, *Truth and method* (2nd revised edition, London; New York: Continuum, 2004〔1975〕).

（29）Peirce, *CP*, 1.337.〔パース、前掲書〕二七頁。

（30）Peirce, *EP*, Vol.2: p.267.

あとがき

本書はエスノグラフィである――冒頭のプロローグにそう書いた。しかし、書いたそばからすぐにそれを打ち消したいような気持ちもある。たしかに、ハーレムを舞台としてアフリカン・アメリカン・ムスリムたちに固有の経験世界を描いているという点では、エスノグラフィだと言える。けれども、アフリカン・アメリカン・ムスリムについての包括的研究を目指したのではない。すでに書いたように、フィールドでの出会いを通じて「ごく普通の人びと」の語りや仕草、行動や所作、物腰や雰囲気や匂いに迫ろうとしたし、そこから歴史や経験や意味の世界への探究を展開しようとしたものだ。

本書を通じてこだわった点があるとすれば、個人の経験である。どれだけ知りあう人の数が少なくても、その人たちと根気よくやり取りを重ねようと思った。幅広く知人を増やし、ネットワークを築き、膨大な人数を対象に調査するというのも、ひとつのやり方かもしれない。けれども、それとは異なる方法を試したいと思った。できるだけ小さな規模で、じっくりと時間をかけて付きあい、行動をともにするなかで出てきたエピソードを書き留める。いわゆるフォーマルなインタビューもなるべく避け、会話を連ねる。場合によっては会話すらせずに、ただ一緒に過ごした。彼らの口癖や物腰や所作が僕自身にのりうつるくらいに長く濃密な時間を彼らとともにしたいと思った。調査法としての効率は悪いし、それをもはや「調査」と呼び得るのかさえよくわからない。それでも、そのような方法によらないと見えてこないものがあるように思えた。そしてじっさいに、フィールドワークを通じて、ひとりの人間のなかにこれほどの記憶や歴史、智恵や知識が息づいているのか、と驚かされっぱなしだった。そういうものに出会ったときの衝撃や驚き、違和感や戸惑い、喜びや悲しさや怒りを本書から汲みとっていただけたなら、うれしく思う。

多くの人からの贈りもの《ギフト》がなければ、本書の完成はなかった。言葉を授けてくれたすべての人に感謝する。

フィールドワークは、その場で出会った人びとの支えがなければそもそも成立しない。現場に行けばなにかがわかるとか、質問すれば答えてくれるとか、礼儀正しくふるまえば受け入れてもらえるなどといった思い込みは、浅はかで傲慢だと思う。彼らがあなたや僕に応答する理由も、義理も、責任もどこにもないのだから。それにもかかわらず手を差し伸べてくれたハーレムのブラザーとシスターたちに心から感謝の気持ちをおくりたい。けっして裕福なわけでも、ゆとりがあったわけでもない彼らから、全身全霊でのホスピタリティのあり方を学んだ。名前をあげることはできないが、深い謝意を表したい。

いざフィールドワークをはじめようとするとき、ニュースクール大学（現在ニュースクール社会研究所）社会学部が入国ヴィザ等の制度的援助を提供してくれた。手続きを進めてくれた同大学のヴィラ・ゾルバーグ氏および同氏を紹介してくれたニューヨーク市立大学シティ・カレッジのタラル・アサド氏に感謝する。

また本書は、一橋大学大学院・社会学研究科・地球社会研究専攻に提出した博士論文、*Community in Crisis: Language and Action among African-American Muslims in Harlem*（二〇〇八年提出）がもとになっている。第二章から第五章までは、一度日本語になおし、論文のかたちでまとめることもしている。しかし、本書を執筆するなかで大幅に加筆・修正をおこない、新たな章も付け足すこととなった。その結果、ほぼ全面的に書きかわったと言ってよいと思う。

それでも本書の原形である博士論文の執筆段階では、友人や先生方からのコメントが大きな刺激になった。全員をあげることはできないが、とりわけ以下の人たちに感謝したい。マイケル・フィッシュ、渡邉剛弘、中里佳苗、友澤悠季、鈴木鉄忠、青木深、五十嵐理奈、久保田滋子、松尾眞、木村哲也、西浩孝。彼らにむけて語ることで、はじめて僕は経験を文字にしてみようという気になれた。指導教官だった落合一泰氏からは、狭い意味での研究へのコメントということを超え、あらゆることがらを呑み込む探究を支えるパトスから多くを教えられた。論文指導員の足羽與志子氏には、学部時代から鋭く丁寧なコメントに鼓舞されてきた。人やことがらへの触れ方という点で最も強く深い影響を受けたのは、新原道信氏からである。制度的にはなんのつながりもない氏が注いでくれた膨大な時間とエネルギーがなければ、いまの僕の存在はない。テリー・ウィリアムズ氏からはハーレムについて多くを教えられただけでなく、やり取りを通じてつねに刺激をもらいつづけている。そのほか、内藤正典氏、故辻内鏡人氏、宮地尚子氏、鵜飼哲氏、岡崎彰氏、貴堂嘉之氏、中野聡氏、清水昭俊氏、青山弘之氏、大杉高司氏、石井美保氏、太田好信氏、ハキム・ハサン氏、ヴァレンタイン・ダニエル氏、ローレン・リーヴ氏、ロビン・D・G・ケリー氏にも感謝する。アカデミアに身を置く彼らからの十年以上もまえのコメントが、本書になんらかのかたちで影響を与えている。

本書執筆の作業時間が確保できたのは、二〇一四年度に一年間の海外研修制度を利用できたからである。多摩美術大学の研究サポート体制、とりわけ研究支援部および共通教育センターからの制度的支援に謝意を表したい。

共和国の下平尾直氏には、本書の企画段階からお世話になった。僕の稚拙な日本語に辛抱づよく向き合ってくれなければ、本書の完成はなかった。最後に、妻涼子と子どもたち、両親、家族のメンバーに深く感謝したい。大きな負担をかけたと思う。

多くの人に助けられて本書は完成したが、すべてのコメントに応えられたわけではなく、誤りがあるとすれば、その責任は僕にある。なお、すでに述べたとおり、本書は二〇〇二年から二〇〇四年にかけてのフィールドワークに基づくものだが、その後の短期追加調査のうち二〇〇八年以降のものは、MEXT／JSPS科研費20820037、23720430の助成を受けている。

ハーレムの路上、床屋、モスク、集会場で耳にした叫びとはなんだったのだろうか。ひとつの叫びのうちに幾人もの怒りや嘆きや悲しみがあり、さらにその背後には継承された苦しみや痛みがあった。叫びは同時代の悲惨を伝え、いくつもの「終わらぬ過去」を再生していた。それを「うしろむき」「ネガティヴ」「暴挙」と呼ぶならば、てしまった。

「まえむき」「ポジティヴ」「理知的」は希望の顔をした絶望でしかない――そう思ってしまった。

けれども、出会った人びとは、それにもかかわらず、あるいはだからこそかえって、よく笑い、真剣に語り、しゃにむにたたかっていた。その姿勢は、自らの存在を手ばなしには肯定されなかった者たちが、その否定性を引き受けたうえで生みだす、重厚で清冽な肯定だったようにも思う。

二〇一五年八月

中村　寛

中村 寛
NAKAMURA Yutaka

多摩美術大学准教授。一橋大学大学院社会学研究科・地球社会研究専攻博士後期課程修了。博士（社会学）。専門は文化人類学で、「周縁」における暴力や社会的痛苦、差別と同化のメカニズム、コミュニケーションなどのテーマに取り組む一方、「人間学工房」を通じてさまざまなジャンルのつくり手たちと文化運動を展開する。訳書に、『アップタウン・キッズ――ニューヨーク・ハーレムの公営団地とストリート文化』（大月書店、二〇一〇年）がある。

残響のハーレム

ストリートに生きるムスリムたちの声

二〇一五年一〇月三〇日初版第一刷印刷
二〇一五年一一月一〇日初版第一刷発行

著者　中村《なかむら》寛《ゆたか》
発行者　下平尾直
発行所　株式会社　共和国　editorial republica co., ltd.
東京都東久留米市本町三-九-一-五〇三　郵便番号二〇三-〇〇五三
電話・ファクシミリ〇四二-四二〇-九九九七
郵便振替〇〇一二〇-八-三六〇一九六
http://www.ed-republica.com

印刷……シナノ印刷株式会社
ブックデザイン……宗利淳一
DTP……木村暢恵

ISBN978-4-907986-15-5　